U0754041

"十三五"高等院校经济与金融专业规划教材

公共财政学

（第二版）

李延均　杨光焰◎编著

立信会计出版社
LIXIN ACCOUNTING PUBLISHING HOUSE

图书在版编目(CIP)数据

公共财政学 / 李延均,杨光焰编著. —2版. —上海:
立信会计出版社,2018.6
ISBN 978 - 7 - 5429 - 5822 - 8

Ⅰ.①公… Ⅱ.①李… ②杨… Ⅲ.①公共财政
学—高等学校—教材 Ⅳ.①F810

中国版本图书馆 CIP 数据核字(2018)第 129551 号

策划编辑　　方士华
责任编辑　　方士华
封面设计　　南房间

公共财政学(第二版)

出版发行	立信会计出版社		
地　　址	上海市中山西路 2230 号	邮政编码	200235
电　　话	(021)64411389	传　　真	(021)64411325
网　　址	www.lixinph.com	电子邮箱	lixinaph2019@126.com
网上书店	http://lixin.jd.com	http://lxkjcbs.tmall.com	
经　　销	各地新华书店		

印　　刷	浙江临安曙光印务有限公司	
开　　本	787 毫米×1092 毫米	1/16
印　　张	19.75	
字　　数	474 千字	
版　　次	2018 年 6 月第 2 版	
印　　次	2019 年 8 月第 2 次	
印　　数	2101—4200	
书　　号	ISBN 978 - 7 - 5429 - 5822 - 8/F	
定　　价	47.00 元	

如有印订差错,请与本社联系调换

第二版
前　言

　　面对财政学国内教材与国外原版教材"林立"的状况,试图编一本有一点自己特色的"新"教材出来,实在是件不容易的事情。本教材编写的出发点是:立足于满足新形势下财经类本科专业公共财政学入门教学的需要,务求覆盖基本知识,在介绍理论知识的同时注重方法论引导,体现公共财政学与传统财政学的差别,吸收新的观点和理论成果,注重理论知识与我国财政实践的紧密结合。

　　首先,满足新形势下财经类本科专业对公共财政学教学的需要,是本教材编写的根本宗旨。什么是新形势下财经类本科专业对公共财政学教学的需要? 财政学一直以来是财经类专业的核心课程,而以往财经类专业开设财政学的主要目的是让学生了解政府财政收支的基本原理和基本知识。而所谓新形势下的教学需要包括两个方面:一是指我国财政变化的新形势。自 1998 年我国明确提出构建公共财政体制基本框架的改革目标以来,我国的财政体制发生了哪些变化? 还存在哪些障碍? 离目标模式还有多远? 这些都是学习公共财政学这门课程的学生需要知道的。二是指培养目标的新变化。在提倡素质教育和培养"复合型"人才的今天,教学不能仅满足于教学生知道"是什么"和"为什么",更需要"知"与"行"的统一,而对于理论课教学而言,"知行统一"就是要让学生掌握一种思维方法和思维能力,因此,本教材的编写力求体现知识与方法的统一,即在讲解理论知识的同时注重思维方法的引导。例如,在对"财政支出"这样一个看似简单的概念进行解释的同时,引导学生学学会运用实证与规范分析相结合的方法,理解在两种不同的分析方法中其含义的区别。

　　其次,务求覆盖公共财政学的基本知识。掌握每一门学问都要经历入门阶段,入门阶段的主要任务就是打牢基础知识。因此,本教材的编写以假设学生对公共财政学的知识尚处于空白状态为起点。无论是理论的阐述还是问题的分析,力求做到从起点知识开始,尽量做到对"应知应会知识"的基本覆盖,一方面为非财政学专业的学生掌握公共财政基础知识提供蓝本;另一方面也为财政学专业学生后续进入中高级阶段的学习打下扎实的基础。

　　再次,体现公共财政学与传统财政学的差别,并吸收新的研究成果。公共财政学究竟与财政学有何区别? 我们认为最根本的差别在于引入了两大理论基石,即公共产品理论和公共选择理论,这两大理论分别回答了公共财政资源配置的两个基本问题,即"生产什么"(公共产品)和"如何决定生产什么和生产多少"(公共选择)。而这两大基石又是以纳税人与国家关系的本质变化为基本前提的。不同于任何一种财政模式,公共财政最基本的经济关系是建立在纳税人与国家或政府之间的委托代理关系基础之上的,公共财政的一切范畴都必须以这一基本关系为出发点。另外是方法论方面的差别。因此,本教材突出了公共产品和公共选择原理方面的内容,并着重分析了纳税人与国家政府之间的委托代理关系。在方法论方面,初步介绍了公共财政学中的边际分析等方法。同时注重吸收新的理论研究成果。

主要体现在以下几方面：① 区分了"共同需要"和"公共需要"，这两个词极易被混淆，甚至被当作同义词使用；② 对市场失灵做了进一步的分析，将笼统的市场失灵具体分为"市场缺陷"与"市场失灵"两种情况，这一区分有利于认识政府的"干预职能"和"提供职能"；③ 增加了"财政伦理"的内容。财政伦理是规范财政关系的最高准则，但是以往财政学教材中忽视了这一内容，这也许源于财政理论研究多疏于此。本教材从财政运行的基本环节探讨了财政的责任、收支、决策和管理方面的伦理标准问题；④ 关于效率与公平关系的分析，采用了一个带有创新意义的曲线图，据此说明了经济公平与社会公平同经济效率之间关系变化的三个不同的区间；⑤ 对公共定价的依据进行了深化，在传统的自然垄断理论之外，提出了公共资源"公共让渡"、排他性保护和公益消费者弱选择权等公共定价的依据；⑥ 分析了政府取得财政收入的"依据"和"凭借"问题。

最后，注重理论知识与我国财政实践的紧密结合。在每一章中，特别是在基本理论后的财政收支、预算管理体制和财政政策等各章中，都力求做到理论知识点与我国的财政实践相结合，通过列举相关数据、概括历史和改革事实、分析存在问题等多侧面，找到理论知识与实践的对应点，以拉近原理、制度和基本知识与现实之间的距离。

在编写体例上，本教材力求体现并配合教学环节的需要：每章开头先列出预告性质的"知识要点与学习要求"，即概括出本章需要重点掌握的知识点，并对每一个知识点提出具体的知识、方法和应用等方面的学习要求，希望学生能带着问题和要求开始每章的学习。接着是"本章结构图"，希望通过借助图形关系，帮助学生记忆每一章的知识结构体系。然后是基本概念，不同于通常将基本概念放在每章结尾的安排，希望使学生在学习之初就先接触到它们，并初步记住这些关键词，养成利用关键词阅读文献的习惯。在每章结束后的"本章小结"，力图在简要概括一章内容的同时，进一步引导学生深入思考，明了各章之间的内在联系。"扩展阅读"部分，选取了与本章主要内容相关的阅读材料，它们或者是对某个重要知识点的展开，或者是对相关案例的解读，文字力求通俗易懂，目的在于扩展课内知识。为了让学生能够准确记忆和掌握基本概念，对每章中所有的重要概念都以下画线和楷体字标出。

本教材编写分工如下：导论、第一章、第三章、第四章、第五章、第六章、第七章、第八章由李延均编著，第二章、第九章、第十章、第十一章、第十二章、第十三章由杨光焰编著。

财政学在我国是历史最久的大学课程之一。创办于 1895 年的北洋大学堂（今天津大学）是我国近代意义上的第一所大学，在其最初开设的课程中就有《财政学》。然而，财政学在经济学科中又是最富有朝气和活力的学科，这可以从由财政学演变而来的诸多新名称上得到反映，如公共财政、公共经济学、公共部门经济学、政府经济学等，这些名称的变化，表明了一个事实：传统的财政学正经历着新的学科体系的构造和演化。也许正是这一原因，目前我国的财政学教材的编写呈现出努力突破传统体系和构建新体系的内在张力。本教材的编写或许对此有所贡献。

最后，要感谢在教材编写过程中所使用的参考书和参考文献资料的诸位作者，以及为本教材出版而默默辛勤工作的立信会计出版社的编辑，没有他们的劳作，就不可能有本教材的出版。

编 著 者

2018 年 6 月于上海松江大学城

目　　录

导　论

知识要点与学习要求

1. 财政产生与模式演变。要求能够从逻辑与历史相统一的分析中解释财政产生的基本原因与条件；能够说明不同财政模式是由什么决定的，各自特征是什么。

2. 财政一般与财政特殊。要求掌握基本含义，并能够在今后学习中注意区分哪些理论属于财政一般，哪些知识属于财政特殊，并进一步区分财政特殊的两个层次。

3. 公共财政学的研究对象。要求能够准确记忆，并理解其针对性所在。

本章结构图

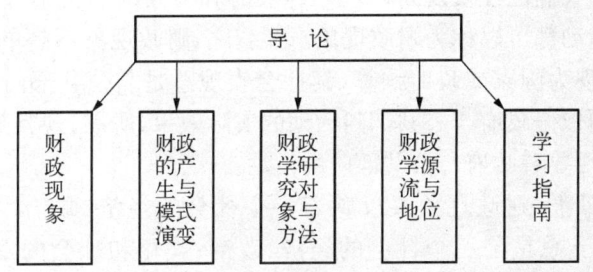

基本概念

共同需要　公共需要　财政模式　公共财政　实证分析　规范分析

第一节　财　政　现　象

　　了解财政现象是开始财政学学习的入口，因为准确地捕捉现象是任何科学研究的第一步。财政现象并不陌生，每个人都可以在自己的生活中接触到财政现象，但是它又不像我们生活中所需的衣食住用那样在自己的计算之中，所以，如果你不是有意识地寻找它，感觉它，你或许会对它的存在熟视无睹。

　　那么，生活中哪些是财政现象？

　　在任何社会中，国家必须以税赋的方式取得财政收入，税赋作为公民必须承担的义务，其普遍性在当代社会已经达到像死亡一样不可避免的程度。所以，纳税是最为普遍和最为直接的财政现象。在我们的生活中,直接取自于个人收入的所得税,由于在你每个月的工资单上会明确列出来是多少,对这部分人来说可以感觉到税收与自己的直接关系,但是,你可曾意识到其实你几乎每天都在纳税? 如果你从超市里买了一罐饮料,你支付的价格中就包含着增值税,甚至可以说,一个刚出生的婴儿也在纳税,只要他喝了买来的奶粉。纳税对大多数人来说不会是一件让人高兴的事,从纳税中你会感觉到只有国家才有这种强制取得收入的权力,但是,你也许已经习以为常了,因为你已经深受"皇粮国税不可不缴"这一古话的习染,认为纳税是再"天然"不过的事情。

实际上,我们之所以服从征税是因为我们都是生活在某一个国度里,我们会发现在社会生活中,我们所需要的某些东西国家早已经替我们准备在那里了。例如,我们希望免受外敌的入侵,希望社会有秩序,希望过太平安宁的生活,希望社会在某些方面能够保障人的基本权利;我们希望消除水患,希望在商店里买回的食品是安全的,希望在最艰难甚至绝望的时候社会能够伸出温暖的援手……然而,这些希望都不是我们凭个人一己之力所能做到的,但是国家却替我们做出了相应的安排:国防、行政、司法、江河治理、教育、公共卫生、民政救助、社会保障等都是由国家组织提供的,国家承担的这些公共事务在实现着我们的愿望,我们生活中最为常见的交警指挥交通、报警电话、公共绿地等也都是通过国家财政支出提供的公共服务。当你享受这一切时,你是否会把这些服务与你所缴纳的税收联系起来?

从上面的描述中我们已经发现财政现象与政府和公共部门密不可分,甚至可以说政府与公共部门的任何活动都可以称为财政现象。换言之,财政现象不是单纯的税收、财政拨款或补贴,也不单纯表现为国家或政府预算,其社会表现总是与公共部门的活动融为一体,对财政的评价也就必须依据政府与公共部门活动的实际效果,所以,观察财政现象不能简单地看财政的收支本身,更要看政府与公共部门的活动。

在更广阔的背景下,财政现象又反映着一个社会的经济、政治、文化乃至文明程度。显而易见,财政的收支总是与一个社会的经济、政治、文化和社会的发展紧密相连。财政一方面反映该社会经济、政治、文化和社会的发展状况;另一方面又会成为促进或阻碍该社会的经济、政治、文化发展的重要因素。正如温家宝在 2008 年"两会"上答记者问时说的那句名言:"一个国家的财政史是惊心动魄的。如果你读它,会从中看到不仅是经济的发展,而且是社会的结构和公平正义的程度。"也如美国经济学家约瑟夫·熊彼特所指出的那样:"一个民族的精神风貌、文明程度、社会结构以及政策可能酿成的行为方式,都记录在它的财政史上"。

第二节　财政的产生与模式演变

一、财政产生的原因与条件

完全意义上的财政并非自人类出现就有,而是人类社会发展到一定阶段后才出现的。关于财政的产生,理论逻辑与历史的发展具有同一性的体现,大体是在以下三个因素先后出现并都具备的时候才产生的。

1. 社会公共需要①是财政产生的基本原因

人的社会性生存方式,决定了群体必然存在公共需要。这些公共需要虽然会因经济社会发展水平、地域环境、民族和文化的差异而有所不同,并处在变化之中,但是,从人类社会一开始,公共需要就随之出现。如氏族部落对防御工事、共同祭祀品、灌溉水渠等的需要。随着人类社会的发展,公共需要具有不断增加的趋势,由最初的对国防和政府的需要,发展到现代社会对城市绿地、降低噪音、公共健身场所等的需要,而满足公共需要就必然以公共资源或共同财富为基础。

2. 剩余产品是财政产生的必要条件

用于满足公共需要的公共资源或共同财富,其形成的基本经济来源是个人在维持其最起码的生存需要后,尚有剩余产品拿来充做公用。如果达不到这个条件,虽然也可以通过掠夺等手段剥夺他人的财富来增加社会剩余产品,但是,从理论上分析,剩余产品才是共同财富的基本来源,所以,剩余产品的存在是财政产生的必要条件,即无之必不然,也就是说,没有剩余产品的存在就不会有财政的经济来源。

3. 国家产生是财政产生的根本原因

如果说公共需要自人类社会产生以来就存在,在原始的氏族部落社会中,剩余产品也被用来满足公共需要,但是,这些现象还只能称为是财政的萌芽状态,只是集体劳动成果用于公共需要,属于经济分配,因为,在国家产生以前不可能有完全意义上的财政。在国家产生以后,在经济上占统治地位的阶级,为了维护国家机器,依靠政权的强制力量,强制占有和支配一部分社会产品,以保证国家机器的运转和社会的发展,从而才由一般经济分配中分离出独立的财政分配,于是产生了财政。关于财政与国家的关系,马克思、恩格斯指出:"为了维持这种公共权力,就需要公民缴纳费用——捐税,……随着文明时代的向前进展,甚至捐税也不够了,国家就发行期票,借债,即发行公债。"②"赋税是政府机器的经济基础","赋税是喂养政府的奶娘","官吏和僧侣、士兵和舞蹈女演员、教士和警察、希腊式的博物馆和哥特式的尖塔,王室费用和官阶表……这一切童话般的存在物,于胚胎时期就安睡在一个共同的种子——捐税之中了③。"可见,财政与国家的关系犹如一枚硬币的两面,国家的经济存在就是财政,从中也可以看出,国家和财政是同时存在的,而这一意义上的国家财政,也必然会随着国家的消亡而消亡。

二、财政模式的演变

在制度分析中,模式是处于基本制度和现实体制之间的制度形态,模式反映某一类体制的共性特征,并以此指代某一类型的制度。财政模式是指由经济和政治制度、体制决定的某种类型财政体制的基本框架,是某一类型财政体制共性的反映,因而具有相对的稳定性。

---

① 必须在此明确区分"公共需要"与"共同需要"这里两个性质不同但又在中文中经常混用的概念。这两个概念之所以混淆,是因为它们都包含了"人人都需要"或"每个人都需要"的意思,但是"公共需要"是指一个群体、一个社会中虽然也是人人都有的需要,但在满足方式上具有大家共同消费的性质,因此不能单独提供给个体。例如,对路灯的需要就是"公共需要"。而"共同需要"虽然也是指人人都需要,但在满足的方式上却可以采取私人消费,典型的如食品是每个人都需要的"共同需要",但是,却是完全私人消费的物品,还可以灯的例子说明两者的区别,路灯是大家的"公共需要",而你床边的台灯是每个人的"共同需要"。记住这一区别,对接下来的学习和思考有很重要的帮助,因为财政与"公共需要"有关系,与"共同需要"没关系。
② 《马克思恩格斯全集》,第21卷,人民出版社1965年版,第195页。
③ 《马克思恩格斯全集》,第19卷,人民出版社1963年版,第32页。

因社会生产方式与社会经济基础的不同,由此决定了国家类型的不同,财政也随之经历了奴隶制国家财政、封建制国家财政、资本主义国家财政和社会主义国家财政的历史演变。财政在不同国家和同一国家的不同历史阶段,其具体制度安排虽然各有不同,但是,从财政与国家基本政治制度的关系看,大体经历了三种财政模式,即奴隶制和封建制社会中,在君主制政体下的君主财政模式,市场经济社会中代议制民主制政体下的公共财政模式,以及曾经在高度集权的社会主义国家计划经济中存在过的全能型的计划财政模式。

1. 君主财政模式①

君主制国家是人类进入奴隶制社会后最早建立的国家,也是绵延最久的政体制度,在100 多年前,世界上大多数国家还处于王权统治之下,至今世界上仍有部分国家保留君主制②。在奴隶制和封建制社会时期的君主制国家中,君主拥有至高无上的绝对权力,“君权神授”是这一绝对权威的基石,家天下是君主国家的基本属性,所谓“普天之下莫非王土,率土之滨莫非王臣”。朕即国家,忠君就是爱国,为使君主拥有无限的权力,就必须剥夺民众的政治权利,并通过封建的等级伦理约束来培养民众的绝对服从意识,这就决定君主国家的财政只能采取君主财政的模式。所以,在亚当·斯密的《国富论》中,作为财政学开山之作的第六篇即名曰“论君主或国家的收入。”

君主财政模式的基本特征是:财政收入属于“皇粮国税”,纳税与对君主统治的绝对服从相一致:本是民众创造的财富,经统治者征缴后就变成了满足皇室和统治阶级需要的“皇粮”,百姓断无过问“皇粮度支”的任何理由和权利,因为作为臣民只是单纯的“纳贡人”,正是在这个意义上,也有学者将君主制下的财政称为“家计财政”。在财政的支出上,虽然统治者处于维护其统治的需要不得不考虑“民意”和“民心”的向背,也满足一些公共需要,例如兴修水利设施等,但那完全取决于君主的“爱民之心”和对“舟水关系”的危机预期,或者为了得到“涵盖利益”③,所以,关乎民生的支出完全是赐予型的,这已是开明君主统治下“清明政治”的难得境界。

2. 公共财政模式

公共财政模式是与市场经济相适应,以纳税人为核心,以纳税人与政府之间的委托代理关系为制度基础,以向纳税人提供公共服务为基本职能的财政模式。公共财政模式是伴随着市场经济的形成与发展以及资产阶级在政治上取代君主权力的过程,从君主财政逐步演变为受议会支配和控制的财政,再到由纳税人参与和监督,为纳税人服务的财政模式。

公共财政最初的起点是限制君主的征税权。其历史呈现就是西方的君主立宪,以英国君主立宪为先河和典型代表。英国君主立宪的入口是对国王征税权的限制,从 14 世纪初贵族对君主的“大宪章”限制,经过 1640 年的资产阶级革命,到 1688 年的“光荣革命”,建立了君主立宪制国家。在 1689 年颁布的《权利法案》中明确规定了凡未经国会准许,借口国王特权,为国王而征收,或供国王使用而征收金钱,超出国会准许之时限或方式者,皆为非法。

---

① 有学者将此类财政模式称为“家计财政”,反映了帝王家天下的财政特征,但是,因帝王家与国的合一,仅称其为“家计”似乎只反映了宫廷财政的一面,如果代之以“君主财政”或可将家与国两者兼而有之。

② 目前实行君主制的国家,大部分已经变为君主立宪的虚君主制国家,如英国,但也有实君主制的国家,如文莱、部分阿拉伯国家和中东国家。

③ 奥尔森在《国家的兴衰》中,在分析流寇于坐寇追求的利益属性不同时,提出了“狭隘利益”(narrow interest)与“涵盖利益”(encompassing interest)概念,并比较了两者的根本区别。“狭隘利益”集团的自身利益与社会的繁荣关系不大,因而存在强烈的激励企图通过损害社会利益来提高自身利益。“涵盖利益”集团的自身利益与社会的繁荣密切相关,因而在争取收入再分配时比较有节制,注意减少对社会利益的危害。

1760 年,英国议会进一步取消了国王自行征税的权利,到 19 世纪又通过创立预算制度来约束王室的开支,"不赞成毋纳税"就是这一斗争的旗帜和成果。

随着资本主义市场经济制度的确立,经济活动的基本前提是市场主体必须拥有独立的产权和契约自由,这需要经济权利摆脱人身依附并得到自主的支配,并使等价交换成为经济交往的一般准则,这就提出了必须限定政府权力范围,使之不能任意干预市场经济活动,同时政府又必须有效保护公民的平等权利、财产权利和契约权利。在现代混合市场经济中,国家逐步转向税收国家,纳税人与政府之间基于社会契约的委托代理关系开始形成,弥补市场失灵的政府活动边界逐渐清晰,政府提供基本公共服务的职能成为公共财政的本质要求,也开启了由纳税人的权利意识通向公民要求民主政治权利意识的直接路径,从最初的要求赞同纳税权,逐步扩展到要求选举代表权、政府服务权和税款节约权等项公共理财所需的权益,而"公共理财是公共权力的运用,它一定要有制衡机制,要在这种权力制衡的机制之下来做决策"①。

3. 全能型的计划财政模式

20 世纪 20~70 年代在苏联、东欧和中国等建立的传统社会主义,普遍实行的是中央集权的计划经济体制,该体制的核心就是全能型的计划财政模式。全能型的计划财政模式是指在传统社会主义国家的中央集权的计划经济体制中,以国家统收统支,集中分配社会资源为基础,将全社会的经济活动和公共产品提供全部纳入财政计划的财政模式。

全能型计划财政模式是计划经济的必然要求,因为在计划经济体制下,国民经济的运行,生产、交换、分配和消费活动,都必须执行国家的计划,特别是企业的投资,全部来自于财政的拨款,企业所创造的利润也必须全部上缴国家财政,从而使这一财政模式有以下的基本特征:财政预算是资源配置的主要手段,国有企业利润是财政收入的主要来源,财政支出的重点是经济建设,财政负责提供全社会的公共产品和公共服务,收入分配和居民消费由财政计划安排。

全能型计划财政模式保证了社会主义国家集中力量办大事,在短期内建立起了比较完整的工业体系和国民经济体系。但是,由于统得过死,没有市场机制,收入分配的平均化等,最终导致了短缺经济的出现。这些决定了该财政模式只能是一种尝试性的,随着计划经济向市场经济的转轨,该财政模式逐步转向公共财政模式。

第三节　财政学源流与学科性质

人类关于国家财政的思想古已有之,如在古希腊,色诺芬在《雅典的收入》一书中,论述了财政、赋税方面的概念。在柏拉图和亚里士多德的一些著作中,也有过关于财产与收益之间应以何者为课税对象,以及强制征税的公平原则之类的论述。在古罗马时代有关于罗马税制以及专门讨论赋税负担的著作。在中国春秋战国时期的《国语·齐语》中,管仲提出了"相地而衰征,则民不移"的财政政策,主张按土地好坏征收差额赋税,不要征收同等的赋税,以鼓励农民的生产积极性。

但是,作为一门比较完整的学科体系的建立,则始于亚当·斯密 1776 年出版的《国富

---

① 贾康:《关于公共财政的若干思考》,《中国社会科学院研究生院学报》2005 年第 6 期,第 27 页。

论》中的第五篇"论君主或国家的收入"。亚当·斯密在继承前人思想的基础上,从新生的资产阶级的立场出发,提出了对"守夜人"型政府(君主)的基本诉求,将政府职能定位于对外保卫国家安全、对内保护人民生命财产、建立并维持某些公共机关和公共工程三个方面,并据此分析了一国财政收入的来源、税收基本原则及其合理性问题。其后,财政学在盎格鲁斯-撒克逊传统和斯堪的纳维亚传统①的流变中,经历了以财政收支为重点的财政学、以公共产品和公共选择为基石的公共财政学、以财政支出与经济关系为中心的公共经济学几个发展阶段,从而建立起了当代西方公共经济学,并成为在大学中普遍开设的一门重要课程。

财政学究其学科性质,一般归入经济学范畴,即研究政府和公共部门如何配置资源,但是,因其配置主体——政府的特殊性,财政学又必然与政治学有密切的关系,所以,在某种意义上说,财政学是本义上的政治经济学。在现代市场与政府共同参与资源配置的混合经济中,伴随着政府干预经济的过程,一方面财政与公共经济已成为社会资源配置的重要领域;另一方面财政又是国家管理和调控宏观经济的最重要的工具。现代经济学的研究如果离开了财政显然是不完整的,甚至是不可想象的,在美国经济学界流行这样一句话:一个经济学家可能不是财政学家,但一个财政学家一定是经济学家,财政学在经济学中的地位可见一斑。而如果从理论经济学与一般财经管理的关系看,财政学又是介于理论经济学与财经管理之间的应用经济学,这意味着财政学兼具理论与应用特色,即提供了解释具体政府理财业务的必备理论,又从一般意义上介绍财政管理的基本制度和规则。

第四节　财政学的研究对象与方法

一、财政一般与财政特殊

每门科学都需要有自己明确的研究对象,了解财政学的研究对象,需要从财政一般和财政特殊两个层面确定。

财政一般是指与国家存在相始终的财政,它包含了古今中外所有的财政,在财政一般意义上,财政学研究的是那些具有共性的财政现象与规律。属于财政一般的财政学研究对象是指研究国家为实现其职能,凭借其政治权力参与一部分社会产品或国民收入分配与再分配所进行的一系列经济活动中的分配关系及其发展规律,它涵盖了一切在历史上存在过的国家及其财政最基本的和共同的属性,换言之,财政一般研究的是财政最基本的和最稳定的部分,也是财政理论的最基本部分。诸如财政产生的理论解释、国家与税收的基本关系、财政的公共性、财政收入与支出的关系、财政平衡等。这些研究可以高度抽象化,完全不需要考察具体国家的特殊性。

财政特殊是指与具体政治经济制度密切相关的财政,这又可以再分为两个层面,一个是针对不同类型的政治经济制度而言的财政,一个是不同国家在某一特定历史阶段的财政。

---

① 被誉为"财政学之父"的斯密,对于财政问题的分析是围绕着收支管理展开的,并且侧重于收入的分析而相对忽视支出的研究。这一传统一直为李嘉图(D. Ricardo)和穆勒(J. S. Mill)等人所沿袭,后人称为"盎格鲁斯-撒克逊传统(Tradition of Anglo-Saxon)"。自19世纪80年代起,奥地利、意大利、瑞典的一些学者如萨克斯(E. Sax)、帕塔罗尼(M. Pantaleoni)、马尔科(A. Marco)、马佐拉(U. Mazzola)等,系统地提出了公共产品理论,并且更侧重于支出的研究,从而形成了"斯堪的纳维亚传统(Tradition of Scandinavian)"。这就为财政学向公共经济学的演变奠定了基础(参见朱伯铭:《公共经济学》,浙江大学出版社2002年版)。

前一个层次是相对于财政一般的财政特殊,因而具体研究不同社会政治经济制度下的财政模式。一般可分为与君主政体和农业社会经济(奴隶制与封建制)相适应的君主财政模式,与资本主义代议制民主政治和市场经济相适应的公共财政模式,以及曾经与计划经济和高度集权的传统社会主义相适应的全能型计划财政模式。后一个层次的财政特殊性则具体到一个国家的财政,即由一个国家的政治与经济制度、法律和文化、利益集团等诸多因素决定的财政。在这一层面上,财政学被具体化为解释本国财政现象。

二、财政学的研究对象

财政研究对象是财政一般与财政特殊的统一。这种统一要求财政学必须把财政的一般规律与特殊规律、基本理论与特定制度、历史上的财政与现实中的财政条分缕析,从而比较完整地呈现财政这一研究对象。但是,就当代财政学而言,由于受主流经济学、福利经济学、制度经济学、公共管理学和新政治经济学的影响,财政学的研究对象更多地集中于财政与经济的关系,财政在市场经济中的资源配置,从而有了公共财政学、公共经济学(public economics)和公共部门经济学(public sector economics)的新称谓。还有将财政与政府活动作为统一研究对象,更多从政府主体角度研究公共资源配置,从而形成了政府经济学。

从上述简要分析中可见,关于财政学的研究对象其实并非是一个被明确化和绝对化的问题。但是,作为公共财政学的研究对象,基本应限定在对市场经济中的财政模式的研究,大体可以概括为以市场经济中政府和公共部门为弥补市场失灵而进行的经济活动为研究对象。政府和公共部门的经济活动使市场经济变为混合经济,在混合经济中,政府和公共部门的经济活动包括了公共部门取得收入与安排支出、经济活动价值目标、职能与决策、分工与管理等基本内容。本教材以后所称的财政,如无特别说明即指公共财政。

三、财政学的研究方法

作为一门特殊的经济学科,公共财政的研究首先必须运用实证分析和规范分析这两个基本方法。

实证分析方法要解决的问题是弄清楚对象的本来面目,即"实然"状态,回答所研究的对象"是"什么,因此,客观性即真实完整地描述和揭示对象的状态和属性是其要达到的目标。例如,关于财政支出的效率,实证分析必须回答财政作为"为别人花别人的钱"这样一种花钱的方式,财政的支出效率与其他花钱方式比较本身存在怎样的问题。实证分析将告诉我们,与"为自己花自己的钱、为自己花别人的钱、为别人花自己的钱"这三种方式比较,"为别人花别人的钱"是一种既不讲节约又不讲效果的花钱方式。这样就可以认识清楚为什么政府总是倾向于自我增长,为什么必须实行政府采购。

规范分析方法要解决的问题是依据某种价值判断和设定的目标,应该使对象成为什么,即"应然"状态,回答所研究的对象"应该"怎样或"应该成为什么"的问题。关于税收"取之于民,用之于民"的观点就是规范分析的结果,这一观点是从政府与纳税人之间的委托代理和交换关系出发,得出税收本质上是政府以代理人身份向委托人——纳税人提供公共产品和公共服务时所要求的税收价格。因此,税收必须是取之于民和用之于民的,而不能取之于民用之于官,从而设定了税收的价值判断和价值标准,以此规范税收和财政支出行为。

可见,任何经济问题进而财政问题都必须首先运用实证分析得到对所研究问题客观真实的认识。实证分析是解决问题的前提,这诚如大夫看病,必须通过诊断弄清楚病情病因。而规范分析必须首先确定某种既定的价值判断或伦理目标,然后以此为规范,以实证分析得出的客观认识,来找到达到规范目标的路径和方法。这如同大夫在诊断清楚病人的病情后,以治病救人为目标,根据病情确定治病方案。

在实证与规范分析这两种基本方法下,还必须运用具体的分析方法,才能达到预期的目标。

就实证分析而言,以下分析方法都可以归入实证分析的具体方法。经济人假设、博弈分析、边际效用分析、经济计量分析等。例如运用经济人假设分析政府行为,运用博弈分析解释公共理性与个体理性之间的悖论所导致的公地悲剧,运用边际效用分析解释财政支出的有效性边界等。

就规范分析而言,以下分析方法应属于规范分析的具体方法。如福利经济学、伦理学等分析方法。例如,关于社会福利函数的分析,揭示了什么样的资源配置有利于增进社会福利总量,而伦理学关于公平和正义原则的分析,为确定财政的目标和政策价值提供了分析的基本原则和方法。

除了上述方法外,由于财政学与政治学、管理学和法学的多学科交叉性,其他学科的分析方法也会被运用到财政学的具体问题的分析中,例如,关于公共选择中的政党与利益集团分析,需要采用政治学分析方法,关于公共财政治理需要采用公共管理学的公共治理分析等。

制度分析和宏观经济与微观经济分析也是财政学分析中所使用的方法,制度经济学关于交易费用和制度供求与变迁的分析方法,是认识财政制度和财政体制改革的重要分析工具,而宏观分析是认识财政政策原理的关键方法,至于微观分析,例如,价格、供求和成本—效益分析等方法,对于解释公共产品的供求和财政微观主体行为是不可或缺的方法。而对财政政策的分析则必须运用宏观经济学的总量分析方法。

第五节 课程学习指南

如何学好本课程,每个学生都可以有自己的学习方法,在此,我们仅提出几点方向性的建议。

一、了解课程知识体系是掌握课程的基本路经

财政学课程通常是将财政学原理、基本知识和现行制度与本国财政实践的介绍结合在一起,以期通过课程教学使学生基本掌握观察财政现象、分析财政问题的基本理论、知识和方法。就课程体系而言,按着财政学科的理论逻辑和财政的经济运行过程,一般可分为财政基本理论、财政支出、财政收入、财政管理体制、财政政策等几大部分。这几部分的逻辑关系是:财政基本理论部分重点阐述财政学中比较抽象的原理,主要包括财政概念与财政职能、财政模式、财政伦理、公共产品、公共选择、政府失灵等理论。其中财政职能理论阐述了市场经济中由政府职能所决定的财政职能,公共产品与公共选择理论则阐述了公共经济领域资源配置要解决的两大基本理论问题,即财政活动"生产什么"和"生产多少"的公共决策机制的基本理论。在基本原理基础上,需要弄清楚财政是怎样运行的,财政支出和财政收入部分

主要分析了财政运行的基本方式与基本内容,回答了财政的钱应该用在哪里,财政的钱从何而来的问题。财政的运行方式决定于财政的基本制度,这一制度就是财政管理体制,包括财政预算编制、预算管理、政府间关系与财政分权、转移支付等一系列公共财政的制度与机制。上述三个方面,即原理、收支、管理体制所研究的仅限于财政本身或财政内部即公共经济领域。但是,在市场经济中,财政活动不是孤立的,而是与社会经济运行有着密切的联系,财政收支作为重要的经济变量,对社会的总供给和总需求都会产生巨大的影响。在现代社会中,财政已经越来越被当作政府调控宏观经济的重要工具来使用,这就使得财政学不可避免地涉及财政政策问题,所以,在研究财政内部关系以后,财政学还必须从财政与社会经济的关系上展开对财政政策的分析。

掌握了上述课程内容体系的基本逻辑关系,对于从整体上把握课程的知识体系至关重要,而这又是很多学生在学习过程中被忽视的问题,往往是一门课程学完后"只见树木不见森林"。

二、学习经济学原理,更要学会经济学的思维方法

财政学中有很多经济学原理,例如公共产品、阿罗不可能定理等,掌握这些原理是分析财政现象的必备工具。学习中应该做到对每一个原理和理论都能精准理会。所谓精准理会,就是要求不但能说出原理的内容,而且清楚其假设的前提条件是什么,其理论推导的逻辑是什么。而更高的要求是在理论学习中,能够学会经济学的思维方法,训练抽象思维能力。很多学生在经济学的学习中感到经济理论过于抽象空洞,这是由于他们没有体会到抽象思维的逻辑魅力:"感觉到的东西你不一定能够理解它,只有理解的东西你才能更深刻地感觉它"。例如,你去买东西,当你买到一件你认为物美价廉的商品时,你会有一种便宜的感觉并由此心情愉悦,体会到一种购物的快乐。那这种心理感觉是什么?在经济学上有什么意义?学习了消费者剩余理论,你会感觉豁然开朗,知道自己的愉悦心情来自哪里,并能够解释一切此类的现象,同时也知道了我们在购物中除了要得到自己所要的商品外,之所以要"货比三家",还是为了得到消费者剩余。有了这一理论,你就能更好地理解消费者的行为。那么这一理论是怎么形成的?它是来自经济学家对生活中每天都在发生、千万次重复的具体事例的观察,经过抽象思维才得到的,所以抽象思维能力对于认识事物现象后面的本质至关重要。当你通过原理学习,体会到其中的抽象思维方法,慢慢地自己也学会抽象思维为时,你的分析问题的能力就会极大地提高了,我们的建议是:学习经济学,请不要拒绝抽象!

三、学了知识就要主动在现实中找到对应物

这也是对所有文科学习的学生的一个建议。文科的知识,不论是法学、美学、管理学还是经济学、社会学,虽然涉及社会生活的各个领域,知识浩如烟海,但归根结底,用最通俗的语言可以概括为"人情事理",所有的文科知识无非是对人类社会"人情事理"的描述和规律性的探索。当我们从书本中学了某一方面的"人情事理",都可以在现实中找到它的对应物,如果你能够主动在现实中找到它,那你对所学知识就会领悟得更深刻,更能够引发你进一步的思考,学会用所学知识观察,分析社会问题。例如,学习了公共产品理论,我们就要根据公共产品的特征,主动观察和判别我们身边哪些属于公共产品,属于哪种类型的公共产品,再进一步分析它们是怎样提供出来的,这样就会发现公共产品在现实中的存在,特别是

那些无形的公共产品,而这种存在是你以前没有感觉到的,你可能会因此对政府和公共部门的存在有更深入的思考。这是文科学习的重要路径,我们应该在这个意义上理解"文科应该以社会为工厂"这句话的深刻含义。但是,目前这方面的引导不够,文科的学习变成了从课堂到书本,从书本到课堂,案例教学虽然于此有所补益,但是,培养学生联系实际的主动性才是最为重要的。

四、及时进行知识拓展

拓展知识是指对课本知识的延展。学好一门课程,除了听讲和阅读教材外,需要在学习过程中,根据所学内容和遇到的难点,及时进行课外的知识拓展,这样才能打牢专业基本功。知识拓展主要通过阅读参考书、查阅资料、与老师和学生交流等途径实现。知识拓展的动力来源于你对学习的态度,你一定听过"态度决定一切"这句名言,只有采取积极主动的态度,才能取得好的学习成绩。

五、切记财政是"天下大事",也是"阁下的事情"

最后一点要说的是,学生们学习财政学课程,要深刻理解财政学所研究的对象。财政乃天下大事,因为财政关乎国家,国家所做的一切都离不开财政,没有财政就没有国家。财政更涉及千家万户的切身利益,大道之行也,天下为公,公者,你我他之谓也,共和之谓也,你我都是共和国的纳税人,所以,我们每个人都离不开财政,我们每个人都应该关注财政,套用马克思在《资本论》序言里的一句话,财政学所说的"正是阁下的事情"。

本 章 小 结

本章从财政现象入手,从三个方面简要介绍了财政和财政学。一是从历史和逻辑的统一中阐述了财政产生的诸因素,并结合经济政治制度的发展,大体分析了人类历史中曾出现过的三类财政模式;二是简要归纳了财政学诞生以来财政思想和理论的发展过程;三是介绍了财政学的研究对象、学科性质和地位,以及财政学在分析研究对象过程中所采用的基本研究方法。最后就如何学好财政学提出了五点方向性的建议。

扩 展 阅 读

我国财政产生的时间

众所周知,财政经历了一个从无到有,从简单到复杂,从不完善到完善的发展过程。我国财政产生于何时?传统的观点认为,我国财政产生于夏代。理由是:国家产生于夏代,《史记》中有"自虞夏贡赋备矣"的记载。实际上,我国的国家和财政在夏代之前就产生了。各种史料表明,我国在炎黄时就产生了国家和财政。

1.《史记·五帝纪》载:"轩辕之时,神农氏世衰,诸侯相侵伐,暴虐百姓,而神农氏弗能征,于是轩辕乃习用干戈,以征不享,诸侯咸来宾从"。"诸侯咸归轩辕为天子,代神农氏,是为黄帝。天下有不顺者,黄帝从而征之"。这段话表明,炎黄之时,已有"天子"、"诸侯"、"百姓"的划分,即存在着统治阶级与被统治阶级。轩辕用武力"以征不享",就是征伐不纳贡的诸侯。古代"来享"是纳贡的意思。贡是财政收入的形式,表明当时已产生了财政。此外,还有罗泌《路史》中也载:"神农之时,为民赋,二十而税一"。

2. 据一些学者考证,我国文明史应向前推。例如,历史学家唐兰在《光明日报》撰文认为:"我国国家的出现,不是距今四千多年,而是距今六千多年的早期大汶口文化,比夏代早两千多年。"又如,1994 年 3 月 14 日《报刊文摘》载:"中国文明的起源是在 5 000 多年前的良渚文化,而不是 4 000 多年前的夏商周时代。国家文物局专家组近日在余杭、德清良渚文化遗址考察时提出的以上这个推断,使中国文明史由此又上推了 1 000 年。"1994 年 6 月 10 日《湖北日报》讯:考古工作者发掘武汉市鼓山遗址获得大量的实物资料表明,早在禹建立夏之前 1 000 多年,即距今 5 500 年左右,我国长江中游地区就出现私有制的雏形。这些考古新发现是我们判定我国财政产生时间的重要依据。

3. 海内外有中国血统的人都自称是炎黄子孙,表明确信炎黄的存在。炎帝、黄帝的管辖范围较大,只有管理机构有一定的规模,并且有财政的支持才有可能。

我国财政产生初期的收支结构,也可以通过历史资料的考察作出判断。

《史记·五帝本纪》载:"炎帝欲侵陵诸侯,诸侯咸归轩辕。轩辕乃修德振兵,治五气(五行之气),……抚万民,度四方。""帝喾高辛者,……善施利物,不於其身。聪明知远,明以察微,顺天下之义,知民之急,仁而威,……取地之财而节用之,抚教万民而利诲之"。

《国语·鲁语上》载:"圣王之制祀也,法施于民则祀之,以死勤事则祀之,以劳定国则祀之,能御大灾则祀之,能扞大患则祀之。非是族也,不在祀典。昔烈山氏之有天下也,其子曰柱,能殖百谷百蔬;夏之兴也,周弃继之,故祀以为稷。共工氏之伯九有也,其子曰后土,能平九土,故祀以为社。黄帝能成命百物,以明民共财,颛顼能修之,帝喾能序三辰以固民,尧能单均刑法以仪民,舜能勤民事而野死,鲧鄣鸿水而殛死,禹能以德修鲧之功,……"

从上述历史记载可以得出以下结论:

1. 黄帝取得天子的地位,一是靠"习用干戈"使诸侯"宾从"。二是伐征"暴虐百姓"和"不用帝命"者,使诸侯悦服。总之是"修德振兵"。黄帝代神农为天子之后,已凌驾于诸侯之上,并以武力维持天子的地位。天子除主持祭祀和军事外,平时不参加生产劳动,而是从事利民和治民的活动。像"黄帝能成命百物,以明民共财,颛顼能修之,帝喾能序三辰以固民,尧能单均刑法以仪民,舜能勤民事而野死,鲧鄣鸿水而殛死,禹能以德修鲧之功"。他们从事社会活动,其生活自然是靠社会提供。由此可知,当时财政支出的结构为:祭祀支出;军事支出;天子、诸侯生活用品支出;公益事业支出(兴修水利、抗灾等)。从"善施利物,不于其身","顺天下之义,知民之急"看,必然有公共福利和救济支出。

2. 从黄帝"习用干戈"和"征帅诸侯"可知,当时有力役之征,一方面征之于本部族的百姓;另一方面征之于诸侯。

从"圣王之制祀"的记载,祭祀既频繁,又隆重。祭品花费很大,也必定征之于百姓。这是名为敬神,实为统治者服务的实物贡纳。

诸侯为了表示对天子的"宾服",必然要献方物,天子为了表示自己的权威或出于实际需要,也会向诸侯征收方物。否则,就对"不用帝命"或"不顺"、"不享"者进行征讨。

天子击败"不享"、"不顺"或"不用帝命"的部族后,对他们绝不会优待到与"宾从"的部族同等的地步。除夺其财物外,对其首领和族员或者杀死,或者俘虏去作为奴隶。《说文》云:

"俘，军所获也"。强迫这些奴隶劳动所获的全部剩余产品作为天子的财政收入，这是不言而喻的。

从以上史料分析可知，我国财政产生初期，财政收入结构如下：① 天子向本部族征收的力役和实物；② 天子向诸侯征的力役和实物；③ 战争掠夺的财物；④ 直接控制的奴隶的劳动剩余产品。

（资料来源：转引自中华会计网校，http://www.chinaacc.com/new/。）

思考与练习

1. 试举出几例你所观察到的财政现象，并加以简要分析。

2. 举些例子区分"公共需要"与"共同需要"之间的不同。

3. 先尝试给财政学的研究对象下一个你自己的定义，等课程学完后再来分析一下这个定义，看一看有否修正的必要。

4. 试就某一实例进行简要的实证分析和规范分析。

第一章 市场经济与公共财政模式

知识要点与学习要求

1. 帕累托效率标准。要求理解这一效率标准所反映的资源充分利用的含义,市场经济实现帕累托最优的基本条件。

2. 市场缺陷与市场失灵,从市场失灵认识政府存在合理性的依据。要求从"市场能"与"市场不能"两个层面理解市场缺陷与市场失灵,能够通过抽象分析从理论逻辑上说明政府存在的合理性。

3. 市场失灵与市场失灵方法的联系与区别。要求结合实际说明市场失灵方法的运用。

4. 财政模式与财政体制的联系与区别。要求能够结合我国构建公共财政体制的实际说明两者的联系与区别。

5. 公共财政模式的基本特征。要求能够从历史发展和规范分析两个层面理解公共财政模式的基本特征。

6. 财政伦理。要求从责任、收支和决策管理等角度认识财政的基本伦理价值目标,其中结合图形重点掌握效率与公平关系的演变规律。

本章结构图

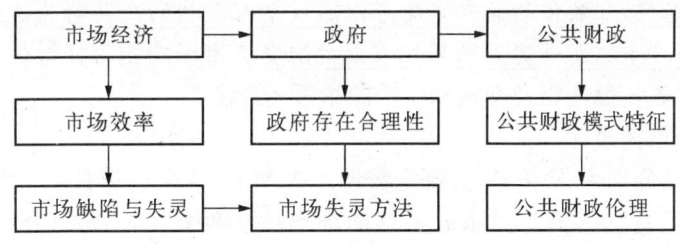

基本概念

完全竞争　帕累托最优　外部性　市场缺陷　市场失灵　市场失灵方法
政府合理性　公共财政模式　财政伦理　效率与公平

第一节　两部门经济的配置效率

一、完全竞争市场的假设

如前所述,公共财政是与市场经济相对应的财政模式,所以,经济学分析公共财政的逻辑起点是市场经济中政府与市场在资源配置中的基本关系。在这一关系中,首先需要了解市场在资源配置中的作用,或者说市场配置资源能达到怎样的效率。然后才能确定市场与政府有怎样的分工和关系。

分析市场资源配置效率的理论基于经济人理性。在市场经济中的经济人基本有两类主体:一是向市场提供产品和服务的厂商;二是在市场上购买商品和服务的居民。这两类主体在利己动机支配下,其行为目标是追求最大化。最大化目标在厂商一方是追求利润的最大化,在居民一方是追求效用的最大化。经济学将由厂商和居民户组成的经济称为两部门经济。由于参与市场交换的这两大主体的私人性,两部门经济通常也被称为私人部门经济。

分析两部门经济配置资源的效率,在理论上首先假设存在完全竞争的市场,所谓完全竞争的市场,是满足下列基本条件的市场:

(1) 有众多的买者和卖者,对于每一个买者和卖者,他们都是市场价格的接受者,因而不存在价格操纵。

(2) 产品无差别,卖者提供的产品不存在凭借产品差别垄断市场的可能。

(3) 信息充分,市场上所有的人获得的信息都是充分的和对称的,不存在信息租金。

(4) 资源充分流动,即资源在各行业之间的进出没有限制,也不存在资产专用性的限制。

二、资源配置效率的标准

经济学通常用帕累托最优标准来衡量一个经济的效率状态,帕累托最优效率标准是由意大利经济学家帕累托(Pareto)于1897年提出的,帕累托最优所描述的最优资源配置效率是一个经济中资源配置已经达到要想再增加任何人的利益只有减少一些人的利益来实现的状态,换言之,相对于可以增进任何人利益的潜在的可利用的闲置资源已经用尽的状态。

那么,市场经济机制对资源的配置能否实现帕累托最优? 根据福利经济学第一定理:不管初始资源配置怎样,分散化的竞争市场可以通过个人自利的交易行为达到瓦尔拉斯均衡(即一般均衡),而这个均衡一定是帕累托有效的配置。市场的帕累托最优分为交换的帕累托最优、生产的帕累托最优以及交换和生产的帕累托最优。

1. 交换的帕累托最优

假定两种产品分别为 X 和 Y,其既定数量为 $\bar{X}$ 和 $\bar{Y}$。两个消费者分别为 A 和 B。下面用一种叫做埃奇渥斯盒状图的工具来分析这两种产品在两个消费者之间的分配(见图1-1)。盒子的水平长度表示整个经济中第一种产品 X 的数量 $\bar{X}$,盒子的垂直高度表示第二种产品 Y 的数量 $\bar{Y}$。O_A 为第一个消费者 A 的原点,O_B 为第二个消费者 B 的原点。从 O_A 水平向右测量消费者 A 对第一种商品 X 的消费量 X_A,垂直向上测量它对第二种商品 Y 的消费量 Y_A;从 O_B 水平向左测量消费者 B 对第一种商品 X 的消费量 X_B,垂直向下测量它对第二种商品 Y 的消费量 Y_B。

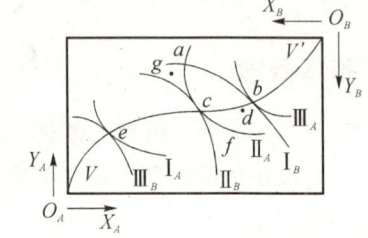

图1-1　交换的帕累托最优

在交换的埃奇渥斯盒状图中,任意一点,如果它处在消费者 A 和 B 的两条无差异曲线的切线上,则它就是帕累托最优状态,并称之为交换的帕累托最优状态。在这种情况下,不存在有帕累托改进的余地,即任何改变都不能使至少一个人的状况变好而没有别人的状况变坏。无差异曲线的切点不只是点 c 一个。点 b 和点 e 以及其他许多未在图 1-1 中画出的点也都是无差异曲线的切点,从而都代表帕累托最优状态。所有无差异曲线的切点的轨迹构成曲线 VV',叫做交换的契约曲线(或效率曲线),它表示两种产品在两个消费者之间的所有最优分配(即帕累托最优状态)的集合。

从交换的帕累托最优状态可以得到交换的帕累托最优条件。我们知道,交换的帕累托最优状态是无差异曲线的切点,而无差异曲线的切点的条件是在该点上两条无差异曲线的斜率相等。而无差异曲线的斜率的绝对值又叫做两种商品的边际替代率(更准确地说,是商品 X 代替商品 Y 的边际替代率)。因此,交换的帕累托最优状态的条件可以用边际替代率的术语来表示:要使两种商品 X 和 Y 在两个消费者 A 和 B 之间的分配达到帕累托最优状态,则对于这两个消费者来说,这两种商品的边际替代率必须相等。如设对于消费者 A 和 B 来说,X 代替 Y 的边际替代率分别用 MRS_{XY}^{A} 和 MRS_{XY}^{B} 来表示,则交换的帕累托最优状态条件的公式就是:

$$MRS_{XY}^{A} = MRS_{XY}^{B} \qquad\qquad (1-1)$$

2. 生产的帕累托最优

生产的帕累托最优研究两种既定数量的生产要素在两个生产者之间的分配情况。假定这两种生产要素分别为 L 和 K,其既定数量为 $\bar{L}$ 和 $\bar{K}$,两个生产者分别为 C 和 D。于是生产要素 L 和 K 在生产者 C 和 D 之间的分配状况亦可以用埃奇渥斯盒状图来表示(见图 1-2)。盒子的水平长度表示整个经济中第一种生产要素 L 的数量 $\bar{L}$,盒子的垂直高度表示第二种生产要素 K 的数量 $\bar{K}$。O_C 为第一个生产者 C 的原点;O_D 为第二个生产者 D 的原点。从 O_C 水平向右测量生产者 C 对第一种生产要素的生产消费量 L_C,垂直向上测量它对第二种生产要素的生产消费量 K_C;从 O_D 水平向左测量生产者 D 对第一种生产要素 L 的生产消费量 L_D,垂直向下测量它对第二种生产要素 K 的生产消费量 K_D。

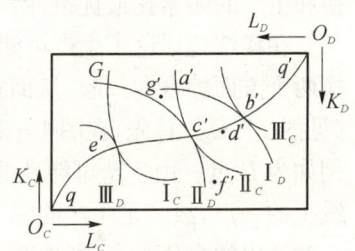

图 1-2 生产的帕累托最优

考虑盒中任意一点如 a'。点 a' 对应于生产者 C 的生产消费量 (L_C, K_C) 和生产者 D 的生产消费量 (L_D, K_D)。很明显,根据图形下式成立:

$$L_C + L_D = \bar{L}$$
$$K_C + K_D = \bar{K} \qquad\qquad (1-2)$$

即盒中任意一点确定了两种要素在两个生产者之间的所有可能的分配情况。

在埃奇握斯盒中任选一点如 a'。由于假定生产函数是连续的,故点 a' 必然处于生产者 C 和 D 的等产量线的交点或切点上。假定点 a' 是等产量线的交点(如图 1-2 所示,点 a' 是等产量线 II_C 和 I_D 的交点)。容易看出,a' 点不可能是帕累托最优状态,这是因为,通过改变该初始分配状态,例如让 a' 点变动到 b' 点,则生产者 C 的产量水平从等产量线 II_C 提高到 III_C,而生产者 D 的产量水平并未变化,仍然停留在等产量线 I_D 上。因此,在点 a' 上仍然存在帕累托改进的余地。此外,让 a' 点变动到点 c',则生产者 C 的产量未提高,但生产者 D 的产量却提高了。如果让 a' 点变动到 d',则生产者 C 和 D 的产量均会提高。由此得到结论:在生产的埃奇握斯盒状图中,任意一点,如果它处在生产者 C 和 D 的两条等产量曲线的交点上,则它就不是帕累托最优状态。

从生产的帕累托最优状态可以得到生产的帕累托最优条件。生产的帕累托最优状态是等产量线的切点,而等产量线的切点的条件是在该点上,两条等产量线的斜率相等。等产量线的斜率的绝对值又叫做两种要素的边际技术替代率(更准确地说,它是要素 L 代替要素 K 的边际技术替代率)。因此,生产的帕累托最优状态的条件可以用边际技术替代率的术语来表示:要使两种生产要素 L 和 K 在两个生产者 C 和 D 之间的分配达到帕累托最优状态,对于这两个生产者来说,这两种生产要素的边际技术替代率必须相等。如设对于生产者 C 和 D 来说,L 代替 K 的边际技术替代率分别用 $MRTS_{LK}^C$ 和 $MRTS_{LK}^D$ 来表示,则生产的帕累托最优状态条件的公式就是:

$$MRTS_{LK}^C = MRTS_{LK}^D \tag{1-3}$$

3. 生产和交换的帕累托最优条件

为了把交换和生产结合在一起加以论述,我们将前面所作的那些假定也合并如下,即假定整个经济只包括两个消费者 A 和 B,它们在两种产品 X 和 Y 之间进行选择,以及两个生产者 C 和 D,它们在两种要素 L 和 K 之间进行选择以生产两种产品 X 和 Y。为了方便起见,假定 C 生产 X,D 生产 Y。并且假定消费者的效用函数亦即无差异曲线簇为给定不变,生产者的等产量线簇为给定不变。下面先从生产方面开始讨论,再过渡到消费问题,最后推出交换和生产的帕累托最优条件。

在详细地讨论了生产可能性曲线的情况之后,我们来研究如何利用该曲线将生产和交换两个方面综合在一起,从而得到生产和交换的帕累托最优条件(见图 1-3)。首先,在图 1-3 中的生产可能性曲线上任选一点,例如为 B 点。由生产可能性曲线的性质可知,B 点是生产契约曲线上的一点,故满足生产的帕累托最优条件。另一方面,B 点表示一对产出的最优组合,即生产和交换的最优,即 $(\bar{X}, \bar{Y})$。如果从 B 点出发分别引一条垂直线到 $\bar{X}$ 和一条水平线到 $\bar{Y}$,则得到一个矩形 $A\bar{Y}B\bar{X}$。该矩形恰好与前述交换的埃奇握斯盒状图相同:它的水平长度和垂直高度分别表示两种产出的给定数量 $\bar{X}$ 和 $\bar{Y}$。如果设点 A 和 B 分别为消费者 A 和 B 的原点,则该矩形中任意一点也

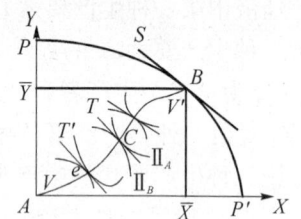

图 1-3　生产和交换的帕累托最优

表示既定产出 $\bar{X}$ 和 $\bar{Y}$ 在两个消费者之间的一种分配。于是,我们可将前面的全部讨论都照搬到这里来。

如前所述,埃奇握斯盒状图 $A\bar{Y}B\bar{X}$ 中的交换契约曲线为 VV'。VV' 上任意一点均为交换的帕累托最优状态。因此,给定生产契约曲线上一点,即给定一个生产的帕累托最优状态,现在有一条交换的契约曲线,即有无穷多个交换的帕累托最优状态与之对应。在这无穷多个交换的帕累托最优状态之中任意一点(例如点 C)都表示交换在单独来看时已经处于最优状态,但并不一定表示在与生产联合起来看时亦达到了最优状态。下面利用产品的边际转换率和边际替代率这两个概念来加以说明。

在图 1-3 中,生产可能性曲线上 B 点的切线 S 的斜率绝对值是产品 X 在该点上转换为产品 Y 的边际转换率 MRT,交换契约曲线上 C 点是无差异曲线 II_A 和 II_B 的切点。II_A 和 II_B 的共同切线 T 的斜率绝对值是产品 X 在该点上替代产品 Y 的边际替代率 MRS。切线 S 和 T 可能平行,也可能不平行,即产品的边际转换率与边际替代率可能相等,也可能不等。

如果边际转换率与边际替代率不相等,则可以证明这时并未达到生产和交换的帕累托最优状态。举例说,假定产品的边际转换率为2,边际替代率为1,即边际转换率大于边际替代率。边际转换率等于2意味着生产者通过减少1单位X的生产可以增加2单位的Y。边际替代率等于1意味着消费者愿意通过减少1单位X的消费来增加1单位Y的消费。在这种情况下,如果生产者少生产1单位X,从而少给消费者1单位X,但却多生产出2单位的Y。从多增加的两个单位Y中拿出1个单位给消费者即可维持消费者的满足程度不变,从而多余的1单位Y就代表了社会福利的净增加。这就说明了如果产品的边际转换率大于边际替代率,则仍然存在有帕累托改进的余地,即仍未达到生产和交换的帕累托最优状态。

同样可以分析产品的边际转换率小于边际替代率的情况。例如,假定产品的边际转换率为1,边际替代率为2。此时如果生产者减少1单位Y的生产,从而少给消费者1单位Y,但却多生产出1单位的X。从多增加的1单位X中拿出半个单位X给消费者即可维持消费者的满足程度不变,从而多余的半个单位X就代表了社会福利的净增加。这就说明了,如果产品的边际转换率小于边际替代率,则仍然存在有帕累托改进的余地,即仍然未达到生产和交换的帕累托最优状态。

给定生产可能性曲线上一点B和与B相应的交换契约曲线上一点C,只要B点的产品的边际转换率不等于C点的产品边际替代率,则点C就仅表示交换的帕累托最优状态,而非生产和交换的帕累托最优状态。由此即得生产和交换的帕累托最优条件:

$$MRS_{XY} = MRT_{XY} \tag{1-4}$$

即产品的边际替代率等于边际转换率。例如,在图1-3中的交换契约曲线上,点e的边际替代率与生产可能性曲线上点B的边际转换率相等,因为过点e的无差异曲线的切线T'与过点B的生产可能性曲线的切线S恰好平行。因此,点e满足生产和交换的帕累托最优条件。

第二节　市场缺陷与市场失灵

对市场效率的研究表明满足充分竞争条件下的市场机制可以实现资源配置的帕累托最优,但是,现实中的市场都是不完备的,存在着市场失灵。市场失灵所关注的是市场配置资源的低效率情形和不可能的领域。经济学理论通常将市场失灵(market failure)定义为市场无法提供某一特定产品的理想化和最优化产出的情形。进一步分析,市场失灵还可以分为两种情况或两个层次:一种情况或层次是:在市场机制发挥作用的领域资源配置出现的低效率,这类低效率应该称为市场缺陷;另一种情况或层次是:因市场机制难以覆盖到而出现的资源配置空白的领域,这类情况是本意的市场失灵。

一、市场缺陷

首先分析第一种情况即市场缺陷。

市场缺陷是在市场机制配置资源过程中出现的,也就是当我们从理想的完全竞争的市场回到现实世界的时候,发现现实中市场充分竞争所需的四个基本假设条件都是不充分的,或者难以具备,因而,在实际的资源配置过程中,市场本身出现低效率状态。经济学一般归结为以下四种状态,这四种状态分别主要存在于市场运行的生产、分配、交换和消费四个环节,依次为垄断、收入分配不公、经济波动和外部性。

1. 垄断(monopoly)

这里的垄断是指市场垄断。所谓市场垄断是指在市场供求中,某一方利用其某种优势地位或手段,具有操纵和影响某种商品价格的能力,由此导致竞争无效或消失,使资源配置被控制在低效率的状态①。在通常情况下,垄断基本是指供给的垄断,因而也就是在生产环节的垄断。在市场自发的竞争过程中(不存在反垄断的法律),某一行业或因为以强并弱("大鱼吃小鱼"),或因为竞争对手认识到竞争最终将导致两败俱伤进而走向联合,会趋于由少数几家甚至一家厂商提供该商品,进而出现寡头垄断的局面,而垄断则意味着垄断者可以通过限制产量的手段使产品处于求大于供的状态,进而操纵价格使之保持垄断高价,以此获得垄断利润,消费者在此情形下只能接受质次价高的产品,从而导致效率损失。

2. 收入分配不公

所谓收入分配不公是指,当市场按生产要素(劳动、资本、土地、技术专利等)进行财富的初次分配时,不同市场要素的提供者,因其占有的要素禀赋存在差异,再加上生产要素市场本身存在的要素主权的非对称②,在按要素的市场价格分配时,必然会出现社会财富在社会成员中分配的差异,当这种差异达到某种程度,即达到社会公平难以接受的程度时,就会出现收入分配不公。一当出现收入分配不公,不但会最终导致资源配置效率的下降,而且还会成为社会动荡的根源。而收入分配不公在一个完全自由放任的市场经济中是难以避免的。

3. 经济波动

市场主体在个体理性支配下追求最大化的经济交往的过程中,市场供求经常处于非均衡的波动中。这种波动来源于市场的三个基本诱因:一是信息非对称导致的供求非对称;二是市场需求的转移;三是根本性的,即由于按要素价格分配所导致的生产能力与消费能力的非均衡增长趋势,即厂商在逐利和竞争双重驱动下,具有无限制扩张产能的趋势,而消费则在绝大部分以劳动要素获得报酬的消费者有限收入的预算约束下,其消费能力的增长具有不断减少的趋势(边际消费倾向递减),使有支付能力和支付意愿的需求减少,造成生产的相对过剩,从而使市场运行出现了周期性的波动。经济不稳定对经济运行带来巨大的危害是经济危机的出现。如果市场处于自发运行状态,经济波动所导致的经济危机就会难以避免,出现经济危机的周期性爆发。

4. 外部性问题

外部性(externality)是经济学中的一个重要范畴。所谓外部性是指主体行为对其他主体带来的影响未反映在主体的目标和损益中。理解外部性需要注意以下几点: ① 外部性是针对行为主体以外的其他主体;② 外部性是指主体行为已经对其他主体产生影响,但只有那些对其他主体产生的影响未被计入行为主体的目标和损益的才可以称为外部性;③ 外部性可以分为正的外部性和负的外部性,正的外部性是指主体行为对其他主体带来不需付费的利益,负的外部性是指主体行为对其他主体造成某种得不到补偿的损失。在市场经济中,虽然社会成员存在各种方式的广泛联系,但是,在经济关系上的成本和效益一般只在有直接

---

① 虽然也存在需求方对某种商品的需求垄断,例如对某种商品的需求大户,这通常表现为厂商对某种商品的原料需求。

② 要素主权非对称是指,由于市场供求的变化,在供给大于需求的市场上,存在消费者主权,而在需求大于供给的市场上则存在生产者主权。一般而论,由于竞争的存在,市场上经常存在的消费者主权。但是,在要素市场上,由于劳动力相对过剩的长期存在,雇佣方的资本主权支配着要素市场,从而形成资本要素主权与劳动要素主权的非对称。

经济关系的主体间产生,而直接的经济关系的建立是基于个体理性,即直接考虑的是个体为某种经济行为所直接发生的为自己所承担的成本和获得的收益,这样就会在很多经济行为中产生外部性问题。一当产生外部性,成本和效益就必然包括两部分:成本包括了私人成本(PC)和社会成本(SC),收益包括私人收益(PB)社会收益(SB)。若从接受外部性主体的角度分析,外部性用数学语言可表述为:

$$F_j = F_j(X_{1j}, X_{2j}, \cdots, X_{nj}, X_{mk})j \neq k$$

这里,j 和 k 是指不同的个人(或厂商),F_j 表示 j 的福利函数,$X_i (i=1,2,\cdots,n,m)$ 是指经济活动。该函数表明,只要某个主体 F_j 的福利除受到其所控制的经济活动 X_i 的影响外,同时还受到另外一个主体 k 所控制的某一经济活动 X_m 的影响,就存在外部效应。

外部性在市场中普遍存在,而市场失灵主要表现在负的外部性所造成的社会成本难以内化为私人成本,至于正的外部性,获得其收益的人则无需向提供者支付费用,既存在"免费搭车"(free ride)。由于市场机制本身难以解决外部性问题,最终会导致有负的外部性的产品供给过剩,而那些有正的外部性的产品会供给不足。

二、市场失灵

再来分析第二种情况即市场失灵。

假设在一个没有政府或公共部门的社会,社会成员都出于自身利益的追求从事自利活动,在此情形下,首先,市场交换必然处于无规则、无监管因而混乱无序的状态,并因而必然会出现某些人凭借暴力手段掠夺他人财富,从而使社会全体都处于财产和生命得不到保护的高公共风险状态。其次,由于每个人只追求自我利益,那些满足社会公共需要的产品和服务却无人提供,由此必然会使社会处于难以运转的状态。可见,上述两方面,即制定和维护社会秩序以保障每个社会成员的生命与财产安全,维护社会正义和公平;提供社会必需的共同设施和公共服务,是任何社会共同体得以维持的基本条件,这些基本条件可以统称为公共产品。而自发的市场难以提供这些公共产品,这就是本来意义上的市场失灵。

第三节　政府合理性与市场失灵方法

一、政府合理性

在市场经济中,全社会的资源配置必须充分发挥市场机制的基础性作用,即由市场在理性经济人自利动机驱动下按效率原则对资源进行第一层配置。但是由于市场失灵的存在,必须矫正其固有的缺陷和弥补市场失灵,这就需要某种不同于自利主体的公共主体执行这一社会职能。这种公共主体是从理论逻辑得出的,而从历史发展中看,这种公共主体就是国家及其政府。虽然,最初的国家和政府并非是有意识弥补市场和私人部门的缺陷与失灵,而是为了统治集团(帝国与王室)的利益。但是,一当政府(官府)产生,就必须履行某种全社会的公共职能,从财政的视角看,政府在履行其公共职能的时候就是在提供公共产品,执行这种弥补市场失灵的职能。而从一个市场经济社会看,公共主体或政府的职能在本质上被抽象为矫正市场缺陷和弥补市场失灵,这一本质规定揭示了政府存在的合理性。

政府合理性是指某一社会中政府职能作用与社会需要的一致性,或社会偏好与政府偏好的一致性。这种合理性的基本属性是社会成员对政府的认同。在市场经济社会，其基础是政府与纳税人基于税收建立的委托代理关系，以及由这一关系所达成的社会契约。从公共产品的税收价格分析，政府合理性又可解释为纳税人与政府之间对公共产品的等价交换。

政府合理性是政府合法性的基石和核心。政府合法性首先是指合乎一国法律或宪法规定，包括政府产生的程序、权力划分、授权与职权范围等，其次是指政府必须依法行政。但是，从法理分析，一国宪法关于该国政府的合法性的宪法规定，并不就意味着依此宪法建立的政府就具备了合理性，必须看到，现实中存在政府合法性与合理性不一致其至矛盾和冲突的情形。这是因为，有关政府的法律规定并非出自人民的意愿，而是为了维护统治阶级或集团的利益和特权，这在奴隶和封建制社会尤为突出。

从财政的角度认识政府的合理性，有着十分重要的意义，因为它决定着财政和税收的合理性。有关有限政府、有效政府、廉价政府和服务型政府等政府目标，一方面从不同侧面反映了政府合理性的某一基本属性；另一方面也反映了社会控制政府成本和税赋合理性的诉求，所以，最终归结为政府财政收支的合理性。

需要进一步指出的是，政府合理性仅是从对政府规范分析中得出的结论，即从弥补市场失灵职能的角度对应该有怎样的政府的合理定位。所以，政府合理性具有普遍意义，任何政府所做的一切都需要以此检验其合理性与合法性，政府也必须以自身的行动来证明其存在的合理性，换言之，政府的合理性不是天然的。

二、市场失灵方法

由市场缺陷和市场失灵引出的政府矫正市场缺陷和弥补市场失灵的职能定位，给出了政府存在的合理性，是关于政府内涵的定性分析。但是，政府应该在哪些领域活动？换言之，政府活动范围的合理边界如何划分？财政学的基本方法是运用所谓市场失灵的方法来寻找和界定政府活动范围的合理边界。

市场失灵方法是指在市场经济中运用市场机制配置资源并以此确定市场机制有效覆盖的范围，然后将那些市场不能做或做得不好的事情归于公共部门资源配置的范围。

作为方法的市场失灵，与上述理论分析中的市场失灵虽然所指相同，但是，两者又有区别。理论分析中的市场失灵在于揭示表征和原因，而作为方法运用的市场失灵在于通过市场试错来验证市场机制失灵的领域，由此确定政府和公共部门进入领域的合理范围。例如，在我国，原有的新闻出版和文教卫生等领域是完全靠财政拨款的事业单位，改革开放以来，随着市场经济覆盖范围的不断推开，上述部门开始进行市场化取向的改革，引入市场机制，财政逐步减少拨款。通过市场失灵方法，证明某些具有经营性质的事业单位可以推向市场，政府应从该"越位"领域退出，而某些服务则不能简单推向市场，否则，其公益性就会丧失。例如，医疗体制改革就运用了市场失灵方法，发现完全按企业和市场原则改革医疗机构，就会出现医院逐利导致"看病贵"等问题，因此，该领域存在某种性质的市场失灵，政府财政应该介入。可见，在运用上，市场失灵方法具有某种优先试错的性质，即某种产品或服务的供给如果存在可由政府或市场提供的选择，可考虑由市场优先试验提供，如果发现市场提供存在问题，即出现失灵，则考虑政府介入，以替代、合作或混合等方式提供。一般而言，需要市场失灵方法试验的产品或服务是介于私人产品和公共产品中间的混合产品或服务，其属性将在第三章中展开分析。

第四节　公共财政模式

一、财政模式

如前所述,财政特殊首先是指与不同社会经济制度相适应的财政类型,即财政模式。在此对应意义上的财政模式,是指社会发展阶段相同社会经济制度相近的国家所实行的财政,在财政基本功能、运行方式、管理体制上遵循共同的理念、原则和基本制度。财政模式有以下基本特征。

1. 普遍适用性

一当某种财政模式形成,其理念原则和基本制度就会在经济社会相同的发展阶段普遍适用。例如,在原社会主义国家普遍建立了中央集权的计划经济,逐步形成了大一统的全能型计划财政模式,该模式所确立的由财政统一配置社会资源,财政供给企业资金,企业利润上缴财政等理念、原则和基本制度在所有原社会主义国家普遍实行。

2. 相对稳定性

财政模式的稳定性来源于财政与社会经济制度的关系,由于一定的社会经济制度具有长期稳定性,由此决定为之服务的财政模式也必然具有稳定性。这种稳定性并非是一成不变,而是指其本质特征的稳定性。在漫长的人类历史上,无数的朝代更迭,每一朝代都实行过某种新的税制和财政制度,但是,在奴隶和封建社会中的君主制下,财政始终是维持皇权统治和满足王室家族需要的财政,这一财政采取以贡赋性质的"皇粮国税"获取收入,以至高无上的皇权安排支出,"朕即国家"决定了君主财政模式上千年的稳定性。

3. 与政治制度和政府类型融为一体

财政模式从来都不是独立存在的,也不仅仅是资源配置的某种模式,而是与一国的政治制度和政府类型融为一体的,这是因为财政是以国家为主体的资源配置活动,国家的政治制度决定了财政分配中的国家主体的性质,而国家政治制度又决定了政府的类型。在历史上先后出现的君主制政体、代议制政体和中央集权制政体,以及由这些类型的政体决定的阶级压迫和统治型政府、官僚行政型政府和新兴的服务型政府,必然要求财政模式与其适应,这一点对于我们认识财政本质和特征具有十分重要的意义。

二、财政模式与财政体制

财政模式是财政体制的上位概念,财政模式是抽象存在的,换言之,它是概括了各国在历史和现实中已经实行的各种具体的财政体制的共同属性所得出的抽象概念,而我们在认识某一国家的财政时,所看到的是具体的财政体制,可以根据财政体制的本质特征和属性指出其属于那种财政模式。例如,公共财政模式就是对一切在市场经济国家中所实行的财政体制的概括与抽象,具体到某一国家的公共财政,是指具备了公共财政模式的属性与特征,同时又有自己特色的财政体制,如美国联邦制的公共财政体制,英国和日本集权制的公共财政体制等。此外,作为财政模式,公共财政是稳定的,而作为公共财政体制,则会因具体情况和遇到的问题处于经常的变革之中。例如,具体的税制结构,分权模式,预算管理体制等。

我国构建的公共财政体制框架,虽然属于公共财政模式,但是,与西方国家不同,我们要建立的是适应社会主义市场经济的有中国特色的公共财政体制,因而在体制上会有更多的特殊性,对此,我们必须从模式和体制两个层面分清楚。在模式层面,因为我国的经济已经是市场经济,所以,财政模式必须由原来的全能型计划财政模式转向公共财政模式,但是,在体制层面,由于我国国情的特殊性,我们要建立的公共财政体制,无论从与政治制度、政府类型的融合上,还是财政分权、税制以及预算管理等方面与西方的公共财政体制有很大的不同。相关问题的深入探讨将在以后各章中展开。

三、公共财政模式及其基本特征

（一）公共财政模式

如已经指出的,公共财政模式是与市场经济社会相对应的财政模式。该模式要求从市场与政府关系界定财政职能,因此,如何认识政府与市场关系,就成为公共财政模式的轴心,这也是从"市场与政府"理论范式得出的基本结论。

从一般理论分析中,我们已经知道,政府与市场关系的经济学含义是私人部门与公共部门在资源配置上的分工关系问题。而相信市场力量是这一分工关系的基本出发点和基本原则,为此,必须严格按市场失灵来界定政府与公共部门的活动范围,是公共财政模式的第一要义,也成为有限政府的基本约束域。所以,公共财政模式得以确立的条件,在经济上就是要有充分的市场竞争,这包括了财产权的有效保护和充分的契约自由,以此保证市场机制这只"看不见的手"最大限度和最有效地发挥配置私人产品的积极作用。在政治上需要建立民主的政体,使公共偏好在公共决策中充分表露,形成公共选择的有效程序和法制管道,以保证政府这只"看得见的手"最大限度和有效地发挥配置公共资源的作用。

但是,从市场经济的历史进程中出现的政府和公共部门,及其由市场经济中的政府和公共部门决定的财政,在对市场和政府关系的认识和制度安排上却是不断变化的,大体上经历了三个阶段。

在资本主义市场经济发展的初期,新兴的资产阶级出于反对封建专制的需要,鼓吹自由放任,极力要求限制政府权力,代表新兴资产阶级的思想家们主张要建立"守夜人"型的小政府,亚当·斯密和约翰·穆勒都明确提出了"小的政府就是最好政府"的观点,其基本的职能限于保卫国家和管理社会,即斯密提出的预防外敌、保卫人民生命财产安全、司法行政和必要的公共设施。在这一发展阶段的财政思想特别主张财政应该收支平衡,反对财政赤字。我们可以称这一阶段的政府是"守夜型政府",与之对应的财政是"去市场的消极平衡型公共财政"。

在19世纪末20世纪初,资本主义的市场经济从自由竞争进入到垄断资本主义阶段,其间伴随着城市化进程的加速发展,社会公共事务和公共问题急剧增加,需要政府制定公共政策并承担更多公共事务的责任。以瓦格纳为代表的德国社会政策学派,提出了扩大政府职能的主张,但对市场仍然采取不干预的态度。1929—1933年的经济大萧条,打破了市场神话,凯恩斯主义开始重新认识政府与市场的关系,提出了政府通过干预经济以矫正市场缺陷的主张,而"罗斯福新政"则通过大规模的财政支出开始实施政府干预市场,自此,一直到20世纪70年代初的30多年,政府干预经济成为市场经济国家普遍的信条,也使政府与市场关系由主张"守夜人型"政府转向"干预型政府",由主张财政收支平衡转向赤字财政,公共财政也随之转向"亲市场的干预型赤字公共财政"。

长期奉行凯恩斯主义使西方市场经济国家在 20 世纪 70 年代末 80 年代初先后普遍陷入经济"滞胀",社会福利政策难以为继,政府面临"信任、管理和财政"三大危机。1979 年,新上任的英国首相撒切尔夫人,面对危机开始了以"私有化"和改革政府与公共部门为内容的新公共管理运动。新公共管理主义的思想渊源是以哈耶克为代表的新自由主义,其主旨在于重新划分市场与政府之间的界限,为政府"瘦身",同时更多的民营化和更多的市场机制是其改革的基本理念。与此同时,在民间由于那些因市场与政府同时失灵造成的社会鸿沟和资源配置的缝隙地带的存在,使非营利的第三部门在全世界掀起了被塞拉蒙称之为的"社团革命"洪流,民众对长期官僚制下的缺乏回应和服务精神的政府的不信任和怀疑,以及公共治理和多中心治理成为市民社会的普遍诉求,迫使政府走向再造之路。其再造的主张有很多,如企业型政府、有限政府、廉价政府、服务型政府、回应型政府、能促型政府等,但其主旨在于使政府更多地体现为纳税人服务的本质特征,再造出有别于干预型政府的公共服务型政府,与此相对应的财政也开始转向"回应服务型的公共财政"。

从以上简要的回顾中可以得出,由于对于市场和政府关系的不同认识,使公共财政模式在处理两者关系的过程中经历了三个不同的阶段,但是,其模式本身始终是服从和服务于市场经济社会的发展与变化。

（二）公共财政模式的基本特征

公共财政模式需要从规范与实证两种分析中认识。规范分析下,公共财政模式以弥补市场失灵为基本的价值判断,根据市场经济社会对公共产品与公共服务的基本需要,对政府和公共部门职能的要求,对公共经济和公共资源配置的特殊机理和机制的制度安排,从公共财政"应该怎样"的价值目标的要求出发,提出公共财政的基本特征,这些基本特征大体上可以概括为以下几点。

1. 公共财政是纳税人的财政

这是公共财政在产权属性上的根本特征。它要求国家通过政治权力强制获得的税收在所有权上属于全体纳税人,在这一产权基础上,纳税人以税收资产委托人身份和政府之间建立起委托—代理关系的社会契约,建立起以纳税人为核心的公共财政,实现财政"取之于民,用之于民"。

2. 公共财政以弥补市场失灵,提供公共产品和公共服务为基本职能

这是公共财政在职能上的根本性定位。它要求财政支出的基本作用在于校正市场缺陷和弥补市场失灵,支出的基本范围应限定在出现市场缺陷和市场失灵的领域。凡是市场能做得好的,公共财政就不要直接介入,凡是市场不能做或做得不好的,公共财政必须介入。为此,政府和公共部门的基本职责就是以公共财政向社会提供公共产品和公共服务,满足社会普遍的公共需要,它大体包括三个层次：全社会层面所需要的安全、公平和秩序产品;社会共同使用的基础设施与公共设施;社会成员应平等享有的基本公共服务。

3. 公共财政应向社会提供一视同仁的服务

这是公共财政基本的伦理价值要求。公平财政是公共财政的伦理价值目标,所谓公平财政就是要求财政支出必须在提供公共产品和公共服务过程中,以一视同仁为基本原则,不能存在社会身份、地位、民族、宗教等方面的歧视,维护人的基本权利的平等,实现社会的公平正义。

4. 公共财政是民主财政

这是公共财政管理和运行的基本要求。既然公共财政是"集众人之才,办众人之事"的

财政,那就必然要求对公共财政的管理是民主的管理,通过建立公共预算编制、执行和监督的民主参与制度,实现民主理财,其核心是代议制民主政治制度的建立,其基本前提是实现财政透明度,其基本途径是公共选择。

5. 公共财政是法制财政

这是公共财政根本的制度性保障。法制财政要求必须建立宪政财政的法统,首先,要求法律保障纳税人的各项基本权利,包括话语权、知情权、同意纳税权、选举代表权、要求服务权、监督问责权等;其次,必须建立财政预算、管理、执行和监督的法律和相应法定程序,实现法律对财政行为的硬约束。

公共财政上述的基本特征,是规范分析的描述或价值目标的基本分解,但是,从实证分析看,现实中的公共财政特征与之并不一致甚至会发生背离,这主要是由于"经济人"自利动机在公共领域作用的结果。公共选择理论对此进行了严密的逻辑实证分析,指出了有限理性、机会主义和不确定性下的公共决策和管理必然会存在政府失效,这一分析为建立一整套科学严密的法律和制度体系提供了理论依据。

第五节　公共财政的伦理

财政伦理即关于财政在整个社会关系体系中进行活动应遵循的一系列价值标准或道德标准。财政伦理标准的基本功能是衡量财政的基本制度和具体政策是否符合社会正义原则。财政的伦理问题首先是一个历史性的范畴,在不同的社会中财政的伦理标准会有很大的不同。例如,封建社会中用于祭祀天地鬼神和王室宗庙、用于供养帝王嫔妃、兴建皇帝陵寝等的财政支出是合乎封建的等级制的伦理道德的。在我国计划经济时期的国家财政实行统收统支,一切由国家安排,总体上符合计划经济和中央集权政体的伦理标准,但是,有很多问题由于忽视用财政的伦理标准进行衡量,以至于将其作为正确的政策长期执行。例如,财政收入上长期实行工农业的"剪刀差",财政支出方面,国家干部享受完全免费的公费医疗,目前实行的退休领导干部享受的老干部待遇等。在财政学中,财政伦理通常被忽视,仅在财政的效率与公平问题上有所涉及。

公共财政的伦理从总原则上说,就是在市场经济中,全体纳税人将全部税收委托给政府以用来弥补市场失灵,换言之,凡是用于弥补市场失灵的财政收支活动都是符合公共财政的伦理的。这一总的伦理原则体现在公共财政的具体职能中。公共财政的职能在财政的运行中具体化为财政收入、支出、决策和管理等活动,这些活动反映政治的本质,如敦利威的名言"政治的本质是对社会公共资源的权威性分配",即运用政治权力对以财政资源为主的社会资源的分配,所以,财政职能还应从公共资源的权威分配进行分析,这涉及分配的财政伦理,即以什么样的伦理原则构建财政制度。本节在对公共财政基本职能分析的基础上,简要分析财政伦理问题。大致可以分为三个层次的伦理,即公共财政的责任伦理、公共财政收支中的伦理、财政决策与管理伦理。

一、公共财政的责任伦理

在现代市场经济与民主政体下,公共财政的责任伦理所涉及的价值判断和道德标准,是指一个"以众人之财,办众人之事"的财政,应该负哪方面的责任才是正当的。经济学分析中的"弥补市场失灵"从资源配置的角度给出了政府存在的合理性,并据此揭示出财政的基本职能。财政的责任伦理则是从伦理层面分析财政职能背后的伦理价值含义。

1. 解决公共性问题

任何社会都会存在公共性问题,所谓公共性问题,是指社会群体在生存发展中共同面对的那些人人需要解决而自发的市场无法解决的共同问题,诸如国家安全、社会治安、大气污染、宏观经济等。解决这些问题是公共部门和政府存在的合理性的基本依据,如同林肯所言:"政府应该做人民靠自己的力量想做却做不了或做得不那么好的事情"。当一个财政的支出被合理地用于解决公共问题时,就是符合财政的基本伦理。

2. 协调效率与公平关系

效率与公平被认为是存在此消彼长替代关系的一对范畴。但是,这种观点过于笼统,应该展开分析。在市场经济中,市场机制配置资源所依据的是经济效率原则,经济效率原则在市场的初次分配中体现为按要素价格分配,必然会出现收入的差距,这种差距在一定限度内体现了贡献与报酬的对等,符合经济公平原则,也正是这种合理的差距才激励生产要素所有者积极参与经济活动,进而增加了社会财富的总量,而社会财富总量的增加是提高全社会物质生活水平和消灭绝对贫困的必要条件,从而具有伦理价值。但是,如果差距过大,必然加剧社会的相对贫困程度,使收入差距转化为社会不公平,从而会出现与效率此消彼长的替代。而社会的不公平超过一定限度就又会反过来影响低收入者创造财富的积极性,进而不利于效率的提高甚至导致公平与效率都下降。所以,使社会收入差距保持在一个社会所能接受的范围内,即保持一定的社会公平有利于促进效率的提高。可见,在两者上述关系中,公平与效率之间存在公平与效率互相促进的区间、两者此消彼长的替代区间和两者都下降的区间,可用 1-4 图表示。

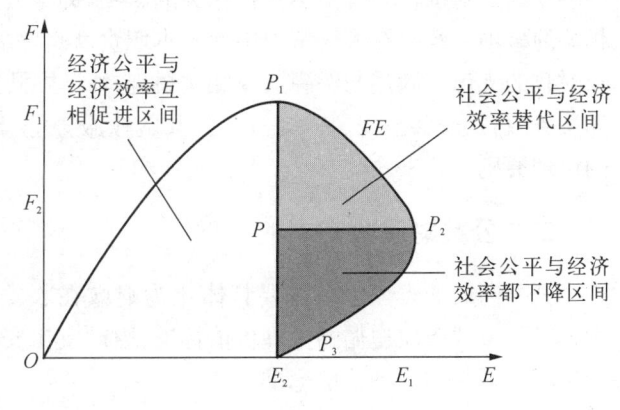

图 1-4　效率与公平关系的演变

图 1-4 中,纵轴 F 代表公平,横轴 E 代表效率,原点 O 代表经济与社会活动的起点,FE 曲线为公平与效率曲线,该曲线在 P_1 点以前为经济公平曲线与效率曲线的结合,在 P_1 点以后为社会公平与效率曲线的结合。效率与公平曲线从原点 O 出发,表示"做蛋糕"(效率)与"分蛋糕"(公平)两者是相伴始终的关系。在 P_1 点以前,经济公平有促进效率的作用,即按生产要素分配所形成的合理的收入差距符合经济公平,因此两者具有共同增长的一致性,至 P_1 时,经济公平与经济效率的一致性达到极点,此时的经济公平为 F_1,经济效率为 E_2,由此形成的 OP_1E_2 白色区间为经济公平与经济效率相互促进的区间;在 P_1 点以后,虽然经济效率仍在提高,但是由于经济差距不断加大,公平的性质由经济公平转化为社会公平,且社会公平程度随着效率的继续提高开始不断下降,直至下降到 P_2 点的 F_2 水平,由此形成的 P_1P_2P 浅灰色区间为社会公平与经济效率此消彼长的替代关系区间;当公平与效率曲线超过 P_2 点时,由于社会不公平已经超过了社会能够接受的程度,社会公平与经济效率

开始同时下降,直至社会公平完全消失,此时经济效率下降到 P_3 点的 E_2 水平,此点的效率产出完全靠饥饿纪律和人身完全失去自由维持,类似于奴隶制下的生产率,由此形成的 PP_2E_2 深灰色区间为社会公平与经济效率同时下降的区间。深灰色区间的含义是:一个经济制度的安排应该避免使社会公平下降到 P_2 以下。该图还表明,同样的效率或同样的公平可以与不同的公平和效率匹配,换言之,同样的效率目标可能是在不同的公平水平下实现的,但是,这里的公平含义会有很大的不同,既存在经济公平与社会公平的性质差异。

在实现财政的收入分配职能方面,财政收支的重要作用就在于协调效率与公平的关系。如果在某时期,社会财富总量不足,物资匮乏,供给短缺,需要采取效率高于公平目标的政策(效率优先兼顾公平),财政可以少转移支付,少收税,以实现效率的高速增长。如果在某一时期,社会财富已经有充足的积累,市场供给相对过剩,需要采取公平高于效率目标的政策(公平优生兼顾效率),实现了将两者保持在彼此促进的区间内的目标。总之,通过财政的收入分配调节作用,应该使公平与效率曲线尽量保持在白色区域内,或者保持在浅灰色区域内的上端,在此范围内的财政调节社会收入分配的职能是符合财政的基本伦理原则的。

3. 保障和维护人的基本权利。政府的公共责任要求其必须在对社会实施管理中履行两类性质的事权,即主权事项与人权事项,所谓主权事项是指国家公共权力机构代表国家意志对外对内行使国家主权的相关事项,大体包括国防、外交、司法和行政等公共事务。而人权事项则是与维护公民基本人权相关的事项,即与公民的生存权、健康权、发展权、工作权等相关的事项。政府在人权事项中的根本职责就是保障和维护每个公民的基本人权。这就要求财政的支出应满足与保障人权相关的基本公共服务均等化方面的各项公共事业的支出,如义务教育、公共卫生、基本医疗、公共就业服务等,以实现公共财政"取之于民,用之于民"的伦理原则。

二、公共财政收支中的伦理

公共财政的责任伦理需要具体化为财政在收支活动中的伦理。即财政取得收入的原则、来源、方式等应遵循的伦理价值标准;财政支出安排中政府间责任分工、支出顺序和重点确定等应遵循的伦理价值标准。

1. 财政的收入伦理

财政收入的主要方式是税收,取得税收的伦理以公平为主,所谓税收公平就是能力与负担对等的原则,这包括横向与纵向公平,横向公平要求凡有同等纳税能力的人都要同等纳税,纵向公平要求不同能力的人应该不同纳税。之所以强调能力与负担相等,其伦理的价值判断在于:政府提供公共产品会使全体社会成员受益,这就需要全体社会成员承担提供公共产品的成本。但是,由于社会成员能力与机会的差别,他们所得到的收入也会存在很大差别。一方面,根据"不能要求人们做其没有能力做的事"这一伦理原则,不能要求社会成员平均承担税赋,而是要根据能力原则分担。另一方面,收入多的人承担更多的税负,也是回报社会的体现。当一个社会中财富过多集中于某些人的手中时,其拥有的财富在最终来源上是社会,回报社会是对其应有的伦理要求,所以,要求高收入的人多缴税符合这一伦理要求。而税收公平伦理原则的实施也会促进经济的效率。反之,若采取平均主义的税负,就违反了税收伦理。

国家征税的伦理价值还体现在税收的来源正当与否。以国家通过征收烟草的消费税取得的税收为例,据统计,我国目前每年烟草的消费税约占消费税 60% 左右,来自烟草消费的税收也同样成为很多国家税收的重要来源。很显然,这部分财政收入是来源于吸烟者的不良嗜好,是以他们的健康损害甚至生命为代价的,这种收入来源显然有悖财政收入的伦理,但是,由于税收如此倚重于烟草税,目前还难以像禁毒那样禁烟。

再以公债取得财政收入而言,公债是否会带来代际成本与收益的错位问题,也是一个财政的收入伦理问题。国债与税收最大的不同在于,国债是一种有偿的资金,是需要到期还本付息的,是预期的税收。如布坎南所说,国债"这种联合财政活动包含两次交换:一次是在政府和把资金借给政府的人们之间的私自商定和完全自愿的交换;一次是与征税相关联的政治交换"。这就会涉及国债最终会对谁造成负担,即国债的最终归宿,如果在代与代际之间出现上一代人靠发行公债而受益,该受益不会延及下一代,而最终的偿债负担落在下一代人头上,就会出现公债的代际公平问题。

2. 财政支出中的伦理

首先,政府间财政支出的安排,应遵循谁受益谁承担成本的原则,因此,事权和财权应统一。虽然政府间转移支付是必需的,但是超过一定的度,就会违反伦理原则。例如,一国的首都,作为首善之区,应该在城市基础设施建设方面优于全国,但是,仅靠首都本地区的税收可能难以做到,需要举国之力。然而,如果过多集中其他地方的财力,就会出现首都地区居民和外埠居民在享受公共产品方面的不公平问题。

其次,财政支出安排顺序和重点,应遵循保障人权、提供基本公共服务、促进经济社会发展的基本顺序,并根据某一时期的重大社会问题确定支出重点。保障人权之所以是财政支出的第一顺序,是因为人权平等是社会公平正义的基础,而人权属于私人权利,个体难以依靠自己的力量维护其基本权利,必须借助公共权力的强制力才能得以保障,如亚当·斯密所说,君主的首要责任是保障国家和人民的生命财产的安全。为此,财政支出要确保国防和政府机构的正常运转。第二顺序是向社会提供基本公共服务。如义务教育、基本医疗、社会保障等,这些基本公共服务为保障和维护基本人权提供了基本条件。第三顺序为保障市场经济正常运行的支出,以对经济运行所需的基础设施、基础产业所进行的投融资的支出为主,还包括政府用于调节经济的支出。

三、财政决策与管理的伦理

公共财政基于纳税人与政府的委托代理关系,这就要求政府部门在伦理观念上要实现由"花国家的钱"向"花纳税人的钱"转变,也决定了公共财政在决策和管理上要体现民主财政的本质要求,因此,如何花纳税人的钱,必须经过公共选择的程序,这就是财政的决策伦理。这一伦理要求财政预算必须经议会批准,议会代表必须认真履行职责,遵从纳税人的意愿,参与财政决策,因而成为一国政治的核心内容。在西方国家,议会每年一度的预算日,是全体国民政治生活中的大事,议员们往往围绕预算决策展开激烈辩论,民主理财可见一斑。在我国,全国人民代表大会每年也要对中央和地方政府的预决算进行审议,表明财政民主决策已经成为世界普遍遵从的财政伦理。

在对财政的管理方面,财政伦理同样是基于民主理财的伦理诉求。虽然财政管理属于行政层次,但是,政府部门的支出活动必须遵从透明原则,做到及时公开以接受社会的监督,实行民主理财。最近在我国一些地方政府实行的参与式预算改革,就体现了民主理财的要求,例如在城市基础设施建设工程中的方案选择、资金预算和支出管理,都引入市民参与机制。由于参与式预算管理更加符合公共财政的伦理观念,受到了市民的欢迎,政府支出绩效明显提高。

本 章 小 结

公共财政是与市场经济相适应的财政模式。本章从市场资源配置效率入手,通过分析得出了市场缺陷与市场失灵是政府存在合理性的依据,进而基于市场失灵方法,依据弥补市场失灵以及纳税人与政府间的委托代理关系,重点分析了公共财政模式的基本特征。最后,从财政的基本职责、财政的收支、财政的决策与管理等方面分析了公共财政的伦理价值标准问题。

扩 展 阅 读

公共财政与宪政

西方国家的财政是宪政的重要内容之一,当前我国财政的公共化改革实际上是走向宪政财政的必由之路,但是我国的财政改革依然面临诸多不确定性,所以这条路是一条曲折的探索之路。

作为国家公器,财政在当今世界各国都具有极其重要的地位。但在其与宪法、宪政的关系上,对西方国家、转型国家和发展中国家而言,却有着很大的差异,这种差异是历史形成的,也是在各种不同的历史、民族、文化和地缘环境中逐渐进化而成的。这是一个不确定性的进化过程,这个过程至今仍未停止。这喻示着它们各自选择的通往财政改革理想的现实之路也必然有着重大不同。

中国不同于西方的宪政化过程

从历史长河的一幅幅定格画面来看,西方国家的财政是宪政的重要内容之一,两者有直接的内在逻辑关联,西方现代财政的形成过程,同时也是国家公共治理的宪政化的过程。如税收法定主义、预算的法定性、财政的公共性等现代财政基本规定性的形成,与公共治理的宪政化是同时进行的,都遵循着"主权在民"的准则。历史进化到今天,西方财政已经形成了一整套具有西方特色的公共选择规范和程序,并内化到实践过程之中,观念和实践已经合二为一。故而在西方人的眼里看来,"税收法定"、"公共性"是无须讨论的既定前提——理论前提和制度前提,就像国人长期在小农经济基础上历史地形成的"皇粮国税"的观念和行为。他们的讨论都是在这样的前提下进行,对于社会大众而言,已经不需要对这些前提本身的含义以及设定这种前提的必要性做理论的探讨和实践的探索。

而对于我们中国而言,不曾存在西方国家市场经济推动下的宪政化过程,尽管在100年前,曾经有过学习西方宪政的设想:1908年当时的清政府颁布了《宪法大纲》并制定了九年规划,但很快就中断了。我国有5000年未曾中断的文明史,历史上一度辉煌,君临天下,唯我独尊。但近代的衰落和遭受的种种屈辱,萌发了国人"师夷以制夷"的决心,全面向西方学习,包括技术、军事、经济、教育、文化以及政治等。这个过程直到现在仍在延续,特别是改革开放 30 年来,这个过程在加速推进。作为国家公器的财政自然也在向西方学习之列,1998年政府明确提出"公共财政"以作为国家财政改革的方向,就鲜明地表明了这一点。这些年来,围绕"公共财政"这个话题做了许多的理论探讨和实践探索,进展是明显的。这表现在,越来越多的人对国家财政的"公共性"、"法定性"有了更准确的理解和把握,同时,通过预算管理制度的改革,财政收支过程的规范性、公开性和透明度有了明显的变化。观念的更新和实践的进展,共同在推进我国的财政公共化改革。从近 30 年的历程观察,财政改革之所以能取得阶段性的成功,关键是从中国国情出发,把从西方学来的共性的抽象理论转化为个性化的具体实践,并从实践中来加深理解"公共财政"的内涵和在中国环境下的特质。

宪政财政的形成是一个艰难的过程

从宪政的视角来研究公共财政,成为近年来的一个热点。但宪政与其说是一种理论,倒还不如说是一种抽象原则——主权在民——指导下的历史实践。有宪法不等于有宪政,有宪政也不等于有一个理想的完美宪法。宪政的实践在世界各国是不一样的,就像市场经济一样,没有任何两个国家的市场经济模式是相同的。从实践的视角观察,而不是以西方某一个国家的静态定格画面为标准来衡量,当前我国财政的公共化改革实际上是走向宪政财政的必由之路,也可以说是宪政财政在中国的实践探索。因为我国财政的公共化改革遵循的是"主权在民"这个原则,至于外观形式可以多样化,不一定非得是"西洋风格"。

然而,通往中国特色的宪政财政之路还相当艰难。因为,将来我国将会建立起一个什么样子的宪政财政,有许多的不确定性在等待着我们。正如温家宝总理在 2008 年 3 月 18 日的记者招待会上所言:"一个国家的财政史是惊心动魄的。如果你读它,会从中看到不仅是经济的发展,而且是社会的结构和公平正义的程度。"这说明,财政改革是可以说是最难的改革。让"主权在民"的原则在财政治理结构中得到彻底体现,那就意味着宪政财政的形成,这是一个艰难的过程。

"主权在民"具体实践的不确定性

"主权在民"的原则要转化为一个国家的具体实践,面临着诸多的不确定性:

一是社会利益结构的转换。从制度上对公共权力来源的重新确定,是社会利益结构的重塑,不是说一说就可行得通的。例如征税权、收费权、发债权,是让老百姓来决定还是由相关政府部门来决定?虽然我国具备了转换利益结构的良好政治资源,如宪法规定"一切权力属于人民";处于执政地位的中国共产党的执政理念是一切服务于人民大众的利益等,但要真正做到并不容易。现实的情况是,老百姓对上述公共权力的行使并没有多大的发言权,往往是一些部门说了算,当部门权力异化时,缺乏相应的制约机制。

二是"主权在民"这个原则的具体实践形式的选择。财政民主是一种良好的形式,但仍是抽象的。老百姓如何参与公共收入、公共支出的形成过程?机制是什么?立法机关的意志与老百姓的公共意志是否能总是保持一致?如果不能,又有何矫正机制?如此等等,这些问题都没有现成答案,只能从实践中摸索。尽管财政的公共化改革在理论上初步明确了政府与市场、政府与民众的逻辑关系,但转换成具体实践并不容易,所谓"知易行难"。

三是实践与认识的关系。这种关系通常是不确定的,尤其是从社会进化的历史过程来看。如果把"实践—认识"视为一个循环过程,那么,其起点是哪一个?这恐怕是无法分清楚的。从世界历史范围观察,有的国家可能是侧重于理论,而有的国家可能是侧重于实践,但都不是纯粹的。这对于我国来说,正处于不确定性的"多岔路口"。我们做出的选择最终只能让历史实践来证明。历史证明所给出的结论,从来都不是正面的肯定,都是以公共风险和公共危机的方式告诉我们。历史的进化就是以各种各样的接连不断的公共风险和公共危机来矫正人类的各种错误。以此来看,真正的历史起点是公共风险和公共危机,从西方国家的宪政历程中不难看出这一点。

四是认识的不确定性。尽管"主权在民"的原则得到这个历史阶段的公认,但究竟什么是"民"? 是集合概念还是个体概念? 如果是前者,那么是有机的整体,还是个体的线性相加? 进一步说,社会是一个生命有机体,还是一部由许多零部件组成的机器? 不同的认识决定了对"民"有不同的理解。如果是个体概念,那么,"民"如何来掌握其主权? 主权是不可分割的,分散的个体如何同不可分割的主权之间联系起来? 或者说,如何把分散个体的意志整合成为公共意志? 这是人类社会至今都未能解决好的难题,包括所谓的西方宪政国家在内。从古希腊城邦国家实施的民主到现代国家实施的民主,都不过是在探寻和求解这个难题。如果说是个体的自然权利让渡形成公共权力,那么,正是个体的财产让渡形成公共财政。但在现实生活中,公共权力以及公共财政都获得了与其来源本身不一样的独立存在形式,从脱离母体的那一天开始,它们就在不断膨胀,尤其在现代社会,更获得了一种合法性存在形态,如以民主形式体现的公共选择。在公共权力、公共财政的膨胀过程中,公共风险和公共危机似乎成为它们的垫脚石,每经历一次,它们就膨胀一次。这即使在有个人主义传统的西方国家,这种趋势也是相当明显。"主权在民"的原则在不确定性的认识面前,事实上也变得不确定,其含义是由实际掌握话语权的那部分社会成员来赋予的,在现实过程中其对公共权力的约束已经日益弱化。

无论是从社会个体出发的个人主义,还是从社会整体出发的集体主义,在个体与整体的关系上面临着相同的问题——如何化解个体权利与公共权力的矛盾与冲突,即使是被"公认"的宪政国家也不例外。也许,我们应该超越已有"宪政"对我们认识带来的束缚,包括这个概念本身以及世界上现存的"宪政样板"给我们的束缚。如果宪政实践存在一个"中国模式",那它对人类的意义无异于哥伦布发现新大陆,将带给人类一种全新的认识和启迪。

(资料来源:刘尚希,http://www.chinaelections.org/NewsInfo.asp? NewsID=157568。)

思 考 与 练 习

1. 为什么市场会存在缺陷和失灵? 举几个现实中的例子。
2. 为什么要有政府? 政府存在的合理性依据是什么?
3. 为什么把市场失灵作为一种方法? 主要运用在哪些方面?
4. 财政模式与财政体制有怎样的关系?
5. 你怎样理解公共财政模式及其特征?
6. 什么是财政伦理? 应怎样认识公共财政的伦理价值标准?

第二章 公共财政的职能

知识要点与学习要求

1. 财政职能含义及演变。要求正确理解财政职能的含义,认识制约财政职能的因素,把握我国财政职能的发展演变及其原因。

2. 财政资源配置职能。要求准确理解财政资源配置职能含义,正确认识财政履行资源配置职能的必要性,把握财政资源配置职能的主要内容与手段。

3. 财政公平分配职能。理解财政分配职能的含义,把握财政公平分配的准则,正确认识财政公平分配职能的必要性与实现公平分配的财政手段。

4. 财政稳定经济职能。要求理解财政稳定经济职能含义,正确认识财政稳定经济职能的必要性与实现稳定经济职能的财政手段。

本章结构图

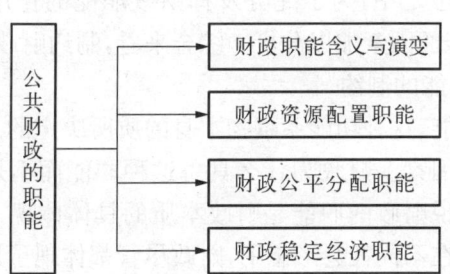

基本概念

财政职能　财政资源配置职能　财政公平分配职能　财政稳定经济职能

第一节　财政职能概述

一、对财政职能的一般理解

职能是人、事物、机构应有的、内在的作用和功能。财政职能系指财政作为<u>一个经济范畴</u>,在社会经济生活中所固有的职责和功能,它是财政本质的反映。研究财政职能的任务,就是要从理论上概括财政在社会经济中的地位和作用,把握财政职能演变的规律,并充分认识财政履行其职能的机制和手段。

财政是为政府实现其职能服务的,是政府的一种经济行为,财政职能必然决定于政府职能,是政府职能的经济体现。因此,财政职能实际就是政府的经济职能。在不同的经济发展阶段、不同的经济体制条件下,政府的经济职能也有所不同。西方现代经济学基于市场失灵的理论,从政府对经济活动的干预出发,将政府的经济职能或作用主要归结为三个方面。如萨缪尔森在其《经济学》中认为,政府的经济职能包括:效率、平等和稳定。有关效率的政府行为试图矫正垄断一类的市场失灵;政府促进平等的方案使用诸如收入再分配等工具实现对社会弱势群体的基本生活保障;稳定化政策试图削平经济周期的波动,减少失业和通货膨胀,并促进经济增长。可见,在市场经济条件下,政府的经济作用主要是针对市场在资源配置、收入分配、经济稳定方面的失灵而体现出来的。市场失灵为政府和财政发挥作用提供了领域,界定了公共财政的职能范围和内容。美国著名财政学者马斯格雷夫在《财政理论与实践》中,正是以财政职能为中心构建财政的理论框架,对现代公共财政的职能进行权威分析。他认为财政包括配置、分配和稳定三大职能。这种认识对我国理论界有关财政职能问题的研究产生了重大影响。

认识财政职能至少注意把握四个要点:① 财政是一个分配范畴,其职能是内在的、固有的,与财政本质有密切关系,具有不可替代性;② 财政是一个经济范畴,职能表现为政府的经济作用,作用可能是正面的,也可能是负面的,财政职能作用的有效发挥要依赖于人们对财政职能的准确理解;③ 财政是一个历史范畴,其职能也处于动态之中,不同时期财政职能的内容会有所不同;④ 现代公共财政职能与市场失灵有关,取决于政府与市场关系。

二、制约财政职能的因素

既然财政职能处于动态之中,为了充分发挥财政职能的作用,把握财政职能演变的趋势,有必要对制约财政职能的因素加以分析。综合来看,制约财政职能的主要有如下因素。

1. 财政本质对财政职能的制约

职能是事物固有的功能,这种功能系事物本身的质所决定的。从这一角度看,财政本质是决定财政职能最重要的因素。财政为什么具备这种职能而不是那种职能,说到底是由财政本身的质所决定。可以说财政的职能是财政本质的具体体现,财政职能的具体运用的效果就表现为财政的作用。在不同社会形态下,财政尽管都体现了以国家为主体的分配,但分配背后所体现的关系却有质的区别,财政的本质有所不同,这决定了财政具有不同的职能。

2. 经济体制对财政职能的制约

在不同时期,经济体制改革的目标、任务不同。财政体制作为整个经济体制的有机组成部分,也必然要进行不断的变革,这样随着经济体制、财政体制的改革,财政职能也会发生转变。由于经济体制的不同,计划经济条件下的财政职能和市场经济条件下的财政职能相比,必然有很大的差别。一般地说,在计划经济条件下,财政参与社会产品分配和直接经济管理的职能要强些;在市场经济条件下,政府宏观调控与间接经济管理方面的职能要强些。

3. 政府职能对财政职能的制约

在不同历史时期,随着经济体制的不断调整,政府的职能也在不断转变。财政分配要保证实现政府的职能,也可以说财政是政府实现其职能的重要手段,财政手段运用的程度和范围的大小,要体现政府职能范围的大小。政府职能范围的大小要影响财政在整个社会资源配置中的份额,政府职能在各级政府之间的划分也影响各级政府财政在整个财政资源配置中的份额。因此,政府职能的变化,财政的职能也要发生变化,较小的政府职能范围决定了政府财政只承担较小的财政责任,政府职能范围宽广,财政承担的责任也较大。在我国,随着计划经济向市场经济的转变,政府职能也在发生变化。这体现在某些政府职能有所消亡,如政府对微观经济的直接管理和控制方面;某些政府职能有所强化,如政府宏观经济的间接管理和调节方面;某些政府职能有所增添,表现在政府对一系列社会经济问题的处理上,如环境保护、社会保障、科学研究和义务教育等方面。政府职能的变化,财政的职责范围也要做出相应调整,以保证政府实现其职能的需要。

三、财政职能的发展演变

固有的财政本质决定了财政职能的相对稳定性,而经济体制和财政职能的转变又决定了不同历史阶段财政职能有不同的体现。西方财政的发展昭示了这一问题,社会主义财政的历史也证明了这一点。

在西方自由资本主义时期,按照古典学派的观点,市场这只"看不见的手"可以完全调节经济活动,政府对经济的干预越少越好,应该建立"廉价政府",这一时期的财政职能可归结为收入职能和配置职能。到了19世纪末20世纪初,资本主义从自由竞争阶段发展到垄断资本主义阶段,社会出现了贫富两极分化,阶级矛盾十分尖锐,一些西方学者开始主张,政府要充分利用财政分配工具,矫正社会收入分配不公,逐步赋予西方财政公平分配职能。1929—1933年资本主义国家爆发了空前的经济大危机,失业、经济衰退成为经济生活面临的极为严重的问题,于是出现了"凯恩斯革命",主张政府通过改变收支的财政政策来管理总需求,实施赤字财政,熨平经济波动,于是赋予财政稳定经济的职能。而当代西方学者,对财政职能进行了多方面研究,基于市场失灵和政府的经济作用,一般把财政职能拓展为资源配置、收入分配和经济稳定三大职能,从而成为主流。

在我国,财政职能的演变主要体现在不同历史时期理论界对财政职能的不同概括方面,这种概括实际体现了政治经济情况变化对财政职能演变的决定作用。从我国的实际情况看,理论界对财政职能的探讨,主要集中在三个时期。这三个时期的探讨,实际集中体现了人们对传统的高度集中的计划经济时期、经济转轨时期以及社会主义市场经济条件下的财政职能的反映。

1. 高度集中的计划经济时期的财政职能

20世纪50年代及60年代初期,我国理论界对财政职能进行了集中探讨。这一时期,一方面面临建立社会主义财政学的任务;另一方面又面临着在社会主义建设中如何发挥财政职能作用问题。因此,理论界对财政职能进行了研究,认为财政具有分配职能和监督职能,其中分配职能是主要职能。需注意的是,这里讲的分配职能,与西方财政理论中的分配职能的内涵有很大的不同,西方财政理论中的分配职能是指对社会收入的再分配职能,而计划经济体制下的分配职能虽然也包含了收入分配,更重要的是指对全社会资源的配置职能,主要是指对全社会生产资金的分配。这种财政职能体现了当时高度集中的计划经济体制的要求。财政作为实现社会主义经济计划的基本手段,客观需要发挥财政分配全社会资源,而且在这种分配过程中要保证分配符合计划的要求。此外,与这种全覆盖的分配职能相适应,财政还应具备监督职能。所谓监督职能,就是需要财政对全社会经济计划的执行和各种资金的运用发挥总会计的职能,以纠正财政收支中出现的偏离计划的行为,保证计划的全面落实。

2. 经济转轨时期的财政职能

中共十一届三中全会以后,我国进入了改革开放的经济转轨时期,这一时期经济本质上还表现为计划经济,但市场经济的成分开始被逐渐引入,因此带有双轨制的特征。理论界结合经济体制变化的新情况,对我国财政职能进行了多方面的探讨。其中代表性的观点有三种：① "三职能论"。即认为财政具备分配、调节、监督三大职能,其中分配职能是基本职能,调节和监督职能是派生职能。② "四职能论"。即认为财政包括筹集资金、供应资金、调节、监督四种职能。③ "五职能论"。这种观点认为财政实质只有一个分配职能,但又从这一职能中派生出筹集资金、供应资金、调节平衡、反映监督四种职能。从理论界看,大多数学者认同第①种观点。后两种观点实际是对分配职能进行了分解,同第①种观点并没有本质区别。因此,此处简单介绍财政的"三职能论"。

（1）财政的分配职能。在不同社会制度下,财政都具备分配职能,但财政分配体现的分配关系及作用的广度和深度有很大不同。分配职能也是财政的基本职能,主要包括筹集资金和供应资金两个方面。前者主要指运用各种收入形式形成集中性的财政资金,后者主要是指对集中起来的财政资金的有计划安排运用。

（2）财政的调节职能。财政的调节职能寓于分配职能之中,是分配职能的延伸和发展。社会主义财政的调节职能就是在国民收入分配过程中,通过财政收支改变国家、集体和个人在国民收入中占有的份额,以影响和调节国民经济运行状况。因此,财政调节职能主要是调节国民经济中的重大比例关系。

（3）财政的监督职能。它是财政在有计划地分配一部分社会产品,筹集、供应资金与调节平衡的过程中,对国民经济各个方面的活动状况进行综合反映和制约的功能。财政监督是国家管理和监督国民经济的基本手段和方式。

3. 社会主义市场经济条件下的财政职能

1994 年,中共十四大明确提出了建立社会主义市场经济体制的经济体制改革目标,我国的改革开放进入了建立社会主义市场经济时期。建立社会主义市场经济体制,就是要使市场在国家宏观调控下对资源配置起决定性作用。实现这一目标必须在宏观调控、资源配置方式、分配制度、保障体系等方面进行深化改革,相应地政府职能也必须转换。政府职能需要转向制定和执行宏观调控政策,搞好基础设施建设,创造良好的经济发展环境,合理进行收入和财富分配等方面,其核心是协调好政府与市场的关系。财政为了保证政府职能的转变,适应并促进社会主义市场经济的发展,其职能也必须做出相应的调整。比如,在市场对资源配置起决定作用的条件下,财政的资源配置领域需要进行的调整；在收入分配差距日益拉大的条件下,财政需要发挥调节收入分配的职能,以促进社会财富分配的公平；在经济快速发展的条件下,财政需要从宏观上保证经济的又好又快增长。针对市场失灵和缺陷的不断显现,借鉴西方财政的理论与实践经验,我国理论界逐渐对市场经济条件下的财政职能形成新的认识,随着构建公共财政基本框架和实现基本公共服务均等化目标的提出,我国社会主义市场经济条件下的公共财政的基本职能开始转向资源配置、收入分配职能和稳定经济。

但是应该看到,在全面深化改革的大背景下,我国政府与市场的关系、政府的职能正在发生新的变化,这可能意味着,财政职能也会发生新的变化。

改革开放以来,尤其是中共十四大之后,我国对社会主义市场经济从理论到实践上的认识越来越深刻。从十四大提出"要使市场在社会主义国家宏观调控下对资源配置起基础性作用",到十七大"从制度上更好发挥市场在资源配置中的基础性作用",再到十八届三中全会通过的《中共中央关于全面深化改革若干重大问题的决定》首提市场在资源配置中起"决定性作用",意味着对市场的功能作用进一步明确,凸显了中国坚持市场化改革方向的决心。

《中共中央关于全面深化改革若干重大问题的决定》(以下简称《决定》)明确提出,"全面深化改革的总目标是完善和发展中国特色社会主义制度,推进国家治理体系和治理能力现代化","经济体制改革是全面深化改革的重点,核心问题是处理好政府和市场的关系,使市场在资源配置中起决定性作用和更好发挥政府作用。市场决定资源配置是市场经济的一般规律,健全社会主义市场经济体制必须遵循这条规律,着力解决市场体系不完善、政府干预过多和监管不到位问题"。这是对社会主义市场经济理论、政府与市场关系认识上的一个新突破。市场对资源的配置主要是通过价格、竞争和供求等发挥作用来实现的。这意味着我国必须加快转变政府职能,深化行政体制改革,创新行政管理方式,增强政府公信力和执行力,建设法治政府和服务型政府,不断推进国家治理体系和治理能力现代化。

同时,《决定》还指出,"财政是国家治理的基础和重要支柱,科学的财税体制是优化资源配置、维护市场统一、促进社会公平、实现国家长治久安的制度保障。必须完善立法、明确事权、改革税制、稳定税负、透明预算、提高效率,建立现代财政制度"。在国家治理的高度定位来定位财政,这意味着我们对财政运行规律的认识达到了一个新高度,也表明以现代财政运行规律和中国特色财政运行规律为研究对象的中国财政学要相应地作出新的理论概括,推动理论和学科体系创新,构建中国特色财政学。以"财政是国家治理的基础和重要支柱"这一新论断为标志,中国财政改革发展步入了一个新的历史阶段[①]。有学者认为,对于财政职能,过去我们通常将其与政府职能层面的基本问题相对接,从政府弥补市场失灵的职能出发,来概况财政职能,这种概括,显然是在把财政作为一个经济范畴来认识的基础上作出的。在国家治理的背景下,作为国家治理的要素,财政除了对接政府职能,还要对接国家治理领域其他经济社会主体的行为,并由此牵动经济、政治、文化、社会、生态文明等各种活动。高培勇认为,党的十八届三中全会站在国家治理的高度,将财政职能高度概括为"优化资源配置、维护市场统一、促进社会公平、实现国家长治久安"。这一概括,无疑已经远远超出传统经济领域和政府一般职能的范畴。并由此认为,"财政是国家治理的基础和重要支柱",揭示并带来了财政职能的深刻变化。以此为转折点,财政职能具有了超越一般政府职能的特征:它是一项可以覆盖并牵动国家治理领域诸方面活动的基础性、支撑性政府职能,是治国理政的重要抓手。

当然,在国家治理的背景下,如何归纳总结财政职能,理论界还有很大分歧,但有一点是可以肯定的,那就是伴随政府与市场关系的调整,政府职能的转换,财政的职能一定会发生新的变化。

第二节 财政资源配置职能

一、财政资源配置职能含义

资源配置问题的基本前提是西方经济学的基本命题"稀缺的存在"。萨缪尔森在《经济

---

① 高培勇:《抓住中国特色财政学发展的有利契机》,人民网(people.cn),2017 年 02 月 27 日。

学》中把稀缺称之为"稀缺规律"。这就是说,人们的欲望超过了可用来满足欲望的手段,从而必须选择哪些欲望先满足,哪些欲望后满足或不满足,这就需要把有限的经济资源作最有效的配置。地球上所拥有的资源是有限的,对非再生资源来说更是如此。因此,资源供给的有限性与需求的无限性是经济社会普遍存在的矛盾。这样,合理配置人力、物力、财力等资源是任何经济社会都面临和需要解决好的基本问题。

资源配置指的是人力、物力、财力等在不同部门、不同地区、不同用途和不同受益之间的分配,通过合理安排规模,形成的一定资产结构、产业结构、技术结构和地区结构,达到资源优化配置的目标。既然是一种配置,那么对同一种资源的不同配置,其效果必然存在巨大差异。资源配置的最高目标就是实现资源的最优分配,取得最高效率。

因此,认识财政资源配置问题应该把握两点:

第一,资源配置永远是同效率联系在一起的,财政参与资源配置也要保证实现整个社会资源配置的高效率。

第二,现代社会,资源配置存在市场配置和政府配置两种方式。市场配置资源的机制是市场机制,通过供求决定价格,通过价格来引导投资和消费,市场机制被认为是最为有效的资源配置方式。但是由于市场机制的缺陷,市场在资源配置方面存在失灵。政府配置资源主要是通过财政手段,也可称为财政配置,对市场资源配置失灵起到弥补和矫正作用。

财政资源配置职能则是通过各种财政手段对一定的人力、物力、财力进行合理配置,直接或间接引导资源流量、流向,从而形成资源最优分配的功能。对财政资源配置职能的理解应注意如下问题:

(1)资源配置职能涉及内容广泛,不仅包括财政自身掌握资源的直接分配,而且还涉及财政对整个社会资源流向的合理引导。

(2)市场机制配置资源与财政机制资源配置的有效领域不同。在计划经济中因为不存在市场机制,财政的分配职能覆盖全社会,财政资金不但用于提供公共产品,而且还用于提供私人产品,而在提供私人产品方面,财政的资源配置机制显然没有市场机制的效率高。因此,在市场经济中,财政资源配置必须限制在公共产品提供的领域才是有效率的。

(3)财政资源配置不仅涉及规模问题,而且涉及结构问题,规模效率和结构效率是考虑的重点。

二、财政配置资源的必要性

在社会主义市场经济条件下,市场将对资源配置起决定性作用,资源配置是市场的重要职能。但市场经济的实践证明,由于存在市场失灵或缺陷,市场并不能有效地配置整个社会资源,这就客观需要财政承担部分资源配置的职能。市场在资源配置方面的缺陷主要体现在三个方面:

(1)市场机制不能有效地组织公共物品的供应。我们知道,完全竞争的市场模型是建立在产权基础之上。产权给予人们拥有某种商品的权力,从而排斥别人享用该种商品的利益。个人在交换商品和劳务时,实际是在交换商品的产权。市场机制很适合私人物品供应,它是建立在交换的基础上,但只有产权明确的商品和劳务才能进行交换。在市场信息的引导下,生产者的生产随着消费者的需求变化而变化,从而达到资源的一种有效配置。但对公共物品来说,由于其利益是共享的,不能运用市场机制条件下的排斥原则,排斥任一消费者的利益分享。正如无法制止个别消费者分享空气净化措施所带来的利益,也不能使路灯只为某一些人照明一样。因此,来自某些公共品的利益并不属于个人,也就是存在所有权比较复杂或不能清楚划分的情况。与产品联系的所有权越含糊不清,就越降低了市场交易和市场定价的可能性。这样,市场法则对公共品的供应往往很难起作用。可见,公共品的利益既然人人可以同享,消费者当然就不会自觉向其供应者付款。这样,生产者和消费者之间的联系就中断了。也就是说,公共品的供应,没有市场供求关系,不能明确核算其对个人提供的利益,也不能从供应产品中直接获得报酬,从而企业和个人不愿或不能提供。而这类公共品对社会和个人来说又不可缺少,因此政府就必须介入,以便提供此类产品和服务,财政分配一部分社会资源也就成为必要。

(2)市场机制不能解决外部效应问题。我们知道,当存在外部负效应时,生产成本等于私人成本加社会成本,而决定市场价格的是私人生产成本,这往往会造成该类商品生产过渡;当存在外部正效应可能又会造成生产供应不足。所以,在外部效应存在时,就有可能导致资源配置不合理。即有些部门和产品要素投入过多,一些部门和产品要素投入过少,这就需要充分发挥财政的资源配置职能对外部效应造成的资源不合理配置进行矫正。

(3)市场机制存在不完全性。在市场经济条件下生产者和消费者往往缺乏选择产品和机会的充分信息,资源转移会受到种种限制,经济领域存在着垄断等等。这些市场机制的不完全性,限制了资源的合理配置。因此,通过财政配置资源对市场机制的不完全性加以矫正也十分必要。

三、财政资源配置职能的主要内容

从直观来看,财政配置资源似乎只涉及财政直接拥有的资源本身,实际上要比这个内容广泛得多。如果把整个社会划分为公共部门和私人部门两个部分,这两个部门支配的资源份额大体上体现了财政支配资源与市场支配资源的份额,那么财政配置资源实际要涉及三个方面的内容。

1. 合理划分社会总资源的比例

在一定时期社会资源总量是一定的。在社会资源总量中,到底应该有多大份额归公共部门或财政部门支配,有多大份额归非公共部门或市场支配,这是资源总量的合理划分问题,这种比例划分是否合理,直接影响社会资源配置的总体效率,也是财政合理配置资源的重要前提。而制约公共部门和非政府部门支配资源份额的因素又是多方面,主要涉及总资源数量、社会制度的性质、所有制结构和经济体制类型等。在不同历史时期,公共部门和非公共部门支配资源的比例可能会有所不同。在处理这种比例关系时,应当使公共部门支配使用的资源与其承担的责任相适应,公共部门支配使用过多或过少都不符合优化资源配置的要求。公共部门支配资源的比例问题,实际是正确处理财政收入占国民生产总值的比重问题。在一定时期,财政收入占国民生产总值的比重比较合理,那么政府支配资源的份额也就比较合理。

2. 优化公共部门内部资源配置

公共部门内部资源配置是通过财政分配来完成,公共部门内部资源配置状况实际体现了财政配置资源的结构。在一定时期财政配置资源遵循一种什么样的结构,主要取决于社会的公共需要。社会公共需要的项目十分繁多,包括保证社会安全的需要,保证社会正常运行的需要,保证社会发展的需要等。这些不同的需要可以按照轻重缓急划分为不同层次,在资源有限的条件下,财政需要根据照顾一般,保证重点的原则,在公共部门内部进行合理的资源配置。一方面,资源配置应保证政府和公共事业发展必要的开支;另一方面,也需要将资金用于促进经济发展。因此,提高公共部门内部资源配置的效率,在于优化财政支出。通过优化财政支出结构就可以达到调整国民经济结构,从而提高整个社会的资源配置效率的目的。

3. 引导非公共部门内部的资源配置

在市场经济条件下,非公共部门内部的资源配置主要是通过市场机制来完成。但由于市场缺陷的存在,会导致资源配置的盲目性,从而造成资源的损失浪费。所以,财政并不能对非公共部门内部的资源配置放任不管,而有必要干预非政府部门内部的资源配置。但是,干预非政府部门内部的资源配置又应同公共部门内部的资源配置有所区别,在这里只能采取间接的方式来引导非公共部门内部的资源流动。财政对非公共部门内部资源配置的干预,通常是根据其内部资源配置的现状,运用相关的财政手段,以达到提高资源配置的目的。因此,财政对非公共部门内部的资源配置的干预,并不是一种广泛的干预,而是有选择性的。干预的范围局限于资源配置不合理的领域;干预的程度取决于资源配置不合理的程度;干预的方式主要是运用财政手段采取间接的方式,如运用税收政策。一定的税收收入结构,在很大程度上决定了非公共部门内部企业和个人拥有的资源数量,从而影响它们的资源配置行为。因此,财政可以针对非公共部门内部的资源配置状况,及时调整税收政策,以达到引导社会资源流动的目的。另外,财政可以运用财政补贴等手段。

四、财政配置资源的手段

财政主要通过财政支出、财政收入、公债等手段来决定和影响资源的流量及流向,实现资源合理配置。

1. 财政支出

通过对财政支出总量的调整,可以影响政府部门直接配置资源的总量,影响社会资源总量在政府和非政府部门的分配比例;通过财政支出结构的调整,可以影响财政资源在地区、部门、行业间的配置结构,结构是否合理则直接同资源配置的效益联系在一起。通过财政投资可直接提供某些市场不能提供或供给不足的产品,如公共品、混合产品、私人生产容易垄断的产品等。通过财政补贴可以引导私人部门资源流向,保持相关产业或行业适当的资源量。

2. 税收

税收是财政收入的主要形式,政府可以通过对税收总量的调整,直接影响政府可支配资源的总量,由此带来的税收经济效应又会影响整个社会资源的流动运用状况;对税收结构的调整则直接影响地区、部门、行业、企业拥有资源的数量;政府也可以通过调整税率、税收优惠政策来鼓励或限制某些产品的生产、消费;通过税收手段带动和促进民间投资、吸引外资,推动对外贸易发展,提高经济增长率。

3. 公债

公债是现代国家普遍使用的一个重要财政手段。政府通过公债筹集社会闲置资金,可以达到重新配置资源的目的。政府可以通过调整公债规模、选择购买对象、确定公债期限、制定公债利率、选择公债投向等方式来实现资源配置目标。同时,通过公债的公开市场操作,配合财政政策和货币政策的实施,对宏观经济进行调控,以实现资源的充分利用,提高资源配置的效率。

第三节　财政公平分配职能

一、公平分配职能含义

在传统的计划经济条件下,强调公平分配就是平均分配,而且这一分配状况通过国家政策很容易达到,当时个人收入分配的矛盾并不尖锐,公平分配在财政职能中也就没有体现出来。但是,在市场经济条件下,由于市场分配的局限,随着收入分配格局的变化,地区间、行业间和个人间收入与财富分配的差距可能会拉得越来越大,分配的矛盾也越来越尖锐。因此,强化财政的公平分配职能成为必然选择。

财政的公平分配职能是指运用各种财政手段调节收入和财富的分配,使之符合社会公认的公平或公正分配状态的功能。这里的分配主要指个人收入与财富的分配,个人收入与财富分配公平与否某种程度取决于人们对现存分配状况的价值判断,符合一定时期人们公平分配的观念,收入分配就被视为公平;反之,就被视为不公平。而一定时期人们收入分配公平的观念是对一定时期社会经济关系的反映,一定时期社会经济关系又是由当时的生产力发展水平决定的。随着社会生产力的发展,人们关于收入分配公平的观念也会处于不断地变化之中。可见,公平标准具有社会性和历史性。正是基于此,可以说公平问题是一个挑战性的问题。它不仅是个经济问题,而且也是哲学、伦理、社会和政治问题。这就决定了对公平问题应进行多方面的研究。从伦理方面,要研究什么程度的收入差别可以容忍和接受;从政治方面,要研究什么程度的收入差别不会危害社会的组织和秩序;从经济方面,在研究什么样的收入分配既能刺激追求收入的动机,又能吸引各种资源参加生产,也就是说,在追求公平的同时,又不以过大效率损失作为代价。而财政公平分配强调的是社会公平,所谓社会公平就是要将收入和财富分配的差距维持在社会各个阶层居民所能接受的合理范围内。

分配的核心问题是实现公平分配,那么衡量公平分配的标准是什么? 实际上,由于各个国家社会制度、经济发展水平和历史传统不同,不可能有一个统一的衡量公平分配的标准。当前,各国比较认同的标准是采用洛伦茨曲线计算的基尼系数。洛伦茨曲线表示社会收入和财富分配不平等程度的曲线,由奥地利统计学家洛伦茨提出,如图 2-1 所示。

图中横轴(OP)表示累计的人口百分比;纵轴(OI)表示累计的收入百分比;对角线(OQ)是绝对平均线,表示占总人口某一百分比的人口恰好拥有相同比例的收入;折线 OPQ 是绝对不平均线,表示某一社会成员拥有全部的社会收入,而其他所有人的收入为零。在现实生活中,收入分配的分布线 OMQ 即洛伦茨曲线介于绝对平均线和绝对不平均线之间,是一条向下弯曲的曲线,其弯曲

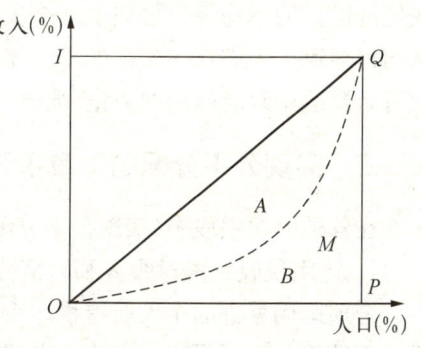

图 2-1　洛伦茨曲线

程度越大,表明收入分配越不平等。用统计方法表示,可用 A 的面积(OMQ)除以 $A+B$ 的面积(OPQ),所得的比率称为"洛伦茨系数"或"基尼系数"。

它是由意大利经济学家基尼依据洛伦茨曲线得出的统计指标。基尼系数介于 0 和 1 之间。0 表示收入分配绝对平均,1 表示收入分配绝对不平均。联合国有关组织根据经验统计得出:基尼系数处于 0.2 以下表示绝对平均,0.2~0.3 之间表示比较平均,处于 0.3~0.4 之间视为相对合理,0.4~0.5 表示收入差距较大,0.6 以上表示收入分配相差悬殊。我国自改革开放以来,收入差距扩大的速度和程度都比较大,据有关统计,我国目前的基尼系数已经接近 0.5,说明分配不公的程度比较严重。

二、财政公平分配职能的必要性

在社会主义市场经济条件下,我国收入分配已由原来的以按劳分配为主逐步转向按生产要素分配,呈现出多种分配方式并存,因此,在国家调整分配状态的措施出台以前,收入与财富的分配是在市场机制的作用下,通过市场机制形成的,个人间的收入分配主要视其要素的供给与要素的价格而定,这种由市场机制形成的收入与财富的分配,可能与社会公认的公平或公正状态一致,也可能不一致。但应看到,由于市场缺陷的存在,很容易造成分配的不公平。其主要原因表现如下:

(1)人们收入能力的差别很容易导致分配差距。对于不同收入能力的人来说,由于收入能力的差异,很容易导致他们之间的分配差距。人们的收入能力是由多方面因素决定的,主要取决于自身的素质、拥有财富的多少、提供劳动的数量与质量等。这些方面的差别决定了收入能力强的人能够获得较高收入,收入能力弱的人获得较少收入,甚至不能维持正常生计。尽管这种差距从他们获得收入的依据来看是公平的,即人们的收入同其向社会的贡献是对称的,但是从社会的角度来看,这种收入差距过分悬殊又是不公平的,容易影响社会的安定。所以,运用财政手段调节收入分配很有必要。

(2)市场分配并不能照顾无收入能力者。市场分配既然以人们的收入能力或为社会所作贡献为依据,那么必然把无收入能力者排除在收入分配之外。但是这部分人也有生存的权力,也要维持必要的生计,这就需要政府负起责任,使整个分配在有收入能力者和无收入能力者之间达到公平。

(3)经济机会不均等导致分配不公。市场的自由竞争以及政府的保护很容易在某些行业和产业形成垄断和获得收入的机会不均等,使人们即使在收入能力同等的条件下,也会导致经济机会的不均等。再加上社会关系、家族等方面的因素,更加剧了机会不均等的状况,从而也导致了人们收入分配的不公平。为了解决上述一系列因素引起的分配不公平问题,就有必要运用政府部门的力量,充分发挥财政的公平分配职能。

三、实现公平分配的财政手段

在各种财政手段中,实现公平分配的最直接手段应该包括以下几个层次。

1. 运用税收手段对收入和财富分配进行调节

合理运用累进的个人所得税。个人所得税作为各个国家调节收入分配的强有力手段,通过累进的个人所得税对高收入者课征,有利于实现收入公平分配。合理运用遗产税、房产税等税种,强化对社会财富分配,有利于实现财富公平分配。还可以通过对高收入者消费的某些奢侈品课以重税,实现在消费环节对高收入者的收入进行再调节,并实现环保、可持续发展的一些政策目标。

2. 通过转移支付对低收入者或无收入者进行补贴

通过政府的转移支付、社会保障支出和各种社会救济方式在全社会范围内进行收入的再分配,以实现在一定程度上调节地区间、行业间和个人间收入分配,保证社会福利水平和社会成员的基本生活需要。利用财政转移支出手段,根据人们的收入状况,制定贫困线(我国目前为城镇居民最低生活保障线)对低收入者或无收入能力者发放失业救济金和伤残救济金等,把资金转移给那些需要社会救助的社会弱势群体。

3. 保障性住房和食品补贴

吃与住是人的基本生存需要,现代文明和现代经济实力已经发展到必须和能够保证每个社会成员免于饥饿和免于露宿的程度,因此,政府必须通过保障性住房(廉租房、公租房等)以及发放食品补贴券的支出,以保障每个公民的基本生存权利。

4. 最低工资制度

最低工资制度是指通过国家立法,依据经济社会发展的水平和基本生活支出费用,制定雇主雇佣劳动者的最低工资标准,以及相应的雇主对受雇者社会保障金的缴费比例,以实现对在业者的劳动权利和劳动收入的法律保护。目前世界各国都通过立法实行最低工资保障,我国目前虽然没有制定统一的立法,现在很多地方已经根据本地的具体情况制订了最低工资标准。但是,立法层次比较低,而且最低工资水平也比较低。

通过这些手段的运用,能够起到使社会分配趋向公平的作用,但是还应注意公平与效率的矛盾问题。我们在实施公平分配的政策时,由此可能产生"经济效率的额外损失"即"效率代价",这一代价是因为消费者或生产者的偏好受到干扰时产生。比如对高收入者课税较重,就有可能打击他们的生产积极性,从而减少对生产的要素投入,这必然会带来效率损失。可见,社会的公平原则在一定程度上排斥市场的效率原则。因此,在执行社会的公平原则时,至少应考虑两个问题:① 任一分配的变动都应以最低的效率代价来完成;② 在执行公平原则时应权衡相互冲突的政策目标。

第四节　财政稳定经济职能

一、稳定经济职能的含义

经济稳定是指在一定时期内宏观经济的运行大体处于平稳、均衡的状态。所谓财政稳定经济职能就是以财政政策为手段,以保持高就业率、合理程度的物价稳定、适当的经济增长率和国际收支平衡的功能。可见,财政稳定经济要实现如下主要目标。

1. 充分就业

它是指有工作能力而且愿意工作的劳动者都可以得到一份自己的工作。经济学中的就业,系指一切用自己的劳动维持自己生活的经济活动。可见,在各种所有制企业,各行各业从事劳动,包括从事个体经营和自谋职业都属于就业范畴。但是也应注意,充分就业并不是指有工作能力而且愿意工作的人百分之百的就业,而是指就业率达到某一社会公认的比较高的比率。

2. 物价稳定

它是指物价总水平的基本稳定,货币购买力不发生剧烈变动,一般用价格指数来表达物价水平的变化。在纸币流通条件下,随着商品经济的不断发展,物价有不断上升的趋势,但只要上涨幅度人们可以容忍,都可视为物价稳定。物价稳定并不等于物价上涨率为零。一定时期内物价总水平持续和大幅度的上升,称为通货膨胀。一般认为,年度通货膨胀率在1%～2%内可以视为物价总水平的基本稳定。一定时期内物价总水平的持续下降,则被称为通货紧缩。通货紧缩一般伴随着经济衰退,其对经济的危害并不亚于通货膨胀。避免通货膨胀和通货紧缩是物价稳定的应有之义。

3. 适度的经济增长

经济增长是指一个国家或地区在一定时期内物品和劳务生产总量的增加,通常以国内生产总值(GDP)或人均国内生产总值来衡量。经济增长不仅是产出数量的增加,还应表现为经济运行质量的提高。可见,财政稳定经济并不是不要经济增长。我们所讲的经济稳定是经济适度增长中的稳定。尤其像我们这样一个发展中国家,赶超世界先进水平,就更应该保持一个较高的经济增长率。在高速增长中,保持经济的持续稳定、协调地发展,就显得更加重要。

4. 国际收支平衡

它是指一国在进行国际经济交往时,其经常项目和资本项目的收支合计大体保持平衡。现代社会,各国经济日益成为国际经济的有机组成部分,国内经济要受到国际经济交往的多方面影响。在开放的经济条件下,一个国家的国际收支不平衡,必然反映到国内经济的运行中。因此,国民经济稳定客观上要求国际收支不要出现大的逆差和顺差。

财政稳定经济职能的内容主要涉及:① 调节社会供求总量平衡。实现经济稳定,关键是实现社会总供给和总需求的平衡。如果总供求实现了平衡,社会经济运行也就处于较好状态,充分就业、物价稳定和国际收支平衡等目标也容易实现。② 调节社会供求结构平衡。主要是实现部门结构、产业结构、地区结构的平衡。

二、财政稳定经济的必要性

之所以要发挥财政稳定经济的职能,是因为在市场经济中,充分就业和物价稳定等在某些情况下不能自动出现,这就需要财政政策的引导与调控。没有财政的稳定作用,经济发展就会出现大幅度波动,或为长期的持续失业和通货膨胀所困扰。经济稳定集中体现为社会总供给与总需求的平衡。如果社会总供求保持了平衡,那么经济稳定的各项目标也就可以基本实现。因此,利用财政手段来保护经济的稳定,主要任务是调节社会总供求的平衡。在市场经济条件下,就业和物价的整个水平是由总需求水平确定,也与当时的生产能力有关。而总需求水平与总供给水平又是由多方面复杂的因素决定的,这就很难保证需求水平与供给水平的一致性。有可能在一个时期出现支出水平不能保证劳动力和其他资源的合理利用,实施为提高总需求水平的扩张性财政政策是必要的。在另外一个时期,在高通货膨胀率条件下,支出水平又可能超过供给水平,这时又需要实施一种紧缩性财政政策以降低总需求水平。这就是说,在市场机制条件下,一般难以实现高就业率、适度经济增长、物价稳定的自动调整,即使存在这种机制,其调整成本也是非常昂贵的。比如通过周期性的经济危机来达到经济发展的均衡状态。所以,为了克服市场失灵,达到经济稳定的目的,国家就应该对经济运行实施稳定的政策。但是应该看到,财政政策可能成为经济稳定的因素,也可能成为经济不稳定的因素,例如在制订了错误的政策或调节滞后的情况下。因此,这里探讨的实施稳定的财政政策,应该是有效的财政政策。

三、实现经济稳定的财政手段

达到经济稳定的政策手段是多种多样的,财政是重要的支柱手段。财政手段对经济稳定的影响,主要是通过对社会总需求的影响来完成的,对需求的影响可以立竿见影。当然,财政政策也可以对总供给形成影响。只要运用财政政策手段,它都要对供求总量和结构产生影响。

1. 既定的预算杠杆

既定的预算杠杆可以理解为有关的预算范畴本身,主要包括支出、税收、赤字、盈余和平衡等,它们会对总需求产生不同的影响。财政支出会增加总需求,这时既包括扩大公共部门的需求,也包括私人部门的需求;税收则减少需求,预算盈余紧缩需求,赤字会膨胀需求,平衡对需求的影响一般是中性的,但也可以带有一定的扩张性,因为这里还涉及是在一个什么样收支水平上实现的平衡问题。因此,既定的预算杠杆可以发挥相应的作用来影响总需求,以达到实现经济稳定的目的。

2. 自动稳定的财政政策

经济活动及经济发展水平的变化会影响预算支出水平及税收收入水平,但是财政制度自身对经济发展的变化又具有一种内在的适应性,也就是说,即使预算政策没有发生变化也会对经济的变动做出自动反应,作为自动稳定器对国民经济形成自动稳定作用。

(1) 累进的所得税对经济发展变化的自动稳定作用。在经济高涨的情况下,根据既定的税率,财政收入会随应税所得水平或应税销售额水平的提高而增加。尤其是在以所得税为主体的税收体系条件下,财政收入增加的速度更快。因为,在累进税率条件下,应税所得额越高,其适用的税率也越高,这样必能对过高的需求起到一种自动的抑制作用。相反,在经济发展不景气时期,由于应税所得额或应税销售额都有所下降,财政收入也会随之下降。尤其是在以所得税为主体的税制体系条件下,由于应税所得额减少,其适用的税率也就更低,这样实际会对整个社会的需求不足起到一种减缓作用。

(2) 财政转移支出对经济发展变化的自动稳定作用。经济状况发生变化,支出水平也会发生自动调整,从而对总需求发生影响,达到稳定经济的目的。最明显的例子体现在失业救济和福利开支等方面。在经济繁荣时期就业率提高、个人收入水平提高,通过私人部门增加的社会需求急剧增加,这种条件下,预算支出的失业救济金和福利水平必然下降,也就使通过财政支出而形成的需求水平下降,这实际会对扩张的社会需求水平起到一种抑制作用。相反,在经济处于衰退时期,由于失业率上升,个人收入水平下降,私人部门的需求水平也随之下降,出现需求不足问题。这时财政支出的失业救济金和福利就会增加,也就是在私人部门的需求减少的同时,因公共部门转移支付所形成的需求却增加了,这必然对整个社会的需求的减少起到减缓的作用。

3. 相机抉择的财政政策

为了达到经济稳定的目的,可根据一定时期经济形势的变化,适时变化预算政策,以达到影响总供求的目的。如果需要扩展需求,政府可以增加支出或降低税率;反之,为了压缩需求,政府可相应减少支出或提高税率。根据支出和税收的调整,整个社会的消费和投资将受到影响,而且支出和税收调整幅度越强,社会消费和投资也将受到越强的影响。因此,预算政策的调整,不仅涉及政策变化的方向,而且也涉及政策选择的恰当方式和变化的程度。

本 章 小 结

本章主要从四个方面分析了公共财政的职能：第一，从概述的角度，分析了财政职能概念、进一步分析了影响财政职能的因素，在此基础上讨论了我国财政职能在三个不同时期的演变及其原因。第二，讨论了财政资源配置职能。从资源配置入手，分析了财政资源配置职能含义，重点分析了财政履行资源配置职能的必要性、财政资源配置职能的主要内容与手段。第三，讨论了财政公平分配职能。从财政公平分配职能含义入手，主要分析了财政公平分配的准则，重点探讨了财政公平分配职能的必要性与实现公平分配的财政手段。第四，财政稳定经济职能。从财政稳定经济职能含义入手，重点分析了财政稳定经济职能的必要性与实现稳定经济职能的财政手段。

扩 展 阅 读

解决社会主要矛盾要做大蛋糕分好蛋糕

中共的十九大报告指出，中国特色社会主义进入新时代，我国社会主要矛盾已经转化为人民日益增长的美好生活需要和不平衡不充分的发展之间的矛盾。

通俗地讲，发展不充分，说明我们的蛋糕做得还不够大，不够人们充分享用；发展不平衡，说明我们的蛋糕分配得还不够好，有的人分到的太多而有的人分到的太少。所以，解决新时代我国社会主要矛盾，既要做大蛋糕也要分好蛋糕。

改革开放以来，我国致力于发展经济，解放和提高生产力水平，解决人民日益增长的物质、文化需要同落后的社会生产力之间的矛盾，致力于把蛋糕做得更大。经过改革开放近40年的发展，我国已经成为世界上第二大经济体，2017年GDP总量将达到80万亿元。当然，今天我们仍然是一个发展中国家，我们的发展仍然是不充分的，我们的财富还不够多，质量还不够好。从世界范围看，我国生产力水平在总体上依然处于中等偏下。所以，经济建设仍然是我们的中心工作，发展仍然是党执政兴国的第一要务，需要通过供给侧结构性改革，把蛋糕做得更大更好。

发展不平衡的问题以前也是存在的，只是因为那时候蛋糕太小，当务之急是做大蛋糕，一时不能把分好蛋糕放到优先的位置。现在，蛋糕已经足够大了，分好蛋糕，让人民共享发展的成果，就显得尤为必要。

发展不平衡体现在不同的领域、地域和人群之间。有些领域领先世界，而有些领域仍然刀耕火种；东部一些地区已经接近发达国家水平，而中西部尤其西部有些地方还处于很不发达的状态和贫困之中；富豪榜上的富豪坐拥千亿百亿元的财产，而没有脱贫的人仍有数千万之多。不平衡既要靠更扎实有效的发展来解决，也需要通过公平合理的分配制度来调节。

分配可以分为初次分配和二次分配。初次分配是按照生产要素进行的分配，是市场主导的分配。初次分配以效率为导向，主要体现效率原则。政府在初次分配中通过建立市场法律体系和维护市场秩序，让所有市场主体在公平的平台上充分竞争，激发各种生产要素的积极性，保证市场的规范有序运行，保证分配的合法性。政府还可以通过限制垄断、打击欺诈等不正当竞争行为,防止一些人利用市场权势,欺压市场弱势群体,以不当得利非法暴富,保证初次分配的公平性。

政府尤其要在二次分配中发挥更好作用。初次分配市场唱主角,而二次分配则是政府的主场。政府通过社会政策对初次分配的结果进行必要的矫正和调节,主要体现公平正义原则。抑制财富的过分集中,提高中低收入者的收入,帮助弱小无助者克服困难,缩小贫富差距,都是政府再分配的内容。经济学家赫尔希曼指出,在经济发展过程中,市场的作用倾向于拉大而不是缩小地区经济差距,形成发达地区对落后地区的"极化效应",加剧区域不平衡。公共经济学理论也揭示出,市场在应付外部性(最典型如污染)等问题上无效,外部性使一些人将成本转嫁他人而独享收益,加剧不同领域、不同人群收入和财富的不平等。同时我们也看到,偶然性的天灾、疾病、事故等,都可能将人们抛出正常生活的轨迹,使人们陷入绝境。凡此种种造成的收入分配不平等和发展不平衡,都需要政府通过行政规制或社会政策予以矫正和救助。举例来说,政府可通过更加规范的转移支付政策和税收优惠政策,加大中央对欠发达地区的财政补贴和支持力度,提高公共服务均等化水平;可以更加完善超额累进个人所得税制度,抑制财富过快过度集中,缩小收入差距和贫富鸿沟;可通过最低生活保障、社会救助、扶贫开发、保障房建设、免费义务教育、大病医疗保险、划拨国有资本充实社保基金、养老保险覆盖全民城乡统筹等,增加对低收入者的救助和保障力度,真正实现"社会政策要托底"的目标,让最不幸的人群得到最周到体贴的帮助。

在做大蛋糕和分好蛋糕之间,处理好两者的关系尤其重要。只管做大蛋糕而不管分好蛋糕,或者相反,只求分好蛋糕而不管做大蛋糕,都是错误的。没有蛋糕就谈不上分配蛋糕,没有充分的发展而侈谈分配是没有意义的。所以,最重要的仍然是坚定不移地坚持以经济建设为中心,继续改革开放,不断做大蛋糕。这一点,对于处于发展水平低下的落后地区来说尤为重要。同时也应牢记,发展的成果不能被广大人民群众分享而被少数人独享,也不符合发展的目的。公平与效率的冲突被认为是社会政策的难题,但公平与效率并非完全对立,事实上公平也有助于效率,分好蛋糕也有助于做大蛋糕。如果缺少公平,导致社会矛盾突出,必然会影响效率,使蛋糕做不大;而公平的社会,一定是和谐稳定的社会,是社会冲突缓和、社会成本低廉的社会,这样的社会中,发展的干扰会更小,后劲会更足,效率也会更有保障,蛋糕也才能做得更大。

总之,在分蛋糕与做蛋糕之间,也要找到最佳的平衡点。花多大的力量做蛋糕,花多大的力量分蛋糕,也是非常需要认真探索和研究的公共治理大题目。

(资料来源:每日甘肃网。甘肃日报 2017 年 11 月 22 日。作者:梁发芾。)

思考与练习

1. 简析制约财政职能的因素。
2. 正确认识我国财政职能的演变及其原因。
3. 试分析财政的资源配置职能。
4. 试分析财政的公平分配职能。
5. 试分析财政的稳定经济职能。
6. 如何认识财政是国家治理的基础和重要支柱。

第三章 公共产品

知识要点与学习要求

1. 物品分类的意义。能够说明以消费的获得方式对物品进行分类的意义何在,能够结合实例准确完整地理解竞争性和排他性。能够运用竞争性与排他性的不同组合解释物品的四分法分类。

2. 公共产品的定义与基本分类。能够说明萨缪尔森公共产品定义的特点及其数学表达式;引入排他性后公共产品应如何定义。掌握不同公共产品分类的特点和意义是什么。

3. 公共产品的供给。能够解释为什么公共产品与私人产品的需求加总表现为垂直加总和水平加总,其含义是什么。公共产品供给的林达尔均衡的假设条件是什么。现实中公共产品供给有哪几种方式。

4. 公共定价。能够理解为什么说政府定价不等于公共定价。公共定价的合理依据是什么。能够说明按平均成本定价和按边际成本定价的区别在哪里。

本章结构图

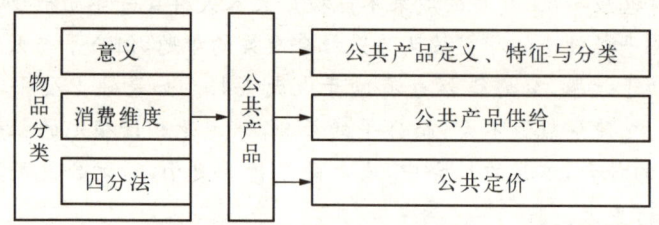

基本概念

物品分类　非竞争性　非排他性　公共产品　可收费物品　公用资源
林达尔均衡　公共让渡　消费弱选择　政府定价　公共定价

第一节　物　品　分　类

一、物品分类的意义

公共产品理论是公共财政学的核心内容之一,该理论从物品消费属性出发揭示了公共产品的特征,也是政府和公共部门在全社会资源配置中职能定位的基本理论依据,学习公共产品理论需要从了解物品分类理论开始。

　　在现实生活中我们会体验到,对某些物品或服务的需求可以很方便地从市场上买到,比如食品、服装、小汽车等;而对某些物品或服务的需求却难以从市场上获得供给,比如公共安全、噪声治理、路灯、街道等,它们通常依靠公共部门提供。为什么会这样? 是源于物品本身的使用属性存在差异,而"物品本身的特性决定着物品的供给条件"(萨瓦斯,2002),换言之,物品满足人们需要的方式决定了供求关系的构型和性质,也决定了谁愿意供给它们以及"生产什么"、"生产多少"和"怎样生产"这些资源配置基本机制的安排。可见,研究资源配置机制必须首先从物品分类开始。但是,经济学最初并没有很好认识到这一点,仅是将生产成果分为产品和服务。物品分类的意义在于找到某种区分物品(包括服务)属性的划分标准,以认识何种物品由谁来提供,以何种方式提供是最为有效的,从而为划分市场与政府活动的范围提供科学依据。

二、物品分类的基本维度

　　物品分类理论的核心是确定物品分类的某种划分维度,这一维度不同于商品学划分商品的维度,如划分为耐用品与日常用品,奢侈品与一般用品等。经济学物品分类的基本维度是物品在消费过程中的使用属性或满足人们欲望的效用获得的方式,为什么按消费中物品效用的获得属性来分类? 原因在于消费是一切经济活动的最终目的,物品的效用获得属性即消费获得的方式必然决定提供和生产的方式。其基本逻辑关系是:

物品消费获得方式→购买方式(谁付费)→供给方式

　　消费获得的方式是指在消费过程中是否存在竞争性和排他性,所以,竞争性和排他性是物品分类的基本维度。

　　1. 消费的竞争性

　　消费的竞争性是指物品(或服务)的使用存在一个人消费它的效用别人就不能同时消费它,或者就会减少别人对该物品效用的消费。消费竞争性最典型的体现是消费的独占性,如食品、衣物消费的独占性。但是,对于有些物品,消费竞争性并不必然表现为独占性,而是存在对消费者的某种限量,在达到限量之前,消费者使用该物品(或服务)不存在竞争性,超过限量后(饱和),就会出现拥挤性竞争。这种拥挤性消费竞争与独占性消费竞争是不同的,独占性消费竞争中物品的效用归某一个人享用,或仅此一人消费,而拥挤性消费竞争中物品的效用仍然是共同消费,只是共同消费中出现了拥挤。如观看足球赛,在观看人数未达到拥挤以前,观众之间不存在观看比赛的竞争,而在观看人数过多以至出现拥挤后,观众之间就会出现观看的竞争,因此,该类物品的竞争性决定于消费人数的拥挤点。

　　消费竞争性与物品效用是否具有可分割性有密切关系,效用分割性是指某些物品(或服务)具有按某种标准或单位进行分割并由此实现效用分割的属性。一般说来,效用可分割的物品,存在消费竞争性,效用不可分割的物品,存在消费的非竞争性。物品分割与效用分割有时是一致的,例如,食品的分割与食品的效用分割是一致的,但有的情况下两者不一致,以烟花为例,烟花本身具有商品单位的可分割性,但是,在消费过程中即燃放的时候,其效用就不单独归属于购买者,存在效用的不可分割性。

　　根据竞争性维度,可以将物品分为竞争性与非竞争性两种性质的物品。

　　2. 消费的排他性

　　排他性是指物品(或服务)的使用具有可以根据经济与技术可行性,将未付费者或不允许使用者排除在对该物品(或服务)的消费之外的属性。所谓经济可行性,有两个方面,一方面经济可行是指可以通过产权排他,即确定该物品的所有者,只有所有者才有权消费该物品(或服务)。但是,产权排他有时难以做到,例如对存在外溢性的物品(或服务),如燃放焰火的消费中产权难以实现排他。另一方面经济可行是指排他的成本在经济上可行。例如,高速公路两边安装护栏,虽然成本昂贵,但是,依然可以通过向使用高速公路的车辆收费收回成本,在经济上是可行的。所谓技术方法可行性,是指排他在目前技术上能够做得到,例如,电视节目的收看在以无线信号发射传输的技术条件下难以实现排他,在实行有线传输技术后,可以通过收费实现排他。从制度的角度看,排他性属于制度性安排,即必须依据某种制度才可以实现,因此,排他性并非完全由物品本身的属性决定,而是为达到某种目的对物品的消费做出排他与非排他的制度性选择的结果。根据排他性维度,可以将物品分为排他性与非排他性两种性质的物品。

将竞争性和排他性维度结合在一起对物品进行分类可列出物品分类的矩阵表。如表3-1所示。

表3-1

物品分类的矩阵表

排他性 ＼ 竞争性	存　在	不　存　在
可行	私人物品:食品、衣物、眼镜、私人轿车	可收费物品:有线电视、收费公路、公园、剧院
不可行	公用资源:公海中的鱼、公共牧场、公共池塘	集体物品:国防、噪声控制、灯塔、路灯、城市雕塑

第二节　公共产品

一、公共产品定义

人们最初对公共产品的探究始于对公共性问题的讨论。古希腊思想家亚里士多德发现:"凡是属于最多数人的公共事物常常是最少受人照顾的事物。"18世纪英国著名思想家休谟在《人性论》一书中,就排除草地积水问题探讨了如何解决公共性问题。其后的奥意财政学派和瑞典学派,将边际主义引入对公共产品的分析,其代表人物有威克塞尔和林达尔等。庇古则以外溢性概念为中心来区分社会净产品和个人净产品,从而提出了外溢性理论。

虽然有很多学者触及到了公共产品问题,但是,经济学家开始并没有能够对公共产品的概念给出明确的界定。1954年,美国经济学家萨缪尔森发表了著名的《公共支出的纯理论》一文,明确给出了公共产品的经典定义,并由此引发了西方经济学者对公共产品概念和属性的广泛讨论,对于什么是公共产品可谓众说纷纭①,而教科书中用得比较多的仍然是萨缪尔

---

① 根据国内学者许彬的概括,大致分为四种:"一是以萨缪尔森和马斯格雷夫为代表,突出了公共产品的非竞争性和非排他性;二是以美国的鲍德威(Robin W. Boadway)和威迪逊以及奥斯特罗姆夫妇、萨瓦茨为代表,强调公共产品的共用性;三是强调非排他性;四是强调非竞争性。"

森的定义。

萨缪尔森对公共产品的定义,是从消费属性出发的,他认为所谓公共产品是"每个人对该物品的消费,不会减少任何其他人对该物品的消费"。他用数学方法表示如下:

$$X_k = X_k{}^i (i = 1, \cdots, I; K = J+1, \cdots, J+K)$$

式中:i 为消费者的序号,k 为商品的序号,X_k 表示对第 k 种商品的全部消费,$X_k{}^i$ 表示第 i 个消费者对第 k 种商品的消费。由于 $X_k = X_k{}^i$,因而任何一个消费者的个人消费都等于全体消费,即每个消费者都消费了整个公共产品。很显然,萨缪尔森是从公共产品的消费非竞争性属性角度来界定公共产品概念的,这一定义本身并没有引入消费的排他性维度。所以理解这一概念,需要注意依此定义的公共产品属于非制度属性公共产品,即在不涉及任何制度安排的情况下,看一个物品在消费过程中有怎样的效用获得方式。还有一点需要指出,萨缪尔森定义强调的是每增加一个消费者所产生的边际消费成本为零,而不是指每增加一单位公共产品的边际生产成本为零。实际上,与私人产品的生产相同,每增加一单位公共产品的边际生产成本必然大于零。

显然,适用萨缪尔森定义的公共产品,对应的是物品分类表中处于右下角的集体物品,而与私人产品对应意义上的公共产品还应该包括可收费物品和公共资源,因此需要引入排他性标准,扩展后的公共产品概念可定义为:公共产品是指在消费上具有完全或一定程度的非竞争性和非排他性,或者具有非竞争性和非排他性两种属性中的一种属性的物品,公共产品包括:集体物品、可收费物品和公用资源。

二、公共产品的基本特征

分析公共产品的特征,除了物品消费方式维度的基本分类特征外,还应分析其在供给和制度上的某些特征。

1. 非竞争性

公共产品的非竞争性是指在消费上的共同消费,即每个人消费的都是该物品提供的总体效应,即物品效用的不可分割性。但是,需要注意的是,公共产品的非竞争性有三种情况:

(1)无限的非竞争性,即不存在消费的拥挤点或饱和点,纯公共产品正是在这一意义上定义的。符合该性质的公共产品比较少,通常以国防为例子。

(2)有限的非竞争性,即非竞争性仅存在于拥挤点以内,达到拥挤点后,将会出现不同程度的竞争性,例如,在严寒的冬季,在同一间房里取暖的人,在最初的时候不存在取暖的竞争性,达到一定人数后,就会出现拥挤,取暖的舒适程度就会下降,此时,消费的竞争性还仅仅是效用质量的下降,再增加达到无法容纳任何进入者时,就会出现消费绝对的竞争性。

(3)与物品量相关的非竞争性,即共同消费的物品在消费过程中,最初是非竞争性的,但是,随着消费的继续,其物品量在不断减少,当减少到一定程度后,就会产生竞争。例如,公共池塘里的水,在居民用水没有超过供水能力的情况下,消费不存在竞争,但是当用水量超过供水能力后,用水就会出现紧张,该类非竞争属于特殊性质的非竞争,实际上,就单位消费量而言,消费始终存在竞争,只是由于非排他性和物品供给的充足才保持了消费的非竞争状态。公共资源属于典型的该类非竞争。

2. 非排他性

公共产品的非排他性简单地说是指其难以排除消费它的消费者的属性。非排他性具体

分析有几种情况:

(1) 经济上的非排他性,是指公共物品排他成本过高,使排除他人消费该物品失去经济可行性。

(2) 技术上的非排他性,是指排除他人消费该公共物品在技术上不可行,至少现在还没有发明出这样的技术。

(3) 主观上的非排他性,是指某些公共产品一旦提供出来,任何人都要消费,不管主观是否有消费愿意,即主观上无法排除自己消费该物品。

(4) 制度规定的非排他性,是指根据某种价值判断或政策需要,要求对某些本可以排他的物品实行非排他性的消费。例如,免费开放的博物馆、公园等。

3. 提供的集体性

公共产品提供的集体性是由消费的非排他性和非竞争性决定的。由于非排他性存在,消费必然存在"免费搭车",消费的非竞争性又使得"免费搭车者"不需要与付费消费者竞争,从而使"免费搭车"难以受到付费者的有效抵制,因此,个体理性必然选择放弃公共产品的提供[1],这就决定了公共产品的提供必然是集体行动。例如,小区里的路灯,必须通过集体协商,共同出资来提供。集体提供除了源于消费的非排他性和非竞争性之外,还源自公共选择。如某些本属于私人消费的产品,由于公共选择,决定由集体提供,这类私人产品即变为福利物品,如政府对穷人发放的食品券。

三、公共产品的分类

关于物品分类的理论,已经从消费获得方式的两个属性上将全部物品进行了划分,这一划分所得出的除个人物品以外的三类物品,一般被纳入公共产品范围,因此,有关集体物品、可收费物品和公共资源的划分,已经是对公共产品的基本分类。除此之外,我们还可以根据需要将公共产品进行多维度的分类,大体有以下几个重要的划分维度。

1. 纯公共产品与准公共产品

这是根据公共产品在消费属性上是否存在完全意义的非排他性和非竞争性所做的基本划分。也是最为常见和流行的划分。马斯格雷夫最早依据这一维度,划分出了纯公共产品(pour public goods)[2],而将那些不具有纯公共产品属性的公共产品归入准公共产品。

纯公共产品是指那些具有完全的非排他和非竞争性的产品。所谓完全是指对该类物品的消费可以追加任意多的消费者,也不会出现拥挤和追加边际成本。现实中纯公共产品很少,典型的例证是国防,国防提供的国家安全,保卫了所有本国的居民,居民在消费国防产品时,难以将那些没有为国防缴税的人排除在国家安全之外,同时在消费上不会出现竞争,也不会因人口增加而出现消费国防的拥挤点。再如,通过对大气污染的治理所提供的清洁空气,也具有纯公共产品的性质。纯公共产品可以增加全社会的公共利益,属于纯公益产品,正是由于纯公共产品的这类属性,一般认为政府和公共部门最适合提供纯公共产品。

准公共产品是指仅具备非排他性和非竞争性属性中的一种,且不需要达到完全非排他

---

① 公共产品的志愿提供除外,例如,私人义务建造桥梁、修建道路,历来受到中国传统道德的褒奖,被视为是积德之举。但一个社会的公共产品依靠志愿提供显然不能满足需求。

② Musgrave,R. A. (1969,a), Provision for Social Goods, in J. Margolis &.M. Guitton(eds), Public Economics, New York: St. Martin's Prees, PP. 124 - 145.

<u>或完全非竞争的程度。</u>可以具体分为以下几种类型：

（1）具有非排他性但是存在竞争的准公共产品。如公海里的鱼，公共牧场等。需要说明的是，这里的非排他包括制度非排他或经济技术不可行的非排他，因而不是绝对的或完全的非排他。竞争的存在，是由于该类产品的效用通常是可分割的，一旦获得，其提供的效用可以像私人产品一样独占消费。如前所述，这类产品基本属于公用资源。奥斯特罗姆称之为"公共池塘产品"。

（2）具有排他性但是存在非竞争的准公共产品。该类公共产品因为可以通过制度、经济和技术的可行性方法排他，将那些未付费或禁止使用者排除，故被称为可收费物品，一般说来，该类物品消费的非竞争性是有限的，超出既定的规模就会形成拥挤，故该类公共产品也被称为拥挤型公共产品。例如，收费的高速公路，收费的公园等。

（3）有较大外溢性的私人物品。该类物品较为特殊，因为从产权所有者角度看该类物品属于私人，因而物品的消费也完全受私人控制，其效用在直接意义上也为私人消费者所享受。但是，消费中必然出现正的外溢性，而且非常大，以至于其效用的私人消费与公共消费融为一体，因而，具有了公益和私益混合的性质，正是在这个意义上，有学者也称该类物品为混合物品。例如，私人家的绿地、接种疫苗等。

2. 有形公共产品与无形公共产品

从公共产品是否有形的维度可以将公共产品划分为有形公共产品与无形公共产品两类。有形公共产品是指公共产品以实物产品的形态存在并以其物质属性提供效用。例如城市里的广场、音乐喷泉、公共雕塑、防洪大堤等。无形公共产品是指公共产品以某种服务形态或通过一组服务所产生的某种集合效应，例如，通过交警指挥提供的交通秩序产品，通过政府各部门依法治理社会提供的具有集合效应的社会公平产品，通过军队戍边服务提供的国防安全产品。所以，无形公共产品通常以政府提供的"秩序"、"公平"、"安全"为典型例证。

区分有形与无形公共产品，有助于我们区分公共产品与公共服务概念的侧重点。通常意义上，从公共部门通过管理公共事务，解决公共问题的角度，可以将所有公共部门提供的公共利益都称为公共服务。但是，在某些场合"公共产品"和"公共服务"被并列使用，例如，"政府的基本职能是向社会提供公共产品和公共服务"这一经常表述中，就是从有形与无形公共产品角度的划分。

有时公共产品还有另一层意义上的有形与无形划分。即物品本身的有形与物品效用的无形意义上的划分，例如，大炮、坦克、监狱等，都是有形的产品，但是，我们不能直接就称它们是国防公共产品，而是称由它们的组合效用所提供的国家安全产品。再如，正是由于监狱关押了犯人，才减少了社会上的犯罪，维持了社会治安，但是我们不能因此说监狱是公共产品。这与公园里的座椅不同，公园里的座椅直接提供了歇息效用，其实物效用与我们消费的效用是一致的，而监狱直接提供的是羁押犯人的效用，大炮和坦克直接提供的是杀伤敌人的效用，与我们要消费的效用不一致，此时，区分有形与无形公共产品对于我们认识这种差别很有意义。

3. 全局公共产品与局部公共产品

这是对公共产品效用在空间的覆盖范围维度的划分。通常将这种划分称为全国性公共产品与地方性公共产品，但是这种划分的概括力不够，因为在解释国际公共产品时就难以涵盖。

全局公共产品是指覆盖全局的公共产品,这里的全局一般是一个相对概念。从政府和公共部门的角度一般是指管辖权所及的行政区域全局,例如,对一国而言,全局是指全国。对一省而言,全局是指一省所辖区域。在国际上,全局也可以是地球的某一区域,例如亚洲区域,太平洋区域等,最高的全局是全球范围。局部也是相对全局存在的,通常是指既定全局下的某一局部管辖区域。

全局公共产品通常是从所辖区域全局的公共利益考虑,一般由全局区域公共部门提供,因而,其受益范围一般也仅限于全局内。局部公共产品是相对于全局公共产品的,一般由局部区域公共部门组织提供,或多个局部公共部门联合提供。其效用一般也限于局部辖区。但是,需要注意的是,公共产品一旦提供出来,其效用覆盖的范围往往存在行政辖区与地理区域的不一致性,即地理效用区域大于行政辖区,存在效用的外溢。例如,内蒙古地区通过植树造林改善生态,减少了沙尘暴,北京地区就会受益。

4. 开放性公共产品与封闭性公共产品

根据消费公共产品是否有身份限定和是否收费,可将公共产品分为开放性公共产品和封闭性公共产品。开放性公共产品是指对消费者没有身份限制,也不需要收费,任何人都可以享用的公共产品。纯公共产品一般属于开放性消费。排他性的可收费公共产品,虽然任何愿意付费的人都可以享用,但是,由于可以将不付费的人排除,所以属于封闭性公共产品。封闭性公共产品中还有一种类型,即詹姆斯·M·布坎南所称的俱乐部产品。布坎南第一次使用模型研究了自愿俱乐部的效率性质,在他的模型中包含着这样的假设:一家俱乐部排除非会员不需要成本;俱乐部里的会员不致受到其他会员的歧视;会员分摊相同的成本和收益。

5. 强制性公共产品与选择性公共产品

这是从消费是否自愿的维度对公共产品的划分。强制性公共产品是指不管是否自愿都要强制消费的公共产品,该类产品的提供与政府管理社会的职能密切相关,例如,为了防止传染病流行,政府强制新生儿计划免疫,为了减少交通事故导致的死亡,强制要求司机系安全带,为了提高全民素质强制接受义务教育等。该类强制公共产品也被称为优效品。所谓优效品是指政府强制人们消费的,能增进社会和个人利益的物品。这类强制性公共产品一般是由公共部门的预防性支出提供的。

选择性公共产品是指消费者可以有某种程度选择自由的公共产品,需要指出的是,消费者对公共产品的自愿选择不同于市场上的选择,因其供给的特殊性(如自然垄断,特许等),存在消费者的弱选择性。可选择的公共产品一般属于可收费的准公共产品或混合物品,例如,对学校的选择,对接种疫苗站的选择,对公园的选择等。可选择性公共产品通常是由公共部门的创造性支出提供的,有趣的是,有时强制性公共产品与选择性公共产品存在于同一公共产品提供过程中的不同阶段,如义务教育属于强制性公共产品,但是,在学生可以择校的情况下,学校又成为可选择的公共产品。在我国,如果某一部门提供的公共产品具有强制性和选择性双重属性,一般由具有代行政府行政职能的事业单位提供。

第三节　公共产品的供给

一、两种不同的需求加总

分析公共产品的供给问题需要从需求加总开始,这是因为不同的需求加总:是对既定价格下的需求量加总,还是对既定需求量下的价格加总,决定了不同的供给方式和效率。

1. 私人产品需求的水平加总

由于对私人产品的消费存在竞争性和排他性,市场上对某种私人产品的需求量表现为在不同价格水平上,单个消费者需求量的加总,在坐标图上,由于用横轴代表需求量,纵轴代表价格水平,所以,私人物品的需求加总就表现为水平加总。

例如:在面包的市场价格为每条 3 元时,市场上有 A、B、C 三个消费者,由各自的边际效用决定了三条不同的需求曲线,在市场价格既定为每单位面包 3 元的价格水平上,A、B、C 三个消费者对面包的需求量分别为:(d_1)1 个;(d_2)2 个;(d_3)3 个,水平相加总后,可以得出该市场上对面包的需求总量为 6 个,其水平加总如图 3-1 所示。

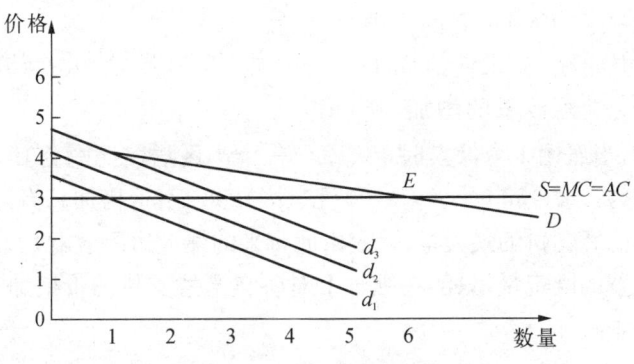

图 3-1 私人产品需求的水平加总

图 3-1 中,横轴代表面包的数量,纵轴代表价格,S 线代表供给,D 代表市场总需求,由水平加总后得出在市场价格为 3 元时的总需求量落在该线的 E 点处。E 点与供给曲线 S 相交,亦为市场供求均衡点。

需求的水平加总表明,由于面包的效用可以分割,每一需求者都可以根据面包对自己的边际效用确定自己的需求量,而且必须单独为确定的需求量支付价格,因而,面包商可以在 3 元这一盈利价格上供给该社会所需求的全部面包。E 点决定了市场的供给与需求达到均衡,可见,凡是可以水平加总的产品,由市场提供是有效率的。

2. 公共产品需求的垂直加总

由于公共产品存在效用的不可分割性,换言之,每个人对公共产品的消费都是同一公共产品的总效用,所以,公共产品的个人需求与社会总需求便表现为同一社会既定的需求量,例如,城市中对路灯照明的需求。接下来的问题就表现为,所有社会成员根据各自对公共产品的边际效用来确定各自愿意支付的价格。分析这一问题的假设条件是:所有的社会成员都不隐瞒其对公共产品的需求愿望,并根据公共产品对自己提供的边际效用来确定愿意支付的价格(不存在"搭便车"行为)。所以,公共产品的需求加总不是对公共产品数量的加总,而是每个人对既定公共产品愿意支付价格的加总,若以同样的坐标图表示对公共产品的需求,对公共产品价格的加总恰好与私人产品需求数量的加总相反,呈现为垂直方向的加总。

以小区公共安全需求为例,设有 A、B、C 三个居民,他们都需要雇用保安来维护小区公共安全,但是,任何一个人雇用保安,都可以使小区居民集体收益,存在效用的不可分割性和消费的非竞争性,所以保安服务是小区的纯公共产品。但是,三位小区居民面对整体的保安服务消费,因其各自的财产状况、家庭防盗设施和对安全的主观评价存在差别,他们为雇用保安的数量和所愿意支付的价格随着保安数量的增加而递减,并且存在差别,其对追加的保安数量提供的边际效用由其愿意支付的价格表示,其总需求可以由图 3 - 2 表示。

图 3 - 2 中,纵轴代表每一消费者对某一单位公共产品所愿支付的最高价格,横轴代表公共产品的供给数量,D_1、D_2、D_3分别代表小区居民 A、B、C 对保安的需求曲线,D 代表总需求曲线,需求曲线向下倾斜,表明随着保安供给数量的增加,其

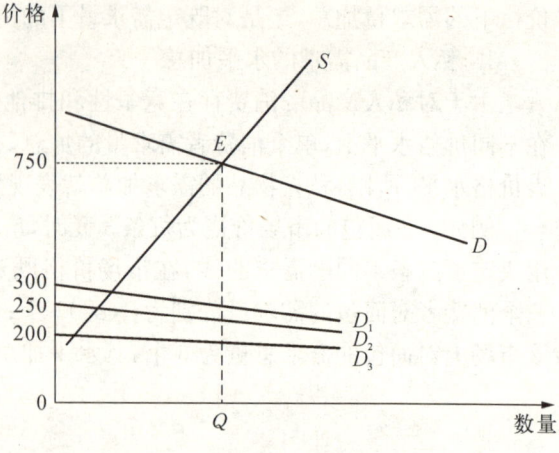

图 3 - 2　公共产品需求的垂直加总

效用递减。在图中,当雇用 1 个保安时,A、B、C 三个小区居民愿意为其提供的保安服务效用支付的价格分别为:(d_1)300 元、(d_2)250 元、(d_3)200 元;价格加总为:750 元。这是小区为雇用 1 个保安所愿意支付的最大量(代表由此带来的最大边际收益)。由于在图中公共产品的需求为共同消费的既定量,只能在纵轴上对各自愿意支付的价格加总,所以,公共产品的总需求就表现为垂直加总。

二、公共产品供给的效率

分析公共产品的供给效率涉及两个层面,首先是资源在私人产品与公共产品之间的配置效率,其次是公共产品供给满足需求的效率。可以用经济学中的均衡分析方法,即庇古均衡与林达尔均衡来说明这两个层次供给的效率。

1. 庇古均衡

庇古是福利经济学的创始人,他在对税收进行规范分析时,从福利等值角度提出了关于资源在私人产品和公共产品之间进行配置的均衡原则。庇古首先将个人缴税看成是税收的负效用,但是,政府用缴的税提供公共产品,使纳税人从中获益,只要纳税人从公共产品中获得的边际效用与用来弥补其缴税所损失的效用相等,此时就实现了资源在私人产品与公共产品之间配置的均衡,从而实现了私人产品与公共产品的福利等值,即庇古均衡。

2. 林达尔均衡①

林达尔均衡最早由瑞典经济学家林达尔(1891—1960)提出。它反映的是满足公共产品边际成本等于价格的效率条件,若实现这一均衡就会实现公共产品的帕累托最优状态。林达尔均衡实现有两个假设前提为条件:一是每个社会成员都愿意真实而准确地表露自己能够从公共产品或服务的消费中获得的边际收益,即不存在隐瞒或低估其所得到的边际效益,不逃避自己应分担的成本份额;二是每个社会成员对其他成员的偏好、收入状况和公共产品或服务可以给彼此带来的真实的边际效益十分清楚,即客观上也不存在隐瞒个人边际效益的可能。林达尔均衡模型可以用图 3 - 3 来表示。

---

① 瑞典经济学家维克赛尔(1851—1926)也做过类似的经济研究,所以有人称这一均衡为维克赛尔-林达尔模型。

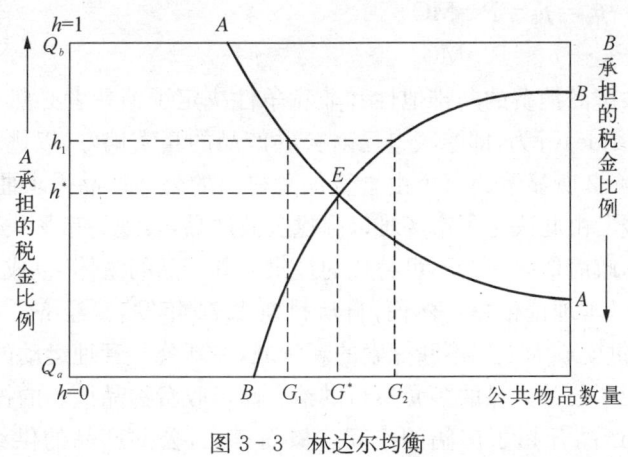

图 3-3 林达尔均衡

在图 3-3 中,假定社会中有两个成员 A 和 B,他们分别是参加选举的两个政党的代表,每个政党内部人们的偏好是一致的。图中表示 A、B 两个人协商决定各自应负担公共产品成本(税收)的比例情况。以 Q_a 为原点的坐标系表示 A 的行为,以 Q_b 为原点的坐标系表示 B 的行为,将两个坐标系合起来形成了一个长方形。图中纵轴表示个人 A 和 B 负担的公共产品成本的比例,其长度为1,若 A 负担的比例为 h,则 B 负担的比例应为 $1-h$。横轴表示公共产品的数量。AA 曲线代表 A 对公共产品的需求,BB 曲线代表 B 对公共产品的需求。在 A 看来 B 曲线相当于他面对的供给曲线,因为 B 线上的各点反映了若 A 承担不同比例的公共产品成本,那么 A 可以得到相应数量的公共产品;同理,B 的供给曲线相当于 A 线。A、B 两人经过协商在 A 线与 B 线的交点 E,双方愿意承担的成本的比例加起来等于1,此时公共产品的产量为 G^*。该过程可进一步解释如下:设在纵轴上选一点 h_1 表示 A 要负担 h_1 的税收比例,此时 A 只愿意要 G_1 的公共产品数量。而在 h_1 点 B 要承担的税收比例为 $1-h_1$,这种税负使 B 愿意要 G_2 的公共产品数量。假定两人实力相当,双方就会一直讨价还价,直到税负分配处于 h^* 点,A 线与 B 线相交在 E^* 点,此时双方都同意公共支出的规模为 G^*,由 A 线和 B 线的交点 E 所决定的均衡状态即为林达尔均衡。

在林达尔均衡状态下,每个人共同面对的公共产品产出量和每个人付出的税额满足了以下两个条件:一是每个人消费公共产品所获得的边际效用恰好等于其为该增量单位公共物品所花的纳税额的边际评价(换言之,此时,个人从增加每一单位公共产品的消费中所获得的效用恰好等于其对相应货币支付额的效用评价,这一单位公共产品的支出额称为边际税率);二是每个人的出资额总和必须等于生产公共物品的边际成本。这时单位公共产品的均衡出资额被称为"林达尔价格"。这个在对同一公共产品消费中每个社会成员"自愿"支付的集合的"林达尔价格"及相应物品量符合帕累托效率条件,因此也称作"林达尔效率"或"威克塞尔效率"。

三、公共产品的提供

从上述对私人产品和公共产品需求加总的分析,以及对公共产品供给效率的分析中可以得出,虽然两种产品的加总性质不同,但只要面对两种产品都能同样真实显示自己的偏好,并按自己的偏好支付价格,私人不但可以通过市场提供私人产品,也可以提供公共产品,而且也可以同样采取边际成本定价原则:

私人产品：$p_1 = p_2 = p_3 = P = MC$

公共产品：$p_1 + p_2 + p_3 = P = MC$

但是，由于公共产品消费的非排他性和非竞争性决定了消费者必然在个体理性支配下采取"搭便车"(free ride)行为，即隐藏自己对公共产品的真实偏好，以逃避支付公共产品消费的价格，所以以图 3-2 所显示的那个由垂直加总得出的公共产品需求曲线，被萨缪尔森称为"虚假的需求曲线"，由此决定了市场难以提供公共产品，表现为市场失灵。在政府与市场分工的两极范式下，政府似乎成为不可替代的提供公共产品的主体，也成为政府存在合理性和界定政府职能的基本理论依据。然而，自从科斯 1974 年发表《经济学中的灯塔》以来，公共产品的非政府提供就成为人们不断探索的新领域，在新公共管理运动的推动下，通过建立公私伙伴关系，出现了公共产品的多元参与供给。而可收费物品概念的提出，为那些通过收费供给的非纯公共产品开拓了广阔的空间。概而言之，公共产品的供给方式可以有以下几类。

1. 自愿供给

公共产品的自愿供给有两类：一类是指公共产品的共同消费者不隐瞒各自的偏好，也不逃避应承担的成本，彼此诚实地根据公共产品为自己提供的边际效用支付公共产品的价格，而且，也容易了解其他消费者的偏好和公共产品给他们带来的边际效益。也就是说，在这个社会中，任何人都难以隐瞒其真实偏好，也难以搭便车。在此情况下，每个社会成员会自愿为公共产品付费。通过讨价还价，每个人愿意支付的价格与他们所得到的公共产品的边际效用相等，从而实现了价格总和等于公共产品的供给成本。现实中自愿供给存在于供给范围较小的公共产品，例如，居民楼道里的照明用灯等，可以由自发的社会组织通过协商来组织提供。另一类是指个体或组织处于慈善或某种价值追求，志愿提供社会所需的公共产品，例如私人出资"修桥补路"、兴办学校等。

2. 政府供给

政府供给适应于政府凭借公共权力供给的公共产品，主要是那些无法排除"搭便车"者的纯公共产品，以及那些强制性消费的优效品。政府供给在经济上主要依靠税收，或者说税收的合理性就在于满足政府供给的那部分公共产品的需要。但是，政府供给的范围一般应限制在那些不宜由非政府主体提供的公共产品。即那些涉及国家主权事务、保障公民基本权利的事务，以及非政府部门一时难以提供的产品或服务。典型的如国防、社会公平、秩序、义务教育与基本医疗、计划免疫、大型基础设施等。

3. 俱乐部提供

如前所述，布坎南最早提出并分析了俱乐部公共产品及其提供问题。1965 年布坎南在《俱乐部的经济理论》一文中提出了"俱乐部产品"。所谓俱乐部产品就是这样一类产品，一些人能消费，而另外一些人被排除在外，如日常生活中的收费路桥以及公共游泳池、电影院、俱乐部等。在《民主财政论》中，布坎南分析了俱乐部提供问题，并从提供角度为公共产品下了一个不同于萨缪尔森的定义。他认为"任何集团或社团因为任何原因通过集体组织提供的商品或劳务，都将被定义为公共产品"。俱乐部提供的重要特征是：俱乐部成员有明确会员身份；每个人都需分担俱乐部产品的成本；俱乐部产品只对俱乐部成员提供，即只有俱乐部成员的身份才能消费俱乐部产品。需要指出的，这里的俱乐部产品是一个指代的概念，泛指一切具有俱乐部特征的集体提供的产品。例如，小区里的绿化、安保、照明和保洁等产品，由小区业主出资提供并供小区业主共同消费。

4. 公私合作供给

公私合作供给,是以将供给中的提供与生产在公私部门之间进行分工为前提的。奥斯特罗姆明确区分了公共产品供给中的提供与生产,提供是指出资,即确定在公共产品供给中由谁来承担成本,生产是指具体的生产过程,确定谁具体承担生产。在传统的政府供给中,提供和生产是完全合在一起的,政府既是出资者又是直接的生产者。在 20 世纪 80 年代末广泛兴起的新公共管理运动中,通过公共服务民营化改革,将提供与生产分开,可以广泛引入外包等市场机制,例如,在传统思维中政府出资建立监狱,并由政府管理监狱事务,提供和生产合为一体,在美国民营化浪潮中,监狱实行了外包,即仍由政府出资提供监狱的各项费用和管理经费,但是,以招标外包的方式,将监狱的管理与服务包给中标的私人,从而建立起政府与私人的公私伙伴关系。根据提供与生产的不同组合关系,公私合作供给方式可以归纳如表 3-2 所示。

表 3-2

公共产品供给方式的不同组合

	公 共 生 产	私 人 生 产
公共提供	公共提供公共生产 如:公立学校、图书馆、体育场等	公共提供私人生产 如:监狱外包、城市环保外包等
私人提供	私人提供公共生产 如:电力、燃气、自来水供应等	私人提供私人生产 如:私立学校、图书馆等
混合提供	混合提供公共生产 如:收学费的公立大学、城市公共交通等	混合提供私人生产 如:享受财政补贴的私立学校等

第四节 公 共 定 价

一、公共定价与政府定价

由于公共服务的费用价格必须体现公益性的要求,因此必须采取公共定价的制度安排。公共定价的目标是多维的,大体上有三个向度的目标,即促进社会分配率,刺激企业生产效率和维护企业发展潜力(王俊豪,2004)。广义的公共定价是指对公共产品的定价,但是,在公共产品中那些不能对使用者直接收费的具有某种纯公共产品性质的公共产品,通常难以用公共定价的方式确定其价格,只能间接地反映在公共财政预算的支出中,实际上是一种预算定价,而在公共服务中,由于公共服务消费者必须通过付费才能获得消费,所以狭义的或一般意义上的公共定价是指这类收费性质的公共事业产品的定价。

在公共定价制度安排中,由于公共定价只有借助政府公共权力的强制力才能实现,所以,有时又将公共定价称为政府定价。如认为"政府相关管理部门通过一定的程序和规则制定提供公共物品的价格和收费标准,即公共物品价格和收费标准的确定"[1],就是公共定价。

---

[1] 陈共:《财政学》,中国人民大学出版社 2004 年版。

　　公共定价与政府定价存在很大的区别,甚至是本质的差别。政府定价如果不是在公共利益和公共意见的基础上形成的,没有经过民主的程序,而是一种简单的行政操作,很可能不能维护公共利益,如果在公共定价中出现寻租,政府被俘虏,政府定价很可能使垄断价格合法化,从而侵害公众福利,这种现象在现实中是存在的。因此,必须通过制度安排真正使政府定价代表公众的利益,使政府定价的目标与公共定价的目标相一致。

　　综合上述两个方面,公共定价可以解释为以某种社会共同协商的方式,通过法定的程序对某种物品或服务的价格进行非市场定价。从被定价的产品或服务的提供者一方看,公共定价显然是一种限制行为,即限制其自主定价的自由,这需要政府公共权力的强制,所以,公共定价实际上采取政府对价格的管制。

　　公共定价包括两种定价:一是纯公共定价,即政府通过某种程序直接制定价格,主要用于对城市供气、供水、邮政通讯、公共交通和教育等自然垄断与基本公共服务行业的定价;二是管制定价,即政府规定价格浮动区间,提供者可根据情况在规定范围内自主确定价格,主要用于竞争性管制行业的定价。

　　公共定价需要建立相应的制度,听证会制度是公共定价的核心制度安排。听证会定价是指政府的价格管理部门、商品的生产者或服务的提供者、消费者三方代表以公开透明的会议协商的形式共同协商某种商品或服务消费价格的公共定价方式。这一制度的作用在于建立公共定价的共商机制,从而使价格的制定既能维护公众利益,又能考虑到提供者的承受能力,并根据现实经济条件的变化对价格做出及时调整。

二、公共定价的理论依据

　　在表面上,由于公共事业产品消费的排他性和收费的可行性,使之与私人物品的交易没有形式上的差别。但是,公用事业产品在资源性质上存在公共资源使用权的公共让渡和公共权力的排他性保护,在经济上存在自然垄断决定的规模经济、范围经济和网络经济的优势,在交易关系中存在生产者主权占优和消费的弱选择性,在产品属性上具有共同消费和关系人的基本权利的属性,在产品质量的技术信息上存在高度的信息不对称,这些因素决定了其在供求关系构型上与市场交易的私人产品有很大的不同,因此需要公共定价。

　　1. 存在公共资源的公共让渡

　　从事提供公共事业产品的交通、通讯、城市公用设施(公共交通、供电、供水、供气、供暖)等公用事业部门,其生产和服务通常需要借助空间的网络化,网络的形成通常需要在空间上占用大量的公共空间和公共资源,如铁路的铺设和供电线路的架设需要占用大量的地上土地资源和公共空间,而供水、供气、通讯电缆等需要占用大量的地下资源。这些土地等空间资源是公共资源,本质上属于公共产权,因此,利用这些资源实际上是全社会的公共理性处于公共需要的目的对提供者的公共让渡,所谓公共让渡是指公共权力基于公共利益的需要,按照公共意愿对产品和服务提供者让渡某些公共资源的社会契约行为。既然存在公共资源的公共让渡,就需要公共让渡者对其提供的产品和服务进行公共定价。

　　2. 存在规模经济、范围经济和政府排他性保护的优势

　　上述网络化经营和规模经济还决定了其自然垄断的属性。自然垄断是经济学中一个与人为垄断相对应的一个概念,最早是由约翰·穆勒(John Stuart Mill)1848 提出来的。主要是指由于资源分布的自然特点而无法竞争或不适宜竞争所形成的垄断。这里资源分布的自然

特点主要指在经济上会出现规模经济和范围经济的特征。规模经济与范围经济是指用户的规模越大其边际成本越低,或者说存在增加消费的边际成本趋近于零,因而一个企业能以低于两个或者更多的企业的成本为整个市场供给该种产品或服务,例如自来水供应、供电网络等。

由于自然垄断的存在,就需要政府对这些领域的进入实施管制,即不能实行登记制进入,而是必须实行特许准入制,由此在客观上对已进入企业(在位者)形成了排他性保护。这种保护实际上也是基于公共理性对公共资源的节约性保护,避免竞争造成资源的浪费。自然垄断的存在容易产生垄断价格,而公共权力的排他性保护,又使这种垄断地位趋于长期化,为防止垄断高价和使排他性保护有利于促进公共利益,是需要公共定价的第二个理由。

3. 存在消费的弱选择性

由于提供者的自然垄断地位,或者由于高度的信息不对称,消费者在面对这类产品和服务时,其消费的选择权必然受到主客观的限制,即存在消费的弱选择性。消费弱选择性是指消费者难以拥有充分市场竞争环境下存在的货币选票优势和买方主权。例如,城市居民对供水供气的选择,对公共交通设施的选择;患者就医中对诊断手段和药品的选择等。前者基于供给的自然垄断,后者基于医学技术信息的高度不对称。由于弱选择性的存在,客观上为提供者利用垄断优势、信息优势和卖方主权侵占消费者应得的公共利益提供了有利条件,防止其利用这些供给优势,保护消费者公共利益,是需要公共定价的第三个理由。

三、公共定价的一般方法

(一) 公共定价水平的基本标准

公共定价首先需要确定定价的水平,一般而言,价格管制的基本依据是确定成本费用和限制营利的程度,以确定一定时期内的最高限价(有时也制定最低限价)标准或直接由政府或法律定价,并规定价格调整的周期等。但是,在实践中,由于公共服务领域的复杂性,提供公共服务的动机和激励机制不同,公共服务的公益性存在程度的差别,供给者之间的竞争程度、服务质量的技术信息在提供者和消费者之间的非对称程度、得到政府财政支持的便利性程度、从服务收费中得到全部成本补偿的程度以及和人的基本权利的关切程度等都存在差别,从而使公共定价呈现出复杂性的特征。如果以公益性强度和与人的基本权利关切度为指标,公共定价与费用和限制盈利水平的关系可以用图 3-4 表示。

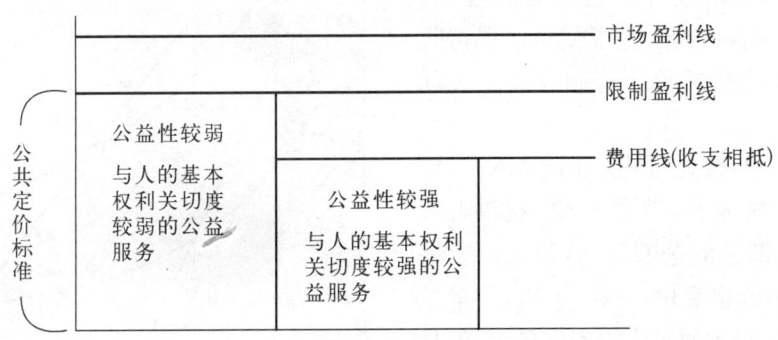

图 3-4　公共定价与费用和限制盈利水平的关系

在图 3-4 中,公益性较强、与人的基本权利关切度较强的公共服务,其价格标准应以成本费用确定,此类行业的公共服务包括教育、基本医疗、妇幼保健和司法服务等,制度应明确其不以营利为目的,并且,其盈利部分的使用必须符合非营利组织的分配原则,即不可向组织控制者分配利润。而那些公益性较弱、与人的基本权利关切度也较弱的公共服务,其价格标准应以限制盈利水平线确定,此类行业的公共服务包括铁路运输、供电、供水、供气等公用事业,制度允许其有一定的盈利,但其定价必须在市场盈利线以下的限制盈利的范围之内。

(二)公共定价的方法

公共定价方法的核心问题是何种定价方法适应何种性质的公共服务以提高资源配置效率。以自然垄断行业的公共定价为例,根据福利经济学的基本理论,只有当价格等于边际成本时社会福利才最大,而如果按边际成本定价,企业就会亏损。这就是自然垄断理论中的定价矛盾。这一矛盾使社会陷入社会福利与企业利益之间进行取舍的两难状态,为此,公共定价应从资源的有效配置和服务的公平供给出发,以限制自然垄断企业制定垄断价格或差别价格为目的,对于价格水平和价格体系进行规制。

在价格管制水平上,有两类典型的、有较大差异的价格管制模型:一是美国的投资回报率价格管制模型,该模型在美国的应用有悠久的历史,在定价方法上,政府并不制定具体的价格,而是根据某一时期内影响价格变动因素的变化情况,调整和确定投资的回报率指标,企业则根据政府确定的这一投资回报率指标定价。二是英国的最高限价管制模型。该模型是由英国伯明翰大学的斯蒂芬·李特查尔德在20世纪80年代提出的,他认为价格管制的主要目标应该是把价格和利润保持在一个既不失公平,又对企业有提高效率刺激的水平,为此他把价格管制和零售价格指数(即通货膨胀率)与生产效率挂钩,建立了最高限价管制模型,在该模型中,政府管制的核心是一定时期内生产率增长的百分比,管制者与被管制者讨价还价的焦点是该值的选择。

在具体定价方法中,基本使用的原则性方法有以下几种。

1. 平均成本定价法

平均成本定价法是指政府在保持企业收支平衡的情况下,采取尽可能使经济福利最大化的定价方式。从理论角度来看,边际成本定价是最理想的定价方式,但它会使企业出现大量亏损,即便给予财政补贴,但是,长此以往企业会很难提供足够的满足社会公共需要的物品,因为财政补贴也是有限度的。因此,在成本递减行业,为了使企业保持收支平衡,公共定价或价格管制要高于边际成本定价。

图3-5中,按利润最大化的 $MR=MC$ 原则定价,价格为 P_1,产量为 Q_1,提供者可获得阴影 A 部分的垄断利润,但是产量最低;若按边际成本定价,价格为 P_2,产量最大 Q_3,社会所得到的经济福利也最大,但是提供者会存在阴影 B 亏损。只有按平均成本定价,虽然产量较按边际成本提供量减到 Q_2,并存在阴影 C 部分的福利损失,但是

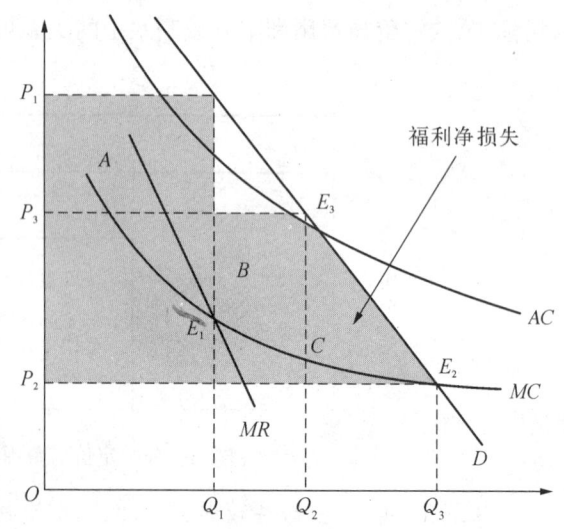

图3-5 公共产品的平均成本定价

提供者能实现收支平衡。

2. 二部定价法

二部定价法是由两部分构成的定价体系：一部分是与使用量无关的按月或按年支付的"**基本费**"；另一部分是按使用量支付的"**从量费**"。因此，二部定价法是定额定价和从量定价两者合一的定价体系，也是反映成本结构的定价体系。基本费与消费与否有关，采用定额计算方法，补偿固定成本，从量费与消费量有关，采用从量计算方法补偿可变成本，其基本公式如下：

$$P = 固定费用 + 从量费 = N/K + aQ$$

式中：N 为固定成本总额；K 为消费者人数；a 为平均可变成本；Q 为消费者的使用量。

由于二部定价法中的"基本费"是不管使用量的多少而收取的固定费，所以有助于企业财务的稳定；由于二部定价法具有"以收支平衡为条件实现经济福利最大化"的性质，所以现在很多受管制的自然垄断行业（电话等自然垄断行业）都普遍采用这种定价方法。

3. 负荷定价法

负荷定价法是指根据需求规律性变动，对不同时间段或时期采取不同的价格，以引导和调节消费量，减少消费拥挤和网络负荷的定价方法，是时间差价的一种形式。在对某些需求可能会随时间而出现大幅度规律性变动的情况下，如电力、煤气、自来水、电话、民航等行业出现需求的按季节、月份、时区的高峰和非高峰，但供应缺乏弹性的产品，需要系统地制定不同的价格以平衡需求量。在需求处于最高峰时收费最高，而消费处于最低谷时收费最低。负荷定价有利于通过价格引导消费量"削峰填谷"，平衡消费流量。实行负荷定价也可以改进整个社会资源配置的效率，因为负荷定价中的低谷定价使价格更接近于边际成本，而高峰定价会给企业带来较高的利润，这将使消费者剩余与生产者剩余的总额最大。目前，民航部门根据客流的季节性变动所制订的票价，以及城市居民用电的定价均采用负荷定价法。

本 章 小 结

公共产品理论是公共财政学的核心理论。本章介绍了物品分类理论，从物品消费的获得方式（效用的获得方式）维度定义了公共产品，并对物品进行了"四分法"的基本分类。从与私人产品对应的角度，分析了公共产品概念、基本特征和分类。有关公共产品的多维度分类，有利于认识不同性质公共产品的属性。从私人产品与公共产品的需求加总的不同，分析了公共产品供给的效率条件以及供给主体与供给方式的四种基本组合。然后从多个维度分析了公共产品的供给方式。关于公共定价，首先，区分了公共定价与政府定价。其次，从三个方面分析了公共定价的理由，其中关于公共让渡概念的引入，丰富了对自然垄断的认识；关于消费弱选择性的分析，揭示了公共消费中的供求关系的基本特征。最后，介绍了几种基本的公共定价方法的原理和适用范围。

扩 展 阅 读

物品的二分法与四分法分类

一、物品的四分法分类

民营化大师萨瓦斯在其所著《民营化与公私部门的伙伴关系》一书中，根据消费和排他性两个维度构成的四个向度绘制了下列四种物品分类的坐标图。

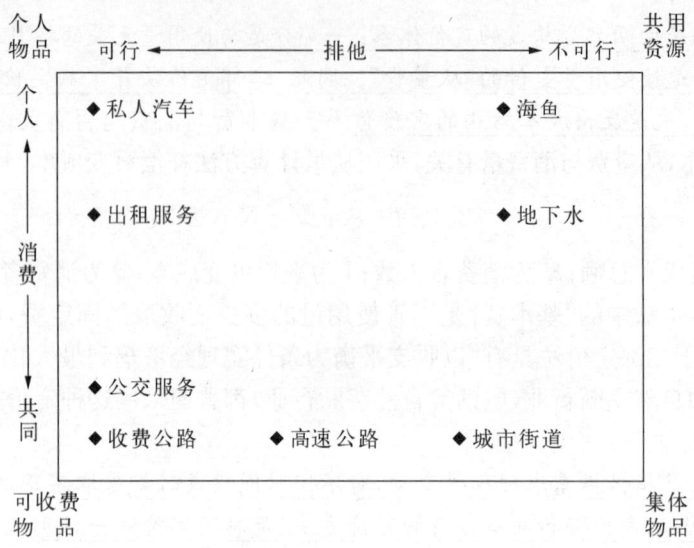

1. 个人物品

个人物品(individual goods)是指具有比较完全的消费竞争性和排他性特征的物品和服务。这些特征是在消费、产权和排他成本方面表现出来的,即消费存在独享性竞争,并可以凭借产权、零成本或可行成本排他,从而使个人物品在消费上排除了"搭便车"的可能性,任何人要获得该物品或服务的消费,就必须在私人决策下支付该物品和服务的价格。因此,萨瓦斯指出,个人物品的提供不存在悬念,通过市场可以提供它们。

2. 可收费物品

比较传统的私人物品和公共物品的分类,可收费物品(tool goods)是一个新的划分,可收费物品处于非竞争(即共同消费)但却可以实现排他两个维度上,可定义为那些存在消费非竞争性但可以通过收费实现排他的物品。可收费表明,一种共同消费品,虽然在一定限内存在消费的非竞争性,但是,由于排他在技术上和经济上可行,因而能够做到对使用者收费。所以,可收费物品与个人物品在购买方式上是完全一样的,所不同的是获得的消费方式存在个人消费与共同消费的差别,例如,购买门票观看足球比赛或文艺演出,通过收费的桥梁或道路,电话与供电供水等公用设施的使用等,但是,可收费物品共同消费的性质又决定了它在某种程度上具有公益性,因而不能混同于个人物品。

3. 共用资源

共用资源(common-pool goods)处于竞争性和排他不可行两个维度上,其中竞争性的基本含义是某种共用资源通过个人的获取行为变为个人所有;而排他不可行则是包含了经济上的不可行或产权与法律上的不可行。在不存在集体行动的情形下共用资源可以被定义为"谁占有就归谁"的物品,过度使用和趋于枯竭是共用资源面临的基本问题,典型的是公海里过度捕鱼使渔业资源供给枯竭。因此在使用中会出现"公地悲剧"。由于存在"公地悲剧",共用资源的供给只能依靠自然与仁慈者的恩赐,与个人物品和可收费物品比较,甚至与集体物品比较,共用资源的一个最明显的特征就是真正的免费提供(集体物品由税收或共同集资提供,因此不是真正的免费),由于对所有使用者都是免费的,所以也就无所谓"搭便车",而且在消费上天然存在掠夺性使用的倾向。需要指出的是,某些作为生命存在的最基本自然条件的共用资源,具有取之不尽的特性,也不存在消费的竞争性,而且在维持生命的用途上也不存在掠夺性使用的倾向,这就是阳光和空气,它们属于共用资源的特例,不具有经济性质。

4. 集体物品(collective goods)

集体物品处于非竞争和非排他两个维度上,具备这两种属性即属于纯公共产品,这就决定了必然存在"搭便车",因此,集体物品的"集体"含义在于集体行动,即不但消费上存在集体(共同)消费,而且,在提供上尤其需要集体行动,这种集体行动包括了集体决策、集体筹资、集体对成员个人的强制等,所以,集体产品的本质是集体行动,即决策必须通过公共选择,典型的如警察服务。

"四分法"的物品分类是就典型的物品进行的分类,实际上,物品分类是历史性的和制度性与技术性的,而且存在不同物品之间的转换。如可收费物品与集体物品之间的转换:收费的公园或博物馆因取消了门票而变为集体物品,公用的海滩浴场因设立收费入口而变成可收费物品。但是,这种转换并不改变既定条件下每一类物品的基本属性。

二、"四分法"与"二分法"的比较

上述物品分类的"四分法"作为一种新的分类方法,不同于传统的私人产品与公共产品的"二分法"划分,与"四分法"比较,"二分法"强调了公共产品与私人产品的对应性,而且"二分法"适应对市场与政府(公共部门)二分的"两极范式"划分的需要,因而被普遍使用。在"二分法"下,虽然考虑到公共产品在非竞争性和非排他性上存在差别,并因此将公共产品又做了进一步的划分,分为纯公共产品与混合物品(准公共产品)两类,但是,混合物品的概念仅注意到了其在竞争性与排他性上的"纯度"差别,并没有更多的制度含义,而"四分法"则从"可排他"出发提出了"可收费物品"这一新概念,并从资源的免费属性上提出了"共用资源"这一新的物品类别,这为资源配置的机制设计超越市场(看不见的手)与政府(看得见的手)"两极范式"提供了新的出发点,特别是"可收费物品"概念的提出,对于认识那些处于市场提供与政府提供中间的物品和服务的资源配置机制设计提供了独特的物品分类基础。

但是,鉴于人们已经习惯使用公共产品概念,我们还是将个人物品以外的其他三类物品统称为公共产品,另外,包含了纯公共产品和混合物品在内的公共产品概念与上述三类概念也存在如下的对应关系:集体物品对应于纯公共产品,可收费物品和共用资源对应于混合物品。

(资料来源:根据萨瓦斯:《民营化与公私部门的伙伴关系》一书中的有关章节整理。)

思考与练习

1. 做一张物品四分法分类的表,然后从现实中找到不同类别物品的例证,分别填入对应的四种分类栏目中,每一类至少找到3个例证。

2. 做一张公共产品供给中提供和生产六种组合的表,然后每种组合填入两个举例。

3. 从消费角度举例说明竞争性与非竞争性,从制度角度举例说明排他性与非排他性。

4. 举例分析可收费物品的特征,其与私人产品有何区别?

5. 为什么说公共产品需求的垂直加总是一条"虚假的曲线"?与"搭便车"有怎样的关系?举出生活中"搭便车"的例子。

6. 公共定价的依据或理由有哪些?

第四章　公共选择

知识要点与学习要求

1. 公共选择理论的方法论。要求理解经济学理性经济人假设运用于政治决策分析的方法论意义。

2. 公共选择主体行为分析。学会运用理性经济人的实证分析方法分析政治家、选民、利益集团和官僚这四大主体参与政治市场的行为动机,能够分析各自追求的目标是什么。

3. 投票方式与投票规则。重点掌握直接民主与间接民主、一致同意规则与多数规则的特点。

4. 投票理论。掌握"中位选民"、"投票悖论"和"阿罗不可能定理"及其实践意义。

5. 政府失灵。能够分析政府失灵的原因及其主要表现,了解解决政府失灵问题的主要途径。

本章结构图

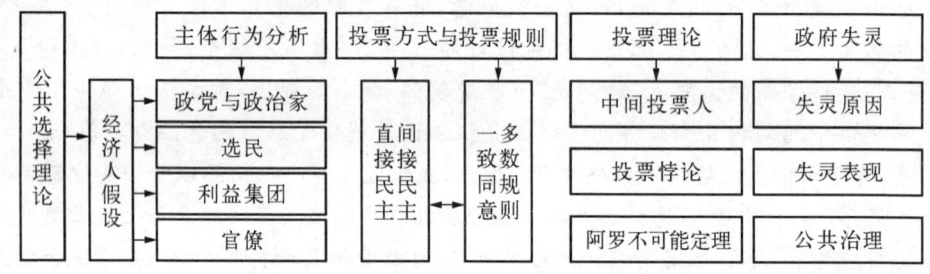

基本概念

公共选择　政治均衡　利益集团　预算最大化　理性无知　决策成本与外在成本　直接民主与间接民主　一致同意与多数规则　最适宪政民主模型　中间选民　投票悖论　单峰与双峰偏好　阿罗不可能定理　政府失灵　寻租

第一节　公共选择理论

财政决策,即财政"提供什么公共产品"和"提供多少公共产品"是财政学的核心问题,这一问题从经济学的角度看是公共资源的配置机制问题。虽然企业在生产经营活动中也需要就生产什么和生产多少的问题进行决策,家庭和个人也需要就需求什么和需要多少的问题进行决策。但是,财政决策在方式上不同于企业和家庭的决策,后两者属于私人决策行为,而财政决策是集体行为,在民主政体下,这一决策过程是通过政治程序完整的,因此,财政决策过程就是政治过程。关于政治过程的研究,在传统上属于政治学范畴。公共选择理论第一次将经济学的理论和分析方法引入对政治决策过程的分析,开启了政治和公共政策研究的经济学途径,并成为社会科学研究的基本范式。

一、理论源起

公共选择学派,作为一种解释政治和集体行为的新理论,其出现不是偶然的。自 1929—1933 年经济大萧条后,登上西方官方经济学宝座的凯恩斯主义大行国家干预主义之道。一方面,国家干预促进了经济的复苏和繁荣,也引发了人们对公共部门和公共经济活动前所未有的关注;另一方面,过度的国家干预渐渐暴露出其弊端,政府失灵问题开始显现,又促使人们开始思考政府和公共部门活动、公共经济运行的真实逻辑是什么。而有关政府和公共部门经济的理论又相对匮乏,特别是对政治和政府行为的实证分析的经济学理论更是处于空白状态。而凯恩斯主义以来,受弥补市场失灵政府观的影响,人们对政府多抱有"超凡至圣"的乐观态度,一时难以深刻解释政府和公共部门出现的诸多问题,公共选择理论的出现满足了这一需要。

公共选择理论产生于 20 世纪 40 年代末,英国政治学家邓肯·布莱克(Duncan Black)于 1948 年发表了公共选择理论的奠基之作《论集体决策原理》,布莱克因此被称之为"公共选择理论之父"。至 20 世纪五六十年代,公共选择的基本原理和理论体系框架开始形成。20 世纪 60 年代末以来,其学术影响迅速扩大。公共选择理论的领袖人物当推美国著名经济学家詹姆斯·布坎南。布坎南从 20 世纪 50 年代开始研究公共选择理论,他于 1954 年发表了第一篇专门研究公共选择的文章《社会选择、民主政治与自由市场》,1962 年布坎南与戈登·塔洛克合著出版了《同意的计算——立宪民主的逻辑基础》(The Calculus of Consent),该书运用实证经济学的分析范式解读现代宪政民主制政府的运作,奠定了公共选择理论的方法论基础,被认为是公共选择理论的里程碑。布坎南因在公共选择理论方面的建树,尤其是因提出并用经济学方法论证了政治决策理论的契约和宪法基础而获得 1986 年度诺贝尔经济学奖。此外,著名经济学家阿罗(Arrow)和唐斯(Anthony Downs)对公共选择理论的建立和发展也作出了重要贡献。1951 年肯尼斯·约瑟夫·阿罗出版了《社会选择与个人价值》(Social Choice and Individual Values),提出了著名的"阿罗不可能定理",该定理表明在民主的制度下不可能得到令所有的人都满意的结果,从而极大地发展了公共选择理论。公共行政学家唐斯所著的《民主的经济理论》(An Economic Theory of Democracy, 1957)提出了中间投票人定理,该定理已经成为解释政治选举现象的经典理论。

美国弗吉尼亚理工大学乔治梅森大学是公认的公共选择理论的大本营。乔治梅森大学的詹姆斯·布坎南与戈登·图洛克一同发展了这个理论,他们也因此被称为政治经济学的"弗吉尼亚学派"。

二、理论方法

公共选择理论是运用经济学的分析方法论来研究政治决策机制如何运作的理论,是一门介于经济学和政治学之间的新兴交叉学科。因此,了解这一理论的关键,首先必须掌握其独特的研究方法。关于公共选择理论的方法论,詹姆斯·布坎南的解释是:"公共选择是政治上的观点,它以经济学家的工具和方法大量应用于集体或非市场决策而产生。"丹尼斯·C·缪勒将公共选择定义为:"公共选择理论可以定义为非市场决策的经济研究,或者简单地定义为把经济学应用于政治科学。公共选择的主题与政治科学的主题是一样的:国家理论,投票规则,投票者行为,政党政治学,官员政治等等。"

按公共选择理论的方法论,将人类的经济与政治活动归入两个市场,即经济市场和政治市场。在经济市场上从事经济活动的主体是消费者(需求者)和厂商(供给者),消费者通过货币选票来选择能给其带来最大满足的私人物品,厂商则通过竞争获得消费者的货币选票。在政治市场上进行政治活动的主体是选民、利益集团(需求者)和政治家(决策者)、官员(供给者)。在政治市场上,人们通过政治选票来选择预期能给他们带来最大利益的政治家、法律制度、公共政策和社会改革方案。在经济市场上的行为是经济决策,而在政治市场上的行为是政治决策,在民主政治制度下,社会的每个人都要参与这两类市场中的决策。

以这一分析为前提,公共选择理论试图用经济学分析经济行为的方法,将两个市场的决策行为纳入同一分析框架。其根据是同一个人在经济市场和政治市场上活动会受到相同的利己动机支配,而不是像表面看上去的那样,即在经济市场上受利己机动支配追求自身利益的最大化,而在政治市场上受利他主义动机支配追求公共利益的最大化,这种政治经济截然对立的"公私二元动机论"是不能成立的,在逻辑上也自相矛盾。公共选择理论试图把人的行为的这两个方面重新纳入一个统一的分析框架和理论模式,用经济学的理性经济人的基本假设和成本收益的经济分析方法来统一分析人的经济与政治行为,将经济分析范式引入政治市场的分析,从而打通了经济学与政治学,使两者融为一体,构建了新政治经济学体系。

公共选择理论在方法论上的突破可以归结为以下三点:

一是经济学的理性经济人假设前提。理性经济人假设虽然是传统经济学的原本假设前提,但传统政治学在分析政治问题时却把人的自利理性排除在外,直接赋予政治领域的人,特别是政治家以公共利益代表者的身份。公共选择理论改变了政治学的这一传统方法论,第一次把经济学的理性经济人假设引入政治领域,并以此为逻辑起点,将经济学的自利动机与交易关系引入政治领域,重新解释了政治活动的动机,所揭示出的政府等公共机构不再是"仁慈"的大公无私的公共利益的代表者,而是由一个个追求自我利益最大化的经济人组成的公共集团,从而为解开民主政治和政府诸多问题的谜团,诸如选民的"搭便车"行为、政府的低效率、设租与寻租等现象找到科学的依据。

二是个人主义的方法论。在传统政治学中,研究政治活动遵循的是集体行动的方法论。公共选择理论将理性经济人假设引入政治学后,对政治活动的分析必然转入个人主义的方法论。因而使个人成为分析政治活动的基本单位。布坎南指出,政治不过是个人集体活动的过程,这一活动过程与在市场过程中的私人活动一样,各人都是最终的决策者、选择者和行动者,也必然是最终结果的承受者,所不同的是,在公共选择中,个人选择是通过集体而不是通过个人来实现其目的的个人活动。

三是用交易关系分析政治过程。不同于传统政治学把政治活动仅作为政党、官僚和国民在国家事务中的权力与义务关系,公共选择理论把社会选择或政治决策过程视为一种在政治市场上的交易,并且这种交易在本质上与在经济市场上的交易没有区别。只不过在经济市场上交易的对象是私人产品,而政治市场上交易的对象是公共产品,前一种交易直接表现为个人选择的结果,后一种交易虽然直接表现为公共选择的结果,但这种公共选择却是那些进入政治领域有各自不同的价值观和偏好的人们个人选择的结果。

三、政治均衡

在政治决策过程中，通过公共选择所实现的结果是政治均衡。政治均衡是指在政治决策过程中，通过政治博弈最终使选民、政治家和官员的选择达到一致的政治稳定状态，它是政治市场供求双方力量与利益平衡的结果。政治均衡状况表明，按着已经确定的公共选择规则，各方从政治交换中已不能获得更多的利益，由此形成了集体偏好，并且全体同意遵守集体达成的协议。在现实社会中，如果一个社会的成员根据既定的规则，就一种或多种公共产品的供给量以及相应的成本分担达成了协议，就可以说该社会取得了政治均衡。那么，是哪些因素决定最终的政治均衡？一般而言，公共选择的规则、承担的成本份额和公共产品收益在投票人之间的分配状况、公共产品的平均成本和边际成本、投票者获得有关信息的难易程度以及话语权的分配等是决定政治均衡状况的主要原因。

需要指出的是并非所有的政治均衡都是有效率的，因为，公共选择并不能确保使所有的人境况变得更好，更何况由于受政治体制、选举制度、政治信息公开程度等等的限制，政治均衡下的产出也可能是低效率和失效的。所谓政治失效是政治市场中的政治选择结果偏离了社会福利最大化目标，大多数选民因这一选择结果而利益受损。

第二节　公共选择主体的行为分析

公共选择理论基于理性经济人范式，对投票行为研究的基本假设是：投票是那些其福利将会受到投票结果影响的人们进行的，投票行为的作用是将个人偏好转化为社会偏好。对于公共选择主体行为的分析，具体展开为对选民、利益集团、政治家和官僚在参与政治决策和公共选择过程中的行为分析，由于不同主体在公共选择中所处的地位和直接目标不同，理性经济人的自利动机的表现也是不同的。

一、选民的行为动机分析

在民主政治制度下，公共选择采取选民投票方式。根据公共选择理论，选民参加政治活动是出于利己的动机而非为了公共利益，因此，利己的理性必然使选民计算自己参与政治活动的成本和收益，并据此决定在政治投票中对备选方案投赞成票、反对票或弃权票；或不参加选举以保持"理性无知"状态。所谓"理性无知"是指选民对自己花费在投票上的成本是确知的，而预期的收益则是不能确定的，权衡损益，选民将会放弃主动搜集信息，保持对政治、政纲、政党和候选人的"无知"状态。

唐斯提出了对选民动机分析的"理性选民假说"。他认为选民参与投票的目的是为了通过参与政治活动获得预期收益的最大化，但投谁的票首先要依据所掌握的信息，而是否收集信息、是否投票，取决于预期从这些活动中能获得的收益与付出的代价。假设选民参加投票有两种预期结果：得到他所预期的结果（设为 X）和没有得到他所预期的结果（设为 X'）。设选民从 X' 结果得到的效用为 0，若用 $U(x)$ 表示 X 带给选民的效用，P 表示投票行为对投票结果产生决定性影响的概率，投票成本为 C，用 EU 表示选民投票行为的预期效用，可以得到选民预期的效用函数如下：

$$EU = PU(X) - C$$

根据这一函数,选民只有在 $EU > 0[PU(X)] > 0$ 的情形下才会参与投票。由上式可知,若选民总数与候选人数越多,则选民了解有关信息的成本就越高,单个选民的投票对最终选举结果影响的概率就越小。其至微不足道,P 和 $U(X)$ 的值也就越低,在此情形下,理性的选民将会放弃投票。"理性选民假说"可以用来解释在现实的选举中经常性出现的选民对参加选举缺乏兴趣和"搭便车"的现象。

在"理性选民假说"基础上,奥尔森、莱克和托利森等人又对选民行为从理性与经验上作了进一步的分析,得出以下更加详尽的结论:① 信息越易获得投票率越高;② 选民越有参与意识和责任心投票率越高;③ 选民越多投票率越低;④ 选民越一边倒投票率越低;⑤ 选举越不重要投票率越低;⑥ 候选人之间的施政纲领和观点越接近投票率越低。

二、利益集团的行为动机分析

在参与公共选择的政治决策过程中,除了单个的选民外还有各种利益集团。关于利益集团的定义有多种,《布莱克维尔政治学百科全书》将其定义为"致力于影响国家政策方向的组织,他们自身并不图谋组织政府"。利益集团有的比较松散,有的有明确的组织,有的维护全社会甚至全人类的利益(如绿色和平组织),有的仅维护本集团的利益。利益集团的出现源于社会利益的多元化和价值观的多元化。利益集团一般由普通选民、非营利组织、公共部门组织、厂商等组成,它们在规模、资源、权力和政治倾向等方面存在差别。从总体看,利益集团具有以下特征:① 有共同的利益和目标;② 具有一定的组织性;③ 具有影响政治决策的能力。

利益集团之所以在公共选择中采取集体性的共同行动,是因为联合起来形成的力量更能够争取有利于自己的决策方案获得通过,并容易与政治家、官员形成"铁三角"关系,这种铁"三角关系"一般为:利益集团联合起来说服、收买或施压政治家接受其提出的方案,政治家批准有利于利益集团的某一政策方案,官员实施该政策方案,利益集团从中获益。该收益应远远大于因联合和说服政府而发生的成本。为实现其目的,特殊利益集团采取的主要行动方式有:① 极力向选民灌输有利于自己的信息,使他们在投票时支持和站在自己一方;② 游说政治家和议员,以说服议会支持其提出的方案;③ 政治资助,即对参加竞选者提供竞选经费;④ 与其他利益集团合作。除此之外,利益集团还可能采取公开运动、和平示威、威胁、行贿和恐怖等非法和极端的手段。

三、政治家与政党的行为动机分析

民主政治下的政治家,是指由选举和竞选产生的职业从政者,主要指议长、议员、总统等。在多党制下,政治家一般都来自和代表某一政党,并由所在政党支持参加竞选,因此,政治家的行为动机与政党的动机具有一致性。在表面上看,政党和政治家在政治市场的竞争中提出的政治纲领总是为了促进社会利益,行为动机是为了实现"社会利益"最大化。公共选择理论否定这一动机假设,从实证分析出发,我们可以看到,一方面,由于不同的个人或集团的利益和价值观存在非一致性,甚至是冲突的,所以任何"社会利益"不可能符合全体社会成员的偏好;另一方面,也是最重要的,政治家和市场上的消费者与厂商一样,也是理性经济人,具有同样的利己动机。唐斯认为,"民主政治中的政党与经济中追求利润的企业家是类似的。为了达到他们的个人目的,他们制定他们相信将能获得最多选票的政策,正像企业家生产将能获得最多利润的产品一样"。但是,也必须指出,这一行为动机分析,并不能排除政治家和政党的行为中的利他主义因素。

从利己主义动机分析,政治家和政党在政治市场上的直接目标是为了争取选票最大化,以获得执政地位和实现连选连任。就直接争取更多选票的目标看,可以分为三类动机的政治家:第一类是所谓的纯粹政治家,他们为了赢得选票而制定迎合选民偏好的政策,尽量和多数选民保持一致的立场,换言之,它们不是为了制定和实施某一政策而赢得选举,而是为了赢得选举而制定政策方案。第二类是有理想的政治家,他们有某种政治信仰和价值信念,执政的目的是试图按自己的理想改造社会,为此,他们制定的政纲可能不会直接迎合选民已有的偏好,但是他们坚信这些政纲会给社会和选民带来更重要的和更远大的利益。第三类政治家追求的是权力、社会地位、名望和金钱等。实际上,这种分类过于单纯,现实中的政治家往往是以某一动机为主,或在某一阶段以某一目的为主,例如,在为获得执政地位的竞选阶段,主要考虑如何迎合选民的选票。综合来看,上述三类行为动机应该是兼而有之,同时以某一动机占支配地位。

四、官僚的行为动机分析

官僚(bureaucracy)这一概念源自 18 世纪的法国,最初是指所有的政府官员,但是在西方国家实行文官制度后,官僚所指的范围缩小,一般指非经公选而是经考试被政府录用且不受执政党更迭影响的政府行政官员和职员。

行政官僚的职责不是直接参与政治决策过程(虽然官僚个人也可以选民身份参加投票,但此时属于选民行为,不属于官僚行为),而是负责执行政治决策即负责公共产品的供给。因而,从一般意义上说,官僚的行为已经不属于公共选择的范围,这恰是早期公共选择理论的观点,认为一旦公共产品的决策经由政治程序确定下来,公共产品的供给就交给中立的行政执行机构,行政机构仅是被动的代理人和执行者,他们会按效率原则履行好自己的职责,由此将行政官僚机构视为公共选择的一个外生变量。

但是,早期公共选择关于官僚的这一假定,首先存在着与公共选择理论逻辑上的非一致性。公共选择理论在分析选民、利益集团和政治家行为时遵从了理性经济人假设,但对于官僚行为的分析却仍运用传统的政治理论,将政府行政官员视为公仆,这显然破坏了理论假设前提的一致性;再从现实经验上看,官僚机构在供给公共产品的过程中也存在着种种失灵现象,如供给效率低下,政府机构膨胀、设租与寻租等,表明行政官僚机构也有一定的决策权,可见需要将公共产品的供给过程纳入完整的政治和行政过程。因此,公共选择理论也需要对官僚行为作出符合理性经济人假设的实证分析。

用经济学方法分析官僚行为最有影响的是尼斯坎南 1971 年发表的《官僚与代议制政府》。尼斯坎南遵循理性经济人假设,认为官僚与普通人一样,都是追求个人利益的最大化,其目标函数包括"薪水、职务津贴、社会声望、权力、人事权、较大影响力、轻松的工作负担等"。他进一步提出,官僚以最大化预算为目标,他把预算看作是官僚效用的近似,认为官僚追求的所有变量中,除了变革的便利性及管理机构的便利外,"都是机构总预算的正单调函数"(Niskanen 1971),而政府预算规模又与政府权力的大小正相关。因此,为获得个人的地位、权力和收入,政府官员必然想方设法追求机构预算的最大化和对政府权力的有效控制。

在图 4-1 中,社会边际成本最小的公共产品供给量是 Q_1,若再增加产出,其边际成本将会上升,产出增至 Q_2 点时,边际成本与边际收益相等,超过 Q_2,若再增加产出,边际成本就会大于边际收益,出现效率损失,官僚追求预算最大化不但使产量增加到 Q_3,而且,由于官僚的在职消费支出成本还导致本应该得到的社会收益 TSB'(即虚线)损失。

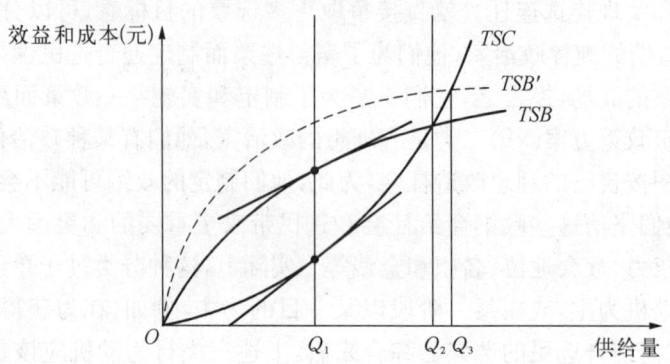

图 4-1　尼斯坎南的官僚预算最大化

第三节　公共选择的方式与规则

一、公共选择的两个基本问题

公共选择要解决的两个基本问题是:

(1) 每个人如何在政治市场上显示对政治决策方案即公共产品的偏好。显示偏好的途径大体包括:① 通过参与投票(直接或间接投票)表达;② 通过发表言论表达,即通过各种渠道和方式将自己的意见公之于社会;③ 通过进退表达,即“用脚投票”,以迁入某一自己喜欢的社区和国家或迁出自己不喜欢的社区和国家表达自己的偏好;④ 通过反叛表达,即采取极端行为发动和参与政变以推翻现政府。但是,在宪政民主体制下,显示偏好的正常方式是投票。公共选择理论认为,投票是把个人偏好转变为社会偏好的经常性手段之一,是民主决策中的最佳方法,如肯尼斯·约瑟夫·阿罗描述是“社会按照选定的投票制度加总选票做出选择。”

(2) 如何对偏好进行加总。即按什么样的规则进行投票和计算投票结果,以决定公共选择结果。显然,这两个问题都取决于公共选择方式与规则的设定。

二、公共选择的方式与投票规则

(一) 公共选择的方式

公共选择的方式是指选民参加投票的方式,即选民是否就决策直接参与投票活动,据此,可以将公共选择分为直接民主与间接民主(或称代议制民主)两种方式。

1. 直接民主制

直接民主制(direct democracy)是指要求选民或投票人必须通过亲自投票参与决策的一种公共选择方式。直接民主制是一种最能充分体现大多数人偏好的一种公共选择决策方式,投票人的投票权不可转让,不可剥夺,也不可被代表,决策权只能由全体投票人集体直接行使。但直接民主决策成本过高,一般只适用于人数较少情况下的投票,或须由全体公民直接投票才能得到解决的重要公共选择,如全民公决。

2. 间接民主制

间接民主制(indirect democracy)是指选民或投票人并不直接对集体决策进行投票表决,而是投票选举出少数代表,再由选出的代表代行决策的一种公共选择方式。代议民主制(representative democracy)是一种间接民主制。间接民主制由于不需要全体选民直接投票,而是采取由代表代行表决,所以较直接民主制方式成本低,决策效率高,比较适合人数规模较大的公共选择,因此,代议民主制是民主政体下最基本的决策方式。

(二) 投票规则

投票规则是指决策结果如何确定的规则。根据备选方案只有被选民一致同意才能通过,还是不需要一致同意即可通过,投票规则分为两种基本规则,即一致同意规则和多数同意规则。

1. 一致同意规则

一致同意规则是指在每人一票的前提下,任何一项集体行动的决策或方案必须经过全体投票人一致赞同或在没有任何人提出反对的情况下才能通过。在一致同意规则下,每一个投票人都拥有对决策或方案的否决权。由于这种规则的特性,据此作出的集体决策可以使每个投票人的偏好得到满足,同时不会有任何人受到损害。因此,丹尼斯·C·缪勒认为,"一致性规则是唯一能确定地导出满足帕累托条件的公共物品数量和税额的选举规则",布坎南也指出一致同意是帕累托最优的"政治对应物"。

一致同意规则具有如下优点:

第一,所有投票人的权利都会在投票结果中得到平等的体现,任何单个成员甚至集体均不能将自己的意愿强加于人,每个参与者都拥有否决权。因此,一致同意规则的外部性成本为零。

第二,可以避免"搭便车"行为。在此规则下,每个成员都清楚地意识到自己的行为直接关系到集体决策和方案能否形成,因此,每个成员都有参与的主动性,而全体一致参加规则也要求每个成员必须参与投票,因此在规则上也避免了投票的"搭便车"行为。

一致同意规则也具有显而易见的缺点:

第一,决策成本高。因方案的通过需要得到每一个成员赞同,方案有可能要经过反复的讨论、修改和表决,成员由此付出的成本很可能大于他们从方案中得到的收益。

第二,很容易出现个人侵损整体利益的策略行为。因最后一个投票者具有决定性的作用,就有可能出现最后一个投票者为增加个人利益而"要挟"全体成员的现象。

2. 多数同意规则

由于一致同意很难实现,除非在关系重大的场合(如联合国安理会常任理事国对国际重大事件决议的表决),一致同意规则在现实中很少有人采纳,而仅以一种效率标准而非决策规则存在。在以民主方式进行社会选择的过程中,最常采用的是多数同意规则,多数同意规则指一项议案或决策经 $n/2$(n 为投票者数量)以上的成员投票赞成即可通过,可以分为简单多数规则和比例多数规则。前者要求一项议案的同意人数只要超过投票人的一半以上即可通过,后者则在同意者超过半数的基础上还要达到一个特定的比例如 2/3、3/5 或 4/5 等。

多数同意规则具有如下特点:

(1) 决策结果只体现多数人的利益，不同意的少数人的利益会受损。

(2) 容易出现多数人的"暴政"。即多数人投票产生的决策不但使少数不赞同的人受损，甚至还有可能出现对他们基本人权的侵犯和剥夺。

(3) 难以避免集体决策中参与者之间的策略行为，如互投同意票交易。

(三) 最适民主宪政模型

从上述分析可知，尽管一致同意规则是实现帕累托最优的唯一途径，但却是一个决策成本太高而几乎不可行的，所谓决策成本(decision-making cost)是指决策从议案提出到投票表决和通过的过程中所产生的全部费用和代价。包括与投票直接或间接相关的成本，如竞选费用、印制选票和组织投票费用等直接成本，以及获取信息的成本、时间成本等间接成本。降低决策成本的一个有效办法就是降低"同意"的百分比，如把一致同意的100％降低到90％、80％甚至60％，所以，现实的投票规则是建立在少数服从多数的基础上的。但是，多数人通过的方案在降低决策成本的同时，其外部成本却会上升。外部成本(external cost)也称服从成本，即反对的少数人所承担的多数人强加给的损失。由于有这两种成本，所以，一项决策规则必须兼顾内部成本和外部成本，使这两种成本之和最小化，可以用最适民主宪政模型分析成本最小化选择。

图4-2中，左右两条纵轴 P_1 和 P_2 分别代表决策成本和外在成本，横轴代表投票人的数量，EC 为外在成本曲线，该曲线在同意人数为 I 时决策成本 P_1 最高，但是外在成本 P_2 最低；DC 为决策成本曲线，该曲线在决策人数为 1 人时(如独裁)，决策成本 P_1 最低，但是外在成本 P_2 可能最高；$DC+EC$ 为权衡两种成本最小化的多数同意规则下的最适民主宪政模型曲线。该曲线的现实意义在于：对于任何议案的表决都会形成多数派和少数派，在决策成本既

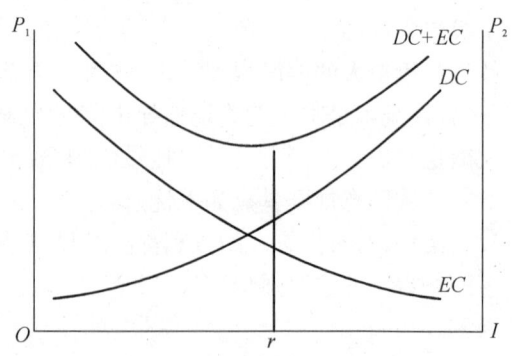

图4-2　最适民主宪政模型

定的情况下，选择多数派赞同的决策可减少外部成本，因此，赞同某一方案人数比例的最低限度就是不能低于不赞同的人数，也就是 $n/2$ 以上通过的方案尽管不是最理想的，但却是最现实的。

三、投票原理

(一) 投票悖论

1. 多数规则与投票悖论

在多数投票原则下，投票可能会出现非稳定一致的结果，最早发现这一现象的是法国学者孔多塞(Marquis de Coudorcet)，他在 18 世纪 80 年代提出了投票悖论(the Paradox of Voting)。所谓投票悖论，即在多数规则下，对三个或三个以上方案进行选择，且就其中的任意两个方案进行两两投票，并按传递性公理得出最后的结果时，如果对 AB 两个方案表决 A 胜出，对 BC 两个方案表决 B 胜出，对 CA 两个方案表决 C 胜出，即出现循环胜出，结果导致无一方案可获胜的困境，这一现象就称之为投票悖论。

可用以下例子说明循环胜出投票结果的产生。

　　假设有三个投票人赵、钱、孙,他们需要对 A、B、C 三个议案进行表决。假定赵的个人偏好是 A>B>C,钱的个人偏好是 B>C>A,孙的个人偏好是 C>A>B,他们的偏好排序可见下表 4-1。

表 4-1

两两投票中的悖论

		赵	钱	孙
偏好 排序	1	A	B	C
	2	B	C	A
	3	C	A	B

　　现在对 ABC 三个方案进行"两两投票",规则为以最后多数者胜出。

　　如果在 A 和 B 之间进行选择,那么肯定是 A 方案获胜;

　　如果在 B 与 C 之间选择,则肯定是 B 方案获胜;

　　如果在 C 与 A 之间选择,则肯定是 C 方案获胜(根据传递性公理,当 A 好于 B,B 好于 C,那么 A 一定好于 C,但是现在出现了违反传递性公理的投票结果)。

　　投票结果为:1:1:1;可见三个方案得票相等,没有一个获得多数,投票陷入循环胜出之中:

　　因为 A>B,B>C,C>A;

　　所以 A>B>C>A。

　　需要指出的是"投票悖论"只在备选方案超过两个以上时才会出现,在只有一个或两个备选方案时多数票规则可以获得一个均衡的结果,或者说此时多数票规则可以得到一个最优结果。一旦投票人数较多或备选方案超过 3 个,出现投票悖论的概率就会增大。当 3 个人对 3 个备选方案进行表决时,出现投票循环的概率为 5.7%;当 27 个人对 3 个备选方案进行表决时,出现投票循环的概率为 11.1%;当 3 个投票人对 17 个备选方案进行表决时,出现投票循环的概率为 46.4%;当 19 个投票人对 17 个备选方案进行投票时,出现投票循环的概率为 62.6%。

　　2. 单峰偏好与多峰偏好

　　通过上例可以发现,之所以会出现循环投票的悖论,是与参与者的偏好变化和排序有关,即偏好是单峰的还是多峰的。

　　所谓偏好的"峰"是指把一个人偏好曲线中比所有邻近点都高的点定义为"峰"(peak,又译作"极值")。如果某投票人偏离他最偏好的选择,不论偏离的方向如何,他的效用都将下降,那么该投票人的偏好是单峰的。如果该投票人偏离他最偏好的选择,其效用是先下降后上升,则其偏好是双峰的。如果多次重复出现这种情形,那么他的偏好是多峰的。单峰偏好意味着人们理想的结果只有一个,而多峰偏好意味着人们理想的结果不止一个,因此多数规则下所取得的政治均衡,有时并不是唯一的。

　　赵、钱、孙三人的偏好可以用图 4-3 表示他们各自对方案 A、B、C 的单峰和多峰偏好。图中纵轴表示投票人获得的净效益(效用),横轴表示方案 ABC 所代表的公共产品的数量,投票人赵、钱具有单峰偏好,唯有投票人孙是多峰偏好。布莱克据此证明了单峰偏好定理:如果所有投票者的偏好都呈单峰形,多数规则下的投票结果就是唯一的,不会出现循环胜出现象;如果多数规则下的投票结果出现了循环胜出现象,则意味着在所有投票者中至少有一个人的偏好是多峰的;反之,在所有投票者中,只要有一人的偏好是多峰形的,那么多数规则下的投票结果便有可能出现循环胜出的现象。

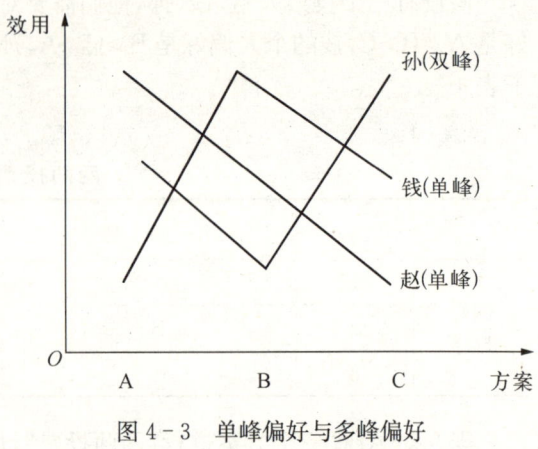

图 4 - 3　单峰偏好与多峰偏好

但是,还须看到,是否会出现循环胜出,除了与双峰偏好有关外,还与投票程序与规则有关。早在 1785 年,孔多塞就提出了解决投票循环的方法之一就是按照预先设计好的程序对各种备选方案进行两两比较,在每一对方案中选择出多数票支持的方案,最终获胜的那个方案被称为"孔多塞获胜者"。还可以采取"淘汰程序":如果在若干个方案中进行选择,在每一轮两两比较中都淘汰掉得票最少的方案,获胜的方案再同剩下的方案进行角逐,最后剩下的就是获胜者。仍以上例,若不按 AB\BC\AC 的顺序进行"两两投票",而改成"淘汰制"投票,就会避免投票悖论:若先在 AB 之间选择,然后再将其中的胜出者 A 与 C 放在一起投票选择,那么 C 会在最终胜出;若先在 AC 之间选择,然后再将其中的胜出者 C 与 B 放在一起投票选择,那么 B 会在最终胜出;若先在 BC 之间选择,然后再将其中的胜出者 B 与 A 放在一起投票选择,那么 A 会在最终胜出。从中可以看出,在此规则下,投票顺序将决定最终胜出者。

上述分析表明,单峰偏好定理的意义在于:揭示了投票悖论产生的原因和避免投票悖论的途径。在现实社会中,如果个人偏好绝大多数呈单峰,民主选择是可以实现的。而当有可能出现投票悖论时,投票程序实际上可以决定哪一备选方案胜出。这也说明在多数票规则下,操纵投票程序就可以控制表决结果,确定议程的权力常常就是决定结果的权力。

(二)中间投票者定理

中间投票者定理(亦称"中位选民定理")是由唐斯在 1957 年出版的《民主的经济理论》中提出的。唐斯指出:如果在一个多项备选方案的决策模型中,每个人偏好都是单峰的,则反映中间投票人意愿的那种政策会最终获胜,因为选择该政策会使一个团体的福利损失最小。也就是说,处于中间状态的反映所谓中间投票者意愿的公共产品决策,往往是多数规则下的政治均衡。中间投票者的偏好结果与多数规则下的政治均衡具有一致性,这就是"中间投票者定理"所揭示的规律。

中间投票人定理可以用图 4 - 4 说明:横轴表示警察的数量,纵轴表示边际收益(MB)、成本(P)和税收(T);公共产品的边际成本=平均成本(MC=AC),平均成本既定;社会成员人数为 N,单位公共产品的税收份额(t)的分布状况已经公布(排除"搭便车"和隐瞒偏好);每个人为每单位公共产品所缴纳的税收额为 AC/N。

现该社会有 3 个选民,他们对于公共品——警察保护的需求曲线如图 4 - 4 中 OQ_1、OQ_2、OQ_3 所示。每选民都面临每单位公共产品(雇佣一个警察)的既定价格 OP 和每增加一单位公共产品每个选民需要缴纳的税收价格(OT)。在既定的税收价格水平 OP 上,选民 1 最偏好的公共品产出量为 OQ_1,选民 2 最偏好的公共品产出量为 OQ_2,选民 3 最偏好的公共

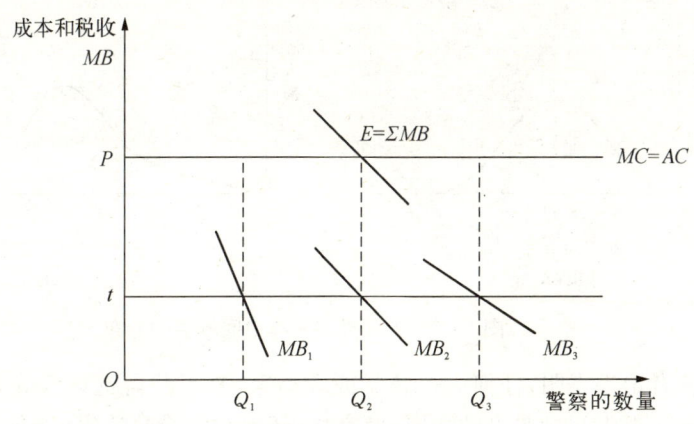

图 4-4　多数规则下的政治均衡

品产出量为 OQ_3。为决定政府提供多高水平的警察保护,需要该社会的三选民在上述 OQ_1、OQ_2、OQ_3 中间进行投票选择。图 4-4 中,选民 2 与选民 3 所偏好的产出量均在 OQ_1 的右端,这意味着产出量 OQ_2 与 OQ_3 将胜过 OQ_1。同理,选民 1 与选民 2 所偏好的产出量均在 OQ_3 的左端,说明 OQ_2 与 OQ_1 将胜过 OQ_3。将以上两个方面结合起来,显然,中间投票人即选民 2 所偏好的产出量 OQ_2 将在投票中胜出,中间投票者是指这样一位投票者,他的偏好正好处于所有投票者的偏好的中点上,高于他偏好的数量的人和低于他偏好的数量的人正好相等。中间投票者的偏好决定了多数规则下的政治均衡。

之所以中间投票人选民 2 的偏好方案能够胜出,是因为所有参加选举的投票人的偏好都是单峰的,如图 4-5 所示。

多数规则并不能保证 51% 的投票者将获得他们最偏好的结果。实际上,只有中间投票者可以获得其最偏好的结果。多数规则所能保证的是使所有投票者的最偏好的结果和最终达成的政治均衡的偏离度最小。

在图 4-6 中,公共产品的产出量 Q^* 是根据多数规则所达到的政治均衡所对应的产出量,它是选民偏好的中间峰值(但不一定是中间

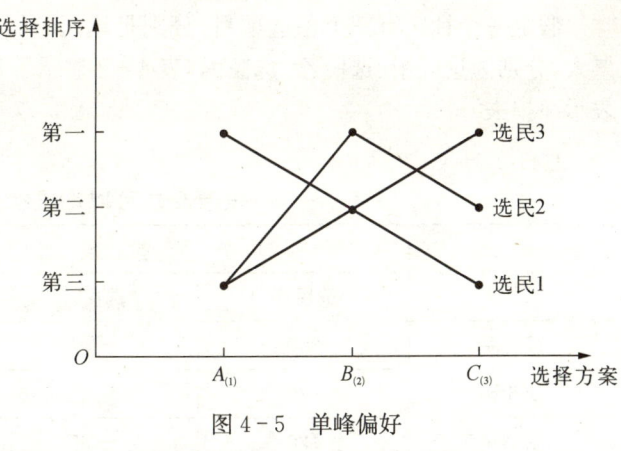

图 4-5　单峰偏好

值),此产出能够比其他产出得到更多的选票。如果选民的最偏好的结果正好是 Q^*,那么他就是中间选民。如果投票人最偏好政治结果呈对称分布(如图 4-6-a 所给出的正态分布),那么该政治结果将与中间峰值相吻合,所有选民的最偏好政治结果的中间峰值就会决定最后的选举结果,而且中间峰值与中间值也相吻合。如果最偏好的政治结果呈非对称分布(如图 4-6-b 给出的非正态分布)和多峰分布(至少有两个峰值),那么,偏好的差异所导致的政治均衡点将会偏离所有投票人的最偏好政治结果的中间值,即中间峰值与中间值是不相吻合的。在图 4-6-b 中 Q° 是中间值,Q^* 是中间峰值,两者是不一致的。

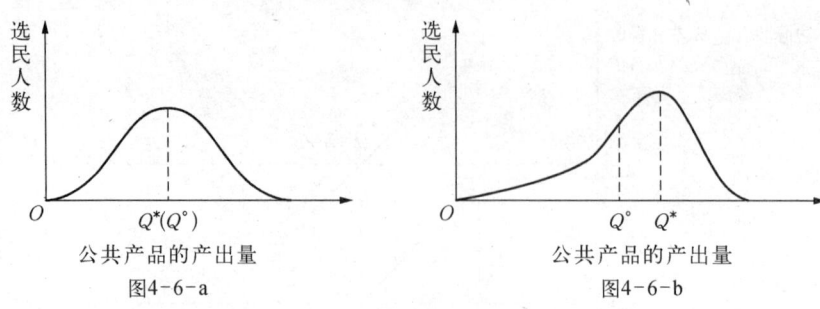

图 4-6　中间投票者与中间峰值的分布

中间投票者定理表明,任何一个政党或政治家,要想获得选票最大化,必须使自己的竞选方案与纲领接近中间投票人的意愿,换言之,任何政党或政治家,如果要赢得选举的胜利,其政治立场必须保持中庸。而从社会的角度看,如果一个社会里中产阶级居于多数地位,那么整个社会就越不可能出现极端的选择,就越不可能出现社会动荡;公共政策越符合中产阶级的愿望,政治就越稳定。因此,由中产阶级所形成的中位选民阶层对民主的稳定性有着非常密切的关系。

（三）投票交易（互投赞成票）

投票交易是指投票者在同时就两个或两个以上的问题提案进行投票时,如果投票者对这些问题具有不同的偏好强度,他们会愿意就那些与其关系重大的问题进行投票交易。投票交易只在与提案有关的效益和损失不对称的情况下才会发生。投票交易增加了某些提案在简单多数规则下获得通过的机会,其发生投票交易前提是:分别代表不同利益集团的两个或更多的议题被组合在一起,让投票者就此投票。

假定一个社区有三个备选项目,分别是建医院、幼儿园、图书馆。该社区有三个代表投票人,分别为选民甲、选民乙、选民丙,表 4-2 显示了每个项目对于每个投票人的效益（负号表示净损失）。

表 4-2

投票交易可以增进社会福利

项　目	投　票　者			净效益之和
	选民甲	选民乙	选民丙	
医　院	200	−55	−50	95
幼儿园	−30	150	−40	80
图书馆	−120	−65	300	115

我们看一下选民甲与选民乙能否进行交易,假定两人互投赞成票,甲可获 170 单位的净效益,乙可获 95 单位的净效益,因此交易可以达成,使医院和幼儿园方案均获通过。同理,选民甲和选民丙也可达成交易,互投赞成票。最后,三个项目因为选民互投赞成票均获通过,而这增加了社区的整体利益,是有效率的。

在代议制民主国家的预算决算过程中,投票交易是屡见不鲜的。布坎南与塔洛克论证道,这种投票交易无论从资源的有效配置还是从福利分配的角度看,都使多数投票制更加有效了,因为通过个人之间交换投票,一个更易于被通过的结果就可能确立了。从这一意义上看,实际生活中的投票交易也是摆脱投票悖论的一条出路。

（四）阿罗不可能定理

1. 阿罗不可能定理的含义

在人们苦于找不到"最优公共选择规则"的时候,阿罗在 1951 年出版了《社会选择与个人价值》,提出著名的"阿罗不可能定理"(Arrow's Impossibility Theorem)并因此获得 1972 年诺贝尔经济学奖。阿罗以序数的偏好关系为前提,通过严密的数理推理论证,发现在任何一个社会体系中,不存在一种能够把个人对 n 种备选方案的偏好次序转换成社会的偏好次序,并且能够代表社会全体成员各种各样的个人偏好的社会选择规则,他得出:"如果我们排除效用人际比较的可能性,各种各样的个人偏好次序都有定义,那么把个人偏好总合成为表达社会偏好的最理想的方法,要么是强加的,要么是独裁性的。"此即阿罗不可能性定理。该定理也可以作如下通俗些的表述:如果众多的社会成员具有不同的偏好,而社会又有多种备选方案,那么在民主的制度下不可能得到令所有的人都满意的结果。

2. 阿罗不可能定理的假设条件

阿罗是通过推论满足社会选择的两个公理与五个条件是否吻合得出上述结论的。

首先来看进行社会选择所必需的两个基本连贯性公理:

（1）连续性公理(connectedness):即对于所有的选择项 X 和 Y,一定有 $X \geqslant Y$ 或 $Y \geqslant X$。

（2）传递性(transitivity):即对于所有的选择项 X、Y 和 Z,如果 $X \geqslant Y$,$Y \geqslant Z$,一定有 $X \geqslant Z$。

依据上述两个公理,对于任何个人的既定偏好,社会选择规则必须产生出一种连贯的和可传递的社会偏好次序。

除此之外,阿罗设定了民主社会进行公共选择的五个最低必要的伦理条件,以使该选择规则在伦理道德上可以接受,这五个条件是:

（1）个人理性。对任何一组既定的社会偏好而言,社会选择规则都必须能够产生一种完整的和可传递的社会秩序。这里的完整性是指对于任何两个不同的可供选择的社会政策方案 X 与 Y,首先,通过陈述 X 比 Y 更受偏爱,或者 Y 比 X 更受偏爱,或者 X 和 Y 是同等合意以致两者是无差异的,那么就可以对所有备选方案进行排序;其次,所有排序都能显示传递性的特点。传递性是指如果某人对三种方案 X、Y 和 Z 之间进行选择,如果他认为 X 比 Y 好,Y 比 Z 好,那么他一定认为 X 比 Z 好。

（2）与选择方案无关的独立性假设。即当人们在一组可供选择的方案之间进行社会选择,只取决于他们对这些选项偏好的排序,不受其他因素的任何影响。如果选择在 X 和 Y 之间进行,这时如果 X 和 W 的关系发生变化,则该变化与 X 和 Y 之间的顺序无关。同理,如果 W 与 Z 之间的关系发生变化,该变化也不会影响 X 和 Y 之间的顺序。

（3）帕累托效率状态。有两种状态:一种是如果社会所有成员都认为 X 比 Y 好,则社会选择顺序必须表明 X 优于 Y;另一种是如果社会至少有一个成员认为 X 比 Y 更理想,而所有其他社会成员认为 X 与 Y 之间无差异,则社会顺序必然显示 X 比 Y 好。

（4）定义域的非约束性假定。社会选择赖以产生的定义域必须包括所有可能的个人偏好顺序。即不能通过限制个人偏好顺序的定义域来产生某一个选择顺序。

（5）非个人独裁假定。对于所有选项 X 和 Y 而言,不存在这样一个特殊的个人 I,如果 I 认为 X 比 Y 好,则社会将严格地认为 X 比 Y 好,而不考虑其他个人的偏好。

阿罗认为,只有当任何投票规则都必须同时满足上述两个公理和五个条件,才能把个人偏好顺序转换为社会偏好顺序,但是,要构造出能同时满足这些定理和条件的社会福利函数是不可能的,而导致不可能的原因在于1~5个条件之间存在相互矛盾,因此,"那种能保证效率,尊重个人选择,并且不依赖议事日程的多数规则的投票办法是不存在的"。民主的公共选择没有任何解决办法能够摆脱"投票悖论"的阴影,要想找到从个人偏好过渡到社会偏好,使社会偏好得到满足的同时又能代表广泛的个人偏好的排序方法,只有依靠强制与独裁才能够实现。

3. 阿罗不可能定理的意义

阿罗不可能定理表明:现代民主制度下,公共部门无法把社会成员对于公共产品的不同个人偏好加总成为一个集体的偏好。在现实中总是通过修正五条标准中的某一条以避免出现"投票悖论",从而实现公共产品的偏好加总。

阿罗不可能定理的意义在于:它打破了一向被人们认为是真理的观点,即我们一向推崇的"少数服从多数"的社会选择方式不能满足"阿罗五个条件",如同市场存在着失灵一样,公共选择规则也会导致民主失效,因此多数票原则的民主决策机制的合理性是有限度的,从而使我们对公共选择和民主制度有了新的认识:真正完美的民主选择是不存在的,绝对的民主选择也是不可能的,人类只能追求相对的民主选择。

第四节　政府失灵与公共治理

一、政府失灵的含义与原因

公共选择关于公共产品的决策与执行,从根本上说需要政府发挥弥补市场失灵的职能。但是,基于公共选择理论的分析,政府并非是"超凡至圣"的,而是同样追求自身利益的理性经济人,政府在弥补市场失灵的同时也会出现政府失灵。

（一）政府失灵的含义

政府失灵(government failure)是指政府未能按社会所希望的那样实现其弥补市场失灵职能和未能规范有效地运用公共权力的现象,从经济学角度还可以将政府失灵定义为政府配置公共资源和干预市场资源配置中存在的非效率状态。

（二）政府失灵的原因

导致政府失灵的原因有很多,可以分为主客观两方面的原因,就客观原因而言,信息的非完备性以及公共事务本身的不确定性等是导致决策失误和政府活动效率损失的基本原因,但政府失灵主要应从主观原因分析,即政府自身的原因,在自身原因方面,可以分为利己动机、有限理性与激励约束不足。

1. 政府的利己动机

根据公共选择理论,政府失灵首先来自由利己动机产生的内部性,内部性(internalities)是指公共机构尤其是政府及其官员追求自身的组织目标或自身利益而非公共利益或社会福利的现象。如同外在性是市场失灵的表现一样,非市场条件下的"内在性"一方面扩大机构供给曲线——提高机构成本,使其高于技术上的成本构成,导致较高的政府成本;另一方面所提供公共产品和公共服务存在比社会有效水平更低的非市场产出水平,这样就产生了非市场缺陷①。因内部性决定了公共机构尤其是政府机构的基本行为和运行机制,它是导致各种"政府失灵"的一个最基本的或深层次的根源。

2. 政府的有限理性

除此之外,政府的有限理性也是政府失灵的基本原因。<u>政府有限理性是指政府的智慧相对于处理公共事务的有限性</u>,有限理性表明,即使政府不存在内部性,不是从自身利益出发,而是完全为公众谋利益,由于有限理性也会犯错误,做出错误的决定,或者在执行和落实正确的决策过程中犯错误。

3. 激励与约束不足

公共选择理论认为,与私人部门比较,政府机构在运行上存在低效率,其主要原因有:

第一,缺乏竞争机制的激励。首先是在政府部门之间缺乏竞争。因政府各部门进行的管理和提供的服务是特定的,且按行政指令运转,所以在同一行政级次内较少出现来自真正"同行"的竞争;其次是政府工作人员之间缺乏提高效率的压力和竞争。因为官员是逐级任命和晋升的,服从和取悦上司比主动创新更有利于职位晋升,循规蹈矩变成为他们的行为准则。

第二,缺乏降低成本的约束。因政府的非营利目标和社会效益的难以衡量,客观上缺乏控制成本的经济信息与条件,而政府部门提供的服务的垄断性和内在扩张的冲动又使降低成本存在激励不相容,再加上在职消费也会激励官员为实现个人利益而尽量扩大支出。从外部约束看,由于政府部门提供的服务比较复杂且多为无形产品,以及存在纳税人监督的信息不对称和激励不足,也难以从外部对政府成本进行充分有效的监督和制约。

二、政府失灵的表现

1. 决策失误

政府的决策失误,主要表现为以下几个方面:一是决策错误。决策错误就是政府由于判断失误或信息不充分而做出错误决策,使公众利益受到损失。二是决策滞后。有两种情况:一种情况是政策调整滞后。一项正确的政策在执行了一段时期后,由于现实情况发生了变化,需要对现有政策做出调整,但由于种种原因导致政策未得到及时调整;另一种情况是出现了需要做出一项新决策的新情况而未及时制定新政策。三是决策不稳定。主要表现为"朝令夕改"和政策缺乏连续性。四是公共政策的越位与缺位。越位表现为政策干预进入了市场机制能够充分发挥作用的领域,导致市场资源配置机制扭曲;缺位是指那些市场失灵领域出现了公共政策未覆盖的空白,致使公共产品缺位或供给不足。

2. 政府扩张

政府扩张也叫政府增长是指政府规模呈现出越来越大的趋势。主要表现在三个方面:一是机构的不断膨胀,政府及其附属机构经过一个阶段就会出现增加,当达到臃肿程度时,就需要精简机构,基本采取合并机构的方式,这样,表面上看机构数量减少了,可是,用不了多久又会出现机构分立,机构的实际规模就会越来越大。对于政府机构为什么会出现自我膨胀,布坎南等从五个方面加以解释:① 政府作为公共产品的提供者和外部效应的矫正者导致扩张;② 政府作为收入和财富的再分配者导致扩张;③ 利益集团的存在导致扩张;

---

① 查尔斯·沃尔夫,谢旭译:《市场或政府》,中国发展出版社 1994 年版,第 58~60 页。

④ 官僚机构的存在导致扩张;⑤ 财政幻觉导致扩张。二是人员的不断增加,政府公务人员经常出现"增加人员—冗员过多—精简人员—再增加人员"的怪圈之中。三是支出的刚性增长,政府的支出存在增加容易减少难的刚性,实际上存在逐渐递增的趋势。上述三方面有一定的内在联系,机构膨胀是人员不断增加的基本原因,而机构膨胀和人员增加又是支出不断增长的主要原因,三个因素共同作用的结果是布坎南所称的"巨物型政府"的出现。

3. 滥用公共权力

滥用公共权力即公共权力行使中当权者自由裁量权的滥用,孟德斯鸠说:"一切有权力的人都容易滥用权力,这是万古不易的一条经验。"其滥用权力的主要动机是以权谋私。在公共权力缺少法律约束和失去监督的情况下,政府和公共部门会出现普遍滥用公共权力的现象。在经济学的分析中,滥用公共权力被定义为政府的寻租行为。按照寻租理论的鼻祖美国经济学家克鲁格的定义,寻租(rent-seeking)是指人们凭借政府保护而进行的寻求财富转移的活动。它包括"旨在通过引入政府干预或者终止它的干预而获利的活动"。寻租的主要特征是不经过相应的生产劳动而将社会公众财富转移到一部人手中。缪勒将寻租分为三类 ① 通过政府管制的寻租;② 通过关税和进出口配额的寻租;③ 在政府合同中的寻租。

4. 缺少回应

回应(responses)是指政府对社会公众的合理要求和遇到的问题及时做出正确的反应,是证明政府存在合理性的经常性的重要因素。即"民有所呼,我有所应"。但是在现实中,由于官僚主义、不作为和渎职、对公众的冷漠态度等,政府会出现缺少回应甚至推诿责任等现象。

5. 政治周期

根据公共选择理论,政党追求的目标是选票的最大化,如果一个政党在选举中获得执政权,可以合理地推论其执政期间的行为都是为了追求连选连任。而从现实经验看,在西方民主社会中,每隔一定的时间就要进行一次选举或中期选举,形成了选举的周期,与选举周期相一致,政府的行为也逐渐形成了政治经济周期。

经济周期的政治理论所包含的一个要点是:政府行为是由意识形态和价值判断(即政治)决定的,同时还基于其是否愿意提出并实施能够保证下一轮选举时选票最大化的政策。在选举中,对单个的选民而言,选举的目的是要对公共产品的供给量及相对应的公共政策进行选择,但是政党在投票选举中的目标是追求选票的最大化,从而在选举中胜出,而不是为了实现社会福利的最大化。这样就偏离了选举原来的意义,使执政者采取有利于政绩时间贴现率高的急功近利的政策,可能会对国家和公民的长远福利、经济与社会长远的发展带来不利的影响。

三、政府失灵的治理

对于如何减少和矫正政府失灵,公共选择理论提出了三个方面的基本治理思路:一是市场化改革;二是宪政改革;三是公共治理,即引入公民的参与和监督。

1. 市场化改革

市场化改革试图通过把经济市场的机制引入政治市场以实现对政府职能的调整。如通过政府职员雇员化重构政府官员的激励机制;公共产品和服务供给引入非政府主体以建立公私伙伴关系;运用市场竞争机制如开展公公竞争、公私竞争来组织公共物品的生产;通过对政府关系的分权改革解决组织官僚化等。实践表明,市场化改革可以在一定程度上克服行政低效。

2. 宪政改革

宪政改革主张通过加强宪政制度来约束公共权力,实现公共权力的规范化运作。布坎南是宪法改革的积极倡导者,他认为要克服政府失灵,最关键的措施是进行宪政改革,通过立宪途径改革政治的决策规则,通过建立完整的经济和政治活动的宪法规则实现对政府权力强有力的宪法约束。因此,宪政改革使人们重视对宪法的选择和对规则的选择,并着重从立宪的角度分析政府制定政策的规则以及约束经济与政治活动的规则和限制条件,虽然宪政改革家没有直接提出具体的建议供政策制定者选择,但是,该理论为立宪改革提供了指导与规范的建议,为政策制定提出一系列所需的规则和程序,从而为从根本规制上避免政府失灵开辟了新的路径。

3. 公共治理

公民参与和公共治理(public governance)是新公共管理运动提出的基本主张,在传统的政治制度中,公共选择和公民参与仅局限于政治决策领域,在行政领域并没有引入公民参与。新公共管理针对传统行政仅注重效率目标忽视公平目标的弊端,倡导公民参与公共管理,用多中心治理取代政府的单中心管理,通过运用现代信息技术和网络民主等手段,形成对公共权力的公共约束,如财政的"参与式预算",民意调查和广泛的行政听证制度等,以此减少和避免政府失灵。

本 章 小 结

公共选择理论是公共财政学的核心理论,本章从公共选择理论的方法论,参与公共选择的主体行为动机分析,公共选择的方式与规则,投票原理等几个方面阐述了公共选择理论的主要内容,这些内容是民主决策的基本原理和基本制度模式,为分析公共财政关于"提供什么公共产品"、"提供多少公共产品"这一基本的资源配置决策过程提供了实证分析的理论工具。公共选择理论还揭示了民主决策存在的困境,"投票悖论"和"阿罗不可能定理"解释了困境产生的原因。在本章最后,基于公共选择理论分析了政府失灵的原因、表现和解决的基本途径。

扩 展 阅 读

美国总统的选举

美国实行总统制,总统选举每4年举行一次。美国总统选举制度复杂、过程漫长。选举的主要程序包括预选、各党召开全国代表大会确定总统候选人、总统候选人竞选、全国选民投票、选举人团投票表决和当选总统就职。

预选是美国总统选举的第一阶段,通常从选举年的年初开始,到年中结束。其间,各党派竞选人将争夺本党总统候选人提名。预选有两种形式,分别是政党基层会议和直接预选。前者是指两党在各州自下而上,从选举点、县、选区到州逐级召开代表会议,最终选出本党参加全国代表大会的代表。后者在形式上如同普选,一个州的两党选民同一天到投票站投票选出本党参加全国代表大会的代表,这是大多数州目前采用的预选方式。

预选结束后,民主党、共和党两大政党将分别在第三季度召开全国代表大会。会议的主要任务是最终确定本党总统、副总统候选人,并讨论通过总统竞选纲领。

两党全国代表大会之后,总统竞选活动便正式拉开帷幕。两党总统候选人耗费巨资,在全国各地开展竞选旅行、进行广告大战、发表竞选演说、会见选民、召开记者招待会以及进行公开辩论等。此外,候选人还将通过多种形式阐述对国内外事务的政策主张,以赢得选民信任,争取选票。

全国选民投票在选举年11月份第一个星期一的次日举行,这一天被称为大选日。为避免大选日投票过于拥挤,目前美国大多数州允许选民在大选日前45天内提前投票。

美国总统选举实行选举人团制度,因此选民投票时,不仅要在总统候选人当中选择,而且要选出代表50个州和首都华盛顿哥伦比亚特区的538名选举人,以组成选举人团。在大选中,美国绝大多数州和首都实行"胜者全得"制度,即在一州或首都获得选民票最多者获得该州或首都所有选举人票。赢得270张或以上选举人票的总统候选人即获得选举胜利。因此,根据各州选举人票归属情况,通常大选日当晚就能决出选举获胜者。

选举人团投票表决在选举年12月第二个星期三之后的第一个星期一举行。选举人在其所在州的首府投票表决。一般情况下,选举人团投票表决只是例行公事。

此外,如果两大党总统候选人各获得269张选举人票或因有第三党候选人"入围"而导致无人获得270张或以上选举人票,则总统人选由国会众议院决定。这种情况在美国历史上也曾发生过。

总统就职典礼是美国总统选举的最后一道程序。直至当选总统于次年1月20日在总统就职典礼上宣誓就职,总统选举过程才宣告最终结束。

在美国政治中,副总统不担任实际工作。他的公务是担任国会参议院主席,但这主要是

礼仪性的,因为他只有在参议院表决时赞成票和反对票相等情况下才投票。副总统的日常
工作通常根据总统的要求而定,一般无足轻重,
如代表总统参加外国领导人的葬礼活动等。

根据美国宪法,如果总统去世或失去工作能
力,副总统接任总统职位。先当副总统是登上美
国总统宝座的途径之一。第二次世界大战以来,
有三位副总统在总统任期内接任总统职务。杜
鲁门因罗斯福去世,约翰逊因肯尼迪遇刺,福特
因尼克松下台而分别继任总统。此外,有几位副
总统还当过总统候选人,其中包括尼克松、汉弗
莱、蒙代尔和布什。

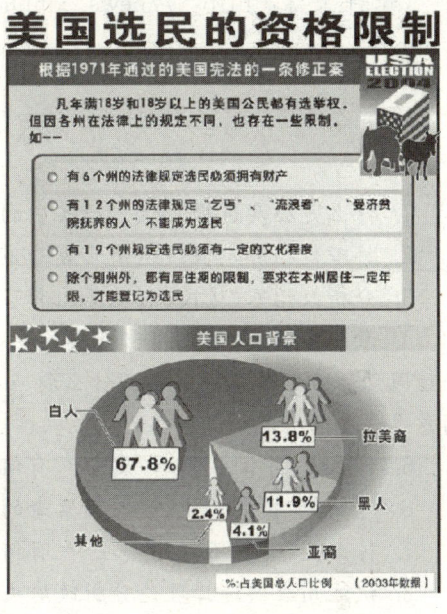

美国副总统不是由美国公众直接选出的,而
是由民主党和共和党的总统候选人挑选并经两
党全国代表大会选举产生。总统候选人在选择
副总统候选人时首先要考虑此人的政治资历和
条件,但主要看他在党内代表哪部分势力以便取
得平衡,尽可能争取最大多数选民的支持。

但大选结果不取决于总统候选人对副总统的选择,而是取决于总统候选人。1988 年美
国大选期间,许多美国人认为共和党总统候选人布什的竞选伙伴奎尔太年轻、不老练、不值
得考虑,而认为民主党总统候选人杜卡基斯的竞选伙伴本特森经验丰富、深孚众望。但大选
结果,布什获胜当上了总统,奎尔自然也成为副总统。

副总统候选人通常是国会议员,但参议员被挑选为副总统候选人的机会较大。原因是
参议员一旦当选副总统,就担任参议院主席,这可加强总统与参议院的联系。

另外,在总统大选日,选民还要在联邦范围内进行参议院和众议院选举。根据美国 1787
年宪法,两院议员由各州选民直接选举产生。参议院有议员 100 名,任期 6 年,每两年改选
1/3。众议院议员 435 名,任期两年,期满后全部改选。

2008 年美国总统选举是自 1952 年以来,总统候选人中首次没有在职总统或副总统的总
统选举。

阿罗不可能定理指出:社会没有一种"客观的"反映群体的社会偏好的方法。如果某种
偏好得以反映出来,如小布什而不是戈尔当选美国第 53 任总统,完全取决于所确定的"民
主"的选举规则。另外一套规则得出的完全可能是另外一种结果。戈尔比小布什多几十万
张选票,然而美国实行的投票人制度是,谁获得了某一州的多数票,那么他就获得该州所分
配的选举人的选票。小布什与戈尔之争的关键是佛罗里达州的选举结果,布什获胜就在于
他以微弱优势获得了佛罗里达州的 25 张选举人票。最后,小布什与戈尔的选票之比为
277:266。小布什获胜。有人会说,通过一次性投票来决定谁当选,这应该是合理的,即对候
选人或候选方案进行一次性表决。但是,这很有可能让选民最不喜欢的人或方案当选。

福利经济学家阿马蒂亚·库马尔·森曾以一个故事讽刺公共选择理论:有一个外地人
问"请问到火车站怎么走?""当然",本地人一边说,一边指向相反的方向,邮局正好在那里。
"您能顺路帮我发封信吗?""当然",外地人一边回答,一边想着打开信封,看看里面有没有值

得偷的东西。

（资料来源：http：//news. xinhuanet. com/ziliao/2004 - 11/02/content＿2168700＿
1. htm。）

思考练习题

1. 什么是公共选择？试举现实中的例子说明。

2. 将理性经济人假设运用于政治市场的决策依据是什么？

3. 分析政治家、选民、利益集团和官僚在公共选择中的行为动机。

4. 做一张表格，对比列出直接民主与间接民主各有什么特点？各有什么优势和不足？
一致同意和多数同意原则各有什么特点和优缺点？直接民主与间接民主、一致同意和多数
同意规则之间有怎样的关系？

5. 什么是"中间投票人"定理？有何现实意义？

6. 什么是"投票悖论"？与投票者的单双峰偏好有怎样的关系？

7. 什么是"阿罗不可能定理"？有何现实意义？

8. 试运用公共选择理论分析政府失灵的原因。

9. 结合实际举例说明政府失灵的表现有哪些？

10. 减少和克服政府失灵的措施有哪些？

第五章　财政支出概述

知识要点与学习要求

1. 财政支出分类及其意义。要求能够掌握各类财政支出分类的划分标准及其各种分类对认识财政支出的意义。

2. 财政支出规模的衡量。要求掌握各种衡量财政支出规模指标的意义以及计算方法与公式。

3. 财政支出规模的增长趋势理论。要求能够准确理解瓦格纳法则、非均衡增长理论和成长阶段理论的意义,并能够运用这些理论分析和解释实际问题。

4. 财政支出结构及其决定和影响因素。了解分析财政支出结构的意义,能够从构成和量的比例两个方面准确把握财政支出结构,能够分析决定和影响财政支出结构的各种因素有哪些。

5. 财政支出效益分析。能够区分财政支出效益与企业效益的异同,财政支出效益有哪些特点和层次,能够运用"成本—效益法"、"最低费用法"和"收费法"的基本原理和方法步骤。

本章结构图

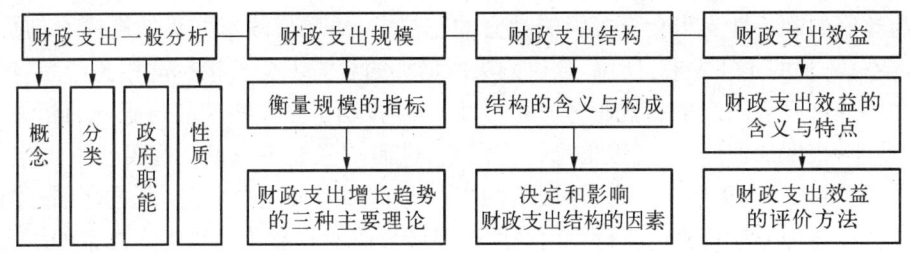

基本概念

财政支出　购买性支出与转移性支出　预防性支出与创造性支出　瓦格纳法则　替代效应　集中效应　检查效应　财政支出结构　财政支出效益　净社会效益

第一节　财政支出的一般分析

一、财政支出概念

就财政范畴而言,财政运行主要表现为财政的收支活动,财政的收与支具有对应性和内在关系,在实践中,没有财政收入就不会有财政支出。但是,在理论上,应是财政支出的需要决定财政的收入的多少,而不是相反。所以,财政学在分析财政收支活动即财政的运行时,一般从财政支出开始。

财政支出也称公共支出或政府支出,在现象上是指由国家财政部门安排支出的资金总和。关于财政支出的概念,可以从规范与实证两种不同的角度定义,从规范角度定义,财政支出是指政府以法定事权为依据为履行其职能而发生的所有费用支出的总和,反映政府的职能及其范围。从实证角度定义,它是指政府活动所发生的全部支出的总和,反映政府实际活动的范围和效果。从这两个概念下的财政支出规模看,实证角度的财政支出规模与实际发生的财政支出规模相等,但是,财政实际发生的支出并不等于为履行国家职能的支出,应扣除财政支出的各种非效率支出和违规支出,而这两类支出在财政的实际支出中又是难以避免的,可见,规范的财政支出与实证的财政支出存在差异,前者为"应然"支出,后者为"实然"支出,因此,从这两个不同角度区分财政支出具有重要的理论与实践意义,而这恰是传统财政学所忽视的。

二、财政支出分类

财政支出分类对于认识财政支出的性质和财政职能的发挥具有重要意义,根据认识财政支出的不同的目的和标准,财政支出可进行多种分类,以下介绍几种重要的分类。

1. 购买性支出和转移性支出

该分类的标准是财政支出的经济属性,其目的是在于区分财政资源中有多少被公共部门直接消耗掉了,有多少被用于转移给其他特定的受益者。

购买性支出是政府机构和其他公共部门为维持其职能而进行的消耗性支出以及公共投资性支出,这些支出在经济行为上都表现为购买商品和劳务的市场交换活动,在性质上反映政府和其他公共部门活动的内容和不同的功能。购买性支出与经济的产出和就业有直接关系,因为政府的购买性支出会直接影响社会的总需求,从现代政府购买的规模看,通常可以达到社会总需求的 1/4 左右,所以,政府购买所增加的总需求会直接拉动相关产品与劳务的需求,在增加这些部门产量和就业增加的同时,间接拉动了与这些产品与服务的相关产业的产量与就业,根据加速原理,可以倍增社会需求,进而扩张经济总量。购买性支出与社会分配有间接关系。从购买活动本身看,政府的支出不直接形成社会分配,但是,会通过企业的初次分配,以各种要素价格的支付将由政府购买所形成的收益分配给生产要素的所有者,因而与分配有间接联系。

转移性支出是指政府为实现一定的目的,根据某种标准把一部分财政资金无偿地转移给特定的对象,如个人、企业或组织机构等。如社会保障支出、城市交通补贴支出、企业技术改造补贴、国际援助等。转移性支出对经济的影响与购买性支出对经济的影响恰好相反。转移性支出是政府调节分配的重要手段,直接发挥的是财富在社会成员之间的再分配功能,但是,也可以通过接收转移支付者因此而新增加的购买性支出,转化为新增加的社会需求,因而,其变动会间接影响产出和就业。

2. 预防性支出和创造性支出

该分类划分的标准是支出所期望达到的目的。预防性支出是用于维护国家安全和社会秩序,保障社会稳定和人民生命财产安全的支出。该类支出的一个特点是它属于任何政府的最基本的职能支出,如国防、外交、公安、社会管理等。创造性支出是指用于社会发展和社会福利创造,以增进社会公共利益为目的的支出。如基础设施和公用设施建设支出、公共企业支出、教育卫生文化支出、社会福利支出等。

3. 普遍利益支出和特殊利益支出

该分类的标准是支出产生的效用是否具有普遍受益性。普遍利益支出是指全体社会成员都能受益的支出,从公共产品的角度看,该类支出产出的属于纯公共产品,一般不具有消费的竞争性和排他性,如国家安全、行政管理、环境保护等。特殊利益支出是指使特定对象受益的支出,如教育、医疗、老干部活动经费、各类对个人或组织的补助等。

4. 不可控性支出与可控性支出

该分类的划分标准是支出有无法定的强制保障性。不可控制性支出是指按照现行法律或法规规定必须予以安排和保障的支出以及其他必须予以安排的支出。该类支出一般与基本国策有密切联系,如我国关于教育和计划生育的法定支出,就是由科教兴国和计划生育的基本国策决定的,还包括最低生活保障、社会保障等有法律明文规定的支出、前届政府遗留的义务、国债还本付息及对地方政府的补助等。可控性支出是指法律法规无明确或硬性规定,可根据社会经济发展的需要和财力进行选择性安排的支出。

5. 中央政府支出和地方政府支出

该分类划分的标准是政府间支出的事权分工,其目的是划分清楚中央政府与地方政府间的财政支出责任,在理论上该类划分的依据是全国性公共产品和地方性公共产品的划分,在实际中基本由政府级次、政治体制和财政体制决定。

三、财政支出与政府职能

财政支出是政府发挥其职能的经济保障,因为,在市场经济中,政府发挥其职能所需要的物质手段和劳务,以及实现某种财富的再分配都需要通过财政支出才能获得。财政支出的实质是公共资源的配置,也就是政府在既定资源约束下为满足社会多方面公共需要在各项职能间的均衡配置。

从一般意义上看,政府职能决定财政支出,财政支出反映政府职能,即财政支出是政府职能的经济表现,所以,可以将财政支出作为观察政府职能的一个直观的窗口。例如,教育支出、行政管理费支出、水利支出等支出分类及其规模可以反映政府在教育、社会管理和兴修水利等公共事务方面所发挥的作用及其作用的大小。但是,不能据此将两者等同。需要分析以下三种情况。

第一种情况是既定财政支出对实现政府职能的绩效存在差异。绩效管理的引入要求将财政支出通过绩效评估来评价财政资金的使用效果,也就是评估财政支出在实现政府职能方面其资金的使用效率如何,因为同样一笔财政支出在实现同一政府职能方面存在效率上的差异。

第二种情况是财政支出与政府职能不对称。它可能存在两种情况:一是财政某方面或某项支出大于满足政府该项职能发挥的需要;二是财政某方面或某项支出小于满足政府该项职能发挥的需要。

第三种情况是财政支出与政府职能存在缺位与越位。这是因政府职能存在错位而出现的情况,不该安排财政支出的事项,因职能错位安排了财政支出,即存在财政支出的越位;而应该安排财政支出的事项,因职能错位没有安排财政支出,即存在财政支出的缺位。

四、财政支出性质

按照财政资金的性质和用途的不同可分为两种性质的财政支出:一种是无偿拨款;另一种是有偿贷款。所谓资金性质是指该类资金从何而来,是来自税收、收费还是来自举债;所谓用途是指具体支出是用于投资性的有偿支出,还是用于消费性或转移性的无偿支出。

无偿拨款即不需要用款者偿还的财政拨款。主要适用于政府机构和那些向社会提供基本公共服务的公共部门。在我国,目前基本集中于对行政事业单位的拨款。这些部门主要负责向全社会提供纯公共产品和免费供给品,因社会公益目标和难以实行排他性收费,这类部门不能向服务对象或受益者直接收费,只能采取无偿提供的方式,从而使提供部门没有收入来源,不产生直接的经济效益,形不成偿还能力,需要采取无偿拨款。与资金用途的非生产和非投资性相对应,其资金来源也主要依靠直接无偿性质的税收。

有偿拨款即需要用款者偿还并附加偿还条件的财政拨款,一般采取贷款的形式,主要用于财政性投资,如可收费的基础设施建设项目、公共企业、特定财政扶持投资人等。如我国1979 年开始对生产性的基本建设投资由原来的无偿拨款改为有偿贷款,收取利息(此项改革至 1989 年终止);改革开放以后,对部分支农资金采取了"周转金"的形式,收取占用费。对某些事业支出也采取周转金的形式有偿使用。采取有偿拨款的目的是为了从经济上约束资金使用单位,提高财政支出效益。与资金用途的生产和投资性相对应,其资金来源也主要依靠有偿性质的债务收入。

第二节　财政支出规模

一、衡量财政支出规模的指标

衡量财政支出规模可用绝对量指标和相对量指标。绝对量指标是以一国货币单位计算的一定时期内(通常为一个财政年度)财政支出的总额,它反映政府实际支配的社会资源的总量。由于绝对量指标不反映政府所支配的社会资源在社会总资源中的份额,也不便以国际通行的口径进行国际比较,所以世界各国一般都采用相对量指标来衡量财政支出规模,主要采用三个相对量指标。

1. 财政支出的经济负担率

该指标用来衡量财政支出占全部产值的比率,衡量全部产值有两个口径,即 GNP(国民生产总值)与 GDP(国内生产总值),两者均可用来衡量财政支出的经济负担率,其公式如下:

$$财政支出的经济负担率＝财政支出÷GNP(GDP)$$

目前发达国家这一指标平均为 $40\%\sim50\%$,发展中国家平均为 20% 左右。这一指标表明,随着经济的发展和总产值的不断增加,财政支出占总产值的比重呈上升趋势。

2. 财政支出增长率

该指标表示当年财政支出比上年同期财政支出增长变动的百分比,即所谓"同比"增长率。

财政支出增长率＝同期财政支出增加额÷上期财政支出额

3. 财政支出的收入弹性

该指标用来衡量财政支出变动与国民收入变动之间的比率关系,若两者变动比率相等,其弹性系数为1,其公式如下:

财政支出的收入弹性 E_F＝财政支出增长率/GDP 增长率

$E_F>1$,说明 GDP 增长＜财政支出增幅

$E_F<1$,说明 GDP 增长＞财政支出增幅

$E_F=1$,说明 GDP 与财政支出同步增长

4. 边际支出倾向

该指标用来衡量在国民生产总值增加额中用于财政支出部分所占份额,它从另一角度反映了财政支出增长趋势的变动,即财政集中度的变化,其公式如下:

边际支出倾向＝财政支出增加额÷GDP 增加额

二、财政支出增长趋势理论

从世界各国财政发展的历史看,财政支出规模总体上都呈现不断扩大的历史趋势,最先发现这一现象的是 19 世纪德国社会政策学派的代表人物瓦格纳,后人根据瓦格纳的发现,进一步证实了这一趋势的存在,并进一步分析了这一趋势形成的原因和具体路径与方式,由此形成了关于解释财政支出增长的各种理论。

(一)瓦格纳法则

19 世纪 80 年代德国著名经济学家阿道夫・瓦格纳(Adolf Wagner)对 19 世纪欧洲国家以及日本、美国经济统计资料进行了分析,发现当这些国家国民收入增长时,财政支出会以更大的比例增长。随着人均收入水平的提高,政府支出占国民生产总值(GNP)的比重也在提高,即财政支出呈现出相对增长的趋势。瓦格纳的这一个结论被后人命名为瓦格纳法则。这一法则可用图 5-1 表示。

关于政府财政支出趋于增长的趋势,瓦格纳认为最基本的原因是工业化,具体讲包括政治和经济两方面原因。在政治原因方面,随着经济发展走向工业化,经济生活中的当事人之间关系变得纷繁复杂,由此必然引

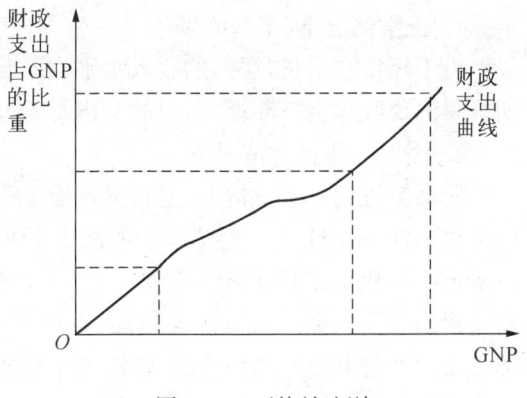

图 5-1 瓦格纳法则

起对商业法律和契约的需要,要求国家加强司法组织以规范市场行为主体的社会经济活动,这样就需要增加政府公共支出,把更多的资源用于提供治安的和法律的设施。在经济与社会原因方面,工业化发展必然带来人口居住密集化和城市化,由此产生拥挤和各种外部性问题,需要增加公共部门加强社会管理和提供公共服务。此外,瓦格纳把对于教育、娱乐、文化、保健与福利服务的公共支出的增长归因于需求的收入弹性,即随着国民实际收入的不断提高,社会对这些项目的公共支出也必然会出现增长。

瓦格纳法则揭示了财政支出规模变动的普遍趋势,即随着经济发展和人均国民收入的上升,公共部门的活动将日趋重要:原来由私人部门进行的活动,逐渐纳入政府职能范围;随着人口的增加和城市的迅速发展,各种社会矛盾的激化,使得政府的行政管理、公安司法、经济管理、社会协调等方面支出扩大;由于某些投资规模的扩大以及调节经济活动的需要,要求政府进行大规模投资;随着国民收入的增加和生活质量的不断提高,政府对文化、福利方面的投资将会成倍增加。上述原因必然导致公共支出逐渐增加,使政府支出的增长幅度呈现出大于经济增长的趋势。

瓦格纳法则对后世财政理论的发展产生了重要影响,成为观察和分析政府财政支出规模的重要理论工具。

(二)非均衡增长理论

这一理论是由英国经济学家皮考克(Peacock)和威斯曼(WiSeman)于 1961 年出版的《联合王国公共支出的增长》一书中提出的。该书在对 1900—1955 年英国公共部门财政支出增长的情况进行研究的基础上提出了这一理论。

瓦格纳关于财政支出增长的理论关注的是财政支出规模变化的趋势,但并未说明这一趋势是如何变化的,即以怎样的方式增长的。非均衡增长理论分析了财政支出增长的基本路径,得出财政支出并不是以均衡、同一速度增长的,而是在不断增长过程中不时出现跳跃式的非均衡增长,跳跃增长呈现出梯度式的向上推进,所以这一理论又称为"梯度渐进增长理论"。

该理论的基本假定是政府倾向于多花钱而居民却不愿意多缴税,而增加税收是增加财政支出的基本来源,因此,在政府做预算时,纳税人对赋税的承受能力或忍耐力就成为增加预算的基本约束条件。此外,在既定税收来源条件下,中央政府与地方政府的财权划分也是既定的,虽然中央政府想更多集中税收,但是既定税制下难以做到。基于上述分析,财政支出的增长会出现在三种情况下。

1. 正常情况下(平和时期)

由于经济在增长,居民的收入水平会不断上升,此时,即使税收政策不调整,以不变税率所征得的税收也会不断增加,财政支出与 GNP 形成正向线性关系。

2. 突发的非正常情况下

所谓突发的非正常情况,是指突然爆发战争、大规模的瘟疫和自然灾变等大的突发性公共危机事件。一旦发生这些非正常情况,政府需要大幅度追加支出以应对突发事件,为此被迫需要提高税率或开征新的税种,而公众面对国家危急,也会理解和支持政府增税的政策,对增税的承受力和忍耐力都会增加,由此形成了非正常情况下的梯度跳跃式的支出增长。非正常时期公共支出会替代私人支出而大幅增加,即产生"替代效应"。与"替代效应"同时发生的还有"集中效应",即为了能够更有效地应对国家面临的危机,中央政府需要集中更多的财力,为此,可以临时改变中央与地方政府间的财力分配,将更多的财力集中于中央,地方政府也愿意并配合接受这种集中,因此就会出现"集中效应"。

3. 公共危机过后的情况下

在公共危机过后,财政支出会大幅度减少,但下降的水平并不会回到危机前的水平,而是维持在高于危机爆发前的水平上,并在此基础上继续平稳的增加。其原因就在于,一方面,经过危机有很多善后事宜要处理,例如支付巨额债务的利息,抚恤受难者等;另一方面,更重要的原因是经过突发的公共危机,发现了原来在某些方面存在被忽视的薄弱环节,需要继续增加支出予以加强,这样就会使支出维持在高于原来的水平之上,这一效应被称为"检查效应"。非均衡增长的梯度推进时间形态理论,可用图 5 - 2 表示。

（三）经济发展阶段增长论

非均衡增长理论引入偶发重大事件解释了财政支出跳跃式增长和由此导致的长期增长的原因,部分说明了财政支出增长的原因和时间轨迹,但是,还难以说明更长期的引致增长的原因是什么,经济发展阶段论对此作出了解释。该理论是由 R·A·马斯格雷夫(R. A. Musgrave)和 W·W·罗斯托(W. W. Rostow)两人提出的。

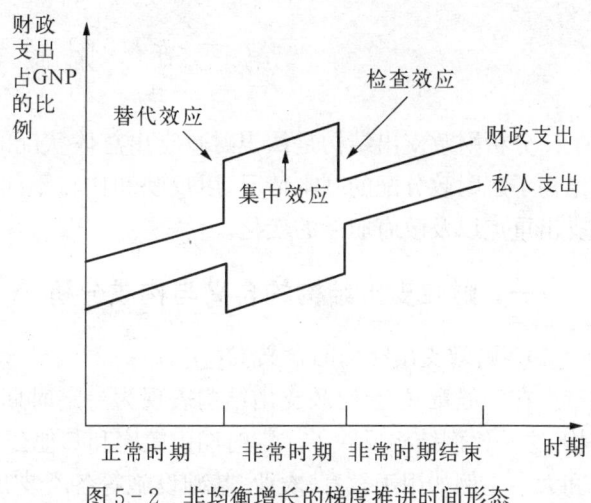

图 5 - 2 非均衡增长的梯度推进时间形态

他们基于经济发展阶段理论来解释财政支出在长期的增长原因,认为财政支出的增长是经济发展的函数,在不同的经济发展阶段,财政支出都在增长,但支出的重点会有所不同。他们把经济发展分为早期阶段、中期阶段和成熟阶段。

1. 经济发展早期阶段的财政支出增长

早期阶段即由传统农业社会向工业社会转变的准备阶段,一方面,政府须为经济起飞提供基础设施(道路、交通、卫生、法律、制度等);另一方面,这一阶段因私人资本处在原始积累阶段,市场投资有限,也使某些领域的投资必须由政府提供。因此,财政投资在社会总投资中所占比重较高。

2. 经济发展中期阶段的财政支出增长

在经济发展的中期,经济进入起飞阶段,工业化已经基本实现,此时,私人资本已经积累起来,开始在各个领域进行投资,政府投资只是对私人投资的补充;而具有较大外部性的基础设施已经建成,对他们的需求也逐渐变缓了,所以公共投资支出下降。但这一时期,随着人民生活水平的不断提高,其他方面的需求开始增加,从而要求政府用于教育、卫生、安全和社会福利等消费性支出增加。同时,伴随着经济发展贫富差距越来越大,因而用于调节分配的转移性支出也开始增加。

3. 经济发展成熟阶段的财政支出增长

成熟期经济已进入工业化后期阶段,此时人均收入水平得到了很大提高,追求更高的生活质量成为新的消费取向,资源更多地用于满足各类服务的需要,第三产业开始发展壮大,满足对方便快捷、普遍和高水平的各种公共服务的需求成为公共支出的新领域,如对高速公路、家庭医生、公共娱乐健身场所等的需求。这一时期公共投资的特点表现为一种对私人消费品的补偿性投资,总体上公共性投资占 GNP 的比重呈不断下降的趋势。

表 5 - 1

经济增长阶段与财政支出重点

经济发展阶段	早期阶段	中期阶段	成熟阶段
公共支出重点	社会基础设施投资为主	教育等福利服务和再分配转移支出为主	福利和各类高质量公共服务为主

第三节　财政支出结构

分析财政支出结构是认识财政支出总体状况的另一个重要方面,其意义在于通过支出结构了解财政分配的基本情况,以反映和比较不同时期或不同财政体制下财政支出范围和支出重点以及政府职能的变化。

一、财政支出结构的含义与构成分析

1. 财政支出结构的含义

在一般意义上,财政支出结构表现为一定时期内财政支出按去向分类所形成的比例结构,这一比例结构反映了一定时期内政府和其他公共部门各自发挥其职能作用的对象、范围和大小。例如用于教育、农业、基础设施等各类支出的比重,既反映了政府和其他各公共部门的职能对象,也通过各自财政资金支出量相对反映了作用发挥的范围和大小。

除了从简单的数量比例结构来了解财政支出结构以外,还需要从以下几个方面把握财政支出结构。第一,财政支出结构反映了定性与定量的统一。这里所谓的定性是指根据对公共事务在某一时期的轻重缓急的判断,对各类支出做出按重要性和紧迫性的定性排序。所谓定量是指根据定性相应分配不同资金的供给量。例如,我国根据优先发展教育的基本国策,规定每年财政支出的比例必须保持在占 GDP4％的规模。第二,财政支出结构是静态与动态的统一。所谓静态是指某一时期(通常在一个财政年度内)财政预算安排支出所形成的比例结构。所谓动态是指根据现实情况的变化,财政对不合理的支出进行调整,改变原来的比例结构。两者的关系中静态是相对的,动态是绝对的,动态结构以静态结构为基础,静态结构是动态结构的起点,又是动态变化的新结果。第三,财政支出结构反映了横向覆盖与纵向深入关系的有机结合。财政支出结构反映财政支出对应于公共事务的整体需要,因此,需要对每一项公共事务安排支出,但是,在既定财力约束下,各类公共事务所需的资金与得到的实际拨款并非一致,各类资金安排的比重反映了纵向的深度。

2. 财政支出结构的构成

财政支出结构的构成是指根据某种分类或需要,对财政支出的主要大类进行类别划分,由此得出的支出比例就是支出的结构构成。财政的支出结构的分类构成虽然与预算科目的分类有密切关系,但是却不能完全按预算科目的分类来分析财政支出结构,因为预算科目分类是出于对全部资金管理的需要所进行的分类,而认识支出结构的主要目的在于了解政府与公共部门发挥了哪些基本功能,换言之,做了哪些主要的事情。虽然在我国 2007 年新的政府收支分类改革中已经按功能对预算进行了分类,但是,预算科目中的功能分类过细,不利于反映财政支出的结构特征,应以政府与公共部门的主要职能的大类构造财政的支出结构。表 5 - 2 是我国 2007 年政府收支分类的财政支出的功能分类与财政支出结构分类的比较。

上述分类构成了财政支出结构的基本架构,但是,这一架构并不能反映每一类支出的比重,而各类支出的比重则是反映支出结构更重要的特征。通常意义上的财政支出结构就是在既定分类下的各类支出的量的比例结构。

表 5 - 2

我国政府收支分类的财政支出功能分类与
财政支出结构分类的比较

预算科目中的支出功能分类（类级科目）	财政支出结构分析的分类
一般公共服务	一、社会消费性支出
外交	行政管理
国防	国防
公共安全	外交
教育	教育
科学技术	科学技术
文化体育与传媒	卫生
社会保障和就业	文化
医疗卫生	二、社会投资性支出
社会保险基金支出	基础设施建设
环境保护	农业
城乡社区管理事务	财政投融资
农林水事务	三、转移性支出
交通运输	社会保障支出
工业商业金融等事务	财政补贴
其他支出	税式支出
转移性支出	债务利息支出

二、决定和影响财政支出结构的主要因素

　　财政支出结构状况既与一国经济体制和相应的政府职能有关，又受经济发展阶段的制约，总体上说，决定财政支出结构变化的主要因素就长期看来自经济发展阶段、经济体制、政府职能三个方面，而从短期看则受经济周期、突发性公共危机事件等影响。

　　（一）决定财政支出结构的主要因素

　　1. 经济发展阶段

　　从根本上说，财政支出结构的长期演变主要取决于经济发展阶段。前述马斯格雷夫和罗斯托关于财政支出增长趋势的阶段论理论，在分析增长趋势的同时，也分析了不同的发展阶段会导致财政支出结构的变化。马斯格雷夫把整个财政支出分为军用支出和民用支出，对民用支出按其经济性质又进一步划分为公共积累支出、公共消费支出和转移支出；并认为在不同的发展阶段，这三类支出的增长情况也不同。公共积累性支出在经济发展的初期，因社会经济发展对基础设施的普遍需要会导致公共积累支出应占较大的比重。公共消费支出的比重的增长率取决于社会成员对公共物品需求的收入弹性，从长期看这一弹性一般大于1。根据恩格尔定律，随着一国人均收入水平的提高，衣、食等基本消费品在整个消费支出中的比重会逐渐下降，而需要为公共物品做补充的私人消费支出比重会不断提高，例如私人交通工具的消费需要公路和公共交通管理大幅度的增加才能实现。对于转移性支出的变化，马斯格雷夫认为取决于经济发展各阶段政府的收入分配目标。如果政府旨在减少收入分配中的不公平，转移支出的绝对额会上升，但转移支出占 GNP 的比例不会有多大变化；如果政府的目标是确保人们的最低生活水平，转移支出占 GNP 的比例会随着 GNP 的增长而降低。

罗斯托则认为,一旦经济发展进入成熟期,公共支出的主要目标是提供教育、卫生和福利等方面的社会基础设施。此时,用于社会保障和收入再分配方面的转移支出规模将会超过其他公共支出,而且占 GNP 的比重都会有较大幅度的提高。

2. 经济体制

从理论逻辑上说,经济体制决定财政模式,而财政模式决定财政的支出结构。从历史上看,现代经济体制大体可以分为计划经济体制和市场经济体制,而市场经济体制又可以分为政府主导的市场经济体制与市场主导的市场经济体制。普遍存在于原社会主义国家的计划经济体制,由于实行全能型的财政模式,财政支出覆盖全社会,结构上以经济建设为主。在市场经济体制下,由于普遍实行公共财政模式,财政支出基本集中于市场失灵领域,其结构主要以社会管理与公共服务支出为主。但是,由于各国在具体经济体制上存在差异,财政的具体制度也有所不同。例如,同是市场经济制度,法国的国有化程度高于美国,美国则更多发挥市场的力量。这就决定了法国的财政支出中用于国有经济的支出占比较高,而美国用于社会服务与福利的支出占比较高。

3. 政府职能

从某种程度上说,财政支出是政府活动的资金来源,也是政府活动的直接成本。因此,政府职能的范围及其侧重点,决定了财政支出结构。在经济学中,关于政府的职能特别是政府在经济发展中的作用,一直存在着市场主导型观点和政府主导型观点。

市场主导型观点源于新古典学派推崇放任自由的市场机制在促进经济增长中无可替代的作用,认为市场失灵只存在于一个十分有限的范围和程度内。与此相适应,政府职能也应局限于狭窄的范围内,即政府除了提供诸如国防、司法这类基本的公共服务外,在其他经济与社会事务方面应仅限于诸如环境保护、基础教育等这些具有明显外部性的领域。如果按照市场主导型观点,不仅财政支出规模不可能很大,而且财政支出结构无疑偏重于行政管理、司法秩序、防卫等维持国家机器正常运转方面的支出。

政府主导型观点源于凯恩斯学派,强调在宏观经济运行方面政府要干预经济,特别是要通过财政政策实现充分就业和经济增长目标,否则就很难实现资源的配置优化、产业的顺利成长和经济的稳定增长。在经济发展的初期,如果没有政府的强有力干预,就不可能实现快速的资本积累、有效的资源配置、快速的技术赶超,而这三大要素正是现代经济增长的必要条件。与此相应,政府职能不仅体现在为民间部门的迅速扩张提供良好的经济环境、提供充足有效的经济基础设施,而且还要直接参与战略性产业的投资活动。如果按照政府主导型观点,财政支出规模可能比较大,或者即使受经济发展水平和速度的制约,财政支出规模不是很大,但支出结构会偏重于集中力量办大事以及经济建设方面的支出。

当然,不论是新古典学派还是凯恩斯学派的经济学家,他们都清楚地认识到市场机制有缺陷,尽管政府干预也会失效,但是在混合经济中政府的职能仍然是社会管理、市场监管、公共服务和调控经济,因此也决定了财政的基本支出结构。

(二)影响财政支出结构的因素

从中短期分析,影响财政支出结构的主要因素有公共政策、经济周期和突发性公共危机事件。

1. 公共政策

公共政策是政府根据时事变化所制定的解决公共问题的政策措施。例如,我国近年来推出的关于保障性住房的公共政策,就是根据我国城市房价近年来持续上涨,导致城镇中低收入居民无力购买商品性住房这一公共性问题制定的。公共政策的落实一般需要相应的政府财力支持和保障,所以会带来财政支出结构的改变。一般来说,公共政策对财政支出结构的影响以中期为主,通常在 10 年以内。

2. 经济周期

在市场经济运行过程中,经济周期在某种程度上是难以避免的,政府的责任就在于通过运用法律、行政和经济的手段对经济波动进行宏观管理和调控。其中,运用经济手段进行宏观调控是最常见的方法,而在经济调控手段中,运用财政政策又是最重要和效果最直接的方法。在运用财政政策调控经济的过程中,扩张或收缩财政支出规模的同时通常都会伴随着改变财政的支出结构。例如,在 2008 年因美国次贷危机引发的全球金融危机爆发后,我国政府及时推出了 4 万亿元的刺激经济的方案,主要投资于铁路、公路、机场、水利等重大基础设施建设和电网改造,地震灾后重建,廉租住房和棚户区改造等保障性住房,农村水电路气房等民生工程和基础设施的投资,医疗卫生、教育文化等社会事业发展以及用于自主创新和产业结构调整等。4 万亿元投资改变了 2008—2010 年的财政支出结构,也与 1997 年亚洲金融危机爆发后实施的积极财政政策的内容有很大区别。

3. 突发性公共危机事件

应对突发性公共危机事件,需要大量的财政支出,从而短期内改变财政支出结构。例如,我国政府近年来为了应对突发的 2003 年的"非典"、2007 年春季的雨雪冰冻、2008 年的汶川大地震等突发性公共危机事件,调整了当年的财政预算,巨额的防疫和救灾支出,改变了当年和今后一定时期内的财政支出结构。

第四节　财政支出效益

一、财政支出效益的含义与特点

(一)财政支出效益的含义

效益是指人们在有目的的实践活动中"所费"与"所得"的对比关系,所费越少所得越多则效益越高。所费一般包括经济资源和人力资源的耗费;所得包括经济所得和非经济所得。企业的效益一般为经济所得的效益,而公共部门的所得应以非经济的所得即社会效益为主。就全社会的资源配置而言,效益首先是资源在公共部门和私人部门之间配置的效益对比。据此,财政支出的效益包括以下三个层次的内容:

(1)确定合理的财政支出规模,使全社会资源配置在公共部门和市场之间得到最优配置,最大限度满足社会的公共需要和私人需要。

(2)在既定财政支出规模下,优化支出结构,实现公共部门内部资源配置最优,最大限度满足不同的公共需要,实现社会公共利益的最大化。

(3)就具体财政支出而言,要用尽可能节省的支出实现既定的目标,即少花钱多办事,取得最佳支出效益。

(二)财政支出效益的特点

政府财政支出的效益与企业的支出效益相比有许多不同之处,主要表现以下三个方面。

1."成本"与"收益"的范围不同

在企业的生产经营活动中,成本和收益只计算其自身直接投入的各项费用和自身实际获得的收益。而财政的收支不仅要计算直接的、有形的成本与收益,更要计算间接的、无形和长期的所费和所得。

2.效益的衡量标准不同

企业的效益是单纯的经济效益,可以用单纯的成本与利润指标来衡量。公共部门的财政支出是为了谋求公共利益的最大化,而公共利益的效益表现形式是多样的,有些可以是直接的经济效益,但更多的支出项目所产生的是无形的和难以量化的社会效益,这在客观上决定了财政支出的效益分析只能采取经济效益与社会效益双重的效益标准,并以社会效益为主来衡量财政支出的效益。

3.效益的表现形式不同

企业支出效益的衡量标准可以用单一的货币单位精确地计量其收益的大小,并据此单一的货币计量信息就可以满足企业经营决策的需要。而财政支出效益的表现形式难以单一化,只能根据支出具体项目的性质确定其效益的表现形式。有些可以用货币价值形式表现,更多的只能用非货币价值的表现形式,如社会的公平度、社会治安的良好状况、教育公平度等形式表现。因此,财政支出的效益表现是社会整体的和综合的。

二、财政支出效益的评价

(一)公私部门资源配置中的财政支出效率

对财政支出效益的评价首先是对资源在公共部门和私人部门之间配置效率的评价,因财政收入主要来自私人部门提供的税收,所以,财政支出效率首先是公共部门支出产生的效益与其替代的私人部门支出效益的比较,可用生产可能性曲线与无差异曲线的相切点来确定财政支出的最佳效益规模。

图5-3中,资源在私人部门和公共部门配置的生产可能性组合有三个点,在 A 点,资源在私人配置较多公共部门较少,在 C 点,资源在公共部门配置较多在私人部门较少,在 B 点资源在公共部门和私人部门的配置相等,A 点 B 点和 C 点虽然都处在生产可能线上,即都是在现有资源约束下可以达到的公私部门最大组合产量,但是,仅在 A 点生产可能线与无差异曲线相切,表明 A 点所确定的

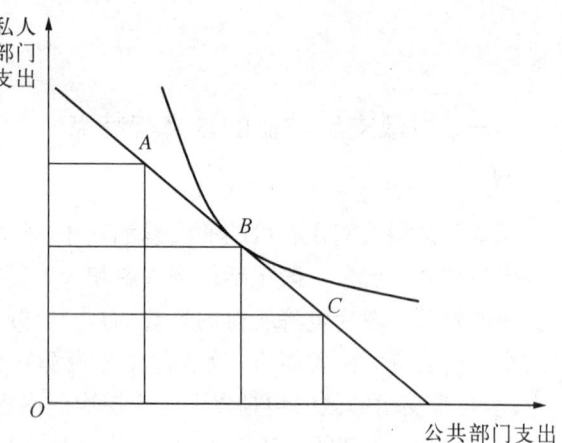

图5-3　资源在私人部门和公共部门配置的生产可能性曲线

两部门资源配置的组合所达到的效用最大,由此可以确定 A 点所决定的财政支出的效益最大。

(二)财政支出效率评价的基本方法

财政支出不仅项目繁多而且存在较大的差别,因此评价财政支出效率的方法也各不相

同。在长期的财政实践中,特别是随着绩效预算的推展,国际上总结出一系列财政支出项目的效益分析方法。在此介绍比较常用的三种方法:一是"成本—效益"分析法,主要用于那些有直接经济效益的支出项目(如基本建设投资支出);二是最低费用法,主要用于那些只有社会效益、产品不能进入市场的支出项目(如国防支出);三是"公共劳务"收费法,主要用于那些既有社会效益,又有经济效益,但其经济效益难以直接衡量,而其产品可以全部或部分进入市场的支出项目(如交通、教育等支出)。

1. "成本—效益"分析法

"成本—效益"分析法,最早出现于美国《1936 年防洪法案》,目前普遍在西方发达国家以及世界银行等国际组织中得到运用,该方法的出发点是将私人企业中使用的投资决策的财务分析方法运用到财政投资决策领域,该方法特别适用于财政投资性支出项目的分析,以便提高财政资金的使用效率。

"成本—效益"分析法的基本原理是:根据项目的建设目标,先制定出实现该目标的若干备选方案,然后以一定的方法计算出各方案的全部预期成本和全部预期效益及其比率,以此对不同项目或方案的效益进行比较,最终确定出备选方案的选择次序。

运用"成本—效益"分析法,一般要经过以下几个步骤:

(1) 公共决策部门根据经济社会发展需要,确定两个以上的备选支出项目,然后组织有关专家为每一备选项目制定出若干备选的支出方案。

(2) 用贴现率法计算每一备选方案的成本与效益及其比率,然后排出优劣次序。

(3) 从各备选项目的备选方案中选择一个最佳的实施方案。

(4) 根据已确定的财政支出总规模,从备选项目中选择一个最佳的项目组合。

(5) 对选定的项目组合再进行机会成本分析后,确定最终的支出项目。

项目可行性的判断标准:选择最优投资项目的依据是计算项目的净社会经济效益(NPV)。净社会效益等于预期总效益(总收入)减去预期总成本后的余额。其方法是估计项目的未来收益和成本现值,就某一项目而言,其是否可行的判定标准是:

① 如果 $NPV > 0$,该项目可行(若有 n 个项目,都是 > 0 可进行比较)。

② 如果 $NPV = 0$,计算内部收益率,即如果 $r >$ 银行贷款利率,该项目可行;否则不可行。

③ 如果 $NPV < 0$,该项目不可行。

净现值计算公式如下:

$$NPV = \sum_{i=0}^{n} \frac{B_i - C_i}{(1+r)^i}$$

式中:B_i 为第 i 年的收益,C_i 为第 i 年的成本,r_i 日为第 i 年的贴现率,n 为该项目的使用年限。

由于政府投资支出总是要受到预算规模的约束,在项目选择的过程中,一般选择既定支出下净社会效益最大的项目。在实践中一般以成本—效益比率作为衡量指标:

① 成本—效益比=效益/成本>1——B/C>1,小于 1 不可取。

② 净效益比=(效益—成本)/成本>0——(B—C)/C>0,为负不可取。

判别项目——两者之和最大。

示例:现有一港口建设项目,专家提供了五个备选方案,五个备选方案的成本收益如表

5-3 所列。

表 5-3

某港口建设方案的"成本—效益"分析　　　　（单位：亿元）

计划项目	成本	收益	净收益 B－C	B/C	(B－C)/C	按比率的排列次序
一	50	100	50	2.0	1.0	2
二	25	40	15	1.6	0.6	3
三	12.5	30	17.5	2.4	1.4	1
四	75	75	0	1.0	0	4
五	87.5	78.75	－8.75	0.9	－0.1	5

由此表可知，比较(B－C)/C 最大差为最佳选择。项目三最优，项目五最差。

2. 最低费用选择法

最低费用选择法只用货币单位来计算每项备选项目的有形成本，不比较备选方案的社会效益，仅以成本最低为择优标准。对于不能运用"成本—效益"分析法的财政支出项目，可以运用最低费用选择法进行分析，例如用于对政治、国防、文教卫生等财政支出的效益分析。

运用最低费用选择法来确定备选方案的步骤同"成本—效益"分析法大致相同，因不需要计算支出的未来效益与无形成本，其步骤可简化为三步。

首先，根据公共部门确定的支出目标，提出多种备选方案。

其次，以货币为单位分别计算出各备选方案的全部有形费用并进行加总。如果遇到需要多年安排支出的项目，也须用贴现法折算出"费用流"的现值，以使备选方案可比。

最后，在计算出全部备选方案的费用后，按照费用的高低排序，选出费用最低的方案。

示例：假定某地方政府为解决失业问题，需要财政拨款对失业者进行免费的再就业技能培训，有三个备选方案：① 政府成立专门的再就业培训学校，自己负责全部培训工作；② 将再就业培训外包给私人培训机构；③ 政府的再就业培训机构与私人培训机构进行分工合作，政府培训机构负责提供场所和组织管理，将课程外包给私人。这三个备选方案各自的支出费用肯定是不同的，在预测三个备选方案所达到的培训效果基本相同的前提下，对三个备选方案的费用进行比较分析，选出费用最低者。

3. 收费法

收费法就是借用市场价格机制有效配置有限资源的调节功能，通过制定和调整某项公共服务的收费标准以提高使用效益和财政支出效益的方法。该种方法主要适用于那些可收费的公共服务项目和物品。

收费法同"成本—效益"分析法、最低费用选择法的区别在于：它不是对财政支出备选方案进行比较选择，而是通过制定合理的价格与收费标准调节对收费性公共服务和物品的使用量，以使之效用得到最优的发挥。根据收费价格与成本之间的对比，收费法定价一般采取低价、平价和高价三种定价政策和实行免费的特殊政策。

低价政策是为了扩大某项服务或产品的公益性，通过低价可以扩大社会对可收费性的公益服务和物品的消费量，使之发挥更大的社会效益。如城市公园实行低价门票。但是，如果价格过低可能会带来过度消费,因此低价政策的关键是根据需求的拥挤点来确定价格降低的幅度。低价政策还适用于推广某些强制性消费的优效品,如计划生育、强制接种免疫疫苗等。

平价政策即以成本价提供某项服务或产品,从生产者方面看,供给部门可用收取的费用弥补提供的成本,实现自我补偿。从消费者方面看,既可以有效避免过度消费,在某些服务中又可以使消费者获得低于市场价格的消费者剩余,如在公立医院就诊治疗较之私立医院就诊治疗所节约下来的医疗费。平价政策一般适用城市公共事业的收费。

高价政策出于限制使用的目的。某些服务项目和物品,虽然属于公共性消费,但所使用的资源稀缺度高,从全社会利益来看必须限制使用,实行高价政策既可以达到有效限制使用的目的,又可以提供较多的财政收入,如由政府财政出资建的大型歌剧院等。

本 章 小 结

财政支出是分析财政运行的理论起点,本章从财政支出基本概念、财政支出分类和财政支出规模、财政支出结构与财政支出效益等几个方面概述了财政支出的一般概念、理论和方法,为后续的财政支出的具体分析打下基础。关于财政支出的分类中的主要分类是购买性与转移性支出以及预防性与创造性支出的分类;关于财政支出规模不断增长的趋势,需要从与国民收入(人均国民收入)的相对量来理解其含义;对财政支出结构的决定与影响因素的分析,区分了决定因素与影响因素的不同,决定因素主要指长期性因素,影响因素主要指短期和中期性因素;关于财政支出效益的分析,指出了三个层面的不同含义,有利于在运用中确定其所指的层次;有关财政支出效益的评价方法选取了常用的三种方法,这三种评价方法分别适用于可用经济效益衡量的项目、以社会效益为主的项目和收费型项目。

扩 展 阅 读

财政支出结构固化加大财政风险

财政支出固化实质是"人"和"事"的固化

财政支出结构固化是所有的财政支出项目只增不减,或者存量不动只能动增量,实际上就是财政资金分配结构固化、僵化,缺少统筹、协调、优化空间和弹性的一种状态。

财政支出固化表现在多个维度和层次。横向维度看,规模、分配渠道、使用方向等存在不同层次固化;纵向维度看,功能分类的重点支出、部门和项目都存在固化不断强化的趋势。比如,从部门层面看,统计的 75 家部门 2007 年到 2016 年的部门决算,基本支出总体呈现刚性增长态势,个别年份下降多与机构职能调整或改革有关,而项目支出则没有下降的。

从存量角度看,财政支出固化有两种情况:一是被动固化,也就是"吃财政饭",财政收入只能保障人员支出和机构运转,缺乏能力推进事业发展和建设,财政支出没有空间调整,不得不维持原有格局,被动固化;另一种情况是项目规模固化,即利益固化,财政应该有一定的主动性和调整空间,但由于项目支出都涉及部门利益,这种利益的藩篱难以打破,导致项目支出结构固化,缺乏科学调整机制。

政府治理机制不健全是根本原因

支出固化和路径依赖的背后是各方利益的固化,既有机构人员的固化,也有附着在部门利益上"事"的固化,政府内部治理机制不顺畅,导致大量转移支付特别是专项资金通过条条分配,部门间利益固化而项目难以调减等等,说到底是政府治理出现了严重问题。

政府治理机制不健全是导致财政支出结构固化的根本原因。

首先,政府与市场、政府与社会的治理关系不完善,存在"越位""缺位"问题,导致财政支出、社会福利水平超越经济发展阶段。由于缺乏治理机制,机构人员膨胀的情况没有相应机制约束,利益格局难以打破,反映在财政支出结构上就是基本支出结构固化,并且使财政收入增量在相当程度上也固化了;在我国,一些地方社会福利水平超越了经济社会发展水平,区域间福利水平相互攀比,导致过度福利化,社会福利水平持续上涨支出固化。

其次,政府部门间治理机制不完善,破除利益藩篱的治理机制缺失。如预算分配权不统一,部门"二次分配权"导致部门支出规模的固化。政府内部财政部门的地位仍然不是很高,在财政部门之外,其他部门仍然掌握着对某些资金的分配权,不仅各级发展和改革委员会拥有规模庞大的被称为"口袋预算"的"切块资金",而且各级科技、教育部门也不同程度地拥有较多的预算资金自由裁量权。这些"二次分配权"的存在直接动摇了财政部门的地位,严重肢解了预算管理权能的统一性,致使部门之间财政资金的统筹受阻。

财政支出固化的技术原因是基数法编制预算及绩效管理缺失。由于过去财政管理重过程轻结果的倾向,导致财政部门重资金分配轻财政管理,财政资金以及转移支付一分了之,至于结果和绩效如何,并没有得到足够的重视。

破解难题的政策建议

合理确定支出水平。打破"事"的固化,形成民生支出的合理保障水平。在完善政府内部治理机制上,建设具有决策职能的核心预算机构,使财政部门彻底超越目前会计导向职能定位,树立自身在预算分配中的权威。提升财政资金分配的决策层次。中长期要完善体制,政府统一出台权威的年度施政大纲,作为预算分配和编制的指引;或者成立统一的预算分配决策委员会,共同负责预算资金分配决策,合理配置部门的部门预算编制和管理权。强化跨期预算约束也是完善决策机制的方式。

创新预算制度和政策体系,打破支出固化的制度、政策限制。预算权力结构理顺之后,就是要完善预算管理制度和相关政策,将所有的政府性资金纳入预算管理体系之内,并通过行政管理体制改革强化部门间的协同配合,从根本上逐步化解财政支出固化问题。包括建立各项预算之间的统筹与审批机制、严格规范"专项"设置,清理整合归并中央对地方各种补助项目等。

以零基预算理念从技术上奠定打破固化的基础。零基预算的采用就是要在改革过程中逐步使其成为增量预算的替代方法,注重预算编制对预算执行、预算平衡、预算监督和预算效果的影响,从而打破财政支出结构的固化格局,在与时俱进中实现动态调整和优化。

强化预算绩效评价,完善机制促进财政支出结构的优化。为了确保财政支出项目预期效果,尤其是政策性效果的全面实现,必须依托科学的预算决策来保障支出预算方案设计的周密性和严谨性,在此基础上引入全过程绩效预算管理理念,以项目支出的相关性、可行性和预见性论证为前提展开系统性、规范化的绩效预算评价工作。

(资料来源:中国财经报网(根据中国财政科学研究院课题组报告节选整理)。)

思考练习题

1. 画一张表如下,然后举例填出创造性支出与预防性支出的例子。

创造性支出	预防性支出

2. 用图式画出购买性支出和转移性支出与产出就业和社会分配的关系,然后加以说明。

3. 什么是瓦格纳法则? 它有何现实意义?

4. 举例说明财政支出增长的替代效应和检查效应。

5. 决定和影响财政支出结构的因素有哪些?

6. 某国上年和当年的 GDP 分别为 20 140 亿元和 24 030 亿元,当年财政支出为 3 210 亿元,上 1 年的财政支出为 2 830 亿元,请计算:两年的财政负担率各是多少? 两年财政支出的收入弹性各是多少? 当年财政支出的增长率是多少? 财政支出的边际倾向是多少?

第六章　购买性支出

知识要点与学习要求

1. 购买性支出的两大分类。要求能够准确地对各种具体的政府购买性支出进行归类。
2. 社会消费性支出的性质和基本内容。
3. 行政管理费的内涵及其内容及政府成本概念。能够从理论上说明行政管理费性质；能够运用所学知识解释"吃饭财政"的不同含义。
4. 财政对教育、科学技术、医疗卫生和文化支出的理论依据。能够从理论上说明国家对义务教育阶段实行免费提供的理由；能够说明对科学与技术、医疗与卫生、商业性文化与公益性文化的划分对财政安排支出有何意义。
5. 掌握政府投资的基本定位和范围；运用原理坐标图说明基础产业投资与一般投资有怎样的关系。
6. 掌握财政投融资的性质，能够说明财政投融资的主要方式。

本章结构图

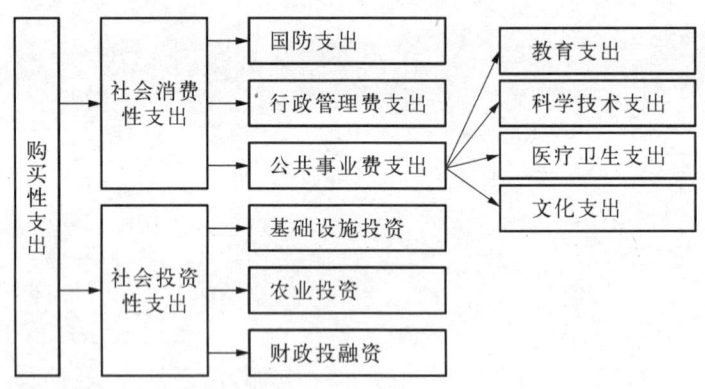

基本概念

购买性支出　社会消费性支出　社会投资性支出　国防支出　行政管理费支出　人员经费支出　公用经费支出　项目支出　教育支出　教育支出方式　教育券　科学技术支出　研发(R&D)经费　医疗卫生支出　基本医疗　文化支出　商业性文化　公益性文化　财政投融资　政策性银行

按着财政支出的经济性质，全部财政支出可以分为购买性支出和转移性支出两大类。

这一分类的意义在于可以反映财政支出与财政基本职能的关系：购买性支出的意义主要在于实现财政的资源配置职能；转移性支出的意义主要在于实现财政的收入分配职能。两种支出都可以用于稳定经济的职能。同时，这一分类也有利于认识清楚财政支出与经济和社会的不同关系：购买性支出直接反映在社会的总需求中，因此，会对经济产出和就业产生直接的影响，而对社会收入分配产生的影响是间接的；转移性支出直接反映在社会收入分配的改变上，而对经济产出和就业的影响是间接的。所以，分析财政具体支出一般选择购买性支出与转移性支出这一经济分类。

购买性支出按其支出的总去向，可以分为社会消费性支出和社会投资性支出。社会消费性支出购买的是最终消费品和服务。而社会投资性支出购买的是投资品。

第一节　社会消费性支出

社会消费性支出是为了满足全社会公共需要而发生的消费性支出，社会消费的基本特征是直接的非生产性消费，包括了物质品的消耗和人的消费，通过物质消耗和人的消费结合在一起构成了社会的消费过程。通过这种社会消费，特别是其中的用于公共部门人员的那部分个人消费，可以为全社会提供所需的基本公共服务。消费性支出按其完成的职能，可分为国防支出、行政管理支出和公共事业支出。

一、国防支出

（一）国防支出概念

国防支出（defense expenditure）是一国用于保卫国家主权和领土完整、保卫国家安全和维护国家利益的支出。在和平状态下，国防支出是维持和平的支出；在战争状态下，国防支出是战争费的支出。国防支出的内容大体包括军队支出、后备役支出、国防科研事业支出和军事与防御工程支出等。从另一个角度也可以分为人员经费和装备与设施经费。国防是最典型的纯公共产品，只能由国家组织提供，因而是一国最基本的财政支出。

（二）国防支出合理规模分析

从国防支出与经济的关系看，一定限度内和一定支出项目所产生的正外溢性会促进经济增长，典型的如军事科技转民用等。美国学者贝涅特（E. Benoit）就对 44 个发展中国家1950—1965 年的统计数据进行分析，发现国防支出与经济增长之间有高度的正相关性。但是国防费支出过度，以至穷兵黩武，必然会抑制其他支出，减少其他投资，使民生凋敝。因此，在一定阶段国防支出要保持在一定的合理范围内。

确定国防支出合理规模的基本理论工具是"大炮与黄油"转换曲线分析。

在曲线图 6-1 中，纵轴表示"黄油"的产量，"黄油"代表民用品，横轴表示"大炮"的产量，"大炮"代表军用品，P 为既定资源约束下的生产可能性曲线，A、B、C 为既定资源约束下（即生产可能性曲线上）军用品与民用品的组合产出量 Q_1、Q_2、Q_3，与 A、B、C 相切的有三条无差异曲线，相切点分别代表和平、冷战与战争阶段或状态下资源在民用品和军用品之间配置的最佳效用组合产出的状态。在和平时期，由于没有外敌发动战争的威胁，可以将更多的资源用于民用品生产，所以，最合理的国防支出规模由两者组合点所决定的军需品产出量 Q_1 所决定。在冷战状态下，由于有外敌侵入的威胁，备战支出增加，在既定资源约束下,需要减少民用品生产,相应增加军用品生产,最合理的国防支出规模由 Q_2 点组合下军需品产量决定。在战争状态下,军用品生产猛增,在既定资源约束下,必须大幅度减少民用品生产,军用品与民用品的组合点与无差异曲线的相切点移至 C 点,国防支出规模由军用品产出量 Q_3 决定,从而使军费支出大幅增加。

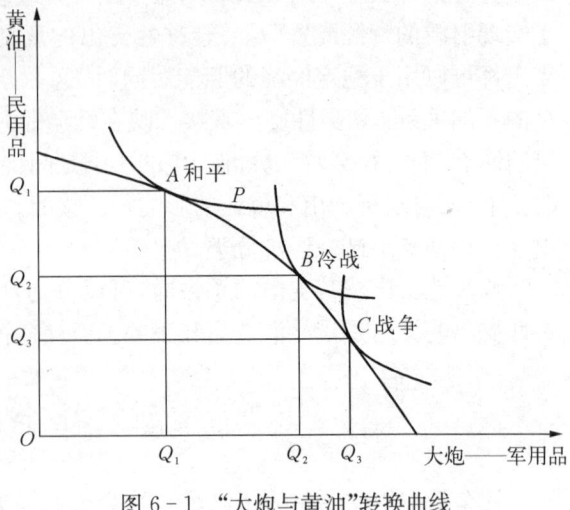

图 6-1 "大炮与黄油"转换曲线

该曲线图表明,国防支出的合理规模是由一国所处的不同国际关系环境所决定的,因此,应需要根据国际关系环境的变化适时调整国防支出规模。

（三）影响国防支出的因素

除上述国际关系环境这一基本的外部决定性因素外,影响国防支出的内部因素主要有以下几方面。

1. 政治因素

国防主要用于对外,似乎与国内政局无关,但是,国内政治因素可以从以下几方面影响国防支出。首先,国内政局与一国的国际关系有密切关系。国内政局的改变可改变与他国的关系,如从原来的敌对关系变为盟友关系,或相反由盟友关系变为敌对关系。其次,国内政局稳定与否,是否发生内乱。最后,当局外交战略和国防战略的调整。上述这些本国的政治因素实际上都会对国防支出的规模产生重要的影响。如我国 1985 年震动世界的"百万大裁军"就是根据进入 20 世纪 80 年代中期以后国际形势已经发生的重大变化,基于和平与发展已成为当代世界主题的判断,以及国内转向以经济建设为中心的新时期,我国对国防建设和军队工作的指导思想实行了战略性转变:由过去时刻准备早打、大打、打核战争的临战准备的冷战状态,转向和平外交和经济建设,充分利用今后较长时期内大仗打不起来的和平环境,在服从国家经济建设大局的前提下,有计划、有步骤地加强以现代化为中心的军队建设,提高部队的军政素质,以增强在现代战争条件下的自卫能力。正是这一战略观念转变下的"百万大裁军"削减了我国的国防费支出。

2. 经济因素

在国防战略既定,国防支出能否满足国防建设目标的需要,取决国家的经济实力。衡量经济决定因素有两个重要的指标:一是国防支出占财政支出的比重;二是国防支出占 GDP 的比重。在比重一定的情况下,国民生产总值或财政支出的规模越大,国防支出的规模也就越大。此外,一定时期的国防支出还会受到物价水平变动的影响。

3. 兵役制度

国防支出中人员经费占有很高的比重,其中主要是对服兵役人员的费用支出。在兵员数量相同情况下,兵员经费支出的多少由兵役制度决定。兵役制度有两种:一种是义务兵制;另一种是雇佣兵制。义务兵制是国家以法定的强制性义务对适龄公民征兵,义务兵在服兵役期间,因其法定的义务性质,国家实行供给制,仅发给很低的生活补贴费。雇佣兵制是将服兵役当成一种职业,服兵役类同于就业,国家比照一定的正常工资水平制定服兵役者的工资待遇。从财政支出的先后比较看,两种兵役制度各有利弊。义务兵制有利于减少直接的军事开支费用,但却需要更多地承担退役后的基本生活保障,从而增加以后的财政支出。雇佣兵制尊重公民个人志愿,有利于实现官兵的报酬与其机会成本的均衡,而且可以长期服役,有利于提高官兵的军事素质和部队战斗力,退役后不需要国家的安置支出。从总体比较和国际趋势看,雇用兵制优于义务兵制。

4. 装备技术因素

国防装备技术因素对国防支出的影响显而易见,现代化高科技战争下,国防装备技术的高低决定国防实力的高低,而高技术装备不但需要大量购置先进技术装备的投入和维持费用,而且需要增加对人员的技术培训费用,特别是在进行高新技术军事战略布局时,财政支出会急剧增加。例如美国的"星球大战计划",这项计划于 1984 年由美国总统 R·里根批准实施。按照计划,从 1984—1989 年财政年度将用 250 亿美元来研究先进的反弹道导弹系统的关键技术和验证可能的方案,以便到 90 年代初决定是否和如何发展这种系统。

(四)我国的国防费支出

1. 我国国防政策与目标和任务

我国历来奉行防御性的国防政策。依照宪法和法律,中国武装力量肩负对外抵抗侵略、保卫祖国,对内维护社会大局稳定、保卫人民和平劳动的神圣职责。建设与国家安全和发展利益相适应的巩固国防和强大军队,是中国现代化建设的战略任务。根据国际国内的新形势,我国新时期中国国防的目标和任务是:

(1)维护国家主权、安全、发展利益。防备和抵抗侵略,保卫领陆、内水、领海、领空的安全,维护国家海洋权益,捍卫国家主权和领土完整。贯彻新时期积极防御的军事战略方针,坚持独立自主和全民自卫原则,加强武装力量建设和边防、海防、空防建设,加强国家战略能力建设。

(2)维护社会和谐稳定。针对面临的非传统安全威胁搞好战略预置,加强应急专业力量建设,提高遂行反恐维稳、应急救援、安全警戒任务的能力。完成抢险救灾等急难险重任务,保护人民群众生命财产安全,打击敌对势力颠覆破坏活动,打击各种暴力恐怖活动。

(3)推进国防和军队现代化。以机械化为基础,以信息化为主导,广泛运用信息技术成果,推进机械化信息化复合发展和有机融合。深化信息化条件下联合作战理论研究,推进高新技术武器装备建设,发展新型作战力量,着力构建信息化条件下联合作战体系。

(4)维护世界和平稳定。按照和平共处五项原则开展对外军事交往,发展不结盟、不对抗、不针对第三方的军事合作关系,推动建立公平有效的集体安全机制和军事互信机制。深化国际安全合作,参加联合国维和行动、海上护航、国际反恐合作和救灾行动。支持按照公正、合理、全面、均衡的原则,实现有效裁军和军备控制,维护全球战略稳定。

2. 我国的国防费支出

我国坚持国防建设与经济建设协调发展的方针,合理确定国防经费的规模,依法管理和使用国防经费。

随着经济社会发展,我国国防费保持适度合理增长。我国国防费主要由人员生活费、训练维持费和装备费三部分组成,各部分大体各占1/3。人员生活费用于军官、文职干部、士兵和聘用人员的工资津贴、住房保险、伙食被装等。训练维持费用于部队训练、院校教育、工程设施建设维护以及其他日常消耗性支出。装备费用于武器装备的研究、试验、采购、维修、运输和储存等。国防费的保障范围包括现役部队、预备役部队和民兵,同时也负担部分退役军人、军人配偶生活及子女教育、支援国家和地方经济建设等社会性支出。

我国对国防费实行严格的财政拨款制度。每年的国防费预算都纳入国家预算草案,由全国人民代表大会审查和批准。国家和军队审计机构,对国防费预算及执行情况进行审计监督。近年来,中国政府加强国防费科学化精细化管理,改革创新财经管理制度,推进资产管理改革,加强预算执行监督管理,组织领导干部经济责任审计和经费物资使用的专项审计,提高国防费开支的透明度和规范性,确保国防费的正确有效使用。

表 6-1

我国国防费近年来支出

年份	国防费(亿元)	增长幅度%	占国内生产总值%
2011	6 011	12.7	1.24
2012	6 691.92	11.2	1.24
2013	7 410.62	10.7	1.24
2014	8 289.5	12.2	1.28
2015	9 087.84	10.1	1.32
2016	9 765.84	7.6	1.31
2017	10 211	7	

数据来源:根据国家统计局统计信息整理得出。

从表 6-1 可以看出:2011—2015 年,中国国防预算连续 5 年保持两位数增长,增幅分别为 12.7%、11.2%、10.7%、12.2%、10.1%。2016 年中国国防预算为 9 543.54 亿元,增长7.6%,2017 年的国防费预算增长幅度为 7%左右,首次过 10 000 亿元。这个数字并不是每个国家都能做到的。同时,2016 年,我国国防费为 9 543.54 亿元(约 1 436.78 亿美元),相当于美国的 24.6%,人均国防费仅相当于美国的 1/18、英国的 1/9、法国的 1/7、俄罗斯的1/5;军人人均数额是美国的 13.58%、英国的 22.98%、法国的 22.8%、德国的 14.3%。从数据可以看出,我国军事投入不断增加但与其他各国相比仍然存在差距的事实。

二、行政管理支出

(一) 行政管理的职能

行政管理支出(administrative expenditure)的依据是行政管理的职能,所以,在分析行政管理费支出以前有必要了解行政管理的职能。行政管理职能是作为行政主体的国家管理机关,依法承担对国家政治、经济和社会事务进行管理的职责,反映国家管理活动与管理对象的关系与规制方式。对行政管理职能还需要从几个方面来理解其含义。

首先,在政治与行政二分范式下的行政被界定为执行政治决策的执行职能,即狭义政府的职能。但是,从经济学的角度是以与市场相对的政府的职能来看待政府的,即包括议会、司法在内的广义政府,而财政支出中的行政管理费支出项目所涵盖的也恰是广义政府的支出，与这一支出对应的行政管理职能也是广义政府的行政职能，可以概括为管理社会和管理经济（监管市场）两个基本方面的职能。

其次，行政管理职能是政府职能最重要和最基本的职能，但不是政府的全部职能，例如在我国，政府的全部职能被概括为四项内容：社会管理、监管市场、公共服务和调控经济。但是，政府发挥提供公共服务职能和调控经济职能所需的财政支出不包括在行政管理支出之中。

再次，行政管理职能的转变是政府职能转变的重要内容。"政府再造"和转变政府职能是目前公共管理变革的重要目标，政府的行政管理职能由以往的管制型和官僚制体制下的管理导向转变为公民参与和多中心公共治理下的服务导向。在我国，转变政府职能，即使之由原来服务于计划经济的高度集中统一、以管理经济运行为主要目标的管理型政府，转变为市场经济条件下以提供基本公共服务为主要职能的服务型的政府，始终伴随着市场经济体制改革的进程，而减少行政审批职能，依法行政、民主行政和科学行政是转变政府职能的重要理念和措施。中共十八届三中全会提出推进国家治理体系和治理能力现代化的改革总目标，随着政府职能的转变，行政管理费支出也会发生相应的变化。

（二）行政管理支出的属性和构成

1. 行政管理支出的属性

行政管理支出是财政用于国家各级权力机关、行政管理机关、司法检察机关和外事机构行使其管理社会、监管市场职能所需要的费用支出。该项支出所维持的是公共权力，并保证国家权力机构正常运转以向社会提供秩序、公平和安全产品。因这些产品属于强制型的纯公共产品，只能由拥有公共权力的国家机关提供。同国防支出一样，行政管理支出的属性是预防性支出，即用于防范公共风险，也是财政最基本的支出。

2. 行政管理支出的构成

行政管理支出是一种习惯的说法，在预算管理上包括了广义政府的支出。如上所述，广义政府包括了一个国家的最高权力机关、立法与司法机关和行政机关，所以，相对于保证这些国家机关职能的实现，行政管理费支出由立法支出、行政支出、司法支出、检察支出、公共安全支出和外交外事支出等构成。

（1）立法支出。立法支出的主要部门在代议制下是议会，在我国是各级人民代表大会和政治协商会议及其常务委员会。立法支出的重点是各种会议的支出，以及常务委员会的日常支出。

（2）行政支出。行政支出的主要部门是各级政府机构，即那些有法定行政权力的政府部门。由于管理社会和管理经济的复杂性和普遍性，行政支出是行政管理费支出的基本和主要部分，影响行政支出的因素尽管很多，但是，行政管辖权的级次划分是最基本的决定性因素，级次划分越多，行政支出就越高。

（3）司法支出。司法支出的主要部门是法庭和各级法院。法庭和法院作为执法机关，其主要支出是案件的调查、审理、判决、执行以及司法援助等。

（4）检察支出。检察支出的主要部门是各级检察和监察机构。作为监督法律实施的机关，其主要支出是公诉、监督和反贪举报受理等。我国采取法律检察、行政监察和党的纪律检查三套机构分立合作的监察体制，各有侧重点，其中，法律检察机关负责全社会的执法检察，行政监察主要负责政府机关的政纪和执法监督，党的纪律监察委员会负责对党员和领导干部的党纪和执法监察。目前看,这一检察体系的监督成本不可谓不高。

(5)公共安全支出。公共安全支出的主要部门是国家的警察系统,在我国包括了公安局、国家安全局和中国人民武装警察部队(组建于 1982 年 6 月 19 日,由内卫部队和黄金、森林、水电、交通部队组成,列入武警序列的还有公安边防、消防、警卫部队、内卫警察等)。武装警察部队曾划归公安支出,由地方政府负责安排支出,目前在国家财政中列支。

(6)外交外事支出。外交外事支出的主要部门是外交部、驻外使领馆、驻国际组织机构,以及政府其他部门的外事支出。外交权归中央政府行使,外事可以由地方政府负责办理。我国改革开放以来,随着全面开放的不断深入和我国的国际影响力不断加大,外交和外事支出呈不断上升趋势。

(7)党与社会团体支出。作为唯一的执政党,我国行政管理费还包括了共产党事务支出,以及对各民主党派事务的支出。此外,一些具有辅助政府进行社会管理功能的社会团体支出也包括在行政管理费中,如我国的残疾人联合会、妇女联合会等。

若从支出的最终购买对象分析,行政管理费由人员经费支出、公用经费(办公经费)支出和项目支出三部分构成,其中的人员经费和公用经费是最基本的支出。

(1)人员经费。由于国家机关的运作和行政管理所依靠的是公职人员提供的服务,所以人员经费支出是行政管理支出中必须优先予以保证的部分,正是从这个意义上,有时又将用于人员经费的支出称为“吃饭财政”。我国财政支出曾据此提出过“一要保吃饭,二要保建设”原则,在这一意义上的“吃饭财政”是一个中性词。但是,如果政府雇用的人员过多,出现大量冗员,致使财政支出的大部分被人员经费占去,也被称为“吃饭财政”,这一意义上的“吃饭财政”具有贬义。

(2)公用经费。公用经费是维持政府部门和机构日常运转所必需的支出,如水电费、办公用品、会议费和差旅费等。但是,因公用经费的复杂性,难以确定究竟怎样的标准是科学合理的,往往因公职人员追求在职消费的激励,使这部分支出存在难以控制甚至膨胀的现象。

(3)项目支出。项目支出是根据具体项目安排的支出。所谓项目,是指部门或机构根据工作需要,以专项管理、调研或整治等为内容开展的阶段性任务型工作。因项目属于一事一立,专款专用,所以必须经过申报、评审、批准等程序,才能获得资金,其资金的使用也须经过绩效评估。在我国,从实行部门预算改革以来,目前项目支出已成为行政管理费支出中的一个重要构成部分。

(三)行政管理支出规模

决定行政管理支出规模的因素有:社会发展阶段,政体和行政体制,政府自我扩张的倾向与外部控制。

首先,行政管理支出规模与社会发展阶段密切相关。在传统的农业社会,政府的职能基本限制在亚当·斯密所描述的小政府即“守夜人”的范围内,国家的主要职责是国防、行政司法和提供社会所必需的基础设施,财政支出规模相对较小。到了近代工业化社会,随着城市化以及工商业和对外经济交往的迅速发展,公共事务和公共服务急剧增加,使政府的职能范围不断扩大到社会生活的诸多领域。1929—1933 年的经济大萧条后,国家干预经济和普遍提供社会福利的“大政府”职能被普遍接受。在经历了 20 世纪六七十年代的黄金时期后,从

20世纪70年代末开始,国家干预经济普遍导致了"滞胀"的出现,政府和公共部门的过度膨胀和低效率,引起民众的不满,在新自由主义影响下,始于20世纪80年代的新公共管理运动提出了政府再造和"政府瘦身"的主张,精简政府机构、压缩行政管理支出成为政府改革的重要财政目标。

其次,政体和行政体制直接决定着行政管理支出的规模。政体一般是指一个国家政权的体制类型及由此决定的政权组织形式。如君主制、君主立宪制、民主共和制、人民代表大会制等。行政体制是指既定政体下政府内部行政权力划分、政府机构设置以及运行等各种权责关系和制度的总和。政体和行政体制决定公共决策和执行的成本。例如,君主制下君主的权力至高无上,不需要设立议会,可以一人专断,决策成本低。民主政治体制下,凡重大公共决策须经议会决策甚至全民公决,决策成本高。在中央集权行政制下,行政权高度集中于中央,官僚科层呈尖塔形,因而层级过多且需上下对应,行政成本高。在分权行政体制下,行政权分散化,行政科层呈扁平形,层级较少且不需要上下对应,行政成本低。

再次,政府自我扩张的倾向与外部控制是决定行政管理支出规模的能动要素。根据尼斯坎宁官僚扩张理论,政府的动机是追求预算的最大化,因此政府有内在的扩张倾向,如果不加以限制,就会使政府增长过快,变成"巨物型政府"。这样,在预算过程中,政府的内在扩张倾向与外部控制就成为决定行政管理支出规模的两股方向相反的能动性力量,而控制力量更多来自纳税人的外在约束。

（四）廉价政府

廉价政府的概念最早是由资产阶级学者提出的。16世纪德国宗教改革运动的发起者马丁·路德在宗教的改革中曾经提出廉价教会和廉价政府的主张。如果将政府所支出的行政管理费看作是纳税人为购买政府产品所付出的价格,那么,相对于纳税人从政府管理和服务中得到的收益,即政府的公共产品产出量的多少和质量的高低,就有廉价政府和高价政府之分。所谓廉价政府是指政府以较低的税收提供较多的公共产品和公共服务,而小政府是廉价政府的重要特征,用经济学的边际分析,就是行政管理的边际支出与公共产品的边际效用相等所决定的政府成本费用下的政府即为廉价政府。

建立廉价政府的重要措施就是政府成本控制,控制政府成本不仅对于提高行政管理支出效率有直接意义,而且对于克服官僚主义和腐败都有重要意义。政府行政成本控制的有效途径,首先是科学界定政府职能;其次是科学设计政府体制和行政管理体制;再次,是严格控制人员编制。在此基础上,加强预算管理,依法硬化预算约束,提高财政透明度;加强对政府支出的监督。

（五）我国行政管理支出

1. 我国行政管理支出总体呈上升趋势

改革开放以来,尽管在历次行政管理体制改革和政府机构改革中,降低行政成本、提高行政效率始终是改革的主要目标,但我国的行政管理费支出总体呈上升趋势。根据财政部综合司研究报告,1978年以来,中国行政管理费增速总体快于财政支出的增速,占财政支出的比重总体呈上升趋势。1978—2006年,我国行政管理费支出年均增长19.3%,明显高于同期财政支出13.7%和GDP(现价)15.6%的年均增速;行政管理费支出占财政支出的比重,由1978年的4.17%提高到2006年的18.73%。如表6-2所示。

表 6-2

1996—2016 年我国国内生产总值、行政管理费用以及财政支出表

年份	国内生产总值（亿元）	财政支出（亿元）	行政管理费用（亿元）	行政管理费占财政总支出比（%）	行政管理费/国内生产总值（%）
1978	3 645.2	1 122.09	52.90	4.17	1.46
1980	4 545.6	1 228.83	75.53	6.15	1.67
1985	9 016.0	2 004.25	171.06	8.53	1.91
1990	18 667.8	3 083.59	414.56	13.4	2.24
1995	60 793.7	6 823.72	996.54	14.60	1.70
1996	71 176.6	7 937.55	1 185.28	14.93	1.67
1997	78 973.00	9 233.566	1 358.85	14.71	1.72
1998	84 402.30	10 798.18	1 600.27	14.82	1.90
1999	89 677.10	13 187.67	2 020.60	15.32	2.25
2000	99 214.60	15 886.50	2 768.22	17.43	2.80
2001	109 655.20	18 902.58	3 512.49	18.58	3.20
2002	120 332.70	22 053.15	4 101.32	18.60	3.41
2003	135 822.80	24 649.95	4 691.26	19.03	3.45
2004	159 878.30	28 486.89	5 521.98	19.38	3.45
2005	183 867.9	33 930.28	6 512.34	19.19	3.54
2006	216 314.4	40 422.73	7 571.05	18.73	3.59
2007	270 232.3	49 781.35	12 215.68	24.53	4.52
2008	319 515.5	62 592.66	14 096.4	22.52	4.41
2009	349 081.4	76 299.93	13 159.24	17.24	3.77
2010	413 030.3	89 874.16	15 124.08	16.82	3.66
2011	489 300.6	109 247.79	17 601.63	16.11	3.59
2012	540 367.4	125 952.97	20 145.89	15.99	3.72
2013	595 244.4	140 212.1	21 897.67	15.61	3.68
2014	643 974	151 785.56	21 986.27	14.48	3.41
2015	689 052.1	175 877.77	23 408.07	13.31	3.39
2016	744 127.2	187 755.21	26 304.5	14.01	3.53

资料来源：根据国家统计局统相关数据整理得出（说明：2007 年开始实行政府收支分类改革，原来的行政管理支出口径，大体等于改革后的"一般公共服务支出""外交"和"公共安全支出"三项加在一起的支出。本表自 2017 年后的行政管理费就是根据上述三项相加得出的）。

　　从国际比较来看，我国的行政成本不但远高于欧美发达国家，而且高出世界平均水平的 25%。以 2006 年预算内的行政管理费占财政总支出的 18.73% 这一比例去比较，远远高出日本的 2.38%、英国的 4.19%、韩国的 5.06%、法国的 6.5%、加拿大的 7.1% 以及美国的 9.9%[①]。

----

① 见 2008 年"两会"期间，九三学社中央提出的《关于建立行政成本信息公开与监督机制的建议》提案。

2. 导致我国行政管理费支出不断上升的原因分析

(1) 政府规模过大。具体表现如下：

一是人员经费在公用经费中的支出比重过高。新中国成立之初,我国总人口中财政供养人口的比例为 600：1,而据官方公布数据,目前全国公务员总数约 800 万人,主要包括国家行政机关干部、党派机关专职干部和主要人民团体专职干部等。另有专家根据国际通行标准测算,中国的公务员和准公务员(如国家财政供养的事业单位人员等)实际上多达数千万人,"官民比"已经达到 28：1,远高于美日等发达国家。从人均负担看,1986—2005 年中国人均负担的年度行政管理费用由 20.5 元增加到 498 元,增长 23 倍,明显快于人均 GDP 和财政收支的增长速度。政府工作人员工资总额占政府成本的比例,1978 年为 55.0%,2001 年上升至 59.96%(杨浩然,2004)。

二是机构改革未实现预期目标。改革开放以来,为了转变政府职能,精简机构,压缩行政开支,我国自 1982—2008 年先后进行了六次大规模的政府机构改革,分别为 1982—1983 年、1987—1988 年、1993—1996 年、1998—2001 年、2003 年、2008 年。通过六次改革,从机构数量上看虽然减少了很多,但是,机构改革之所以反复进行,就是因为难以走出"精简—膨胀—再精简—再膨胀"的怪圈,不同的是膨胀方式在变化,结果是行政管理费并没有因此而减少。

(2) 公务消费中过度追求在职消费。除了机构和人员这些体制性因素外,在公务活动中追求过度的在职消费是导致行政管理费支出增长的另一个重要原因。改革开放以来,各级政府部门和官员追求在职消费集中表现在"三公消费"方面,所谓三公是指"公车、公务接待、公费出国"。必要的公车配备、招待费和出国考察是执行公务的需要,但是,政府官员为了使自己在职位上得到个人权力效应的最大化,普遍有追求在职消费的内在激励,如果没有相应的制度约束,这种普遍的内在激励就会形成普遍的官场作风,而"三公消费"恰是在现有体制下官员最能够实现而又"理由充足"难以控制的在职消费热点。据有关研究估计,每年仅公车一项的开支大约在 2 000 亿元左右,相当于 1 年的军费支出。

(3) 预算体制存在缺失。之所以会出现"三公消费"这样普遍和巨大的浪费,主要的原因在于制度上的不完善。其中预算软约束、不完整和不透明是关键性的制度缺失。预算软约束,一方面来自计划体制惯性;另一方面在于当前我国的预算缺乏应有的法律严肃性。而在财政不透明和缺乏监督条件下,预算外资金得不到公众和立法机构的审查监督,甚至也缺乏上级行政部门的有效监督,容易导致公务消费中更多的浪费行为。财政透明度不高也是计划体制惯性和"内部人控制"的结果。虽然 2007 年国务院颁布了《中华人民共和国政府信息公开条例》,并于 2008 年开始实行,而且社会对政府财政透明的关注度也开始明显提高,中央和地方政府已经开始公开财政预决算报告。但是,至今,透明度仍然不高,而没有足够的透明度,财政的"黑匣子"就难以完全打开,乱花纳税人钱就难以受到来自纳税人的质询和问责。

(4) 监督机制不完善。我国财政历来重收入轻支出,长时间"花国家的钱"养成了只要领导批准的就是合规的意识,而领导的"一支笔"却缺乏监督。1998 年以来进行的三项加强财政支出管理的改革措施,即部门预算、政府采购和国库集中收付,从制度上加强了支出的控制,但是,目前监督的力度仍然不够。

3. 压缩行政管理费支出规模的措施

应当承认压缩行政管理费支出规模是一个世界性难题,在美、英等发达国家,政府对行政开支的增长也深感忧虑。如何降低我国行政管理费在财政支出中的比重，不是简单的财政管理问题，是一个涉及政治体制和行政管理体制的十分复杂问题，但是，在财政范围内，做好以下几点是在现有体制下控制行政管理成本的有效措施。

第一，强化预算约束是根本性措施。建立统一完整的预算编制体系，将所有的政府收支活动都纳入预算管理。同时进一步加强预算的法律效力，维护预算的严肃性，以充分发挥部门预算的约束力。

第二，增加公共财政预算的透明度。首先需要细化预算编制。在行政经费方面，预算资金应尽量落实到具体单位、项目，应争取做到每个基层预算单位的每个支出项目都能在预算中有所反映，每一笔支出都有根据，从源头上强化对行政经费支出的监督。

第三，建立多元化的公共财政监督机制。完善各级人大对财政支出的监督制度，把重心转到日常监督，实现全方位、多层次、多环节的监督；加强审计监督和纪检监察监督，强化对部门预算执行情况审计和领导干部离任审计，提高审计和监察的水平；加强媒体和公众的监督，建立政府机关公务消费的公开机制，将政府机关消费置于媒体和公众的监督之下。

三、公共事业支出

公用事业是满足社会群体性需要的公益性事业。公共事业一般由政府所属的公共部门组织提供，因此，其供给决策往往受到政府的约束，同时需要公众的参与并接受社会的监督。自 20 世纪 80 年代以来，伴随全球范围兴起的新公共管理运动的公共服务市场化改革，已经使公共事业供给主体多元化，除了政府所属的公共事业部门外，还有非政府的各类社会性质的非营利组织，以及私人企业等。供给方式也可以采取多样化的市场方式。而从供给角度即出资角度看，仍然有很多公共事业需要国家财政提供，但是，国家财政提供可以采取全资提供、补贴提供和参与提供。从部门看，财政提供和参与的主要领域是基本公共服务领域，主要有教育、科学技术、医疗卫生和文化事业，即我国原来的事业单位。

（一）教育支出

1. 财政支出教育的理论依据

教育支出（education expenditure）是政府用于教育事业的各项支出。在人类社会的早期，教育属于私人事务，国家并不负担教育支出，教育支出由家庭和个人负担，受教育仅属于社会富有阶级的特权。近现代社会，随着工业化和国际经济交往的发展，国家为了推进工业化和提高本国竞争力，需要培养各类人才，也需要提高国民的素质，于是国家开始兴办教育事业。在当代，教育已成为世界各国财政支出的重要组成部分，占财政总支出的较高比例，甚至成为法定支出。有关国家财政支出教育的理论依据是关于教育属性的理论，大体可归纳如下：

（1）教育具有正的外部效应。教育的公共产品属性是由其具有的正的外部效应决定的。接受教育的对象本为私人，从直接受益者来看教育是私人产品，但是，教育的最大特点是具有正的外部效应。这种正的外部效应可以从两个方面分析。首先，从受教育个体的外部效应看，通过教育使个人获得知识、素质和能力得到提高，能够从事复杂劳动和创造性劳动，从而能为他人和社会更多地生产物质与精神财富。其次，在全体国民都接受教育的情况下，可以使每个个体的正外部效应形成社会的聚合效应，这种聚合效应远远大于个人外部效应的简单加总，它不但使全体国民素质以及全社会发明创新和创造财富的能力提高，而且会提高全社会的文明水平、生活质量和道德修养。所以,教育的正的外部效应最终会促进一国经济社会的发展,最终会使全体国民收益。

(2) 教育公平是最基本的社会公平。一方面,现代市场经济社会存在收入差距和贫富差距,存在社会不公平现象,维护社会公平是政府的首要职责。而教育公平涉及人的发展"可行能力"①方面的平等机会,属于起点公平,因而是最基本的社会公平。另一方面,教育又是保障人的发展权的重要手段。而教育公平的更深刻的含义还在于教育又是提高人力资本价值,缩小贫富差距的最重要手段。

(3) 教育事关一国的国际竞争力。当今世界,谁拥有了一流的人力资源,谁就拥有了未来,国际竞争的核心竞争力是人才的竞争,而人才的培养,基础在教育。综观世界发达国家没有哪一个国家不是人力资源的强国,也没有哪一个强国不重视发展教育,发展教育已经成为国家发展战略。

2. 财政教育支出的层次性

现代教育是一个由不同层次和不同类型教育构成的庞大复杂的系统。财政支出不可能负担全部教育,而是根据教育公共性的程度,对起点公平性质最强的基础教育实行由国家全部负担的义务教育,而对高等教育,因其在学历社会中与就业有直接的关系,属于人力资本投资,可以为受教育者带来直接的回报。但是,其正的外部效应也很明显,所以属于半公共产品,应实行个人与国家共同负担或由个人全部负担。但是,从世界各国教育支出的情况看,发达国家教育支出对基础教育占比较高,发展中国家教育支出对高等教育占比较高,这是因为发展中国家实施赶超战略的缘故。

3. 教育支出方式的选择

教育支出方式是指教育经费以何种方式拨付给教育机构。传统的教育支出方式是直接将教育经费拨给教育机构,由教育机构按预算计划安排资金的使用,或者将部分教育补助直接发给学生或家庭。这种支付方式没有引入受教育者的选择权和教育机构之间的竞争,因而不利于提高教育经费的使用效率。为此,1955 年弗里德曼在其《经济学和公共利益》一文中首次提出了教育券的设想。

所谓教育券是把原来直接拨给公立学校的教育经费按照生均单位成本折算以后,以面额固定的教育券形式直接发放给家庭或学生,学生凭教育券自由选择政府所认可的学校(公立学校或私立学校)就读,不再受学区的限制,教育券可以冲抵全部或部分学费,学校凭收到的教育券到政府部门兑换教育经费,用于支付办学经费。教育券的精髓在于赋予了家长与学生选择权,不仅将给每位学生较多的选择机会,同时也迫使公立学校通过收学费(教育券＋自筹)来筹措资金,从而形成了公立学校与私立学校之间的竞争。弗里德曼的教育券设想在 20 世纪 60 年代末在美国受到广泛的关注,在 20 世纪 60 年代末期美国的选择教育运动中,由政府资助的教育券制度得到初步的实验。

4. 我国的教育支出

1993 年的《中国教育改革和发展纲要》提出国家财政性教育经费支出占国内生产总值

---

① 1998 年的经济学诺贝尔奖获得者阿马亚蒂·森在《以自由看待发展》一书中提出了"可行能力"的范畴。可行能力是在市场经济条件下,以个人为基本单元的适应和推动社会经济发展的各种行为的总和。在该书的第 4 章中,阿马亚蒂·森明确提出了"收入贫困与可行能力贫困"之间的因果联系问题,按照阿马亚蒂·森的观点,反贫困的政策只能对解决绝对贫困有一定的效果,但是,反贫困包括反对绝对贫困和相对贫困两个方面,反对相对贫困的根本措施是要靠提高贫困人口的可行能力。

的比例到 2000 年年末达到 4%。1995 年 5 月,江泽民同志在全国科技大会上的讲话中提出了实施科教兴国的战略,大力发展教育已成为我国的基本国策。在 2010 年制定的《国家中长期教育改革和发展规划纲要》中又进一步明确提出了"优先发展教育,建设人力资源强国"的战略目标。但是,长期以来,我国教育投资不足,我国与世界各国比较看,公共教育经费占 GDP 的比重一直低于世界平均水平,也低于发展中国家平均水平,长期徘徊在 3% 以下。1998 年国务院曾决定为加快实现 4% 的目标,中央本级财政用于教育的支出连续 3 年每年增加 1 个百分点,此后又要求地方财政用于教育支出每年增加 1~2 个百分点。

2011 年,国务院又出台了《关于进一步加大财政教育投入的意见》,提出了一系列加大财政教育投入、拓宽经费来源渠道的政策措施,主要包括:统一征收教育费附加,全面开征地方教育附加,从土地出让收益中计提教育资金。这是我国教育投入政策的一系列重大突破,对确保如期实现 4% 目标具有决定性作用。同时,中央对地方,分省、分年度合理核定了财政教育支出占公共财政支出的比例,并对各地财政教育投入状况进行了动态监测和综合评价,地方各级党委、政府均将教育作为财政支出的重点领域予以优先保障。2012 年国家财政性教育经费为 22 236.23 亿元,占 GDP 比例为 4.28%,比上年的 3.93% 增加了 0.35 个百分点,实现了教育规划纲要提出的 4% 目标,实现 4% 是中央和地方政府共同努力的结果,成为中国教育发展史上重要的里程碑。

然而,与发达国家比,我国的教育支出仍处在较低水平。世界经济合作与发展组织(OECD)2015 年发布的一份研究报告显示,各个国家在教育方面的投入存在巨大的差异。近年来,OECD 成员国用于教育领域的公共支出比例持续上升,目前教育支出平均占比为 12.9%。新西兰在这个方面位居前列,教育支出占全部公共支出的比例高达 21.6%。墨西哥的情况类似,比例为 20.5%。巴西也为教育系统投入了大量的公共财政资金,比例为 19.2%。除此之外,美国把 13.6% 的公共支出用于教育领域,而意大利在教育方面的投入远远落后,只有 8.6%。

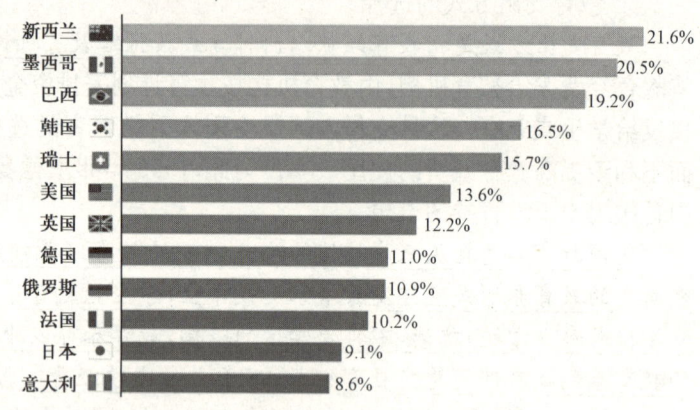

图 6-2　部分国家教育支出占全部公共支出的比例

从教育经费在高等、中等、初等三级教育上的分配来看,教育支出在三级教育间的分配不合理。各国教育经费在各级教育间的分配体现了该国教育政策重点,本质上应反映该国经济、社会教育发展的需要。

通过生均公共经费指数(生均公共教育支出占人均 GDP 的比例)(见图 6-3)分析我国 2001—2010 年三级教育分配情况发现,初等教育占比在三级教育中最低,10 年来稳步缓慢增长,因为自义务教育政策实施以来,我国财政支出对初等教育逐渐倾斜,多年的积累投入实现了全面的义务教育。中等教育在 2003—2006 年略有降低,其他基本维持相对稳定。高等教育支出占比在 2001—2006 年下降迅速,2007 年基本保持在 32% 左右。在 2010 年三级教育生均公共经费指数分别为 13.37%,16.13% 和 31.95%。

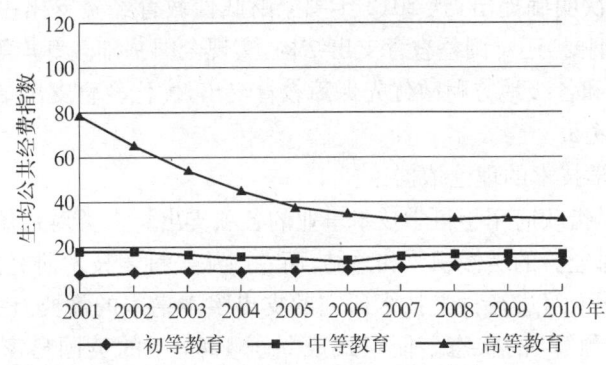

数据来源:历年全国教育经费统计公告和国家统计年鉴计算所得。

图6-3　我国三级教育生均公共经费指数

再从国际比较分析,以下选取2010年7个人口超过千万的上中等收入国家,这些国家人均国民总收入(GNI)在4 000~9 000美元,与中国的经济发展水平最为接近,称为"同等收入国家"。同等收入国家2010年的三级教育财政支出基本情况如表6-3所示。

表6-3

同等收入国家三级教育的生均公共经费指数比较

同等收入国家	初等教育	中等教育	高等教育
阿根廷	16.43	25.06	18.39
哥伦比亚	15.83	15.36	29.59
古巴	49.39	52.20	63.10
伊朗	13.73	20.97	17.65
马来西亚	14.07	18.70	47.10
墨西哥	15.01	16.11	42.95
秘鲁	8.53	10.39	9.22
平均	19.00	22.68	32.57

数据来源：World Bank, 2013。

从表6-3可见,同我国2010年三级教育生均公共经费指数相比,同等收入国家平均在高教方面相差0.62,中教相差6.55,初教相差5.30。由此可见,我国在同世界同等经济水平国家平均相比,初中尤其中等教育存在较大差距,高等教育基本持平。

从教育投入在地理区域的分配结构来看,我国的教育投入分布很不平衡。东部地区教育支出要比中西部地区高得多,东部、中部、西部教育支出呈递减的梯级分布,且梯次差距日益增大。1992年中西部地区支出之和为东部的2/3,而到1995年中西部地区支出之和仅为东部的1/2左右,其中东部地区教育支出是西部地区支出的5.7倍,2001年为5.4倍,同年东中西部教育经费支出额之为1∶0.41∶0.26。虽然2006年在国家实施西部大开发战略的促进下,西部地区农村义务教育阶段中小学生全部免除学杂费以后有所缓和,但是东中西部之间的差距仍然存在。

为了进一步落实"教育优先发展"的战略,在2010—2020年《国家中长期教育改革和发展规划纲要》中第一次明确提出，到 2012 年国家财政性教育经费支出占国内生产总值比例要达到 4％，同时，《纲要》还对调整教育支出结构，实现全国基础教育均等化提出了明确的任务目标，为今后国家和各级地方财政优先保障教育支出，优化教育支出结构指明的方向。

（二）科学技术支出

1. 财政支出科学技术的理论依据

科学技术支出是指政府用于科学技术事业的各项支出。人类对自然规律的认识基本是在生产实践活动中对经验的缓慢积累和总结，而专门从事科学技术研究的人，完全是基于个人的兴趣和追求。国家对进行科学技术研究的支出多于皇家的需要有关，如求长生不老之术等，因此，处于"非预算"的状态。而正式成立于 1660 年的英国皇家科学院（The Royal Society）则是国家财政对科技预算支出最早的例子，成为世界上存在时间最长而又未中断过的唯一科学学会。

国家负责对科技支出的理论依据是科学技术的发展是推动经济社会发展的第一动力。历史上每一次科学技术的重大发现和应用，都带来重大的社会变革与进步。近代经济发展史和经济理论都表明，科学技术是推动一国经济和社会发展的重要推动力，科技进步对经济增长的贡献率不断提高，在发达国家科技进步对经济增长的贡献率已超过 60％。因此，科学技术具有公共产品性质。特别是在当今国际科技竞争日趋激烈的情况下，世界各国政府都不断加大对科学技术的投入，甚至将其作为基本国策。

比较而言，基础科学研究具有更强的公共产品的性质。因为，一方面，从科学研究的特点看，具有周期长，结果不确定性高、投入巨大的特点，特别是现代科学研究需要多学科交叉和团队联合集体攻关，单纯的私人行为已经难以胜任。另一方面，基础研究所得到的科学发现，属于知识范畴，不具有直接的实用性，难以作为产品进行买卖。而科学上的新发现可以被广泛用于新技术开发，具有普遍受益的公共产品属性。所以基础科学研究经费应由国家财政负责支出。

技术是科学发现的实际运用，在市场经济中，技术因其实用性和商业价值可以获得专利权，可以作为商品买卖，因此，可以由市场提供。从此点看国家对技术的支出不像对科学研究那样责无旁贷。但是，技术的开发同样具有正的外溢性，而对一些事关国计民生的重大技术和高新技术的开发，政府需要从经济发展的战略高度优先安排支出。因此，技术研发（research and develop，R&D）在各国财政支出中同样占有重要地位。但是，其支出通常发挥引导、扶持作用，多采用财政投融资的方式。例如，国家建立的风险投资基金，专门有于扶持新技术开发和新产品研制的新企业创立。

2. 世界主要国家对科学技术投入的比较

衡量科技投入的主要指标是研发费用，即 R&D，衡量国家对科技的支出有三个基本相对量指标：一是财政对科技支出占财政支出；二是财政对科技支出占 GDP 的比重；三是在全部 R&D 中政府投入的比重。

美国、法国、英国、意大利、加拿大等国家的 R&D 经费总量中，政府 R&D 资金所占份额从 20 世纪 50 年代到 80 年代前期一直保持在 45％以上。虽然 80 年代中期开始，随着冷战的结束，美国等发达国家政府逐渐削减了对国防研发的资助额度，政府 R&D 投入所占比重降到 1/3 左右。但是进入 21 世纪，特别是"9.11"事件之后，美国、英国、加拿大等国政府又开始大幅度增加 R&D 投入占其国内生产总值的比重，2011 年全球是韩国领先，达到 4.03%;其次是芬兰、日本、丹麦和中国台北,分别达到 3.78%、3.39%、3.09% 和 3.02%;德国、美国、奥地利、法国、新加坡和比利时等国的比重都在 2.0% 以上。具体如表 6-4 所示。

表6-4

部分国家和地区 R&D 经费占国内生产总值比重(%)

国家 (地区)	历年占比情况										
	2001	2002	2003	2004	2005	2006	2007	2008	2009	2010	2011
韩　国	2.59	2.53	2.63	2.85	2.98	3.01	3.21	3.36	3.56	3.74	4.03
芬　兰	3.30	3.36	3.43	3.45	3.48	3.48	3.47	3.70	3.93	3.88	3.78
日　本	3.12	3.17	3.20	3.17	3.32	3.41	3.46	3.47	3.36	3.26	3.39
丹　麦	2.39	2.51	2.58	2.48	2.45	2.48	2.58	2.85	3.06	3.06	3.09
中国台北	2.08	2.18	2.31	2.38	2.45	2.51	2.57	2.78	2.94	2.90	3.02
德　国	2.46	2.49	2.52	2.49	2.48	2.54	2.53	2.69	2.82	2.82	2.88
美　国	2.76	2.66	2.66	2.59	2.62	2.64	2.70	2.84	2.90	2.83	2.77
奥地利	2.03	2.12	2.26	2.26	2.44	2.44	2.51	2.67	2.72	2.76	2.75
法　国	2.20	2.23	2.17	2.15	2.10	2.11	2.08	2.12	2.26	2.25	2.25
新加坡	2.11	2.15	2.11	2.20	2.30	2.16	2.37	2.65	2.24	2.09	2.23
比利时	2.08	1.94	1.88	1.87	1.84	1.86	1.89	1.97	2.03	1.99	2.04
捷　克	1.20	1.20	1.25	1.25	1.41	1.49	1.48	1.41	1.48	1.56	1.85
中　国	0.95	1.07	1.13	1.23	1.32	1.39	1.40	1.47	1.70	1.76	1.84
英　国	1.82	1.82	1.78	1.71	1.76	1.75	1.78	1.79	1.86	1.76	1.78
加拿大	2.09	2.04	2.03	2.05	2.01	2.00	1.96	1.90	1.92	1.81	1.74
爱尔兰	1.10	1.10	1.17	1.24	1.26	1.24	1.28	1.45	1.70	1.70	1.70
挪　威	1.59	1.66	1.71	1.59	1.52	1.48	1.59	1.58	1.78	1.69	1.66
葡萄牙	0.80	0.76	0.74	0.77	0.81	0.99	1.17	1.50	1.64	1.59	1.50
西班牙	0.91	0.99	1.05	1.06	1.12	1.20	1.27	1.35	1.39	1.39	1.33
意大利	1.09	1.13	1.11	1.10	1.09	1.13	1.17	1.21	1.26	1.26	1.25
匈牙利	0.92	1.00	0.93	0.88	0.94	1.01	0.98	1.00	1.17	1.16	1.21
俄罗斯联邦	1.18	1.25	1.28	1.15	1.07	1.07	1.12	1.04	1.25	1.16	1.09
土耳其	0.72	0.66	0.48	0.52	0.59	0.58	0.72	0.73	0.85	0.84	0.86
波　兰	0.62	0.56	0.54	0.56	0.57	0.56	0.57	0.60	0.68	0.74	0.77
墨西哥	0.39	0.44	0.40	0.43	0.46	0.39	0.37	0.41	0.44	0.46	0.43

数据来源:广东统计信息网。

按国际通行标准,政府科技投入占 GDP 的比重不到 1% 的国家为缺乏创新能力的国家,在 1%～2% 之间是有所作为的国家,而大于 2% 的国家为科技创新能力比较强的国家。按此标准我国目前仍然属于缺乏创新力的国家,这显然与我国建立创新性国家的战略以及未来经济发展的要求存在差距。

3. 我国财政对科技的支出

长期以来我国财政对科技的投入较低,为了增强我国的科技实力,1988 年以来,国家先后批准建立了 53 个国家高新技术产业开发区,制定了"星火计划"、"863 计划"、"火炬计划"、"攀登计划"、重大项目攻关计划、重点成果推广计划等一系列重大科技发展计划。2006 年中共中央和国务院发布《国家中长期科学和技术发展规划纲要(2006—2020 年)》,纲要确定到 2010 年,全社会用于研究开发的投入占国内生产总值(GDP)的比重将提高到 2%;到 2020 年这一比例将达到 2.5%以上。提出到 2020 年全社会科技研发经费年投入总量将超过 9 000 亿元,使投入水平位居世界前列,同时,通过体制改革,使科技创新逐步转向以企业为主体。

(三) 医疗卫生支出

1. 财政支出医疗卫生的伦理学依据

医疗卫生支出是政府用于医疗卫生事业的各项费用支出,主要包括对各类医院(专、普)、免疫与疾病防控防疫、妇幼保健、公共饮水等部门的事业费支出。

医疗卫生事业关乎国民的身体健康水平,关乎人的健康权利,是提高全民素质的必要条件。在古代社会中,如同教育一样,政府也将医疗作为私人服务,不负责医疗卫生支出,而在文明高度发达的现代社会政府需要承担医疗卫生支出。具体来说,个人不能因为收入等经济负担方面的原因而被排斥在医疗卫生服务之外。其基本依据,根据世界银行的研究,主要有以下三点:一是减少贫困是在医疗卫生方面进行干预的最直接的理论依据;二是许多与医疗卫生有关的服务是公共产品,其作用具有外部性;三是疾病风险的不确定性和保险市场的缺陷[①]。这几点依据的核心在于,现代文明已经达到社会整体力量对个体生命威胁不可漠视,必须给予救助的高度,政府必须承担人道主义义务,采取制度性措施,为全体国民提供医疗卫生服务。

2. 医疗卫生服务的经济学分析

从经济学分析看,在医疗卫生市场上,由于医疗技术服务的高度专业性,使买卖双方信息严重不对称与合约失灵,导致医疗卫生市场存在着市场失灵。其主要表现有:

(1) 不能形成供求相互制约关系。医疗卫生市场供求关系极为特殊,消费者(病人)通常处于劣势地位,服务供给者(医生)在供求两个方面同时起着决定性作用。相对于病人医生是医疗劳务的供给者和决策者,而相对于药品和医疗设备生产者又是需求者。由于医疗技术高度专业性,使患者对医疗的需求的质量、数量和成本,以及所需要的治疗药物的种类、治疗的方式等的决策必须靠医生为其做出。这种特殊的供求关系,造成医疗卫生市场中供给曲线与需求曲线的重合,以及市场均衡点确定的随意性,在医德缺失和逐利动机的激励下,必然导致医疗卫生资源配置的低效率,因此,仅靠市场力量很难确保医疗卫生资源的有效配置。

(2) 具有间接公共物品的特征。从外部性特征看,可将医疗卫生看成是间接公共物品。就其直接接受服务的人看,医疗消费具有竞争性和排他性,但是,其间接受益人(家庭与社

---

① 　世界银行:《1993 年世界发展报告》,财政经济出版社 1993 年版。

会)却具有非竞争性和非排他性,因为有健康的身体不仅是个人的基本权利和愿望,也是人力资本的重要构成要素,这就决定了医疗卫生状况不仅对个人的行为与劳动生产率有很大影响,而且,传染病的防控会使社会群体免受疾病的传染,对社会经济发展产生较大的外部效应。正是基于公共产品的属性,为所有社会成员提供公平的医疗卫生应是政府的基本责任。

(3) 医疗保险市场存在着严重的逆向选择与道德风险。在竞争的医疗保险市场中,在购买保险签订保险契约前,由于人们在体质状况、医疗卫生习惯、疾病风险态度、就医可能性等方面的差异,形成了对医疗的预期需求不同,往往是那些体质差的人参加医疗保险。而从保险公司盈利的立场看,选择投保人的标准是盈利,因而只接受预期医疗风险较小的人投保。医疗保险市场逆向选择的存在,不利于发挥医疗保险的互济功能,导致医疗保险的覆盖率过低,不足以使多数人通过商业保险满足医疗消费。在签订保险契约后,由于道德风险的存在,在投保人只需支付其医疗劳务费用的一小部分且他们的消费行为又难以观察的情况下,很可能会出现过度消费医疗服务的现象,造成保费的非效率支出,会导致医疗保险机构亏损和难以正常运行,医疗保险市场就会出现萎缩。

经济学分析表明,由于市场失灵的存在,完全依靠市场难以满足社会对医疗卫生的需求,因而必须由第三方即政府的政策干预和参与供给,监督和保护消费者的利益。20 世纪 80 年代以来,许多国家的政府参与医疗卫生服务,公共支出中用于卫生方面的开支日益增加,政府政策中的卫生政策以及卫生政策中的卫生保险政策也成为公共政策的重要组成部分。

3. 医疗与卫生的公益度划分

现代社会中,医疗和公共卫生需要分开来看,医疗是指对个人提供的诊疗与保健服务,一般由各类医疗保健机构提供,医疗所涉及的疾病一般属于非大规模传染的疾病,保健主要是生育和妇幼保健。卫生主要是指涉及全社会成员的公共卫生事务,如疾病防控、计划免疫、饮水和食品安全等,一般由政府卫生防疫部门提供。由上可见,公共卫生的公益度高,具有比较完全意义上的公共产品的性质,而医疗在直接消费对象上属于私人产品,其公益度相对较低。从提供看,因公共卫生存在市场失灵需要政府参与提供。而医疗服务的排他性和竞争性使之可以采取市场提供。但是,由于医疗市场的特殊性以及医疗服务的社会价值属性,又要求政府必须参与医疗服务的提供,其提供范围因各国和一国不同发展阶段的经济发展水平和医疗保障制度不同有所差别,但应保障公民的基本医疗需要,所以,主要支出领域是基本医疗服务。

基本医疗是指每个人在患病时能以其目前所能提供且能支付得起的适宜的治疗。它包括基本药物、基本服务和基本费用等内容。基本医疗服务制度的核心是确定基本医疗的范围和标准体系。明确基本医疗服务的范围和标准,主要有三方面的目的:一是为了界定基本医疗保险待遇范围,以保证每个人在常见病诊治时能够负担得起医疗费;二是为了控制基本医疗保险基金支出,使有限的基本医疗保险基金发挥最大的效用;三是为了强化医疗服务管理。基本医疗服务的范围和标准应包括基本医疗保险药品目录、诊疗项目、医疗服务设施标准及其管理办法等内容。为保障基本医疗,政府除了制定政策和加强管理之外,还需要在社区医院建设和医疗设备购置、药品生产等方面通过补贴等途径对提供基本医疗的医疗机构和医药企业给予必要的资金支持。

（四）文化支出

文化支出是对各类文化事业所需费用的支出，主要包括对文学艺术、出版、博物馆、图书馆、文化馆、纪念馆、考古、文物和非物质文化遗产保护、广播电视、网络、新闻媒体等文化事业的支出。

文化事业是专门生产精神产品满足国民的精神文化需求的部门。文化产品的消费有其独特的性质，既可以作为私人产品消费，也可以作为公共产品消费，而且，绝大多数文化产品都可以成为可收费物品。典型的如音乐，可以在公众场合播放，也可以用耳机的方式独自消费；电视台发射的电视节目，可以无线传输的方式免费提供，也可以有线传输的方式收费提供。而文化遗产具有不可复制性，因此，对文化遗产的保护，也属于特殊性的公共产品。

文化作为精神产品，还存在满足精神需要的层次的不同，根据人的精神需要层次，可以分为娱乐性文化产品和公益性文化产品。娱乐性文化产品满足的是消费者日常精神恢复、放松和陶冶情操的需要；公益性文化满足的是社会发展长远受益的精神需求。两者不同的需求性质决定了娱乐性文化产品可以在市场上出售，因而也可将这类文化称为商业性文化，而公益性文化不适宜商业性经营，需要有更广泛的公益性。在市场经济中，商业性文化可以采取市场化经营，如文艺演出、影视制作等；而公益性文化则需要政府支出，以非营利方式或免费提供给社会成员，如博物馆、图书馆、考古等。对其中的一些文化事业和文化项目，也可以采取政府与民间共同承担支出的方式，如政府办的报纸、电视台等。

上述对政府负责或主导参与提供的公共事业主要领域的分析，重点说明为什么国家财政应负责提供的基本依据，并对财政提供和财政参与提供的两种不同的领域进行基本的划分（见表 6-5）。

表 6-5

政府负责或主导参与提供的主要公共事业领域

	教育	科学技术	医疗卫生	文化
财政提供（全额拨款）	基础教育	基础科学研究	公共卫生	公益性文化事业
财政参与提供（差额补贴）或提供者自收自支	高等教育	技术研发	医疗	商业性文化事业

第二节　投资性支出

财政投资性支出不同于消耗性支出的特点在于，所购买的不是一般商品和劳务，而是投资品或进行公共融资。在市场经济中，财政投资性支出的主要范围是基础设施、农业以及财政投融资。

一、政府投资性支出的一般分析

（一）政府投资的内涵

政府投资性支出是指政府（或其授权单位）为实现经济和社会目标和调控宏观经济，在特定领域进行投资活动所形成的支出。某些政府投资具有一般投资的经济属性，即不仅收回投资的本金，而且还要获得投资资金的增值，但是，这种增值性投资不是政府投资的主要职能,在市场经济体制中,政府投资的基本职能是在市场失灵领域通过投资弥补私人投资的缺位。广义的投资支出还包括国家财政用于非生产性领域的基本建设支出,如国家与政府机构办公楼、公立学校教学楼、公立医院医疗设备的采购等。

（二）决定政府投资的因素

政府投资的规模大小和投资领域,是由若干因素决定的。大体来说有以下几点主要因素。

1. 经济体制因素

在计划经济体制下,由于政府对全社会资源进行计划配置,所以政府投资几乎是全领域覆盖,而在市场经济体制下,市场领域的投资以私人投资为主,政府投资主要在市场失灵的公共经济领域。

2. 经济发展阶段因素

在经济起飞阶段,由于私人资本积累有限,基础产业和社会基础设施供给不足,决定了政府必须在基础设施和基础产业方面承担更多的投资,甚至为发展某一新兴产业,政府还需在私人投资领域进行先行投资,这些都决定了在经济起飞的工业化初期,政府投资规模相对比较大。而在进入后工业社会后,由于第三产业已经成为主要的经济部门,政府支出更多转向提供基本公共服务,其在基础设施和产业领域的投资性支出所占比例就会相对下降。

3. 调控经济因素

市场经济的自发运行所导致的周期性波动和危机要求政府必须承担调控宏观经济的职能。政府投资作为政府调控宏观经济的核心工具,在经济处于萧条阶段,政府需要增加投资以拉动市场消费和投资;反之,在经济处于高涨阶段,则需要减少政府投资。

（三）政府投资的特点

与市场领域私人投资相比,除了投资主体不同外,政府投资有以下几个特点:

（1）投资的来源不同。私人投资来自个人、家庭和私法人,政府投资来自国家税收或政府举债筹措的资金,这决定了政府公共投资的性质。

（2）投资的目的不同。私人投资以赚取经济利益为目的,其收益有利润、股息、红利、利息、租金等基本形式;政府投资的目的是促进公共利益,公共利益主要体现为社会效益,社会效益具有多样性。

（3）投资的领域不同。由上述两点决定,私人投资的主要领域是市场竞争性领域,而政府投资的主要领域是市场失灵和市场一时还难以充分发挥作用的领域,基本集中于基础设施和基础产业、支柱产业领域。

（4）决策机制不同。私人投资的决策是私人选择的结果,而政府投资决策需要经过公共选择的公共决策程序。

（四）政府投资的范围

在市场经济中,从理论上说政府投资的基本原则是投资于非竞争性领域,但是,由于各国的政治经济体制不同,在经济社会发展中面临的主要问题存在差异,政府投资的范围并非局限于非竞争性领域。概括起来大体主要集中于五大领域:

第一是基础设施。包括国土开发整治、水利设施;道路桥梁、铁路、机场、港口码头、城市公用设施。

第二是基础产业。农业和能源产业是各国最基本的基础产业。

第三是先导产业。国家为了实现赶超战略,在市场投资力量不足的情况下,需要国家投资于高科技等先导产业。

第四是支柱产业。支柱产业关系到国民经济全局,在市场投资力量不足的情况下,国家需要在这一领域投资,如大型机械制造(如我国的大飞机项目)等。

第五是国家战略物资储备。如对石油、粮食等战略性资源的储备库建设。

在一般意义上,政府投资主要集中于基础设施与农业。

二、基础设施投资

(一)基础设施投资的含义与性质

基础设施是指为社会生产和居民生活提供普遍服务,保证国家或地区社会经济活动正常进行的基础性的有形与无形的设施体系。广义的基础设施不仅包括公路、铁路、机场、通讯、水电煤气等公用硬件设施,而且还包括教育、科技、医疗卫生、体育、文化等公共事业软件设施。狭义的基础设施仅指有形的硬件设施,这些硬件设施是财政投资性支出的基本对象。

与其他领域投资比较,基础设施投资有两个鲜明的性质:第一,从整个社会的生产生活来看,基础设施为整个社会提供了"共同的生产条件"和"共同的生活条件",正是由于基础设施是全社会的基础性与共同性条件,所以在发展经济学中也将基础设施称为"社会先行资本"(social overhead capital)。所以,基础设施如果供给不足,就会对整个国民经济形成"瓶颈"制约。第二,由于基础设施大多属于大型工程,如铁路、桥梁、高速公路等,所需投资规模巨大,投资期限较长。

(二)基础设施投资与一般投资的关系

木桶理论是由美国管理学家彼得提出的,木桶原理可以解释基础设施投资与一般投资的关系。组成木桶的木板如果长短不齐,那么,木桶的盛水量不是取决于最长的那一块木板,而是取决于最短的那一块木板。同样,构成组织的各个部分往往是优劣不齐的,而劣势部分往往决定整个组织的水平。在一个经济中,社会的总产出是现行资本(以基础设施为代表)和一般资本的组合所决定的,其中,基础设施与一般投资共同构成了木桶的板子,总产出是木桶中的水,如果基础设施投资和一般投资比例合理,在现有资源约束下,木桶的板子就会均衡排列,可以使总产出达到最大,否则,其中的某一块板子变短,就会影响总产出水平。这一关系可以用图 6-4 说明。

图 6-4 中,横轴 G 为基础设施投资,纵轴 P 为一般投资,T 为社会总产出,a、b、c 为基础设施投资与一般投资均衡投资下的总产出水平,如果一般投资由 P_1 增加到 P_2,但是基础设施投资仍停留在 G_1 的水平,社会总产出不会增加到 b 点的水平,而是停留在 a 点水平,说明存在基础设施投资的不足,既存在增长的"瓶颈";反之,若基础设施投资由 G_2 点增加到 G_3 点,而一般投资仍停留在 P_2 点,社会总产出不会增加

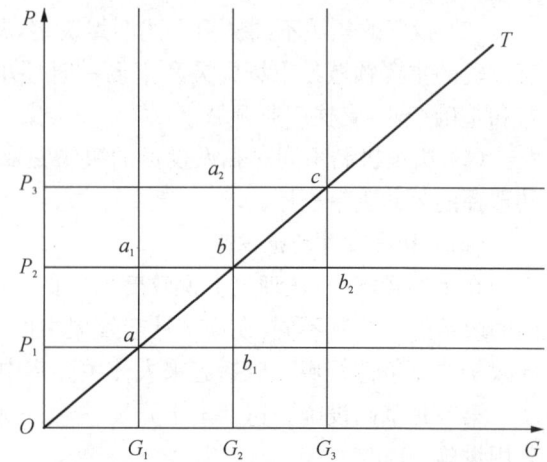

图 6-4 基础设施投资、一般投资于社会总产出的关系

到 c 点水平,而是停留于 b 点,说明一般投资存在短板子。

（三）基础设施投资方式

由于基础设施的"先行与共同条件性"和投资规模的巨大这两个性质,传统理论认为私人资本难以进入该领域。但是,在全球民营化浪潮中,私人资本正在以各种形式大量进入基础设施建设领域,形成了由政府主导、多元投资主体共同参与、以多种公私合作方式提供基础设的新格局。从各国的实践和我国的经验看,非政府投资主体进入基础设施建设领域并不意味着民资可以取代政府投资,这是由于基础设施的公益性和对公共资源的占用性,使得政府必须承担主要的投资责任,并始终拥有对基础设施的控制权,非政府主体的引入只是必要的补充,以解决政府投资的不足,也为了引进竞争机制以提高效率。

目前国外和我国的实践中,基础设施提供方式主要有以下几种形式:

（1）政府筹资建设,或免费提供,或收取使用费。

（2）私人出资、定期收费补偿成本并适当盈利,或地方主管部门筹资、定期收费补偿成本。

（3）政府与民间共同投资。

（4）政府投资,法人团体经营运作。

（5）PPP(public-private-partnership)方式。

随着项目融资的发展,PPP 即公私合伙或合营开始出现并越来越流行,特别是在欧洲。"PPP"一词最早由英国政府于 1982 年提出,指政府与私营商签订长期协议,授权私营商代替政府建设、运营或管理公共基础设施并向公众提供公共服务。PPP 方式有很多具体模式,比较常见的有以下几种。

1. BOT 及其变种

BOT(build-operate-transfer)模式通常由政府与项目投资人签订一揽子协议,约定由项目投资人投资建设项目(B),并在项目建成后的约定期限内拥有该项目经营权(O),待特许经营期满后投资人将项目无偿转移给政府所有(T)。BOT 模式一般用于大型的城市基础设施项目,BOOT、BOO 等是在 BOT 模式的基础上衍生出的相近似的模式,一般被看作是 BOT 的变种,它们之间的区别主要在于私人拥有项目产权的完整性程度不同,可用表 6-6 做一比较。

表 6-6

BOT、BOOT、BOO 比较

简　称	BOT	BOOT	BOO
全称	build-operate-transfer 建设—经营—移交	build-own-operate-transfer 建设—拥有—经营—移交	build-own-operate 建设—拥有—经营
投资人拥有 产权的程度	在特许期内暂拥有,但不 完整	在特许期内暂时拥有,较完整, 私人参与度比 BOT 高	长期拥有、完整、近似于 专营

2. ABS

ABS(asset-backed-securitization)是近年来出现的一种新的基础设施融资模式,ABS 需要以项目资产为担保并以项目资产的未来收益为保证,通过在国内外资本市场发行债券进行筹融资。规范的 ABS 融资通常需要组建一个特别用途公司（special purpose corporation,SPC）。原始权益人（即拥有项目未来现金流量所有权的企业）以合同方式将其所拥有的项目资产的未来现金收入的权利转让给 SPC,以实现将原始权益人自身的风险与项目资产的风险隔离;然后 SPC 通过信用担保同其他机构组织债券发行,将发债募集的资金用于项目建设,并以项目的未来收益清偿债券本息。

3. TOT

TOT（transfer-operate-transfer）是指政府以一定期限内的特许经营权（franchise）方式,把已经投入运营的基础设施项目移交给民间投资人（T）,通过在约定期限的经营（O）,民间投资人收回全部投资和合理回报,待特许经营期结束后,政府再将项目的所有权收回（T）的一种投融资模式。TOT 模式的好处在于,政府可以项目在该期限内的产权或现金流量为标的,一次性地从民间投资人那里融得一大笔资金,可以此在短期内扩大基础设施建设规模。

三、农业投资

(一)财政对农业投资的必要性

农业本是国民经济的一个部门,属于第一产业,但是,政府对农业投资并广泛介入农业部门的生产和销售活动是当今世界各国的普遍政策措施,这是基于以下理由。

1. 农业是国民经济的基础

无论经济如何发展,国力如何强大,产业如何升级,农业在整个国民经济体系中的基础性地位始终不变,这是因为:第一,农业是人类基本生活资料（衣食）的来源,因此是社会安定的基本保证;第二,农业又是其他社会分工的基础;第三,农业还是工业特别是轻工业的原料来源和工业品的市场。农业的基础性地位决定了国家必须高度重视农业。

2. 农业是风险较高的产业

农业的高风险特征可以从供给和需求两方面分析。从供给看,农业的生产过程有其特殊性,就是自然的因素始终参与生产过程,并具有决定性的意义。农业所需的土壤、温度、日照、水分这些自然条件,虽然依靠现代农业技术可以部分得以控制,但是,从根本上看,农业的生产成果仍取决于不确定性的自然因素,尤其是气候和病虫害等不确定性因素,因此,农产品生产的波动很大。从市场需求看,由于农产品的消费特点决定了人们对农产品的消费缺乏价格弹性和收入弹性,因此需求却相对稳定。这种不稳定的供给和相对稳定的需求关系使农业部门面临来自自然和市场两个方面的风险。单靠农业的自我调整和市场的自发调节都难以应对这两方面的分风险。因此,稳定农业需要政府投资于农业。

3. 农业的比较效益低,自我积累能力差

农产品提供的是初级产品,再加上述供给和需求两方面的原因,较之第二产业和第三产业,农业的比较收益低,这决定了农业的自我积累能力也相对较低。而农业的风险性和低收益性又同时决定了商业性金融机构缺乏对农业提供贷款特别是长期贷款的激励,导致对农业惜贷现象普遍,使该金融领域存在一定的市场失灵。此外,农业的基础设施投资规模较大,生产过程中的投入又极不稳定,单靠农业自我积累难以满足投资需求,所以,发达国家除了通过制定农产品的"地板价格"（floor price）和"天花板价格"（ceiling price）来调节农产品供求的同时,还需要政府的投资支持。

(二)财政对农业投入的范围和重点

财政农业投入的目标主要有两个:一是农业发展;二是农业保护。这两个目标决定了

财政投资支出的基本范围。财政农业发展资金主要用于基础设施建设、农业技术开发与技术进步、农业技术推广、农业扩大再生产和改善农业结构等。财政农业保护资金主要用于农产品价格支持与保护、农村环境治理与保护、农村救济和农村社会保障等内容。

在上述范围内,财政农业投资的重点确定,应根据农业发展中重点要解决的问题和发展战略确定。基本原则应为:① 以立法的形式规定对农业的投资规模和环节,使农业的财政投入具有相对稳定性;② 财政投资范围应明确界定在市场失灵领域;③ 以促进城乡统筹协调发展为根本目标。

四、财政投融资

1. 财政投融资概念

财政投融资是政府以金融方式而不是以单纯的支出方式进行的投资性支出。所谓以金融方式投资,就是政府也像金融机构一样以贷款、股份、信托等方式,将财政性资金融通给特定的投资对象,支持其实现国家的经济与社会发展目标。财政投融资本质上是一种政策性金融,一般通过政策性银行来完成。

2. 财政投融资的意义

政府投资性支出并不意味着采取完全的无偿拨款方式。对于某些可以吸引非政府资金进入的领域,采取将政府财政融资的良好信誉与市场金融投资的高效运作有机地结合起来的办法,即财政投融资,可以更好地实现政府的计划机制与市场机制的有机结合,更好地发挥政府和市场两种资源配置的机制,可以弥补政府资金的不足,及时消除制约经济发展的"瓶颈",以加快实现经济发展战略。

3. 财政投融资的特点

财政投融资的政策性金融性质决定其有如下特点:

(1) 政府融资与商业融资相结合。财政投融资以产业和项目为纽带,以商业原则与投资对象进行投资合作,实现了政策性金融与商业金融的结合。

(2) 投资方向和用途具有特定性限制。即要求经营者在接受政府融资时,必须以完成政府规定的投资目标,严格按约定的资金用途使用资金为约束条件,不可更改投资意向和挪用资金。

(3) 既具有较强的政策性和计划性,又对市场配置起补充和调节作用。

(4) 资金来源多样化。政策性银行资金来源多元化,既有财政拨款,也可向社会融资;既可以从金融机构取得资金,也可以从资本市场取得资金,如发行金融债券等。

4. 政策性银行

政策性银行(policy bank or non-commercial bank)指由政府创立、参股或保证的,不以营利为目的,专门为贯彻、配合政府社会经济政策意图,在特定领域内直接或间接从事政策性融资活动的金融机构。政策性银行是政府发展经济、促进社会进步、进行宏观经济管理工具。

政策性银行与商业银行和其他非银行金融机构相比,开展业务的要求基本相同,如要对贷款进行严格审查,贷款要还本付息、周转使用等。但其开展业务的目的却是政策性的,因此有自己的特殊性:一是资本金多由政府财政拨付;二是经营方针是以国家整体利益、社会效益为目标,不以营利为目的;三是有特定的融资渠道,主要依靠发行金融债券或向中央银行举债,一般不面向公众吸收存款;四是政策性银行有特定的业务领域,不与商业银行竞争。

世界上许多国家都建立了较为完整的政策性银行体系,如日本著名的"二行九库"体系(包括日本输出入银行、日本开发银行、日本国民金融公库、住宅金融公库、农林渔业金融公库、中小企业金融公库、北海道东北开发公库、公营企业金融公库、环境卫生金融公库、冲绳振兴开发金融公库、中小企业信用保险公库)。法国设有法国农业信贷银行、法国对外贸易银行、法国土地信贷银行、法国国家信贷银行、中小企业设备信贷银行等政策性银行。美国设有美国进出口银行、联邦住房信贷银行体系等政策性银行。这些政策性银行在各国政府实现国家发展目标和公共政策意图,促进社会经济发展方面发挥了不可替代的重要作用。

5. 我国的三大政策性银行

1994 年为适应金融体制改革的需要,实现政策性金融与商业性金融分离,我国组建了三家政策性银行,即国家开发银行、中国进出口银行、中国农业发展银行,均直属国务院领导。

设立国家开发银行的主要目的是为国家重点建设融通资金,保证关系国民经济全局和社会发展的重点建设顺利进行;同时把当时分散管理的国家投资基金集中起来,建立投资贷款审查制度,赋予开发银行一定的投资贷款决策权,并要求其承担相应的责任与风险,以防止盲目投资,重复建设。

成立中国进出口银行的背景是,随着我国对外经济贸易的扩大,通过政府补贴促进出口的办法已经过时,需要按国际惯例运用出口信贷、担保等通行做法来扩大机电产品,特别是大型成套设备和高新技术、高附加值产品的出口,以创造公平、透明、稳定的对外贸易环境,合理促进对外贸易的发展。

我国农业基础薄弱,比较效益低,地区差异大。粮、棉、油等主要农产品的生产、收购、储备和销售,在相当程度上需要国家的支持。为了集中财力解决农业和农村经济发展对政策性资金需要,将政策性金融从农业银行中剥离出来,促进主要农产品收购资金的封闭运行,国务院决定成立中国农业发展银行。

本 章 小 结

购买性支出是财政最基本的支出,本章对购买性出的分析主要从两种不同的购买目的即社会消费与社会投资入手。对于社会消费性支出,主要分析了社会消费性支出中的国防支出、行政管理费支出和公共事业支出,其中国防支出分析了其支出合理规模确定的原理、支出构成、影响国防支出的因素和我国的国防支出规模与构成及其变动。行政管理费支出首先分析了行政管理的基本职能,然后从广义政府角度分析了行政管理费的属性和构成,结合政府成本和廉价政府分析了行政管理费支出的规模,以及我国行政管理费的规模及其不断扩大的原因,并提出了压缩其规模的措施。对公共事业支出,主要分析了对教育、科技、医疗卫生和文化的支出。对各类公共事业支出,首先分析了各自的理论依据,然后根据公益性程度的差异,对各项公共事业进行了财政提供和财政参与提供的两种不同领域的基本划分,并分析了我国对每一类公共事业的支出情况。对于社会投资性支出,重点分析了基础设施投资、对农业的投资和财政的投融资。对基础设施投资主要分析了投资的性质、与一般投资的关系和方式。对农业投资的分析主要围绕农业的产业特殊性质、财政投资的必要性和投资的重点与范围。对财政投融资主要分析了其意义和特点，以及政策性银行的作用和分工。

扩 展 阅 读

美国政府介入医疗卫生领域的基本做法

医疗卫生市场的失灵，特别是在信息很难获得和准确评价的情况下，造成资源配置的扭曲和社会福利的减少。以美国为例，政府用于医疗卫生方面的支出分为直接支出和间接支出两大类。美国用于公共医疗卫生事业的直接支出，包括以下四个方面的内容：第一项为老年医疗保健支出(medicare)。从 1965 年起开始实行，为 65 岁及以上的老年人以及某些残疾人提供医疗保健。这项支出由三部分构成：住院保险、附加保险和医疗保健选择计划。住院保险支出来源于工薪税，目前税率为 2.9％，企业和个人各缴纳 1.45％；附加保险支出的融资主要有两个渠道——75％来自一般税收收入，25％来自保险费；医疗保健选择计划完全来自保险费收入。此项支出由联邦政府管理，资格标准在各州都是统一的，2000 年支出达 2 160 亿美元。第二项是医疗补助支出(medicaid)。该支出项目也始于 1965 年，主要为低收入的家庭、贫穷老人以及残疾人提供最基本的医疗劳务。医疗补助支出由州政府负责管理，享受医疗补助的条件和标准由各州按照联邦政府的政策并依据本地实际情况具体制定。各州和地方按其人均收入水平的不同，须负责为医疗补助基金提供 20％～50％的资金，其余部分主要由联邦政府通过转移拨款进行补贴。2000 年该项支出达 126 亿美元。第三项和第四项分别为退伍军人医疗支出和公共部门卫生机构的研究及教育支出。除了上述政府用于公共医疗卫生事业的直接支出，还有两种与卫生保险有关的税收支出，属于政府对公共医疗卫生事业的间接支出，并在美国联邦所得税法案中明确加以规定。第一种是对企业医疗卫生保险支出的税收扣减。如果企业为其雇员支付医疗卫生保险费，则这部分支付额不计入雇员所得税税基，也不计入工薪税税基。这表明政府在征税时，对个人用于医疗卫生保险方面的支出是预先扣减的。显然，这会极大地鼓励企业增加用于医疗卫生保险方面的支付，体现了政府对公共医疗卫生保险的支持政策。第二种税收支出与对个人医疗开支实行的所得税扣减有关。这两种将医疗保险支付从税基中扣除的做法，实质上是对企业和个人购买医疗保险的一种补贴。据统计，这一项就使联邦所得税每年减少约 600 亿美元。

思 考 与 练 习

1. 购买性支出包括哪些内容？
2. 如何确定国防支出的合理规模？决定和影响国防支出规模的因素有哪些？
3. 什么是兵役制度？不同的兵役制度对国防支出有怎样的影响？
4. 试从广义政府的角度分析行政管理费支出的构成。
5. 在我国"吃饭财政"的含义是什么？
6. 我国行政管理费规模持续扩大的原因是什么？如何压缩行政管理费支出？
7. 你如何理解政府成本和廉价政府？
8. 解释教育公共产品的属性。

9. 从公共产品属性上说明科学与技术有怎样的不同。

10. 医疗服务有怎样的特性？政府为什么参与医疗卫生服务的供给？

11. 如何区分娱乐性文化(商业性文化)与公益性文化？

12. 基础设施投资与一般投资有怎样的关系？

13. 从农业的特点说明财政投资农业的必要性。

14. 财政投融资有哪些特点？

第七章 转移性支出

知识要点与学习要求

1. 社会保障制度的特征与功能。要求理解作为制度的社会保障与一般的社会救助有何不同,有怎样的社会与经济功能。

2. 社会保障的内容与模式。要求熟记社会保障包括的主要内容,分析各种类型保障的对象;掌握社会保障各种模式的特点与区别。

3. 社会保障筹资方式。要求能够比较三种筹资方式各自的特点。

4. 我国社会保障制度。要求了解我国社会保障制度发展的基本过程,掌握我国社会保障制度的基本内容。

5. 财政补贴的特征与效应。要求能够从不同角度分析财政补贴的特征,能够解析关于中央政府对地方政府不同补贴方式的效应曲线图。

6. 税式支出的特征与类型。要求理解税式支出的间接性、对照性及其诱导性特征,掌握各类税式支出类型的特征与作用特点。

7. 税式支出的管理模式与估算方法。要求能分析三种管理模式各自的内容,掌握三种估算方法的基本内容并能分析其利弊。

8. 税式支出的效应。要求学会运用经济学方法从不同变量关系中把握其效应的不同表现。

本章结构图

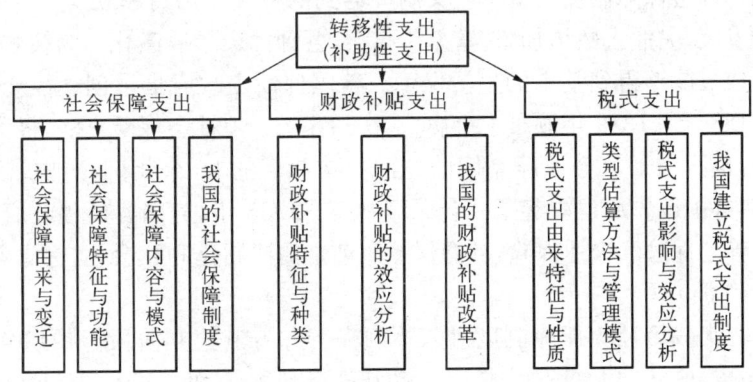

基本概念

社会保障 社会保险 社会救助 社会福利 社会优抚 基金式 现收现付式 基本养老保险 基本医疗保险 失业保险 财政补贴 明补与暗补 税式支出 税收豁免 纳

税扣除　税收抵免　税收庇护　人为损失　加速折旧　准备金制度　收入放弃法　收入获得法　等额支出法

转移性支出是按经济性质划分的第二大类财政支出,有关转移性支出与经济之间的关系,已经在第五章购买性支出开始部分中一并进行了分析,本章主要介绍转移性支出的基本内容。与公共消费性支出不同,转移性支出是指国家为促进经济与社会目标的实现,给予特定对象的补助或捐赠性支出,转移性支出直接表现为财政资金单向无偿地转移。在发达国家,转移性支出在财政总支出中所占的地位越来越重要。

转移性支出按照支出的目的,主要包括补助性支出、捐赠支出和债务利息支出(债务利息支出严格来说是公债的价格支出,该种支出所获得的是对债务资金一定时期内的使用权,不属于本来意义的转移支出,只是因其形式上发挥的是货币的支付功能,故在会计学意义上归入转移性支出)。其中补助性支出是财政转移性支出最基本的职能,而且占此类支出份额最大,从经济影响上看,也是补助性支出最为重要。因此,本章仅讨论转移支出中的补助性支出。补助性支出可分为社会保障支出和财政补贴支出(包括税式支出)。从对市场相对价格结构影响来看,社会保障支出与相对价格结构基本没有联系(其变动不会影响价格的变化);而财政补贴支出与相对价格关系密切(其变化将引起价格结构的变化)。

第一节　　社会保障支出

一、社会保障的由来与变迁

任何社会都会存在个人因疾病、年老、伤残和灾害等原因导致的难以凭借自身能力维持基本生存的人群,乞讨是最早的也是最普遍的个人依赖他人同情施舍获得救助的方式。但是,古代社会也存在社会或国家的救助行为,基本是在大的饥荒发生后非制度性的临时赈灾,再有就是如一些宗教和慈善组织以慈善名义开展的各种社会性救助活动。

现代意义的社会保障制度与资本主义制度遇到的社会矛盾有密切关系。19世纪末,随着资本主义的发展,失业人数增加,贫富差距扩大,各种社会矛盾激化。为缓解社会矛盾,需要使每个社会成员能够得到基本的生活保障。德国俾斯麦政府最早创立社会保障制度,分别于1883年、1884年、1889年颁布了疾病、工伤和养老三项社会保险立法,极大地促进了德国经济的发展,也开创了社会保障制度的先河。在此后的20余年间,英国、法国、挪威、丹麦、荷兰和瑞典等国也先后建立起了社会保障制度。1935年,美国罗斯福政府颁布《社会保障法案》,实行养老保险和失业保险,社会保障逐渐走向法制化和社会化,标志着现代社会保障制度的真正确立。

第二次世界大战后社会保障制度进入不断完善和普遍建立阶段。1945年英国在著名的《贝弗里奇报告》的基础上率先形成了一套“从摇篮到坟墓”的社会保障制度体系。美国也多次修改和扩充了1935年的《社会保障法案》,使保障范围逐步扩大。日本1947年颁布了《失业保险法》,随后还制定了《国民年金法》和《厚生年金法》等。至20世纪50年代末,几乎所有的西方发达国家都基本完成了有关社会保障制度的立法,建立起以高福利为主要内涵的完整的社会保障体系,并相继开征了专门的社会保障税,目前,社会保障税已成为这些国家仅次于所得税的第二大税类,在财政支出中,社会保障支出则成为最大的财政支出项目。受发达国家影响,发展中国家的社会保障制度也在第二次世界大战后开始建立。

西方各国社会保障制度的建立对缓解劳资矛盾、维护资本主义生产方式、保持经济和社会稳定等方面发挥了相当大的作用,但也在实践中逐渐积累了一些新的矛盾和问题:一是普遍高福利使财政不堪重负;二是失业保障过度致使人们的工作积极性减弱,出现了"懒汉社会"现象,造成效率损失;三是社会保障的膨胀使管理费用增加,虚费支出过高。

为改变这一局面,西方各国普遍对社会保障制度进行了调整和改革,主要方面有:一是降低过高的社会保障标准,减少社会保障支出;二是提高社会保障费率,开辟筹资渠道以增加社会保障收入;三是引入市场机制来提高社会保障资金的运作与管理效率,同时鼓励发展商业性保险,以更好发挥市场的补充与调节作用;四是将现收现付制改为现收现付和个人资本积累相结合的混合基金制,以增强个人的自我储蓄和保障责任。

二、社会保障的概念、特征和功能

(一)社会保障的概念

社会保障(social security)相对于个人保障、家庭保障和商业保险,是指国家运用立法手段对国民收入进行分配和再分配,对社会成员特别是生活有特殊困难的人们的基本生活权利给予保障的社会安全制度。美国1999年出版的《社会工作词典》将社会保障定义为:"一个社会对那些遇到了已经由法律做出定义的困难的公民,如年老、生病、年幼或失业的人提供的收入补助。"社会保障的目的是维护社会公平与社会稳定。《中华人民共和国宪法》规定:"中华人民共和国公民在年老、疾病或者丧失劳动能力的情况下,有从国家和社会获得物质帮助的权利。"

(二)社会保障的基本特征

社会保障在制度属性上具有以下基本特征:① 依法建立。这是因为社会保障涉及全体国民的切身利益,直接体现社会公平和社会正义,所以法制规范是社会保障制度赖以建立的根本性依据,立法必须先行。② 集中体现以人为本。以人为本是现代社会制度的核心理念,而社会保障制度因其与每个国民基本人权的直接相关性,通过制度保证、经济保障与服务保障增进国民福利,集中体现了社会对人的尊重和人的基本权利的保障。③ 社会福利性。从社会保障的受益者角度看,虽然经济补助需要以自己的积累的部分为基础,但是,政府、雇主与社会也参与分担支出责任,受益者的所得要大于其所费,从中享受到了社会福利。④ 属于社会行为。社会保障从资金筹集到资金运营再到给付受益者,均由政府机构和公共部门等公法人承担社会保障的实施,每个参加社会保障的国民面对的是社会整体而非个人之间的交易。

(三)社会保障的基本功能

1. 社会保障的社会功能

作为社会的安全阀,社会保障的社会功能主要体现在:

(1)社会补偿功能。主要体现在社会救济和社会保险两方面。一是根据最低生活标准(贫困线)确定补助对象,对低于标准的贫困者给予补偿(如我国各地方政府根据制定的城镇居民最低生活保障标准发放的"低保");二是对劳动者因遇到的各种风险而失去收入来源给予的补助。

（2）社会稳定功能。社会保障既是一种事后的补救手段，也是一种事前预防措施，可以降低因失业等带来的公共风险。通过社会保障对社会财富进行再分配，使每个社会成员的基本生活都得到保障，消除因严重的两极分化和无基本生活保障导致的社会动荡。

（3）社会公平功能。国家征收"社会保险税"使雇主和雇员各负担一定的比例，实行累进税率使高收入者多缴税少收入者少缴税，再通过国家的转移支付，使贫困者的收入提高，以缩小社会成员之间的收入差距，促进社会公平。

2. 社会保障的经济功能

（1）投融资功能。各类社会保障基金出于保值增值的目的，通常需要进行债券、股票和再保险等投资，因而成为金融市场的重要融资来源，对社会的投融资和金融市场的供求关系都会产生重要的影响。

（2）调节社会总供求的功能。通过建立社会最低保障制度，在经济萧条时期，因失业和收入减少使需要社会救济的人数增加，失业救济和其他社会福利方面的社会保障支出必然相应增加，从而相对增加了一部分总需求，减弱了经济的萎缩程度；在经济繁荣时期，因就业的增加和工资的提高，需要保障的人数较少，其自动调节的作用则正好相反，通过其自动稳定器功能的发挥，在一定程度上起到调节社会总供求的作用。

（3）收入再分配功能。通过转移支付对市场经济造成的收入分配不公进行再分配调节，再分配包括"垂直性再分配"和"水平性再分配"，前者从高收入向低收入转移，而后者从劳动向非劳动、健康向伤残转移，两者都是实现社会收入的再分配的基本方式。

（4）劳动力再生产保护和合理配置人力资源的功能。在劳动者因失业等原因失去经济收入从而难以维持自己和家庭基本生活的时候，社会保障给予劳动者基本生活的必要保障，从而维系劳动力的再生产；另外，因社会保障制度的全覆盖和统一实施，解除了劳动力在地区间流动的后顾之忧，有利于人力资源的合理和高效配置，从而保证社会再生产的正常和高效进行。

三、社会保障制度的内容与模式

（一）社会保障制度的基本内容

社会保障制度的基本内容包括社会保险、社会福利、社会优抚、社会救济几部分，它们在保险对象、资金来源、支付方式以及权利义务关系等方面具有不同的特点。

1. 社会保险

社会保险是依据国家有关法律，由劳动者及其工作的企业、社会组织或政府多方共同筹资，在劳动者及家属遭遇生、老、病、伤残、失业等风险时仍然能够享有基本生活的保障。它是社会保障制度的核心内容，是覆盖面最广的社会保障制度。社会保险制度虽然在不同国家有所不同，但主要项目大体相同，包括养老保险、医疗保险、失业保险、生育保险、工伤保险、伤残保险等。

2. 社会救助

社会救助是国家对失去收入来源，生活困难的孤寡老弱病残者，以及因天灾人祸而陷入生活困境的家庭、失去父母抚养的儿童和国家规定最低收入标准（贫困线）以下的家庭提供的满足其最低生活需求的经济补助，是对每个公民生存权的保障，属于一个国家最基本的社会保障职责。

3. 社会福利

社会福利是国家通过举办各种公共福利事业提供的社会公共服务。目的是为了改善和提高国民的素质和生活质量,促进社会的文明与进步。如福利院、养老院等。

4. 社会优抚

社会优抚是国家按照规定,对法定的优抚对象提供资助和服务的一种社会保障制度。优抚对象一般是为国家做出特殊贡献的人及其家属,如政府对残废军人,复员退伍军人以及烈属、军属给予的优待、抚恤、安置和照顾。

上述四个部分中,社会保险是社会保障体系的核心部分,社会福利是社会保障的最高层次,社会救济是社会保障的最后一道防线,社会优抚主要是面向军人等的特殊社会保障项目。

（二）社会保障制度的模式

目前世界上有160多个国家和地区已经建立社会保障制度,虽然各国社会保障制度的具体内容存在较大差异,但是,按资金筹集和费用分担方式可划分为四种类型:"投保资助型"、"福利国家型"、"储蓄保险型"、"国家保险型"。它们的主要区别在于国家、雇主和个人三者在资金供给和费用分担方面的权利、义务关系不同。一个国家采取哪种模式,应该根据本国国情而定。

1. 投保资助型

该模式以政府立法作为实施依据,对投保人实行强制性缴费,资金来源多元化,保险费用大部分由雇主和雇员按比例缴纳,政府给予必要资助;社会成员只有在履行缴费义务后,才能依法领取各类社会保障金。该模式也称为社会共济型,以德国为代表。

2. 福利国家型

该模式是一种将社会保障全民福利化的保障制度。即享受对象为社会全体成员;个人不缴纳或低标准缴纳社会保障费用,费用主要由政府和雇主承担;保障范围广,给付水平高;保障目的是维持社会成员一定标准的生活质量,以增进社会福利,加拿大实行的"养老金计划"即属此类。

3. 储蓄保险型

该模式以国家强制储蓄为手段,以自我储蓄实现自我保障,保障费用主要由个人负担;社会成员享受保障水平的高低程度取决于其个人账户中资金的多少;国家负责社会保障资金的经营化管理,经营收益归账户所有者;新加坡的社会保障制度即属此类。

4. 国家保险型

该模式的社会保障费用由政府和企业负担,保险费全部计入企业的成本费用,保障范围仅局限于公有制领域。该模式存在于传统计划型社会主义国家,我国改革开放前的国有企业即实行此类型保障制度。

四、社会保障资金的筹措

（一）非基金筹措方式

社会福利、社会优抚、社会救助这几类所保障的属于偶然性和特殊性事项,因而资金的需要量具有不可预见性,而且,接受资助的对象属于无力或无须缴纳社会保障费用的社会成员。因此,这三类社会保障项目可以不需要建立专门的基金筹措制度,其资金直接来源于政府一般税收收入，支出则列入政府的一般预算项目。

（二）基金筹措方式

社会保险的保障事项几乎是每一个社会成员都会遭遇到的，保障范围覆盖全社会，保险费用支出具有数量巨大、支出有可预见性的特点。这就要求社会保险一定要有广泛而稳定的资金来源；另外，因为收益的确定性强，即具有谁参与谁受益的对应性。由上述两点决定，需要也易于采取基金方式筹措保障基金，具体方式主要有基金式、现收现付式、混合式三种。

1. 基金式

基金式（pension fund）以强制储蓄使投保人在职工作时积累资金，当保障事项发生后按月领取保险金，支付水平与本人在职时的工资和缴费水平直接相关。因这种方式不具有代际之间的再分配功能，所以也称为完全基金式。完全基金式的自我保障机制可以激发投保人缴费的积极性，但这种方式要求币值必须长期基本稳定，从而使基金保值增值，同时要求基金管理者有良好的理财能力，否则基金的保值和增值的风险较大。

2. 现收现付式

现收现付式（pay go type）在理论上是指以同一个时期正在工作的一代人的缴费来支付已经退休的一代人的养老全的制度安排。但是，在实际实施过程中，现收现付式的公共养老金计划多是从税收的渠道（有的也以雇主直接缴费）进行融资，很少由被保障人直接缴费进行融资。现收现付式因不设立预备金，而是完全依靠正在工作的一代的缴费来满足已退休的一代的养老金，所以收费率随支出需求的扩大而提高，更为重要的特征是存在着工作的一代与退休的一代之间的代际之间的资产转移。

3. 混合式

混合式（hybrid）养老保险制度是现收现付式养老保险制度与完全基金式养老保险制度的混合体。在这种体制下，在职职工上缴的养老保险费中的一部分将被用于支付目前已退休者的退休金，剩余部分则以基金形式形成积累，留待将来退休时作为其养老金的一部分。混合式是介于完全基金式和现收现付式之间的一种筹资方式，按照世界银行的标准，当一个非完全基金式养老保险的储备基金可以满足 2 年以上的养老金支出需要时，该筹资方式就属于部分基金式。所以，混合式有时也称为部分基金式。

五、我国的社会保障制度

（一）传统体制下的社会保障

新中国成立后，从 1951 年颁布《中华人民共和国劳动保险条例》开始，逐步建立了城镇职工劳动保险制度，并覆盖城镇机关和事业单位职工及供养的直系亲属。国营单位来源于国营单位福利基金，运用于本单位职工。集体所有制单位社保，其资金来源于集体经营所得中以公积金和公益金等形式的提留，其保障对象仅限于集体成员。同时，农村建立了面向乡村孤老残幼的"五保"制度，面向农民的农村合作医疗制度。由此形成了以城乡和所有制为分割、与就业融为一体的身份化的社会保障体制。该体制在资金运用上实行的是"现收现付式"，在国家财政和企业单位的预算和会计账目设有专门的科目，当年提留当年用。除此之外，国家还面向社会提供社会保障，但项目少（只有抚恤、救济和灾害补助）、数额不大。大多数年份只占财政支出 2% 不到。"文革"期间，劳动保险制度被取消并演变为"企业保险"。

（二）社会保障体制改革

我国社会保障制度改革历程根据不同时期的改革目标、重点和重大政策举措，可划分为改革探索、制度框架初步形成与统筹城乡发展三个阶段。

1. 改革探索时期（1978—1992 年）

这一时期我国经济体制改革的核心是转变企业经营机制，为此要求社会保障进行配套改革。最初从改革城镇企业养老保险制度和建立失业（待业）保险制度入手。在养老保险方面，1984 年在全民和集体所有制企业开始退休费用社会统筹试点，1991 年国务院发布了《关于企业职工养老保险制度改革的决定》，开始实行基本养老保险、企业补充养老保险和职工个人储蓄性养老保险相结合的养老保险制度，明确了基本养老保险费用由国家、企业和个人共同负担，实行社会统筹，先由市、县级统筹再逐步过渡到省级统筹的基本方针。在失业保险方面，1986 年为配合国营企业劳动合同制，国务院颁布了《国营企业职工待业保险暂行规定》，首次在我国建立了企业职工待业保险制度，并提出由企业缴费建立待业保险基金，用于保障待业职工的基本生活。

2. 制度框架初步形成时期（1993—2004 年）

1993 年，为进一步推进市场经济体制改革和政府职能转变，中共十四届三中全会《关于建立社会主义市场经济体制若干问题的决定》把建立社会保障制度作为社会主义市场经济基本框架的五个组成部分之一，并进一步明确了我国社会保障体系的基本内容。城镇社会保障制度改革的重点是养老保险、医疗保险和失业保险制度。在养老保险方面，1995 年，国务院发布了《关于深化企业职工养老保险制度改革的通知》，基本养老保险实行社会统筹与个人账户相结合的制度模式并在全国试点，费用由企业和个人共同负担。在医疗保险方面，1995 年开始进行社会统筹与个人账户相结合的医疗保险制度的试点。同时还进一步规范工伤保险和生育保险。

1997 年以后社会保障改革步伐加快，国务院于 1997 年发布了《关于建立统一的企业职工基本养老保险制度的决定》，统一了城镇各类企业职工基本养老保险制度。1998 年发布了《关于建立城镇职工基本医疗保险制度的决定》，明确了基本医疗保险制度的模式和改革方向，1999 年发布了《失业保险条例》，同年国务院颁布了《城市居民最低生活保障条例》和《社会保险费征缴暂行条例》，2004 年颁布了《工伤保险条例》。到 2004 年年底，我国初步形成了以养老保险、医疗保险、失业保险和城市居民最低生活保障制度为主要内容的、基本适应社会主义市场经济要求的社会保障体系框架。

3. 城乡社会保障制度统筹发展时期（2005—2011 年）

2005 年以来，以《中共中央国务院关于推进社会主义新农村建设的若干意见》等文件的为标志，我国经济社会的改革和发展进入了以人为本、落实科学发展观和统筹城乡发展的新时期。在这一背景下，我国社会保障制度的改革与发展进入城乡统筹、全面覆盖、综合配套、统一管理的新阶段。

2005 年，国务院颁布了《关于完善企业职工基本养老保险制度的决定》，实现养老保险覆盖范围由职工向城镇灵活就业人员的拓展，改革养老金计发办法，强化激励约束机制，建立长效机制。2006 年，国务院和国务院办公厅分别颁布和转发了《国务院关于解决农民工问题的若干意见》和《劳动保障部关于做好被征地农民就业培训和社会保障工作指导意见的通知》两个文件，推进农民工和被征地人员社会保障制度建设。2007 年，国务院颁布了《国务院关于在全国建立农村最低生活保障制度的通知》、《国务院关于开展城镇居民基本医疗保险试点的指导意见》，在全国开始建立兜底性的城乡最低生活保障制度，同时将医疗保险由职业人群拓展到城镇非职业人群。2010 年 10 月,第十一届全国人民代表大会常务委员会第十七次会议通过并公布了《中华人民共和国社会保险法》,标志着我国的社会保障制度进入了全面立法阶段。

通过以上三个阶段的改革,我国社会保障体制实现了从企业保障到社会保障的转变,实行社会统筹与个人账户相结合的制度模式,五项社会保险全面实现了社会统筹,建立了用人单位、劳动者共同缴费、政府补助的筹资机制,成立了社会保险管理机构,实行政策制定与管理分开,提高统筹层次,推行属地管理和社会化管理服务。

（三）进一步完善的方向和目标

1. 进一步完善的总体设想

我国曾长期实行城市与农村分割的二元社会,城乡差别严重,经过 30 几年的改革开放,经济社会已经进入了“以工促农,城乡支援农村,工业反哺农业”的发展时期,必然要求社会保障应覆盖城乡全社会,目前已进入统筹城乡发展阶段,需要继续积极探索符合我国国情的社会保障制度发展的规律。进一步改革的基本方向是：围绕全面构建和谐社会的总体要求,坚持“广覆盖、保基本、多层次、可持续”的方针,建立具有中国特色的覆盖城乡居民的社会保障体系。以社会保险、社会救助、社会福利为基础,以基本养老、基本医疗、最低生活保障制度为重点,以慈善事业、商业保险为补充,加快完善社会保障体系。应坚持多元、多样、多层次。多元化制度,应符合城镇、农村以及城乡间流动群体特点。多样化制度应符合正规企业职工、灵活就业人员、公务员、事业单位职工、城镇无职业居民等不同特点和需求。在社会保障基本模式的选择上,应以单位和个人缴费性的社会保险制度为主体,其他福利制度为辅助,强化缴费义务与待遇权利的对应关系,建立国家、单位和个人共同负担机制。

2. 近期改革的主要目标

针对社会需要的重点和难点,近期主要目标是完善以社会保险为主体的社会保障体系,改革的重点是医疗和养老保险制度。

（1）完善养老保险。主要目标为“全、统、实”。“全”就是实现养老保险的城乡全覆盖,重点是建立农村养老保险制度和养老补贴制度,农村养老保险制度针对务工农村人口,实行“基础性养老金加个人账户”的模式,覆盖从业人员。养老补贴制度覆盖城乡 60 岁以上无保障低收入老人。“统”是指提高养老保险金的统筹层次,实现基础性养老金全国统筹,理顺中央与地方责任,中央按工资总额的一定比例向单位征收养老保险费,负责基础性养老金发放,缺口由中央负责。过渡性养老金、个人账户养老金由省级经办机构管理与负责。“实”就是做实个人账户,逐步解决“空账”问题。统筹基金和个人账户基金的分别建账分开管理,消除挤占现象,真正变现收现付制为部分积累制。坚持个人账户基金市场化投资运营,实现基金保值增值。

（2）医疗保险。主要目标是建立基本医疗保障制度,建立和完善新农村合作医疗制度,建立完善失业人员基本医疗保障政策,通过财政补贴和调剂失业保险基金,降低失业保险人员医疗保险缴费负担；通过多方筹资妥善解决国有困难企业、关闭破产企业退休人员参加基本医疗保障问题。探索建立稳定可靠、合理增长的筹资机制,合理调整医疗保险基金支付政策,提高保障水平,创新就医结算管理方式,逐步解决参保人员门诊就医保障问题。

（四）我国社会保障制度的基本内容

为了加快实现社会保障制度的全覆盖和全国统筹,提高社会保障的立法层次,2010 年

10月,第十一届全国人民代表大会常务委员会第十七次会议通过并公布了《中华人民共和国社会保险法》,该法自 2011 年 7 月 1 日起施行。《社会保险法》规范了社会保险关系,规定了用人单位和劳动者的权利与义务,强化了政府责任,明确了社会保险行政部门和社会保险经办机构的职责,确定了社会保险相关各方的法律责任。《社会保险法》的颁布实施,使社会保险制度更加稳定、运行更加规范,使相关各方、特别是广大劳动者有了维护自身合法权益的有力武器,并必将带动一系列单项法规、规章和规范性文件的制定实施,从而使社会保险体系建设全面进入法制化的轨道。

《社会保险法》规定,国家建立基本养老保险、基本医疗保险、工伤保险、失业保险、生育保险等社会保险制度,保障公民在年老、疾病、工伤、失业、生育等情况下依法从国家和社会获得物质帮助的权利。以下主要介绍基本养老保险、基本医疗保险和失业保险制度的基本内容。

1. 基本养老保险

基本养老保险包括职工基本养老保险、新型农村社会养老保险和城镇居民社会养老保险。《社会保险法》总结 20 多年来我国养老保险制度改革的经验,对职工基本养老保险制度的覆盖范围、基本模式、资金来源、待遇构成、享受条件和调整机制等作了比较全面的规范,并规定了病残津贴和遗属抚恤制度。根据开展新型农村社会养老保险试点这一重大实践进展,对新型农村社会养老保险的主要制度作出规范。此外还规定国家建立和完善城镇居民社会养老保险制度,同时授权省、自治区、直辖市人民政府根据实际情况,可以将城镇居民社会养老保险和新型农村社会养老保险合并实施,为逐步建立统筹城乡的养老保障体系奠定了法律基础。

(1) 覆盖范围。基本养老保险制度覆盖了我国城乡全体居民。即用人单位及其职工应当参加职工基本养老保险;无雇工的个体工商户、未在用人单位参加社会保险的非全日制从业人员以及其他灵活就业人员可以参加职工基本养老保险;农村居民可以参加新型农村社会养老保险;城镇未就业的居民可以参加城镇居民社会养老保险;进城务工的农村居民依照本法规定参加社会保险;被征地农民按照国务院规定纳入相应的社会保险制度。被征地农民到用人单位就业的,都应当参加全部五项社会保险。对于未就业,转为城镇居民的,可以参加城镇居民社会养老保险和城镇居民基本医疗保险,继续保留农村居民身份的,可以参加新型农村社会养老保险。在中国境内就业的外国人,也应参照本法规定参加我国的社会保险。公务员和参照公务员法管理的工作人员养老保险的办法由国务院规定。

(2) 保险资金筹集。主要来自企业和职工个人缴费,政府负责弥补养老计划的赤字。新型农村社会养老保险实行个人缴费、集体补助和政府补贴相结合。对于政府在社会保险筹资中的责任,《社会保险法》作了明确的规定。县级以上人民政府对社会保险事业给予必要的经费支持,在社会保险基金出现支付不足时给予补贴;国有企业、事业单位职工参加基本养老保险前,视同缴费年限期间应当缴纳的基本养老保险费由政府承担;在新型农村社会养老保险和城镇居民基本医疗保险制度中,政府对参保人员给予补贴;基本养老保险基金出现支付不足时,政府给予补贴;国家设立全国社会保障基金,由中央财政预算拨款以及国务院批准的其他方式筹集的资金构成,用于社会保障支出的补充、调剂。

企业缴纳基本养老保险费的比例,一般不得超过企业工资总额的 20%,具体比例由省、自治区、直辖市人民政府确定。少数省、自治区、直辖市因离退休人数较多、养老保险负担过重,确需超过企业工资总额 20% 的,应报劳动部、财政部审批。个人缴纳基本养老保险费的比例,1997 年不得低于本人缴费工资的 4%,1998 年起每两年提高 1 个百分点,最终达到本人缴费工资的 8%。有条件的地区和工资增长较快的年份,个人缴费比例提高的速度应适当加快。

(3) 运行模式。养老保险实行社会统筹与个人账户相结合的运行方式。按本人缴费工资 11% 的数额为职工建立基本养老保险个人账户,个人账户由两部分来源资金构成:一是个人缴费;二是企业缴费。个人缴费全部记入个人账户,其余部分从企业缴费中划入,企业缴费划入个人账户剩余部分归入统筹基金。随着个人缴费比例的提高,企业划入的部分要逐步降至 3%。个人账户储存额,每年参考银行同期存款利率计算利息。个人账户储存额只用于职工养老,不得提前支取。职工调动时,个人账户全部随同转移。

表 7-1

我国养老保险用人单位与个人缴费比例变动

缴费比例变动间隔年限	第一年	第一个两年	第二个两年	第三个两年	第四个两年	个人缴费最低最高限	企业缴费计入最高最低限
个人缴费比例	4%	5%	6%	7%	8%	4%~8%	3%~7%
企业缴费比例	7%	6%	5%	4%	3%		
缴费比例合计缴费工资 11%	11%	11%	11%	11%	11%		

(4) 养老待遇。具体如下:

第一,参加基本养老保险的个人,达到法定退休年龄时累计缴费满 15 年的,按月领取基本养老金。基本养老金由统筹养老金(现行制度中称为基础养老金)和个人账户养老金组成,基本养老金根据个人累计缴费年限、缴费工资、当地职工平均工资、个人账户金额、城镇人口平均预期寿命等因素确定。缴费不足 15 年的人员可以缴费至满 15 年,按月领取基本养老金;也可以转入新型农村社会养老保险或者城镇居民社会养老保险,按照国务院规定享受相应的养老保险待遇。

第二,参加新型农村社会养老保险的农村居民,符合国家规定条件的,按月领取新型农村社会养老保险待遇。新型农村社会养老保险待遇由基础养老金和个人账户养老金组成。

第三,参加基本养老保险的个人,因病或者非因工死亡的,其遗属可以领取丧葬补助金和抚恤金;在未达到法定退休年龄时因病或者非因工致残完全丧失劳动能力的,可以领取病残津贴。

养老待遇采取"老人老办法","中人中办法","新人新办法"。

所谓"老人老办法"是指该决定实施前(1997 年前,下同)离退休的职工,仍按国家原来的规定发给养老金,同时执行养老金调整办法。

所谓"中人中办法"是指该决定实施前参加工作、实施后退休且个人缴费和视同缴费年限累计满 15 年的人员,按照新老办法平稳衔接、待遇水平基本平衡等原则,在发给基础养老金和个人账户养老金的基础上再确定过渡性养老金,过渡性养老金从养老保险基金中解决。

所谓"新人新办法"是指本决定实施后参加工作的职工,个人缴费年限累计满 15 年的,退休后按月发给基本养老金。基本养老金由基础养老金和个人账户养老金组成。退休时的基础养老金月标准为省、自治区、直辖市或地(市)上年度职工月平均工资的20％,个人账户养老金月标准为本人账户储存额除以120。个人缴费年限累计不满15年的,可以缴费至满15年,按月领取基本养老金;也可以转入新型农村社会养老保险或者城镇居民社会养老保险,按照国务院规定享受相应的养老保险待遇。

(5)基金管理。基本养老保险基金实行收支两条线管理,专款专用,全部用于职工养老保险,严禁挤占挪用。基金结余额,除预留相当于2个月的支付费用外,全部购买国家债券和存入专户,建立健全社会保险基金监督机构,财政、审计部门要依法加强监督,确保基金的安全。自从2001年12月13日《全国社会保障基金投资管理暂行办法》颁布以来,社保基金开始进入股市。关于统筹管理的方向,《社会保险法》规定,基本养老保险基金逐步实行全国统筹,其他社会保险基金逐步实行省级统筹。考虑到社会保险基金的统筹层次取决于多方面的因素,授权国务院规定提高统筹层次的具体时间和步骤。

2. 基本医疗保险

我国现行医疗保险资制度的基本依据是国发[1998]44号《国务院关于建立城镇职工基本医疗保险制度的决定》,建立城镇职工基本医疗保险制度的原则是:基本医疗保险的水平要与社会主义初级阶段生产力发展水平相适应;城镇所有用人单位及其职工都要参加基本医疗保险,实行属地管理;基本医疗保险费由用人单位和职工双方共同负担;基本医疗保险基金实行社会统筹和个人账户相结合。

新颁布的《社会保险法》中明确了基本医疗保险包括职工基本医疗保险、新型农村合作医疗和城镇居民基本医疗保险,对职工基本医疗保险制度和城镇居民基本医疗保险制度的覆盖范围、资金来源、待遇项目及享受条件、医疗保险费用结算办法等作了比较全面的规定,对新型农村合作医疗制度作了原则规定,并授权国务院规定管理办法。

(1)覆盖范围。基本医疗制度的覆盖范围与基本养老保险覆盖范围一致。覆盖了我国城乡全体居民。即用人单位及其职工应当参加职工基本医疗保险;无雇工的个体工商户、未在用人单位参加社会保险的非全日制从业人员以及其他灵活就业人员可以参加职工基本医疗保险;农村居民可以参加新型农村合作医疗;城镇未就业的居民可以参加城镇基本医疗保险。

(2)保险资金筹集。职工基本医疗保险和失业保险费用,由用人单位和职工共同缴纳,用人单位缴费率应控制在职工工资总额6％左右,职工个人缴费率一般为本人工资收入的2％。随着经济发展,用人单位和职工缴费率可作相应调整。城镇居民基本医疗保险实行个人缴费和政府补贴相结合。

(3)运行模式。基本医疗保险原则上以地级以上行政区(包括地、市、州、盟)为统筹单位(北京、上海、天津以全市为统筹单位),逐步过渡到省级统筹,建立基本医疗保险统筹基金和个人账户。基本医疗保险基金由统筹基金和个人账户构成。职工个人缴纳的基本医疗保险费,全部计入个人账户。用人单位缴纳的基本医疗保险费分为两部分:一部分用于建立统筹基金,一部分划入个人账户。划入个人账户的比例一般为用人单位缴费的30％左右,具体比例由统筹地区根据个人账户的支付范围和职工年龄等因素确定。

(4)医保待遇。由于我国各地经济发展水平不同,医疗服务提供能力和医疗消费水平等差距都很大,国务院只对基本医疗保险起付标准、支付比例和最高支付限额等作了原则规定,具体待遇给付标准由统筹地区人民政府按照以收定支的原则确定。考虑到这一实际,新颁布的《社会保险法》没有对基本医疗保险待遇项目和享受条件作更为具体的规定。需要特别指出的有两点：

第一，为了缓解个人垫付大量医疗费的问题，规定了基本医疗保险费用直接结算制度。参保人员就医发生的医疗费用中，按照规定应当由基本医疗保险基金支付的部分，由社会保险经办机构与医疗机构、药品经营单位直接结算；社会保险行政部门和卫生行政部门应当建立异地就医医疗费用结算制度，方便参保人员享受基本医疗保险待遇。

第二，在明确应当由第三人负担的医疗费用不纳入基本医疗保险基金支付范围的同时，医疗费用依法应当由第三人负担，第三人不支付或者无法确定第三人的，由基本医疗保险基金先行支付后，向第三人追偿。

对统筹基金和个人账户划定各自的支付范围，根据《国务院关于建立城镇职工基本医疗保险制度的决定》分别核算，不能互相挤占。确定了统筹基金的起付标准和最高支付限额，起付标准原则上控制在当地职工年平均工资的10%左右，最高支付限额原则上控制在当地职工年平均工资的4倍左右。起付标准以下的医疗费用，从个人账户中支付或由个人自付。起付标准以上、最高支付限额以下的医疗费用，主要从统筹基金中支付，个人也要负担一定比例。超过最高支付限额的医疗费用，可以通过商业医疗保险等途径解决。统筹基金的具体起付标准、最高支付限额以及在起付标准以上和最高支付限额以下医疗费用的个人负担比例，由统筹地区根据以收定支、收支平衡的原则确定。

(5) 基金管理。基本医疗保险基金纳入财政专户管理，专款专用，不得挤占挪用。社会保险经办机构负责基本医疗保险基金的筹集、管理和支付，并要建立健全预决算制度、财务会计制度和内部审计制度。社会保险经办机构的事业经费不得从基金中提取，由各级财政预算解决。各级劳动保障和财政部门负责对基本医疗保险基金的监督管理。审计部门定期对社会保险经办机构的基金收支情况和管理情况进行审计。统筹地区设立由政府有关部门代表、用人单位代表、医疗机构代表、工会代表和有关专家参加的医疗保险基金监督组织，加强对基本医疗保险基金的社会监督。

3. 失业保险

我国现行失业保险的基本依据是1999年国务院令第258号颁布的《中华人民共和国失业保险条例》，条例明确失业保险的目的是"保障失业人员失业期间的基本生活，促进其再就业"，基本内容如下。

(1) 覆盖范围。享受失业保险金待遇的为城镇企业事业单位失业人员，其中的企业包括国有企业、城镇集体企业、外商投资企业、城镇私营企业以及其他城镇企业。

(2) 保险资金筹集。根据条例所列，失业保险基金由下列各项构成：① 城镇企业事业单位及其职工个人缴纳的失业保险费；② 失业保险基金的利息；③ 财政补贴；④ 依法纳入失业保险基金的其他资金。其中主要的筹集渠道是第一项。按条例规定，城镇企业事业单位按照本单位工资总额的2%缴纳失业保险费，城镇企业事业单位职工按照本人工资的1%缴纳失业保险费，城镇企业事业单位招用的农民合同制工人本人不缴纳失业保险费。

(3) 运行模式。失业保险基金在直辖市和设区的市实行全市统筹；其他地区的统筹层次由省、自治区人民政府规定。失业保险调剂金以统筹地区依法应当征收的失业保险费为基数，按照省、自治区人民政府规定的比例筹集。统筹地区的失业保险基金不敷使用时，由失业保险调剂金调剂、地方财政补贴。失业保险不设个人账户，失业保险基金用于下列支出：① 失业保险金；② 领取失业保险金期间的医疗补助金；③ 领取失业保险金期间死亡的失业人员的丧葬补助金和其供养的配偶、直系亲属的抚恤金；④ 领取失业保险金期间接受职业培训、职业介绍的补贴，补贴的办法和标准由省、自治区、直辖市人民政府规定；⑤ 国务院规定或者批准的与失业保险有关的其他费用。

（4）失业保险待遇。申领失业保险金的对象为：① 按照规定参加失业保险，所在单位和本人已按照规定履行缴费义务满1年的；② 非因本人意愿中断就业的；③ 已办理失业登记，并有求职要求的。失业人员在领取失业保险金期间，按照规定同时享受其他失业保险待遇。失业保险待遇的标准为：失业人员失业前所在单位和本人按照规定累计缴费时间满1年不足5年的，领取失业保险金的期限最长为12个月；累计缴费时间满5年不足10年的，领取失业保险金的期限最长为18个月；累计缴费时间10年以上的，领取失业保险金的期限最长为24个月。重新就业后，再次失业的，缴费时间重新计算。再次失业领取失业保险金的期限可以与前次失业应领取而尚未领取的失业保险金的期限合并计算，但是最长不得超过24个月。失业保险金的标准，按照低于当地最低工资标准、高于城市居民最低生活保障标准的水平，由省、自治区、直辖市人民政府确定。失业人员在领取失业保险金期间患病就医的，可以按照规定向社会保险经办机构申请领取医疗补助金。医疗补助金的标准由省、自治区、直辖市人民政府规定。失业人员在领取失业保险金期间死亡的，参照当地对在职职工的规定，对其家属一次性发给丧葬补助金和抚恤金。

在《失业保险条例》规定的失业保险待遇基础上，新颁布的《社会保险法》进一步规定：第一，对失业人员在领取失业保险金期间患病就医，由现行规定可以申领少量的医疗补助金，改为参加职工基本医疗保险并享受相应的基本医疗保险待遇，其应当缴纳的基本医疗保险费从失业保险基金中支付，从而提高了失业人员的医疗保障水平。第二，明确个人死亡同时符合领取基本养老保险丧葬补助金、工伤保险丧葬补助金和失业保险丧葬补助金条件的，其遗属只能选择领取其中的一项。

（5）基金管理。失业保险基金必须存入财政部门在国有商业银行开设的社会保障基金财政专户，实行收支两条线管理，由财政部门依法进行监督。入银行和按照国家规定购买国债的失业保险基金，分别按照城乡居民同期存款利率和国债利息计息。失业保险基金的利息并入失业保险基金。失业保险基金专款专用，不得挪作他用，不得用于平衡财政收支。失业保险基金收支的预算、决算，由统筹地区社会保险经办机构编制，经同级劳动保障行政部门复核、同级财政部门审核，报同级人民政府审批。

第二节 财政补贴

一、财政补贴的概念、特征和种类

（一）财政补贴的概念和性质

财政补贴是指国家财政为了实现特定的政治经济和社会目标，向企业或个人提供的补偿性补助或津贴的总称。主要是在一定时期内对生产或经营某些销售价格低于成本的企业或因商品销售价格提高而给予企业和消费者的经济补偿。

财政补贴的性质是政府针对价格变动而给予相关主体政策性补偿的财政转移性支出，

是国家运用财政分配调节国民经济和社会生活的一种手段。财政补贴支出会对资源配置结构、供求结构产生影响，目的是为了保持被补贴产品的产出量，调节供求关系，稳定市场物价，维护生产经营者或消费者的利益，协调政治、经济和社会中出现的利益矛盾，维护社会安定。

（二）财政补贴的特征

（1）政策性。财政补贴的依据是某项公共政策，同时财政补贴也必须体现和实现政策的目标，即国家采用给予补贴的办法，来消除或减少市场价格变动对正常的生产和生活的不利影响，保持经济社会的稳定。例如，为防止肉价的下跌对生猪生产带来影响，防止因此而出现市场短缺，影响城镇居民的生活，国家会制定促进生猪生产的政策，相应采取对生猪生产者施行补贴。

（2）补偿性。财政补贴总与相对价格的变动联系在一起，财政补贴主要体现为对消费者或生产者的一种价亏性补偿，是一种利益补偿。因此，补偿性与商品相对价格的变化存在联动关系，补偿的水平由价格水平决定，是否补偿也由价格变动决定。

（3）时效性。财政补贴通常只是一种短期性的或中期性的公共政策，具有一定的时效性。即当市场价格发生的变动（提高或降低）可以补偿生产者或消费者的损失时，既可以停止发放补贴。或者从执行的情况看需要长期化，则这种补贴也可以作为某种固定性项目来安排支出。例如，在城市住房商品化的房改中所发放的住房补贴，在很多地方已经成为职工工资中的构成项目之一。从补贴额的变动看，时效性也反映在补贴额度的调整，表现为补贴项目有增有减的变动。

（三）财政补贴的种类

财政补贴的种类按不同标准大体上有两种划分：一是从补贴的对象划分；二是从补贴的方式划分。

1. 按补贴对象划分

（1）价格补贴。它是针对某些居民生活必需品和农业生产资料等过高的市场价格，为了保障居民基本生活和社会稳定，稳定生产与供应而对居民、农产品生产者支付的补贴；或者为了防止"谷贱伤农"或为了推广农业机械或农业技术而对出售的农产品实施保护性价格补贴或购买和应用补贴；或者为了鼓励消费特定商品的补贴。例如：食品价格补贴，对农产品以保护价收购粮食高于市场价格部分的补贴，为鼓励农民使用农用机械实施购买农业机械价格补贴，家电下乡补贴，购买低排量小汽车补贴等。

（2）企业亏损补贴。它主要指国家为了使企业能够实现国家政策目标，对企业在生产经营中因此出现的政策性亏损给予的补偿性补贴，或者国家为了扶持某一产业而对经营亏损企业给予的照顾性补贴。例如对粮食储备企业的补贴，对高新技术企业的创业补贴等。

（3）财政贴息。它是指对使用某些特定用途银行贷款的贷款者就其支付的贷款利息提供的补贴。它实质上等于财政代替贷款者向银行支付利息。在具体做法上，财政贴息有部分贴息和全补贴息两种。如为发展教育事业，对学校基本建设贷款的贴息等，这类贷款通常被称为贴息贷款。

（4）出口补贴。它为鼓励本国企业和产品出口而对出口产品的补贴，根据方式不同可分为直接补贴（直接现金补贴）和间接补贴（出口退税、减免出口关税、出口信贷）。世贸组织规定：免税、退税的税率只要低于或等于国内法定税率水平，则不能视为一种合理的补贴。

（5）专项补贴。它是根据国家政策确定的政策目标，对特定事业和事项的补贴。如生态效益补助、教育补贴、重要产业支持补贴、房租补贴等。

2. 按财政补贴方式划分

（1）明补。它是指将补贴直接支付受补贴者，使受补贴者明确知道自己获得了补贴，如居民购买节能家电获得的补贴。

（2）暗补。受补贴者不直接获取补贴，而是通过补贴生产经营者使之按规定的较低价格提供产品或服务，或者通过减少税赋、收费等途径以节省支出的方式进行的补贴，如对企业采取减免税等的税式支出等。

二、财政补贴的效应分析

西方经济学对财政补贴效应的分析，以威尔德（Wilde，1971）、奥次（Oates，1972）、金（King，1980）、罗默和罗森塔尔（Roner 和 Rosenthal，1980）、鲍德威和威尔德森（Boadway 和 Wildasin，1986）关于中央政府对地方政府的财政补贴模型分析为代表，主要有无附加条件的补贴（普通补贴）模型和专项补贴模型，这些模型以一些严格的假定条件为前提，主要包括：地方政府偏好为无差异曲线，地方政府成本内在化，价格给定或补贴不影响价格。

（一）无附加条件补贴（普通补贴）

1. 一次性普通补贴

如图 7-1 所示，G 代表地方政府提供的公共产品的数量，H 代表用于其他目的的资金。ICC 代表收入消费曲线。未补贴之前地方政府预算曲线是 A_1A_2，E_1 为 H_1 和 C_1 的均衡点。当中央政府向地方政府支付一笔数额为 B_1B_2 的一次性普通补贴，在假定相对价格不变的情况下，增加的补贴只有收入效应，从而形成新的均衡点 E_2，由于是一次性无条件补贴，新的均衡点表明，在地方政府的偏好不变的条件下，地方政府可以根据自己的偏好最有效地安排资金的使用，用于公共产品的支出和用于其他方面的支出都增加了，从而使地方的总福利水平提高。

2. 与努力程度相关的普通补贴

该类补贴取决于地方政府的行为。如图 7-2 所示，假设在中央政府发放一笔数额等于地方政府在均衡点 E_1 提供公共产品 G_1 的成本的普通补贴，则地方政府预算变为 A_1CB_2。若 E_2 通过努力可以达到，地方政府的均衡点应在 E_2，但是，现在 E_2 在实际的均衡点 C 的左边。表明实际的 E_2 在 B_1B_2 线上的 C 点达到新的均衡，此时，地方的社会福利水平就会下降。

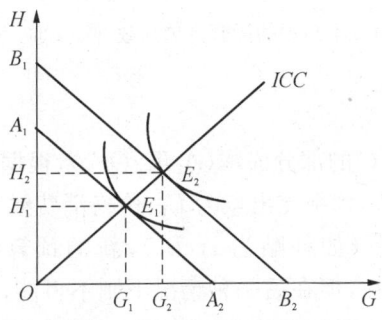

图 7-1　一次性财政普通补贴效应

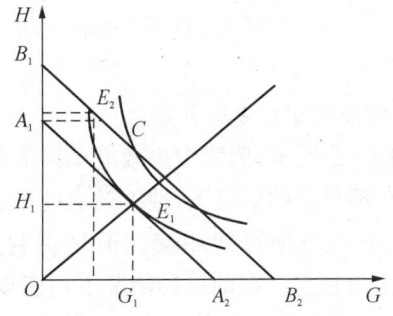

图 7-2　与努力程度相关的财政普通补贴效应

（二）专项补贴

专项补贴可分为一次性专项补贴和配套专项补贴。一次性专项补贴是由中央政府发放给地方政府用于指定用途且数额固定的一次性补贴；配套专项补贴则是由地方政府自我筹资能力决定的数额可变的专项补贴，例如，确定一个配套比例，若地方政府自我筹资能力强则同等比例下得到的配套补贴就多。

1. 一次性附加条件补贴

如图 7-3 所示，地方政府在补贴前的预算约束线为 A_1A_2，均衡支出点为 E_1，现假定中央政府决定给予地方政府一次性附加条件的补贴，该附加条件要求地方政府必须增加某些公共产品的供给，因此改变了地方政府原来的支出偏好和行为，此时，虽然因得到补贴使某些附加条件所要求的公共产品的供给增加了，但是某些其他方面的支出较原来减少，可能会使地方政府因此而降低其他方面的福利水平。

2. 配套专项补贴

（1）不封顶的配套专项补贴

如图 7-4 所示，在中央政府提供的配套专项补贴是不封顶的情况下，在补贴之前地方政府的预算线为 A_1A_2，均衡支出点为 E_1，若中央政府所承诺的配套补贴按比例占提供所要求的公共产品支出总额 OB_1 的部分为 $A_2B_1(A_2B_1/OB_1)$，从而降低了该地区公共产品的相对价格，实际的预算线为 A_1B_1，均衡支出点是 E_2。由于配套补贴不封顶但有附加条件，一方面可以保证中央政府的政策目标的实现，即提高了指定公共产品的供给水平；另一方面也激励地方政府为获得更多的配套补贴而不断增加对 C 的自有资金支出，从而会减少用于其他用途的 H 资金的支出，这样一来，随着补贴额的不断追加，虽然我们可以得到向下的价格消费线，但是会改变原有的资金的安排，可能会造成一定的效率和福利损失。可见，在某种意义上说，配套的专项补贴并非越多越好。

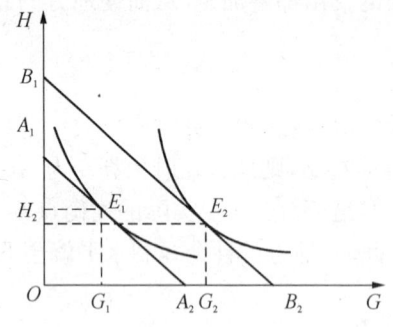

图 7-3　一次性附加条件财政补贴效应

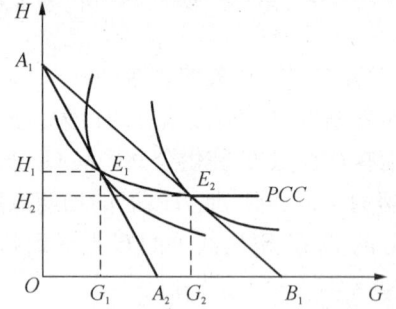

图 7-4　不封顶的配套专项财政补贴效应

（2）封顶的配套专项补贴

如图 7-5 所示，假定中央政府承诺支付公共产品 C 的部分成本（A_2F_1/OF_1），根据前面的分析，在不封顶的情况下，地方政府的预算线为 A_1F_1，均衡支出点为 E_1，价格消费线 PCC 也将在这一点与预算线相交。但是在封顶的情况下（如补贴为 A_2B_1），新的预算线为 A_1JD_1，J 为拐点。在前一种情况下均衡点 E_1 可能存在，但在后一种情况下则不可能，其均衡点将是 ICC 与 A_1ZB_1 的交点。之所以如此，是因为封顶的补贴实际没有改变 C 的相对价格，其效应完全为收入效应。另一需要说明的情况是，点 Z 位于 PCC 和预算线交点的右边，此点为预算线的拐点(见右图),由于所有无拐点且始于 A_1 点并与 PCC 相切的预算线都不与 A_1Z 相交,因此在 A_1Z 上没有解。同理,在 ZB_1 这一段上同样没有解,因为平行于 A_1A_2 且与 PCC 相切的线和 EB_1 不相交。此处的均衡点必然为交点解。点 Z 代表了达到的最高无差异曲线。

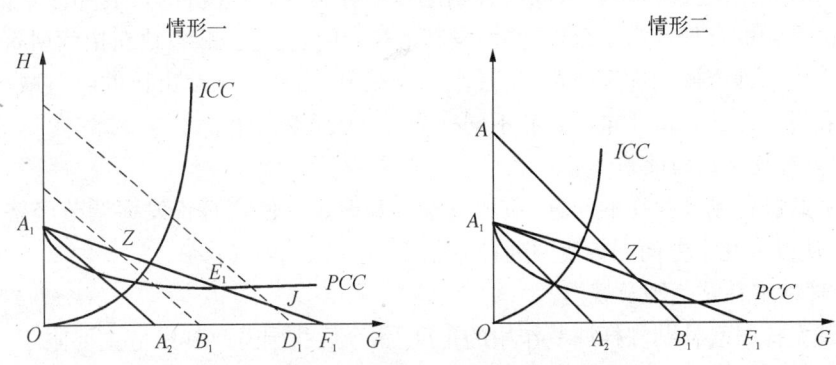

图 7-5　封顶的配套专项财政补贴效应

从上述的模型中可以得出以下两点基本结论:① 由于中央政府的补贴来自税收,因此,若地方政府支付的税收刚好与得到的补贴相等,那么税后得到一次性普通补贴等于与税前的均衡,总体上对地方的总体福利水平没有影响,因为税收使预算线向内转的幅度与补贴使预算线向外转的幅度相等。只要是一次性的专项补贴,若不能改变公共产品的相对价格进而增加对公共产品的消费,那么补贴的效果就不明显。而不封顶的配套专项补贴能否发挥效应的条件也同样如此。② 从对补贴方式的偏好看,地方政府更倾向于一次性普通补贴,其次是一次性附加条件补贴,原因在于此种方式的补贴既提高了地方公共产品供给的水平,又可以使地方政府行为扭曲的程度最小。而中央政府则倾向于选择不封顶的附加条件补贴,原因在于能够最好地实现中央政府的政策意图。

三、我国财政补贴的改革

(一) 存在问题

我国的价格补贴始于 1953 年,当时只有对棉花补贴一种,自 1958 年开始对大批"5 小企业"进行亏损补贴,以后财政补贴制度得到不断发展。改革开放以来,财政补贴一直扮演着推进各项改革的辅助与协调性政策工具使用,目前我国运用财政补贴还存在以下问题。

1. 补贴范围过宽,超出财政负担能力

我国长期以来习惯用补贴缓解改革的矛盾和压力,形成了"三多",即种类多,目前已达 160 多种;环节多,生产、流通和消费等几乎所有环节都有补贴;形式多,包括直接补贴和间接补贴、明补和暗补,实物和货币。同时又使很多补贴长期化,已成为财政的沉重包袱,严重影响了其他支出的安排。

2. 政策性亏损和经营性亏损界定模糊

国家对企业的补贴应该仅限政策性亏损,但许多企业因改革等原因的政策性亏损和经营性亏损划分不清,常常出现以政策性亏损名义弥补经营性亏损的情况,形成预算约束的软化,不利于企业加强经济核算,也扭曲了市场价格配置资源的机制,不利于形成公平的竞争环境。如对石化行业的价格亏损补贴,不能随着石油产品的市场价格变动而变动,石化企业凭借其垄断地位可以在国际油价下降的时候仍然维持较高价格,同时继续得到财政补贴,使之可以从市场和补贴两方面获利。

3. 补贴的综合效应下降

由于对补贴缺乏及时地调整,以及补贴刚性的存在,随着经济的发展和改革的深入,使很多补贴由最初的合理变为不合理,并引发其他社会问题。例如,各地在招商引资中普遍采取的低价批租土地资源的优惠政策,实际上属于暗补,由此使土地出让的收益减少,导致对被征地者和拆迁户的补偿严重不足和不同社会群体收入差距扩大。

(二)对财政补贴的改革

针对财政补贴制度存在的问题,应加以整顿和改革。使之真正发挥调节经济的积极作用,为此应从以下几个方面完善我国的补贴制度。

1. 合理确定补贴范围及规模

从合理发挥财政补贴杠杆调节作用的角度看,今后我国财政补贴应主要限于以下范围:① 对农业的补贴;② 对基础产业和短线产品的补贴;③ 对开发新技术新产品的补贴;④ 对宏观效益和社会效益大的项目的补贴。

财政补贴已成为各国财政支出的重要项目,补贴的数量必然受各国财政承受能力的制约。根据国际经验,财政补贴额占财政支出的比重大体稳定在2%～10%左右,财政补贴支出占财政支出的15%为宜,超过这一指标应通过硬性措施调整降低。从我国财政支出的负担能力来看,这一指标应控制在10%左右。

2. 科学确定补贴原则和补贴标准

对企业的亏损补贴要根据严格的界定原则,划分出经营性亏损和政策性亏损的界线,停止对经营性亏损的补贴。对价格补贴虽然很难规定一个固定的标准,但是,从价格补贴与商品价格的联动关系来看,价格补贴是对价格低于价值不同程度的价值补偿,每项价格补贴的最高限度应是弥补价格背离价值的差额。

(1) 生产部门的补贴额＝平均成本＋平均利润－出厂价

(2) 流通部门的补贴额＝进价＋流通费＋商业平均利润－销售价格

(3) 对消费者补贴额＝应补贴商品价格上涨增加的开支

3. 加强财政补贴的科学管理

为了防止盲目增加补贴项目,保护本地区的落后产品,应加强对补贴的监督管理,同时严禁冒领、挪用补贴款。要根据财权与事权相统一的原则,在科学划分政府间关系的基础上,更多运用法律手段明确中央政府与地方政府各自的补贴责任。在补贴方式上也要加强管理以防止地区部门和单位的变相补贴行为。

第三节　税　式　支　出

一、税式支出的含义与由来

税式支出(tax expenditure)是一种特殊形式的转移支付,它是国家财政以税收减免优惠的形式放弃的应得收入,从被减免对象的角度看等于国家给予的特殊形式的财政补贴。从税法的角度看,税式支出是指国家为达到一定的经济与社会政策目标,在税法中制定某些特殊的条款,给予某些特定纳税人或课税对象以税收优惠,以起到税收激励或税收照顾的作用,对于因这些特殊条款所导致的国家财政收入的减少、放弃或让与的部分被称为税式支出。

税式支出作为一个新概念,由来于人们对早已存在事物的新认识。1955 年,英国皇家利润与所得税委员会就注意到,在税收制度中安排的许多减免税实际上相当于用公共收入对被减免税对象提供的津贴。美国哈佛大学教授、财政部部长助理斯坦利·萨里(Stanley Surrey)于 1967 年首先提出了"税式支出"的概念,这无疑是对传统财政理论的一大突破,因此,它一出现就引起了财政理论界和相关部门的重视,1976 年在耶路撒冷召开的国际财政学委员会会议上,国际税收专家们正式接受了"税式支出"的概念。1984 年,来自 OECD 6 个国家的财政学者首次共同完成了对这些国家税式支出制度的比较研究,1996 年,OECD 财政事务委员会对 14 个成员国税式支出制度进行了调查,分析了各国的差异及其原因,并制定了根据各国资料整理的税式支出数量估算表。20 世纪 90 年代以后,税式支出已经发展成为一个世界性的财政经济范畴,不仅绝大多数发达国家建立了税式支出制度并编制了税式支出表,而且许多发展中国家也逐步接受了这一新概念,并开始尝试编制本国的税式支出表,并根据本国实际建立税式支出制度。目前税式支出已经成为财税制度改革的重要领域。

二、税式支出的本质特征

税式支出虽然与财政收支具有某些相同的形式特征,但是两者又存在一定差异,这种差异性反映了税式支出的本质特征。

1. 税式支出是一种间接性支出

一般的财政支出必然发生实际的资金流动过程,而税式支出无论在财政部门的账面上还是在纳税人的账面上,都未发生和记载资金的拨付和收入,从财政角度看是一种间接性的支出,因此,必须通过将省略的程序即国家将纳税人的税款先收上来再加以返还的程序还原,才能形成补贴的实际支出过程。税式支出之所以省略了这一程序,一方面是为了体现税收优惠激励和照顾的目的;另一方面也是为了简化和节约管理成本的需要。因此,不能仅在会计支出概念上理解税式支出。

2. 税式支出具有对照性特征

列入预算内的每项财政支出其构成与数量并不取决于财政收入项目的数量与构成。然而税式支出中的每项支出却取决于税收收入的构成状况,换言之,虽然税法中并不存在直接的"支出"条款,但是税式支出的每一项都需要对照税制所规定的具体纳税项目和课税标准,因此,税法不同结构的对照决定了税式支出的存在。以降低税率为例,其优惠体现在相对于税法基本结构而言的有差别的税率,当企业所得税税率普遍为 33% 时,给予 25% 税率的纳税人就享受到了税式支出形式的税收补贴,而一当税率普遍调整到 25% 时,税制内部的结构性差别不存在了,税式支出也就消失了。所以,税式支出在时间序列上具有不可比性,即税式支出只能表明在当时税制下税收优惠的程度,而对新旧税制中的优惠及税式支出没有可比性。

3. 税式支出是一种诱导性支出

税式支出针对特定的纳税人和课税对象,通过税收优惠形成激励和照顾机制,以诱导纳税人为得到特定的税收优惠向既定的政策目标努力。诱导机制的建立是税式支出管理的重要方面,也是发挥税式支出杠杆作用的重要保证。诱导性要求税式支出必须设立明确具体的优惠条件,以避免税收优惠偏离特定政策目标,防止税收优惠被纳税人滥用,否则将丧失税式支出的诱导作用和公平照顾的作用,导致税式支出产生负面效应,如管理难度加大、侵蚀税基、减少财政收入、破坏税制的公平原则等。

4. 税式支出的财政效益具有不确定性

预算内支出的方向和数量具有明确的计划性和确定性,而税式支出在实施过程中,无法像预算内支出那样有周密的计划和安排,而是内含在日常税收活动之中。其数额难以确定,只能根据某项具体的税收的实际发生,待到税收优惠实施取得阶段性成效之后,通过与"正常"税制加以对比核算才能够得出税式支出的额度。例如,对税收递延的税式支出的估算是否考虑货币时间价值,如何确定递延期和折现率等,不同的核算方法选择其结果会有很大差异。同时,因测算角度和方法的不同,税式支出数额也不同,从而使税式支出的效果存在不确定性。从纳税人方面看,税式支出的政策效应不仅取决于某项优惠政策意图的诱导,更取决于经济主体对诱导的响应与敏感程度。就整体而言,一国税式支出总规模也是难以确切估算的,因为相关项目的税式支出之间相互关联、相互影响,不能简单地进行加总。这些都决定了税式支出的效益具有不确定性。

三、税式支出的类型与估算方法

(一)税式支出的基本类型

按着税式支出的方式即对什么减免税,税式支出可以分为四大类:税基式、税额式、税率式和递延式。

1. 税基式

税基式是通过减少纳税人税基的方式给予税收优惠的税式支出。主要包括税收豁免、纳税扣除和税收庇护。

(1)税收豁免。税收豁免是指在一定期间内,对纳税人的某些所得项目或所得来源不予课税,或对其某些活动不列入课税范围等,以豁免其税收负担。至于豁免期和豁免税收项目,应视当时的经济环境和政策而定。最常见的税收豁免项目有两类:一类是免除关税与货物税;另一类是免除所得税。

(2)纳税扣除。纳税扣除是指准许纳税人把一些合乎规定的特殊支出,以一定的比率或全部从应税所得中扣除,以减轻其税负。换言之,纳税扣除是指在计算课税所得时,从毛所得额中扣除一定数额或以一定比例扣除,以减少纳税人的应课税所得额。在累进税制下,纳税人的所得额越高,这种扣除的实际价值通常越大。

(3)税收庇护。税收庇护指一国政府在制定税法时,有意识地提供某些税收优惠,以鼓励和保护纳税人投资的措施,通常指各种允许纳税人扣除人为的损失的规定。所谓人为损失是指非真正的经济损失,但根据现行税法却可以表现为可做纳税扣除的损失。这些人为损失不仅可以冲减产生于投资的所得,而且可以冲减纳税人通常来自正常经营或职业活动的其他所得。税收庇护亦指税法中允许将利润、收益用于投资等用途以推迟纳税的种种规定。此外,在国际税收领域,亦指那些仅对国内来源的收入征税,而对国外的利润不征税或按最低税率征税的税收管辖权。税收庇护的典型特征是可以推延所得的实现、改变所得的性质和使所得平均化,由此减轻轻税负。一国利用税收庇护可以吸引国外投资,加快本国经济发展。

2. 税额式

税额式是指从税额中直接减少纳税人缴税额度的税式支出。主要包括税收抵免、减免税优惠、优惠退税等。

(1) 税收抵免。税收抵免是指允许纳税人从某种合乎奖励规定的支出中,以一定比率从其应纳税额中扣除,以减轻其税负。也指居住国政府对其居民企业来自国内外的所得一律汇总征税,但允许抵扣该居民企业在国外已纳的税额,以避免国际重复征税。对于这种从应纳税额中扣除的数额,根据应纳税额中扣除的数额是否允许超过应纳税额,税收抵免划分为两类:"有剩余的抵免",即扣除数额不超过应纳税额;"没有剩余的抵免",即没有抵尽的抵免额返还给纳税人。在西方国家,税收抵免的主要有两种:即投资抵免,又称投资津贴和国外税收抵免。

由于税收抵免可以减轻纳税人的税收负担,增加其税后所得,故而它通常作为一种政府的政策工具在实践中加以应用,以实现政府的某些政策目标。如美国的税收抵免与"反恐"挂钩,税收抵免制度明确规定,美国纳税人在支持恐怖主义的国家缴纳的税收,一概不得进行税收抵免。而且,即使纳税人的收入是在第三国获得的,但该笔收入的原始来源地是支持恐怖主义的国家,那么这笔收入在第三国所缴纳的税收也不能得到抵免。

税收抵免与税收扣除的不同之处在于,前者是在计算出应纳税额后,从中减去一定数额,然后计算纳税额;后者则是从应税额中减去一定金额。

(2) 减免税优惠。减免税优惠包括减税和免税。减税是指从应纳税额中减征部分税款,免税是免征全部应纳税额,减免税是税式支出中最常见最直接最重要的形式。

(3) 优惠退税。优惠退税是指为奖励纳税人的某种经济行为而将其已缴纳的税款部分或全部退还的税式支出。

3. 税率式

税率式是指各种优惠税率方式的税式支出。优惠税率(preferential rate)乃是对合乎规定的企业课以较一般为低的税率。其适用的范围,可视实际需要而予以伸缩。这种方法,既可以有期限的限制,也可以是长期优惠。一般来说,长期优惠税率的鼓励作用大于有期限的优惠税率,尤其是那些需要巨额投资且获利较迟的企业,常可从长期优惠税率中得到较大的利益。

在实践中,优惠税率的表现形式很多,例如,纳税限额即规定总税负的最高限额,事实上就是优惠税率的方式之一。又如,国家为了重点扶持和鼓励发展特定的产业和项目,对于某些税种给予的优惠,例如企业所得税税率为25%,优惠税率为20%和15%等。再如,优惠关税(preferential duty),指对于来自受惠国家或地区的进口商品所适用的关税率,较一般关税率为低,通常是由于均属于同一国际集团的成员或者由于政治因素的考虑,而给予的优惠待遇。在世界贸易组织中,优惠税率是指各缔约国间因特定原因(如普惠制)给予对方的低于最惠国税率的优惠待遇。

4. 递延式

递延式是指允许纳税人推迟缴纳应纳税额的税式支出方式,递延纳税可以给纳税人带来货币的时间值,节税所得相当于一笔无息贷款。主要包括递延纳税、加速折旧和准备金制度。

(1) 递延纳税。递延纳税是指给予纳税人对应纳税款推迟一定期限缴纳的优惠。递延纳税虽不能减少应纳税额，但纳税期推迟却可以使纳税人无偿使用这笔款项而不需支付利息，有利于资金的周转，节省了利息的支出，等于是降低了税收负担。纳税期的递延还有可能在通货膨胀时期给纳税人带来好处，因为延期后缴纳的税款由于通货膨胀币值下降，更加降低了实际的税额。纳税人在某一年内收到特别高的所得，有可能被允许将这些所得平均分散到数年之后去计税和纳税，或是对取得高所得年度应纳税款采用分期缴纳的方式，以避免纳税人的税负过重。

(2) 加速折旧。折旧是企业的一项费用，折旧额越大，企业的应课税所得越小，税负就越轻。加速折旧是一种特殊的税收支出形式，是指准予纳税人采取缩短折旧年限、提高折旧率的办法以加快折旧速度，减少应纳税所得额的一种税收优惠措施。其目的一是可以减少企业所得税，二是可以增强公司竞争力和融资能力。虽然它可在固定资产使用年限的初期提列较大的折旧，但由于折旧累计的总额不能超过固定资产的可折旧成本，因此，其总折旧额并不会比一般折旧高。从总数上按，加速折旧并不能减轻企业的税负，但是，税负前轻后重，有税收递延缴纳之利，等同于政府给予一笔无息贷款，以此鼓励企业投资。

(3) 准备金制度。准备金是税式支出的一种特殊形式，为鼓励企业增加科技投入，加大科研力度，准许企业从所得中提取一部分作为准备金（投资准备金、风险基金和科研准备金等）处理而不对此征税。如韩国的"技术开发准备金"较为有影响。它规定企业为解决技术开发和创新的资金需要，可按总收入的 3%（技术密集型产业 4%，生产资料产业 5%）提取技术开发准备金，在投资发生前作为损耗计算。准备金制度适用的行业很广，一般对资金使用范围和未用资金的处理有一定的限制，例如准备金必须自提留之日起几年内使用，主要用于技术开发、引进技术的消化改造、技术信息及技术培训和研究设施等方面。

(二) 税式支出的估算方法

以 OECD 国家估算税式支出的方法具有代表性，根据这一估算方法，税式支出主要有三种：收入放弃法、收入获得法及等额支出法。

1. 收入放弃法

收入放弃法（revenue foregone method）即计算政府在每一年度内因实施税收优惠而减少的税收收入，或者是国家放弃某一征税权力，而给予纳税人的退税额，即纳税人获得政府税收优惠之后少缴纳的税款总额，是对于某种税收优惠成本的事后测量。收入放弃法以包含有关税收优惠条款的实际税制与没有包含税收优惠条款的标准税制之间的比较为基础，估算由于税收优惠的存在而减少了多少税收收入，适用于对所有的税式支出项目的估算。收入放弃法的数据来源比较方便简单，只要知道实际税制与标准税制的差异就可以估算出税式支出的总额。

2. 收入获得法

收入获得法（revenue gains method）即计算假定因政府取消税收优惠而增加的税收收入额，是对假定取消税收减免而使收入预期增加的一种事先测量。但收入获得法不同于收入放弃法的是需要考虑税收优惠的取消对纳税人行为和税收结构的影响，因此必须分析纳税人的行为并获得有关弹性标准的信息。但是，取消一项税收优惠应该考虑的效应很多，如纳税人的行为效应、反馈效应、各税种间的相互影响等，而在实践中对纳税行为变化的预测很困难,数据来源较少,因此运用收入获得法来估算税式支出难度较大,许多国家在应用此法时通常采取剔除因税收优惠项目的取消而引致的各种效应的影响因素。

3. 等额支出法

等额支出法(outlay equivalent method)即计算如果政府以直接财政支出取代相应的一项税式支出,需要多少直接支出才能实现相同的效应。按此估算的直接支出额可视为税式支出的成本。实际运用这种方法也是必须假定纳税人行为不改变,来测量通过财政直接支出与税式支出同样经济效益的成本。此方法有利于将税式支出与相应的直接财政补贴支出进行比较。

四、税式支出的财政管理模式

税式支出管理的一般有三种模式。

1. 规范的预算管理模式

规范的预算管理模式是一种全面、规范的管理办法,是指政府根据统一的税式支出账户,按年度定期编制规范的预算报表,连同主要的税式支出成本估价,附于年度预算报表之后,是预算报告的组成部分,需要经过议会的审议批准才能生效。美国、加拿大、澳大利亚、奥地利、法国、西班牙等国家采用这种做法。

2. 报告式的准预算管理模式

报告式的准预算管理模式是一种重点的、非规范的管理办法,是指政府只对那些比较重要的税式支出项目编制定期报表,并作税式支出分析和评估。这种税式支出报表没有建立统一的税式支出账户体系,虽然纳入国家预算程序,但报表不是国家预算报告的组成部分,只是作为预算法案的参考和解释性说明资料,不需要议会审议批准。意大利、葡萄牙、德国、荷兰等国家采用这种方法。

3. 非制度化的临时监督与控制模式

非制度化的临时监督与控制模式是一种临时的、专项的管理办法,是指政府一旦临时决定运用税式支出方式解决某一特殊问题或对某一部门(行业)提供政策支持,才对所放弃的税收收入进行估价。它没有形成统一的、定期的和系统的制度,无固定的统计方法和评估方法,不需要向议会提供或经议会审批,只是政府内部的分析评估资料。OECD 的许多国家采用了该方法,一些发展中国家也比较多地采用该方法。

三种管理模式中,全面的预算管理模式较为完善,对税式支出的控制最严;准预算管理模式次之;非制度化的监控模式由于未真正形成统一、定期和系统的制度化,只是预算控制方法在税收管理上的临时应用,严格意义上,并不能算作一种管理模式,因而其效果也最不理想。实践中,各国通常都是基于本国的国情及各种条件合理选择税式支出管理模式。

五、税式支出的影响与效应

(一)税式支出对市场机制的影响

税式支出作为外生的经济变量,目的是鼓励纳税人按政府所支持的行为行事,但也会对经运行的机制产生影响,其机理是通过影响总供给和总需求从而影响市场机制。

从商品课税来看,税式支出的作用机理是:减免税—降低产品成本—改变价格—改变供求—销量增加—利润增加。比如对某企业实施了税式支出(减免税)政策,假定其他条件不变的情况下,该企业的生产成本就会相应下降,使生产经营者愿意并能够扩大产量,产品供给量增加,从而影响市场的总供给。同时,实行税收减免后,企业可以低于同类产品的市场价格出售其产品,价格的降低增大了产品的市场竞争力,销售量增加,因而其利润并不因此而降低。

（二）税式支出对产业结构的影响

从调整产业结构看,税式支出对产业结构的影响机理是:减免税—税负再分配—资本向优惠产业流动—产业结构调整。在整个国民经济体系中,对一定产业实施税式支出政策会形成对产业的税负再分配,即相对税负发生变化,在其他有利条件具备的情况下,会引起资本向税收优惠产业流动,由此实现社会资源向着有利于实现产业结构调整的产业政策目标的方向进行再配置,主要是通过调整资产存量、调节资产增量的方式来实现。在产业结构调整中,税式支出发挥作用的重点是促进和加快"瓶颈"产业的发展。一方面,可以通过制定税式支出政策,例如为了淘汰耗能高污染重的老设备,可以制定对转产的新购置设备投资给予免税,有利于促进瓶颈产业中的企业对资产存量进行调整,实现资产由长线产品向短线产品转移;另一方面,调整产业结构主要依赖于新增投资,税式支出对新增投资的方向和规模的影响更加有效,通过对资产增量的调节,再配以存量投资的调整,使社会资源流向国家鼓励发展的产业和地区,从而实现产业结构的调整。

（三）税式支出的效应

总体上说,正确运用税式支出会对经济产生正的效应,但是,也会产生一些不利的效果,特别是在用之不当的情况下,其负的效应会大于正面效应。因此,税式支出的效应须从正负两方面分析。

1. 税式支出的正激励与诱导效应

（1）增加短缺商品供给的效应。在市场经济条件下利润最大化目标是生产者供给的内在驱动力,但是有些商品,或因其生产成本的提高,或者因其有较大的正的外部性,导致在某一阶段变为微利产品,市场会出现该类商品的短缺。采取适当的税式支出政策,会增加微利产品的税后盈利,并使产品的外部效益转化为企业内在的经济利益,从而促进产品的生产者增加微利产品和正外部性较大产品的供给。

（2）激励企业技术创新和保护环境的效应。通过准备金制度和对特定课税对象的税收抵免、纳税扣除、优惠退税等政策,可以激励企业引进和开发新技术,增加对排污的控制与治理投入,减少对环境的污染。

（3）吸引外资和增加就业机会的效应。税收优惠无疑是吸引外资的重要手段。在既定税法不变的条件下,对引进外资以税式支出的途径给予政策优惠是通常的做法,以此达到利用国外资源、开拓国际市场、增加出口创汇的目的,同时还可以带动国内其他行业的发展、增加就业机会。

（4）实现产业政策目标和推动经济结构调整的效应。通过税收豁免、优惠退税、纳税扣除所确定的导向指引,有助于减少市场的盲目性,使政府的产业政策意图在企业的经营决策中得以体现,并对经济结构调整起到辅助性作用。

2. 税式支出的负面经济效应

（1）对税收公平原则有一定的影响。按能力课税是税收公原则的基本要求,但是税式支出采取对同等能力的纳税人进行差别课税,一方面会带来税负的不公平;另一方面会形成对优惠对象的保护,不利于公平竞争。

（2）容易产生税收的"逆向"效应,甚至产生新的分配不公。税式支出的"逆向"效应即随着所得额的增大,受益程度提高,大部分税式支出流向拥有高收入的纳税人,这种"逆向"特征在累进税制中表现得尤为明显,从而不利于缩小收入差距。

（3）容易产生寻租行为。不同于税法中的固定性规定,税式支出作为一种可灵活操作的政策手段,如果被利用不当,会成为寻租的工具,以至于减免税被滥用,滋生腐败,扰乱正常的经济秩序和财经秩序。

（4）某些情况下带来国家财政收入的严重流失。税式支出作为政府主动放弃的收入,其直接目标是激励和照顾纳税人,从长期看,随着产出的增加,放弃的财政收入会随着经济总量的增加而得到弥补,甚至超过收入损失,而这正是拉佛曲线所揭示的原理在税式支出中的运用。但是,在实际中由于难以预料的因素,再加上执行和管理中存在的政策偏离和失误,大量的税式支出使法定税率与实际税率严重背离,造成政策型税收收入的流失。

六、我国税式支出管理制度的建立

我国的税式支出管理目前尚处于起步阶段,虽然最终目的是要纳入全面的预算管理,但是,鉴于我国目前的现实情况,这一目标需要逐步实现。在具体步骤上,可先从某一部门或某些支出项目开始进行税式支出的统计、测算、分析和评估,并编制简单的税式支出报表,形成类似于国外的非制度化的临时监督和控制。在积累一定经验后,再扩大到对主要税种和重点项目的税收优惠条款进行统计、分析、评估和控制,作出较确切的定量分析,编制较正规和系统的税式支出报告,附在年度预算报告之后公布于众,形成类似税式支出的报告制度。在此基础上,再进一步完善,编制出全面的税式支出统一账户,纳入国家预算程序,形成完整的税式支出预算控制。具体而论,需要做好以下基础性工作。

1. 确定税式支出的范围

按照税式支出理论,税收制度是由规范性税制结构条款和"偏离规范性税制结构"的特殊性条款两个不同要素所组成。一般而言,后者属于税式支出范畴。但是在税法中通常不会规定哪些是规范性条款,哪些是特殊性条款,因此税式支出的范围就涉及一个判断问题。为此,我国税式支出管理制度建设初期不宜将税式支出的范围确定得过于宽泛,而应遵循合理且可行的原则,具体说,可将重点放在能够被预算直接支出可以替代的、有特定目的、不仅仅为少数纳税人享受的税收优惠政策上。关于涉及的税种的选择,不能照搬西方发达国家以所得税税式支出为中心的模式,而要针对中国商品和劳务税比重较大、涉及的税收优惠较多的现实,将流转税置于和所得税同等重要的位置。

2. 建立税式支出的统计制度

税式支出统计主要包括两个方面:一是在可以直接获得税式支出数据的情况下进行加总或分类核算;二是在不能直接获得有关数据的情况下根据间接数据进行估算。前一种情况下的统计应以各级税务机关的统计分析为基础,但也需要纳税人及有关涉税部门的配合。做好这项工作,目前的税收统计范围和纳税人自行申报纳税的数据指标均应扩大,以尽可能多地获得实际统计数据,从而缩小估算的比重,减少估算的误差。后一种情况下的统计更为复杂,需要统计部门的数据支持,也需要选择适合中国实际的统计方法。如前所述,目前世界上实行税式支出管理的国家主要采用三种统计方法,运用收入放弃法计算政府因提供税收优惠而导致的年税收收入的减少额,在计算上应以包含税收优惠条款的新立法与没有包含税收优惠条款的原立法之间的比较为依据,运用收入收益法计算在假设取消某项税收优惠条款的情况下有可能给政府增加多少税收收入,运用等额支出法考虑的是以一项相应的直接支出计划取代一项税式支出,需要多少税前支出才能达到相同的税后受益或效果。考虑到我国的实际,我国改革初期可选择简便的方法,如收入放弃法,对重点数据进行深入分析或改革进展到一定程度时再运用复杂的方法,如收入收益法或等额支出法等。

3. 开展对税式支出的评估

对税式支出的绩效进行评估是一项比较艰巨复杂的工作,其关键是正确地选择绩效评估的方法和指标。一般而言,用税式支出与预算直接支出比较尽管不是一种专业性的工作,但常常是有效的。因为一项税式支出若可以用预算直接支出取代,且政府支出成本不变或有所降低,就可以考虑取消相应的税式支出政策。同理,若取消一项税式支出带来的税收收入超过税式支出额,表明税式支出是低效的,也可以考虑取消这项政策。若在税式支出评估中采用成本效益分析方法,则要在净效益现值法、效益成本比法和内部收益法之间进行比较选择,在改革初期,倾向于采用简便的方法。但应注意的是,在税式支出总量固定的情况下,若在各方案之间进行最佳分配,宜采用效益成本比法来进行评估,而当税式支出方案是一个整体,与其他方案没有关联时,则宜采取净效益现值法来进行评估,这是因为效益成本比法更适用于对税式支出的宏观评估,而净效益现值法则更适用于对税式支出的微观评估。

4. 建立保障措施

第一,是转变观念并制定规范。要认识到建立税式支出制度绝不是给那些早已存在的各种税收优惠换个新的名称,而是一种认识上的飞跃和一项重大改革。为此,应由中央政府以行政法规的形式明确建立中国税式支出管理制度的意义、目标、步骤、内容以及各级政府和各部门的职责。以保证这项改革有法可依。第二,是为更好地完成这项改革任务,政府各有关部门要各司其职,各部门应对税式支出制度建立给予支持,对需要的各种统计数据和材料,财政部、税务总局、海关总署和国家统计局等要相互配合,不得推诿,并及时准确地提供相关信息和数据,做到统计真实无遗漏。第三,是要继续完善税制,进一步统一税政。我国在进行税式支出分析时面临的一个突出问题是税制不完善,税种之间相互关系未实现科学合理的衔接,致使不同的税种难以用统一标准进行税式支出的统计估算和分析。另一个问题是越权减免税、擅自实行先征后返的情况屡禁不止,为进行全面的税式支出分析造成了难以克服的困难。因此,要建立完善的税式支出管理制度,必须进一步完善税制,统一税政和严肃税法。第四,是社会各阶层,包括企业、个人、银行等要按法律法规履行自己的义务。由于税式支出管理制度是建立在对税收优惠的统计数据上,所以,纳税人的纳税申报应做相应的调整,这也需要纳税人与税务部门、银行与财政部门间密切配合,同时加大对税式支出制度的宣传。

本 章 小 结

转移性支出是财政收入分配职能的主要实现方式,也是实现调节经济和资源配置职能的重要手段。本章重点介绍了补助性转移支付的三种类型:社会保障支出、财政补贴支出和税式支出。社会保障支出重点介绍了这一制度产生的背景、基本功能与制度特征;目前在世界各国实践中的四种主要模式类型,即投保资助型、社会福利型、储蓄保险型和国家保险型,这些类型的划分主要依据各自获得资金的渠道和支出对象的确定;筹资的三种模式,即基金式、现收现付式和混合式,不同的筹资模式各有其不同的制度背景和优缺点,因此不能绝对化;对我国社会保障制度的改革与建立,重点分析了我国社会保障制度演变的历程、特定历史条件下社会保障制度的特点,进一步改革的思路;结合新颁布的《社会保险法》重点分析了基本养老保险、基本医疗保险和失业保险制度的基本内容。对于财政补贴的分析,主要介绍了财政补贴的性质、特点、功能和基本分类;以中央政府对地方政府补贴为例,介绍了经济学理论对补贴效应的分析;然后简要分析了我国财政支出的现状问题和改革的基本措施。对税式支出分析主要介绍了这一新概念的由来及其含义、税式支出的本质特征;税式支出的四种类型,即税基式、税额式、税率式、递延式以及每一类型所包含的各种具体税式支出形式;介绍了对税式支出进行估算的三种基本方法,即收入放弃法、收入获得法和等额支出法,并分析了各自的优劣;简要介绍了目前财政对税式支出管理的三种模式;从税收优惠的激励、照顾和引导功能上分析了税式支出的效应与影响问题;最后对我国建立税式支出制度面临的问题和基本思路进行了分析。

扩 展 阅 读

现代社会保障制度首先产生于德国的原因

在西方工业化国家中,德国资本主义发展较长时间一直处于萌芽状态。在 19 世纪 80 年代,其工业化规模与发展水平均无法与工业化先驱的英国相提并论,但它却是世界上最早制定社会保障立法的工业化国家,率先全面实行了社会保险政策。这与当时德国的经济发展水平,社会保险立法的理论基础,特定的政治因素和社会传统息息相关。

一、经济发展水平

现代社会保障制度是工业化社会特有的产物,经济发展程度是其得以建立的基础。19 世纪 80 年代以前,社会救济体制是资本主义国家主要的社会保障制度,它是一种低层次、低成本的社会保障制度,覆盖范围十分有限。这是因为当时经济发展水平较低,政府掌握的剩余产品有限,无法提供更高水平的保障。

从 19 世纪五六十年代开始,整个德意志经济发展相当迅速,尤其是煤铁等重工业部门。到 60 年代,德意志的工业产值已赶上法国。从这一阶段开始的第二次工业革命是以德意志为中心的,除了短暂的萧条外,德意志经济一直处在繁荣状态。1871 年德意志帝国的建立实现了德意志的统一。普鲁士在 1870 年普法战争中的胜利,为新成立的帝国获得了丰厚的经济利益:他们从法国得到了 50 亿法郎的赔款,并将其投入到工业领域,这不仅使原有的工业部门大为扩充,而且又建立了许多新的工业部门;同时还占领了法国阿尔萨斯全省和洛林省的一部分,这里是著名的工矿区,因而使纺织工业、化学工业和钢铁工业获得了充足的原料供应,得到空前规模的发展。德意志帝国统一后经济增长速度十分惊人。统一前的 1860—1870 年,工业年均增长率仅为 2.7%;1870—1880 年,增长幅度达到 4.1%;1880—1890 年则为 6.4%,其增长速度远远超过了英、法两国,仅次于当时经济高速增长的美国。快速的工业增长使后起的德意志帝国迅速赶上并超过了老牌的资本主义国家,1874 年德国

的工业生产超过了法国,1895年又超过了英国。经济实力的增长使得社会保险——这种比
社会救济制度更为先进的社会保障模式在德国得以建立并能稳定运行。

再来看英国。它于19世纪中叶就完成了工业革命,资本主义经济迅速发展,并很快成
为世界工厂。在这样的条件下,尽管在英国资本主义经济发展过程中也存在各种各样的社
会问题,但是并没有严重到必须建立一套现代社会保障制度的程度。直到19世纪末20世
纪初,英国经济的发展速度明显降低。1873—1913年英国国内产值平均增长率从1.2%下
降到0.5%,同期,美国则为1.9%和13%,德国稳定在1.5%,甚至连法国、意大利、瑞典等
国的发展速度也超过了英国。同时英国在世界工业生产中所占的比例也开始落后于德国和
美国,1870年,英国、德国和美国在世界工业生产中所占的比例分别是32%、13%和23%,
1913年分别为9%、12%和42%。在这样的情况下,各种社会问题必然会加剧,英国经济发
展状况的变化才要求英国建立起现代社会保障制度。

二、理论基础

社会保险首先在资本主义经济相对落后的德国出台,有一个重要的理论根源,就是盛行
德国的历史学派理论。

它既反对亚当.斯密的自由放任主义,又反对马克思的阶级斗争学说,认为两者都不符
合德国国情,因而倡导实质上是国家社会主义学说的"国家干预主义"和"社会改良主义"。
从19世纪70年代到一战期间,新历史学派在德国理论界居于主导地位,他们积极为政府出
谋划策,主张对资本主义进行社会改良,认为劳资冲突不是经济利益的冲突,而是感情教养
和思想存在差距引起的对立,所以劳资问题是一个伦理道德问题,不需要用社会革命的方式
来解决,而是要通过对工人进行教育来解决。他们还主张国家干预经济生活的管理,认为应
通过立法实行社会保险、救济孤寡等社会政策措施,自上而下进行新的改革。他们对首相俾
斯麦推行社会政策的支持,直接促使了自1883年起几个劳动保险法律的制定和实施。

而在英国,1870年以前其政治生活的主要理论支柱是自由主义,它表现为:中央政府对
地方政府尽量少的干预,法律制度上的保护私有财产及个人自由的原则,以及对工会、友谊
会,慈善组织这些社会组织的认可,这样就不利于国家对社会生活的有效干预。现代社会保
障制度是由中央政府通过社会立法推行社会保险制度以及其他社会政策措施,以保障整个
社会正常、和谐发展的一种社会安全政策和制度,它最重要的特征是依靠国家强制推行。显
然,英国的政治体制不利于这种制度的顺利实施。

三、政治因素

俾斯麦政府之所以能在德国推行"国家社会主义",在西方工业化国家率先实行国家社
会保险,从根本上说,是当时德国社会内部特定的阶级状况所决定的。

19世纪下半期,德国阶级关系极为复杂,封建主义,资本主义、社会主义各种因素并存。
在各阶级中普鲁士容克地主的势力最大。他们在政治上具有两面性:一方面,他们走"普鲁
士式"的农业资本主义发展道路,与资产阶级的利益趋于一致;另一方面,他们是享有特权的
国家政权操纵者,不但对无产阶级和社会运动抱仇视态度,而且压制资产阶级参政的要求,
把其排挤在政治权力之外。容克地主美化自己主宰的政权,把普鲁士描绘成为穷人谋利益
的超阶级国家,以便与资产阶级争夺对无产斗志。德国资产阶级有较大局限性。他们采传
的团体、报刊和集会都要受到封禁;政府可以不经任何法律程序逮捕和放逐被它认为是危害
社会治安的"危险"分子。但在马克思和恩格斯的帮助下,社会民主党党员们深入群众,进行

宣传和组织工作,还发动罢工,举行游行示威活动。经过他们的积极努力,这种混乱的状况迅速得以扭转。在艰难的斗争条件下,社会民主党将斗争坚持了下来。例如,《社会主义从空想到科学的发展》德文版,在1882—1883年就连续出了3版;1889年5月,社会民主党领导了鲁尔矿区10万工人的大罢工,给政府以更为沉重的打击。种种事实表明,镇压政策没有收到预期的效果。为了不让工人跟着社会民主党走,也为了瓦解工人自发的组织,德意志帝国被迫走上了建立社会保障制度的道路。

英国与德国有所不同。英国资产阶级善于采用扩大某些政治权力进行改良,实行让步的统治方法来支配无产阶级。自从1867年第二次议会改革以来,部分城市工人获得了选举权,选民人数从250万人增至1883年的315万人。自1868年起到整个70年代,在以往议会改革的基础上,英国形成了具有典型性的两党政治制度,即形成了自由党于1868—1874年执政,和1874—1880年保守党执政的局面,巩固了资产阶级的绝对统治。轮换执政的这两个党都声称自己是为了工人的利益,他们进行一些细小的改革来愚弄群众和笼络人心。自由党于1871年通过工会法案,取消1825年对工会活动的限制,承认工会的法律地位。1875年保守党通过法令,修改了"主仆法",承认工人和雇主的"平等"。这种资产阶级"自由主义"所造成的"民主"、"自由",导致工人群众把全部希望寄托在这两个党的身上,对它们抱着普遍幻想。似乎在英国完全可以信赖两党政治而获得工人的各种政治权力,没有必要去组织工人阶级的政党。

四、社会传统

德国之所以能够率先自上而下地推行国家社会保险,是与其社会保险的传统分不开的。17世纪在普鲁士地区的采矿业中,已经形成了较为著名的矿工协会、疾病保险机构等组织。这种组织起初是自愿参加的,后来在国家干预下开始带有半强制的性质,即当雇主力图逃避社会保障责任时,普鲁士政府通常会出面干涉,要求他们履行义务。1845年,普鲁士政府又以法令的形式使这种疾病保险方式法制化和正规化。根据有关法令,矿山、高炉等行业都被强制建立雇主和工人联合委员会管理下的地区性疾病保险组织,疾病和丧葬抚恤费用的基金由雇主和雇员按同等比例分摊,实际上,这是普鲁士国家强制保险原则的首次应用。19世纪六七十年代,这类疾病保险组织已普及到德意志的其他邦国。在整个19世纪,全德境内共有73个此类组织,会员人数达到61.3万。

英国的情况却大不相同。在整个19世纪,个人主义一直支配着英国的社会生活,个人的贫富贵贱被认为是个人因素造成的,是个人不努力的结果,国家无需负责任,社会其他成员也不负责任。基于社会生活中个人主义的观念,在英国便形成了自助与互助的传统。既然贫困,失业等是个人因素造成的,解决这些问题主要也应该依靠个人的努力,依靠自助。此外工人们还建立起了许多互助组织,如友谊会等。因而,在19世纪的英国形成了一种基于自由主义原则,个人主义观念的,从自助到互助到慈善事业到济贫法的社会救济体系,这种体系的相对完善性,尤其是友谊会等互助组织经济力量与政治影响的增长,加上19世纪90年代后对济贫法所做的一些改革,使其在一定程度上和一定时间内缓解了一些紧迫的社会问题。因此,自助与互助的传统以及19世纪末济贫法的改革也在一定程度上阻碍了现代社会保障制度在英国的建立。

正是由于上述原因,当19世纪80年代德国开始推行强制性社会保险制度时,英国的反应十分冷淡。1889年6月的《时代》杂志对德国的社会保险制度做出这样的评论:"我们这个岛国的英国人需要的是个人的自由发展,德国人需要的是一种强有力的中央集权的国家控制……自助和自由发展比较适合于英国人……"因此,尽管德国的社会保险制度出现后在欧洲大陆产生了较大的影响,许多国家纷纷仿效,但对英国没有产生明显的影响。

　　基于以上分析,正因为当时德国的那些条件是英国所不具备的,同时也由于英国情况的特殊性,使得现代社会保障制度首先在德国产生。

　　(资料来源:《经济视角》,2006 年 7 月 10 日。作者:周佩璇。)

思考与练习

　　1. 什么是社会保障? 包括哪些内容?

　　2. 社会保障有哪些基本模式和筹资模式?

　　3. 简要介绍我国的基本养老保险与基本医疗保险制度。

　　4. 举例分析社会保障的经济功能。

　　5. 为什么说财政补贴与价格有密切关系? 请举例说明。

　　6. 试分析政府间财政补贴的效应。

　　7. 什么是税式支出? 税收优惠与税式支出有何区别? 提出税式支出概念有什么意义?

　　8. 税式支出有哪些类型? 每种类型包括哪些具体的支出形式?

　　9. 纳税扣除与税收抵免有何不同? 请举例说明。

　　10. 税式支出估算有哪些基本方法? 各有什么特点?

　　11. 简要介绍税式支出财政管理的模式。

第八章 财政收入概述

知识要点与学习要求

1. 财政收入的性质。要求能够从财政收入的转移性和"凭借"与"依据"几方面理解财政收入的性质、公共权力性质的变化。要求学会从基本政治制度角度分析历史上公共权力的不同性质。

2. 决定和影响财政收入的因素。要求能够区分决定与影响因素的不同,决定和影响财政收入的主要因素各有哪些。

3. 财政收入的形式与分类。要求理解财政收入形式和分类划分的依据,掌握不同分类的意义。

4. 财政收入的结构与规模。要求从不同收入来源上把握分析财政收入结构的意义;能够分析财政收入规模的决定因素;了解改革开放以来我国财政收入规模变化的基本情况及其超 GDP 增长的原因。

本章结构图

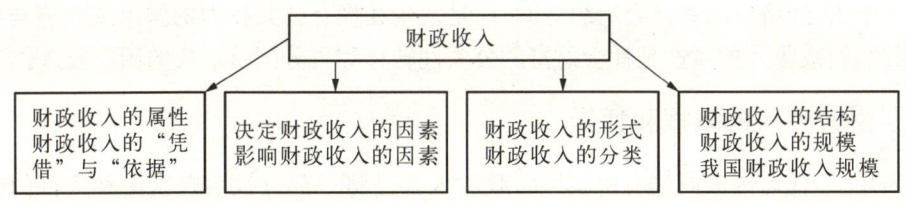

基本概念

财政收入 财政收入属性 社会契约 交换说 公共需要说 财政收入形式 财政收入分类 铸币税 财政收入结构 财政收入规模 国民经济财政负担率 剩余产品价值率

财政收入是财政运行的第一阶段,是国家或政府独有的参与社会分配和占有社会财富的经济范畴,同时又是一个依靠政治权力强制取得收入的政治范畴,因此,分析财政收入首先需要从整体上回答以下一些问题:与其他收入相比,财政收入的属性是什么? 国家或政府取得收入的"依据"和"凭借"是什么? 决定和影响财政收入的因素有哪些? 财政收入的形式有哪些? 财政收入怎样分类? 财政收入的结构与合理规模怎样确定? 我国财政收入的规模有何特点? 本章作为公共财政学收入部分的开端需要回答上述问题。

第一节　财政收入的属性及其依据和凭借

一、财政收入的属性

从经济性质或从来源上说,任何收入都来自经济活动,都是经济活动的结果。但是,由于人们的经济活动是在不同的经济制度和经济体制下进行的,取得收入的来源、分配规则和方式就会有很大的不同。例如,在自然经济中,因为人类的经济活动基本是自给自足式的,劳动的直接目的是满足自己的需要而少有交换,收入基本来自自然分工下的劳动成果,收入分配的对象一般是直接的劳动产品,分配在家庭成员之间进行。在以人身依附关系为基础的奴隶制和封建制社会中,对劳动产品的分配基本是按生产资料的所有权来占有绝大部分劳动成果。在进入商品经济社会,经济采取市场运行的机制,人类经济活动的直接目的发生了变化,即生产活动的直接目的不是为了满足自己的需要而是为了交换,因此,收入不是直接来源于自身的劳动,也不再表现为直接的劳动成果,而是来源于市场交换活动,其形式表现为货币收入,收入分配的原则开始逐步转向按生产要素的市场价格分配。但是,在经济活动中出现的这些分配所形成的收入,其基本属性没有变化,即它们都是来自收入经济主体各自的生产和经营活动,严格意义上说,是来自经济主体所拥有的生产要素在市场上的出售,与社会收入总和对应的是社会财富的增加,因此,这些在经济领域或市场中获得的收入都是生产经营性的收入。

相形之下,财政收入中除去比例较少的那部分从公产(官产)所得来的收入外,主要来源于税赋,而税赋是一种社会财富转移所形成的收入,在直接来源上不是生产经营而是社会分配,因此,其经济属性不是生产性收入,而是分配性和转移性收入,又由于这种分配和转移不是发生在个人、经济组织和社会组织之间,而是发生在拥有公共权力的国家或政府与纳税人之间,因此,财政收入的属性是社会财富的公共性转移和再分配所形成的国家收入。

二、财政收入的依据和凭借

在表象上,任何国家或政府所获得财政收入都是将一部分社会财富由私人部门转移到政府(公共)部门后所形成的国家收入,但是,为何国家和政府可以并且能够获得财政收入?为何只有国家或政府可以独享这一获得转移性收入的权力? 有关财政收入通常的定义似乎回答了这一疑问,即将财政收入定义为"国家为实现其职能,凭借(或有的在此用'依据'一词)其掌握的公共权力的强制力,参与社会财富的分配所形成的收入"。这一定义回答了国家或政府取得财政收入的手段,即"凭借"公共权力的强制力,以及目的"为实现其职能",但是,并未回答国家或政府取得财政收入的合理性依据问题,因此,不能将表象上组织收入时需要的手段等同于获得财政收入合理性的依据,需要将国家或政府取得财政收入的"依据"和"凭借"加以区分。

1. 财政收入的依据

财政收入的依据是指国家或政府源于何种正当理由向全社会征税,是财政收入的"应然"要求。从历史的观点看,组织财政收入与国家的产生是同一事物,维持国家的存在就是财政收入的本然依据,换言之,有国家存在就必然有财政,财政收入的合理性似乎不证自明。

但是,这种"天然合理性"的观念在 14～15 世纪文艺复兴运动兴起后开始受到挑战。有关的思想导源于对国家起源问题的探讨。荷兰法学家和思想家格劳秀斯把国家定义为"一群自由人为享受权利和他们的共同利益而结合起来的完全的联合",从而提出了国家起源于社会契约①的观点,这一思想经英国思想家霍布斯、洛克和法国启蒙运动思想家孟德斯鸠等的发展,最终集大成于卢梭的"社会契约论"。霍布斯认为,国家起源于"一大群人相互订立信约",而"按约建立"的"政治国家"的一切行为,包括征税,都来自人民的授权,人民纳税乃是因为要使国家有力量在需要时能够"御敌制胜"。洛克在以自然法思想阐述国家的起源和本质问题时提到:"诚然,政府没有巨大的经费就不能维持,凡享受保护的人都应该从他的产业中支出他的一份来维持政府"。孟德斯鸠认为,"国家的收入是每个公民所付出的自己财产的一部分,以确保他所余财产的安全或快乐地享用这些财产"。卢梭将国家起源于契约的理论作了最为系统的表述,指出社会契约所要解决的根本问题是"要寻找出一种结合的形式,使它能以全部共同的力量来维护和保障每个结合者的人身和财富","每个结合者及其自身的一切权利全部都转让给整个的集体"。依据"社会契约说",国家起源于处在自然状态(丛林社会)的人群向社会状态过渡时所缔结的契约,而国民向国家纳税,让渡自己的财产则是为了能够更好地享有其他的自然权利以及在其自然权利一旦受到侵犯时可以寻求国家权利的保护。

在"社会契约说"的基础上,关于财政收入合理性依据的思想进一步发展为"交换说"和"公共需要说"。起源于 17 世纪欧洲的"公共需要说"和"交换说"将政府和纳税人的关系看成是委托代理关系。"公共需要说"认为,税收的依据是纳税人的公共需要,因而,国家的职能是满足公共需要和增进公共福利,但国家履行这一职能需要税收作为经济来源。如经济分析法学派的代表人物波斯纳认为:"税收主要是用于为公共服务支付费用的。一种有效的财政税应该是那种要求公共服务的使用人支付其使用的机会成本的税收。但这就会将公共服务仅看作是私人物品,而它们之所以成为公共服务,恰恰是因根据其销售的不可能性和不适当性来判断的。在某些如国防这样的公共服务中,'免费搭车者'问题妨碍市场机制提供(公共)服务的最佳量。"所以,公共服务消费所具有的非竞争性和非排他性的特征,决定其无法像私人物品一样有私人部门通过市场机制提供,只能由国家或政府来承担公共服务的责任,国家或政府也就只能通过建立税收制度来筹措满足公共需要的生产资金。"交换说"认为,税收是纳税人为获得国家提供的安全保护和公共秩序等公共品所付出的代价,国家和纳税人之间是一种利益交换关系,国家征税的依据是向纳税人提供了公共品。林达尔在"公需说"和"交换说"的基础上,进一步系统地提出了税收价格论。税收价格论阐明了纳税人是在为自己纳税而不是为政府纳税的道理,进而从根本上肯定了政府征税的正当性与合理性。

2. 财政收入的"凭借"

在现实中,财政收入的合理性依据并不能保证财政收入的形成,这是因为政府提供的公共服务具有消费的非排他性和非竞争性,又由于公共理性与个体理性的不一致必然导致"免费搭车",所以,依靠某种外在的强制手段使每个消费公共产品和公共服务的人都承担其费用成本,就成为取得财政收入的必要条件。这就需要国家或政府必须"凭借"所拥有的公共

---

① 社会契约是国家或政府与全体公民之间订立的契约,但是,社会契约是无纸化的契约,即它不是以约条文的形式存在的,而是表现为"民意"的选择,当一个政权获得大多数公民的拥护就意味着社会契约的订立,当大多数公民反对一个政府就意味着社会契约的"解约"。

权力(政治权力)的强制力来组织财政收入。

公共权力(政治权力)强制力的本质是合法暴力,但是这种合法暴力会因公共权力性质的不同而不同。在君主制时代,"君权神授"使公共权力披上了神权的面纱,君主的权力至高无上,公共权力的强制力表现为独裁者帝王以其掌握的军队、监狱所形成的高压统治,君主甚至可以凭借其统治权实施暴政,对人民横征暴敛。在进入代议制民主政体时代后,公共权力的授权基础和机制发生了根本的变化,民选成为公共权力合法性的基础,由此决定了公共权力的强治力必须由独裁的高压统治转向依法行政,更为重要的是,所有的法律必须是经过民主的程序产生的,是建立在民意的基础之上的,就税收而言,"不赞成毋纳税"是公共权力强制力组织财政收入的基本前提。在当代,公共权力已经开始进入服务型政府和公共管理的时代,公共权力开始真正回归到它的本意,即由独裁统治权力到政治官僚权力,开始进入公共授权和公众参与管理的公共治理时代。公共权力的强制力不再是统治和管理的工具,而是提供公共服务的手段,纳税服务的理念已经在征税的各个方面得到了体现。

可见,尽管"凭借"公共权力的强制力始终是组织财政收入的手段,是取得财政收入的"实然"表现。但是,强制力本身的性质却因政治制度和行政管理体制的不同而发生着变化,从而使"凭借"本身具有"不合法不合理(人治)"、"合法不合理(法制)"和"合法合理(公共治理)"等不同的性质。

除了"凭借"公共权力之外,国家或政府还可以"凭借"所掌握的公共资产的所有权或占有权获得公共资产收入,"凭借"公共信用权获得公债收入。

从"依据"和"凭借"的关系看,逻辑上应该是"依据"决定"凭借","依据"用以证明"凭借"的合理性并规定"凭借"手段的性质,"凭借"手段应体现"依据"的性质。但是,在现实中,国家或政府组织财政收入时,"依据"和"凭借"这两种因素是融合在一起的,共同决定着现实的财政收入。其基本关系可用下图8-1表示。

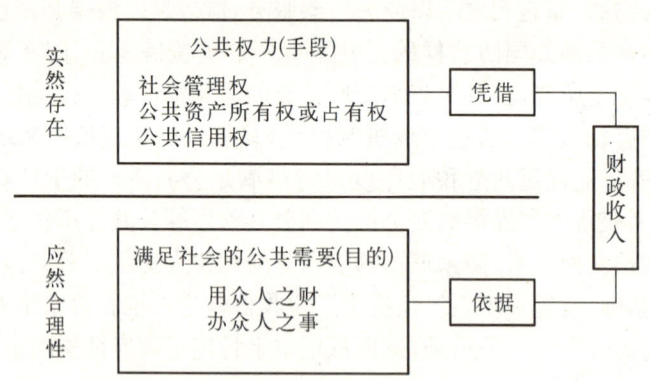

图8-1　财政收入的依据、凭借与实际财政收入的关系

第二节　决定和影响财政收入的因素

一国一定时期内能够组织到多少财政收入始终是财政部门的核心任务。分析决定和影响财政收入的因素是科学制定政策和管理的基础。财政收入作为现代国家经济运行中的最重要的经济变量,单纯从收入的角度分析,是综合经济因素决定和影响的结果。但是决定因

素和影响因素的作用存在不同：决定性因素是基本的和长期发挥作用的因素，通常是可以预见到的，而影响因素通常是偶然的和短期的，通常难以预料，因此应该分开来分析。

一、决定财政收入的因素

（一）经济发展水平与技术因素

经济发展水平和技术进步是决定财政收入的基础和源泉。衡量一国的经济发展水平的主要指标是人均 GDP，它反映了一国一定时期内生产技术水平的高低和经济实力的强弱，以及社会产品丰裕程度及其经济效益的高低，是形成财政收入的物质基础和最终来源。从长期看，随着经济发展水平的不断提高，国民收入不断增长，该国的财政收入规模也会不断扩大，这一趋势已经反映在"瓦格纳法则"中。如英、法、美等西方主要国家，19 世纪末财政收入占国内生产总值的比重一般为 10% 左右，而到 20 世纪末，则上升到 30%～50%。从横向比较看，经济发展水平较高的发达国家财政收入水平一般高于经济发展水平较低的发展中国家。根据相关数据计算，目前低收入国家的财政集中率平均为 21%，下中等收入国家平均为 25.7%，中等收入国家平均为 28.2%，高收入国家平均为 39.5%。

从推动经济发展的动力看，技术进步的提高起着关键的作用，尤其是现在，科技对经济增长的贡献率已经达到 60%～70%。技术进步对财政收入规模的影响可从两个方面来分析：一是技术进步加快了生产速度、提高了产品质量，在推动经济增长的同时增加了国民收入，从而使财政收入的增长有了充分的财源。二是技术进步降低了生产过程中的物耗与能源消耗比例，提高了人均产出比率和社会剩余产品价值率。由于财政收入主要来自剩余价值，所以技术进步对财政收入规模的影响更为明显和直接。

表 8-1

全球经济发展中的技术因素贡献率　　　　　　　　单位：%

技 术 名 称	贡献率
信息技术	18.2
自动化	15.4
航空航天	13.2
生物技术	9.6
新材料技术	7.3
新能源技术	6.2
合 计	69.9

数据来源：王宪磊：《全球新经济的发展》。

（二）经济结构因素

经济结构可以从不同角度分析，例如所有制结构、产业结构和区域经济结构等。其中，从经济发展阶段看，产业结构是决定经济增长的关键，如果一个国家的产业结构中以农业为主的第一产业占的比重过大，其劳动生产率就会比较低，创造的经济剩余比较少，财政的收入相对也会比较少；如果一国的产业结构以制造业为主的第二产业占的比重较高，其劳动生产率就会相对较高，创造的经济剩余就会比较多，财政收入就会大幅度增加；如果经济发展到一定水平，即第一和第二产业都很发达，新的经济增长点必然转向以服务业为主的第三产业,才能保持经济的持续增长。在当代经济发展中,如果一国经济结构不合理,主要表现为第三产业发展滞后,那就会减缓经济发展的速度,从而影响财政收入。

（三）制度和分配政策因素

如果说在经济发展水平和技术进步既定的条件下,经济与技术因素决定"蛋糕"的大小,那么,制度与政策因素则决定着财政能从"蛋糕"中得到的比例。就经济体制而言,在计划经济体制下,政府在全社会资源配置和收入分配中起主导和支配作用,全能型的大财政制度需要保持较大的财政收入规模,以实现国家高度集中的计划目标,如前苏联、东欧国家以及改革开放前的我国。而在市场经济体制下,市场机制在资源配置及收入决定中发挥基础性作用,政府活动的范围被定位在市场失灵领域,财政的基本职能是为满足公共需要筹集和分配资金,财政收入规模相对较小。

从发展水平看,即使在经济发展水平相当的国家,由于政治、社会、经济制度等方面的差别,以及某一时期公共政策的重点不同,也会造成财政收入规模的差异。因为不同的制度对政府职能和作用的要求不同,必然影响财政在整个国民收入分配中的份额。

此外,在基本经济制度决定下的产权制度、企业制度以及劳动工资制度等都会对财政收入和分配政策制度产生影响,分配政策影响的是初次分配,如企业所得税和个人所得税、最低工资制度、最低生活保障制度等,都会影响国民收入在国家、企业和个人之间的初次分配的结果,从而决定了财政收入的绝对规模和相对规模的大小。

二、影响财政收入的因素

（一）价格因素

由于财政收入是在一定价格体系下形成的货币收入,即按一定价格体系下一定时点的现价计算取得的,那么价格的变动及比价关系的变化就能直接或间接影响财政收入的规模。

（1）价格变动直接影响从价计征的流转税收入,从而影响财政收入。流转税一般从价计征。如:销售收入(或营业收入)×税率=税额;而销售收入=销售数量×单价。所以价格高,税额也高;反之亦然。

（2）价格变化影响企业所得税收入。在其他条件相同时,价格与利润、所得税之间在数量上呈正比例关系。

（3）价格的变动与产品比价的变化往往是同时发生的。而产品比价的变化则以另一种形式影响财政收入规模。如,提高农副产品收购价格,而售价不变,将使经营这些产品的企业利润减少或发生亏损,需要财政补贴,使财政收入减少;降低支农产品价格,会减少支农企业的税收和利润,也减少财政收入。调整某种生产资料价格,会引起以此为原料的企业的产品成本和利润的变化,从而影响财政收入的规模。

（4）物价总水平上涨对财政收入的影响。在发生通货膨胀的情况下,价格水平普遍上升,对财政收入产生影响有三种情况:一是如果财政收入增长率高于物价上升率,财政名义收入增长实际收入也在增长;二是价格上升率高于财政收入增长率,财政收入名义上增长,而实际上是负增长;三是财政收入增长率与物价上升率大体一致,此时财政收入只有名义增长,实际财政收入基本不变。即:

$$实际增长率=名义增长率-通货膨胀率$$

（二）社会环境因素

特定时期的社会与政治状况也会引起财政收入规模的变化。如在发生内外战争或突发特大公共危机事件（如特大自然灾害）时，国家必须动员各种财力以维护国家利益，应对公共危机，因而财政收入规模会急剧扩大。

第三节　财政收入的形式与分类

一、财政收入的形式

财政收入的形式是指国家取得财政收入的具体经济形式，即来自社会各部门、单位和个人的财政收入通过什么形式上交给国家。在世界各国，取得财政收入的主要形式都是税收，除此之外的其他非税收收入，视各国的政治制度、经济结构和财政制度的不同而有所区别。当前，我国财政收入的形式主要有以下几类。

（一）税收收入

税收收入是指国家凭借其政治权力，按照预定标准，向经济组织和居民强制无偿征收实物或货币所取得的一种财政收入。税收是最古老、征收面最广、最稳定可靠的财政收入的基本形式。税收历来是国家财政收入的主要来源，从 19 世纪末到 20 世纪 80 年代，西方各主要国家的税收一般都占财政收入的 80% 以上，目前我国财政收入中绝大部分都是依靠税收收入取得的。除组织收入的职能外，在市场经济中，税收对经济社会运行和资源配置都具有重要的调节作用。

（二）企业收入

企业收入是指国有（公共）企业上缴国家财政的利润收入，即国家以所有者身份从国有企业取得的收入。在我国过去高度集中的经济管理体制下，企业收入包括国有企业上缴的利润、折旧基金和多余流动资金等。目前主要是利润收入，包括国有企业上缴财政的利润、承包费、租赁费、股息、股金分红收入等[①]。

（三）债务收入

债务收入是指国家财政通过信用方式以债务人的身份从国内外取得的借款收入。主要包括在国内发行债券（主要是国库券）、向外国政府、国际金融组织、国外商业银行的借款以及发行国际债券等取得的收入。其中，在国内发行债券是取得债务收入的最主要形式。债务收入具有有偿性、自愿性、灵活性和广泛性等到特点，在弥补财政赤字、调节经济运行等方面发挥着十分重要的作用。

（四）其他收入

其他收入在财政收入中占的比重不大，但包括的项目多、政策性强，主要有：

（1）事业收入。它是指各级政府所属的公共事业组织，通过开展专业服务活动及辅助活动所收的服务费收入，这些公共事业组织因为被纳入政府财政预算，其获得的服务费收入应纳入国家财政收入。

（2）规费收入。它是指国家机关为居民或社会组织提供某些特殊服务时，所收取的手

---

① 企业收入在 1994 年税制改革后，在财政收入统计中已经取消。

续费和工本费。如工商执照费、商标注册费、结婚证费、护照费等。

（3）罚没收入。它是指依法对社会、市场进行管理和监察的国家机关或代行政府职能的部门，对违反法律法规的组织和个人进行经济处罚和罚没所得到的收入。其主要来源是工商、质监、税务、海关等部门依法处理的罚款收入。

（4）国家资源管理收入。它是指经国家批准开采国家矿藏资源的企业按规定向国家缴纳的资源管理费。

（5）公产收入。它是指国家所有的山林等自然资源的公产收入。

（6）转移性收入。它是指国家或政府得到的来自国内外的捐助、捐赠收入，对地方政府而言，转移性收入也包括来自中央政府或地方政府的转移性收入。

（五）铸币税收入

铸币税是中央银行一定时期内增加创造的货币量，是指由于国家对货币供给的垄断地位而流入国家的收入。

二、财政收入的分类

财政收入分类的必要性导源于财政收入的复杂多样性，对财政收入进行分类是财政研究和财政管理的基础性工作，为了研究影响财政收入的各种因素，寻找增加财政收入的途径和加强对财政收入的管理，根据目的的不同，需要对财政收入进行不同的分类。

长期以来，各国财政学者都十分重视对财政收入的分类，并提出了各种各样的分类主张，如将财政收入分为直接收入、间接收入和预期收入；经常收入和临时收入；强制收入和自由收入等。各种分类都有一定的意义，但具有理论和实践价值的分类是从收入形式、收入来源和收入的预算管理三个标准进行分类。

（一）按收入形式分类

按财政收入形式的分类通常把财政收入分为税收和非税收入两大类。该分类的好处是突出了财政收入中的主体收入，即国家凭借政治权力占有的税收，有利于反映财政收入的基本来源。但是，非税收入包含了税收以外的所有收入，仅反映它们的非税特点显然不够，因为每种收入取得的过程和分配关系都是不同的，还需要对其他非税收入进一步划分，如国际货币基金组织（IMF）就将税收以外的收入进一步划分为社会缴款、赠与和其他收入三类。

（二）按收入来源分类

无论国家以何种方式参与国民收入分配，财政收入过程总是和该国的经济制度和经济运行密切相关。如果把财政收入视为一定量的货币收入，它总是来自国民收入的分配和再分配。经济作为财政的基础和财政收入的最终来源，对财政分配过程和财政收入本身具有决定的作用。按财政收入来源的分类，有助于研究财政与经济之间的因果关系和财政收入的规模与结构，并建立经济决定财政、财政影响经济的有效运行机制。

按财政收入来源的分类，包括三种不同的亚类：

一是以财政收入来源中的所有制结构为标准，将财政收入分为国有经济收入、集体经济收入、外商独资经济收入、中外合营经济收入、私营经济和个体经济收入等。这一分类对于经济转型国家有重要意义，因为可以据此反映基本经济制度的变化及改革效率的情况。

二是以财政收入来源中的部门结构为标准，将财政收入分为工业部门和农业部门收入，轻工业部门和重工业部门收入，生产部门和流通部门收入。

三是按财政收入与产业的关系可分为第一产业收入、第二产业收入和第三产业收入等。这一分类对于认识经济发展的阶段和经济中出现的问题有重要意义。

（三）按财政预算管理分类

（1）根据财权与事权相统一的原则，一国的财政收入可分为中央政府财政收入和地方政府财政收入，地方政府财政收入还可以根据行政级次进行再划分。

（2）根据是否将全部财政性资金纳入预算管理，可以将财政收入划分为预算内收入与预算外收入。我国的预算外收入是从高度集中的计划经济体制下的统收统支财政体制遗留下来的，最初的目的是为了给地方政府留出一定的财力以满足本地区的一些特殊性需要。但是，改革开放以来，预算外资金出现膨胀趋势，甚至脱离了财政的监督，2007年实行政府收支分类改革后，绝大部分预算外资金已经纳入预算内管理，但是，至今仍有部分资金流在预算外，如土地出让金收入。

（3）根据预算编制的收入分类，可以将财政收入按编制的类别科目进行分类。我国2007年进行的政府收支分类改革，结合我国国情，借鉴国际通行分类，在编制预算中将财政收入分为税收收入、社会保险基金收入、非税收入、贷款转贷回收本金收入、债务收入和转移性收入。

第四节　财政收入的结构与规模

一、财政收入的结构

财政收入的结构是指一定时期内财政收入来自国民经济各部门、各行业和各地区的比例和数量，主要包括财政收入的产业结构、财政收入的所有制结构和财政收入的地区结构。分析财政收入结构的目的是了解财政结构与经济及其结构的关系，以便分析经济体制和经济结构是否合理，准确把握财政收入的来源，判断是否制定相关政策来改革经济体制和调整经济结构，以保证经济的持续发展和财政收入的稳定增长。

（一）财政收入的产业结构

国民经济按产业可分三大产业。第一产业包括农业、牧业、林业、渔业等；第二产业包括采矿业、制造业、公用事业和建筑业等；第三产业包括第一、第二产业以外的各业，主要有流通部门、服务业、旅游业、交通运输业、金融保险业、教育医疗卫生文化、公共管理和社会组织等。三大产业在国民经济整体中的地位不同决定了各自在财政收入中的地位也不同。研究财政收入的产业结构以及与之相关的价格结构的变化对财政收入的影响，便于根据各部门的发展趋势和特点组织财政收入，开辟新的财源。

1. 第一产业是财政收入的基础

虽然我国从2006年1月全面取消了农业税，目前已经不存在直接来自农业的税收收入，但是第一产业的发展会影响整个国民经济的发展，从这个意义上说仍然是财政收入的基础，主要表现在农业间接提供的财政收入。长期以来，我国工农业产品交换中存在剪刀差，使农业部门创造的一部分价值转移到以农产品为原料的轻工业部门，而工业部门生产的产品有相当一部分以较高的价格销往农村，因此，工业部门提供的利润和税收中有很大一部分来自这种与农业部门的不等价交换。尽管改革开放以来，计划性质的剪刀差已经不存在了，但是,这种性质的间接收入至今仍任存在。此外,农业的发展为其他产业的发展提供了原料、广阔的市场和劳动力这一基础性地位更加突出,因此,没有农业的发展,就没有其他部门的发展,也就没有国家财政收入的增长。

2. 第二产业是财政收入的主要来源

第二产业的主体是工业和建筑业,因此,第二产业在国民经济体系中居于主导地位。其发展和经济效益如何,对财政收入的增长至关重要。财政收入能否随第二产业的发展而相应增长,取决于两点:一是工业企业和建筑业的经济效益;二是产业内部各部门各行业比例关系是否协调,既要防止第二产业内部长线部门、行业形成的产品积压浪费,也要防止短线部门、行业形成的瓶颈制约。如电力、能源、原材料等的制约。

3. 第三产业创造的价值正在成为财政收入的重要来源

第三产业以服务经济为主体,大力发展服务经济已经成为新的经济增长点,其在 GDP 中的比重也越来越大,在我国目前大约在 50%左右,财政收入来自于第三产业的比重也越来越高。

(二) 财政收入的所有制结构

所谓财政收入的所有制结构指的是财政收入从不同所有制的经济组织上缴的税金、利润和费用所构成的比重。分析这一结构的意义在于认识各种经济成分对财政的贡献率,以及不同所有制经济主体的发展情况,为调整经济运行机制和制定财税政策提供参考。财政收入按经济成分分类,有国有经济收入,集体经济收入、私营经济收入、个体经济收入和外资经济收入等。

改革开放之前,我国是以国有经济为主导地位的,国有经济提供的财政收入占 2/3 以上。集体经济和其他经济占财政收入 1/3。改革开放以后,特别是 20 世纪 90 年代中期实行社会主义市场经济体制,私营经济、个体经济、外国投资企业发展迅猛,来自非国有经济的财政收入逐步上升,约占财政收入 50%~60%左右(含私营经济、个体经济、中外合营经济、外商独资经济成分),而来自国有经济的财政收入在 50%~40%左右。目前,我国经济总规模中的国有经济比重尚无明确的统计数据。但根据学者估算大概占 1/3 左右[①]。所以,非国有经济日益成为我国财政收入的主要来源。随着经济体制进一步改革,国有企业进一步减少,来自国有经济收入占财政收入的比重将进一步降低。

(三) 财政收入的地区结构

财政收入的地区结构是指一国财政收入来自不同经济区域所形成的比例结构,反映区域经济发展的基本情况及其与财政收入的关系。就我国而言,改革开放以来,由于政策和既有经济条件等原因,各地区的经济发展很不平衡,地区差距比较大。根据经济发展水平、交通运输条件、技术水平、地理位置等综合因素,全国区域经济的版图曾被分为东部、中部、西部三大经济地带。东部 12 个省(市)的土地面积占全国 14.2%,工农业总产值却大约占全国 50%;中部地区 9 个省(市)土地面积占全国的 34.3%,人口占全国 41.9%,而工农业总产值仅约占全国 40%;西部地区 11 个省土地面积占全国 51%,人口占全国 11%,工农业总产值仅约占全国的 10%。正是由于这种区域经济的巨大差异,使得东部地区成为我国财政收入主要来源地,而中西部地区的财政则依赖于中央的转移支付。今后,随着西部大开发战略的

----

① 汪海波:《国进民退毋庸置疑　应把国有经济比重降至 20%》,凤凰网财经 2011 年 1 月 24 日。

实施,需要将东部的资金、技术、人才优势与中西部的资源优势有机结合起来,帮助中西部地区发展经济以培植财源,才能实现中西部地区财政收入的自给自足和较快增长。

二、财政收入规模

财政收入的规模也就是财政收入的总水平,通常用绝对数如财政收入总额,或用相对数如财政收入占国民生产总值(或国内生产总值)或国民收入的比例来表示。财政收入规模界限分析的是一定时期内财政收入合理规模的标准是什么。有两个基本标准,即财政收入的下限和上限标准,下限标准是指财政收入的最低数量界限由哪些因素决定,上限标准指财政收入的最高数量限制由什么因素决定。

(一) 决定财政收入下限标准的因素

财政收入数量的下限就是指政府履行其最基本职能对财政收入的最低需要量。决定这一最低需要量的因素由一定历史阶段中基本政治与经济制度决定,一般而言有三类因素需要考虑。第一类是刚性因素,所谓刚性因素是指一国政府必须履行的保卫国家安全和管理社会职能所必需的最低财政收入,这些职能主要包括国防、行政、公安、司法、社会救助和各项法定支出等。财政收入无论如何应该满足政府履行上述职能的需要,必须予以保证。第二类是带有一定弹性的因素,所谓带有一定弹性的因素是指某些事项在现代经济社会中已经被划入政府职能范围,但是,相对于最基本的职能而言,履行这些职能的程度具有一定的弹性。主要包括基础教育和其他具有社会共同事务性质的公共事业,如高等教育、文化、医疗卫生、社会保障、基础科学研究、城市维护建设等。虽然政府财政收入也必须满足上述公共事务事项的需要,但是,财力安排可以有一定的伸缩,或者可以有一定的轻重缓急的选择。第三类主要是社会投资性的职能,如基础设施建设、各项公共事业发展所需的基本建设和农业等。这一部分支出虽然可以视社会经济发展水平以及财政收入规模而定,可以增加,也可以压缩,但也有个最低需要量。总之,财政最低限量的收入应该满足政府提供基本公共服务的需要。

(二) 决定财政收入数量上限的因素

财政收入数量的上限取决于国民收入的总量,有关决定和影响国民收入总量的因素已经在前面分析过。在国民收入总量限定的条件下,主要取决于国民收入 N 中社会剩余产品 M 部分所占的比率(M/N)和 M 中财政所能集中的收入 F 部分所占的比率(F/N)。(M/N)比率称为"国民经济的财政负担率",(F/N)比率称为"财政集中率"。

在国民收入 N 既定的情况下,"国民经济财政负担率"实际上主要涉及 V(个人收入或劳动力价值)与 M 之间的关系问题,即在国民收入中 V 与 M 各自的比重。这一比重取决于以下两个因素:

(1) V 与 M 的比例关系,或 M 占国民收入的比重,可称为"剩余产品价值率";

(2) M 中财政集中部分与非集中部分的比例关系,或者说,财政收入占 M 的比重,可称为财政集中率。

设: N = 国民收入, F = 财政收入,则:

F/N = 剩余产品价值率 × 财政集中率 = $M/N \times F/M$

假设:剩余产品价值率是 50%,财政集中率是 60%,则:

$F/N = 50\% \times 60\% = 30\%$

就财政集中率 F 而言,主要取决于一国采取的税制结构和税务机关的税收效率。

三、我国的财政收入规模

(一) 我国财政收入规模的变化

改革开放以来,伴随市场经济体制改革进程的是政府财政收入规模的不断变化。财政收入的绝对量,除了 1979 年和 1980 年略有下降外都有增加,尤其是自 2003 年突破 2 万亿元关口之后,开始大幅度增长,以年均近万亿元的速度递增,至 2010 年达到 83 080 万亿元。从增长率来看,在不同年份存在波动,但财政收入增长率呈加速上升趋势,其中 2007 年名义增长率从 2006 年的 22.47% 提高到 32.36%,提升了近 10 个百分点。

而以衡量财政规模的另一种更有意义的指标——财政收支占 GDP 的比重变化看,财政收入占 GDP 的比率在改革开放后的前 20 年间持续下降,从 1978 年的 31.06% 下降到 1996 年的 10.41%,1997 年这种下降势头开始得到扭转,并在 13 年间稳步上升,从 1997 年的 10.95% 上升到 2009 年的 29.6%。尤其是 2007 年该比率比 2006 年上升了 2.4 个百分点,表现出明显加速的势头。从增量对比来看,财政收入增量占 GDP 增量的比重逐年升高,2004 年来,我国 GDP 年均增长 10.6%,而名义财政收入年均增长 21.09%。相比之下,财政收入增长速度明显高于 GDP 的增长速度。其中 2006、2007 两年显著上升。总体上看,以 1994 年分税制改革为转折点,财政收入占 GDP 比重总体呈现 U 形变化。从财政收入增长速度看,我国财政收入增长速度连续 10 多年超 GDP 增长速度。

我国财政收入占 GDP 比重的升高以及财政收入与 GDP 的相对增长速度加快,说明财政集中程度在不断提高,与其他国家比较,我国财政收入绝对规模小于主要发达国家,占 GDP 比重低于世界平均水平,人均财力也与发达国家存在很大差距。但是,财政收入增长速度超经济增长速度,也可能加重经济的超额负担,因此,财政收入持续快速增长对宏观经济和微观经济是否存在较大的负面影响成为社会关注的焦点。2007—2009 年我国政府收入及其占 GDP 比重如表 8-2 所示。

表 8-2

2007—2009 年我国政府收入及其占 GDP 比重 单位: 亿元、%

	2007 年		2008 年		2009 年	
	绝对额	占 GDP 比重	绝对额	占 GDP 比重	绝对额	占 GDP 比重
一、公共财政收入	51 322	19.3	61 330	19.5	68 518	20.1
其中: 税收收入	45 622	17.2	54 224	17.3	59 522	17.5
二、政府性基金收入	10 737	4.0	14 985	4.8	18 351	5.4
其中: 国有土地使用权出让收入	7 285	2.7	9 942	3.2	14 254	4.2
三、国有资本经营预算收入	140	0.1	444	0.1	989	0.3
四、社会保险基金收入	8 729	3.3	10 805	3.4	12 780	3.8
政府收入合计	70 928	26.7	87 564	27.9	100 638	29.6
IMF 口径的政府财政收入	63 643	24.0	77 622	24.7	86 384	25.4

注: 1. 社会保险基金收入为扣除财政补助后的五项社会保险基金收入。2010 年我国已开始试编社会保险基金预算。2. 由于国有资本经营预算尚在试点中,目前暂无地方数据,表中国有资本经营预算收入指中央国有资本经营预算收入。资料来源: 中华人民共和国财政部网站。

（二）我国财政收入规模变化的原因分析

1. 改革开放前期财政收入占 GDP 比重逐年下降的原因

从 1978 年开始,在财政体制方面选择了"让利—放权—分权—非对称性分权"的改革路径。改革开放之前,国民收入分配实行统收统支体制,财政收入占 GDP 比重普遍较高。在改革开放之初,传统的国民收入分配体制尚未改变,1978 年财政收入占 GDP 比重高达30.78%。为改变高度集中的计划经济体制模式,多次对企业放权让利,在处理国家与企业之间的利润分配关系方面逐年加大放权让利的力度以搞活企业。这使得财政预算内收入占GDP 的比重不可避免地呈直线下降的趋势。同时,为扩大部门财务自主权,把一些本应纳入国家预算内管理的财政收入和支出交给各个部门,实行自收自支,形成了大量的预算外管理资金,在调动了各部门发展经济和增加收入积极性的同时,也造成了预算外资金挤占预算内收入,使财政预算收入占 GDP 比重不断下滑。因此,尽管自改革开放以来至 1994 年,我国预算内财政收入的绝对规模基本是逐年递增,但其增速明显低于 GDP 的增长速度,出现了"两个比重"(财政收入占 GDP 的比重和中央财政收入占全部财政收入的比重)逐年下降到趋势。为了扭转这一趋势,振兴国家财政,从制度上理顺中央与地方之间的财权,1994 年进行了根本性的分税制改革,初步建立了较为规范的财政预算收入体系,有效地阻止了财政预算收入占 GDP 比重持续下滑的势头。1996 年财政收入占国内生产总值的比重开始出现止跌回升的态势。

2. 1997 年后财政收入超 GDP 加速增长的原因

（1）经济增长因素。我国改革开放以来财政收入的快速增长首先得益于国民经济的迅速发展和生产技术水平的提高。33 年中 GDP 年均以 10% 以上的速度增长,1987 年 GDP 为3 642.2 亿元,而 2010 年是 397 983 亿元,是改革之初的 109.3 倍。在财源扩大的基础上,财政收入迅速增加。

（2）价格变动因素。价格变动也是引起财政收入增加的一个不容忽视的因素。一方面,随着价格总水平的上升财政收入会同比例地增长,表现为财政收入的虚增;另一方面,我国采用了累进税制,"档次爬升"效应使得财政收入有所增加。此外,分配政策和分配制度也会对财政收入有一定的影响。而价格统计口径的差异也是财政收入增长超 GDP 增长的重要原因。比如财政收入增长率按现价计算,而 GDP 增长率按不变价核算。

（3）税制结构因素。GDP 是由第一、第二、第三产业增加值组成的,我国第二、第三产业增加值要高于 GDP 的增长,而财政收入主要是由来自第二、第三产业的 20 多种税收和非税收收入组成。2002 年我国第二、第三产业占 GDP 比重为 81.6%,而 2007 年这个比重是88.3%。我国当前的税制结构是以增值税为主体税种,而增值税与工业增加值有密切联系,由于工业增长速度高于经济增长速度,税收收入也显著高于 GDP 的速度增长,从而使财政收入快于 GDP 增速。此外,随着我国企业效益不断提高,与财政收入中主体税种关联度大的经济指标,如工商业增加值、全社会固定资产投资、外贸进出口总额、社会消费品零售总额、企业实现利润等增长均大大超过同期 GDP 的增长,相应带动了增值税以及企业所得税的增长,直接促使财政收入超 GDP 增长。

（4）预算体制因素。从预算体制看,产生大量"超收"收入的根本原因是不健全的预算管理体制。从我国财税体制改革的历程来看,1995 年国家逐步实行"费改税"试点工作和清理整顿各种基金和收费项目;1996 年又进一步强化了对预算外资金的管理,将一批具有税收性质的收费和基金转化税收征收,纳入预算内管理;1997 年政府将 13 项基金和附加纳入预算内管理,减缓了预算外资金规模的增长;1998 年以后,随着经济体制改革的深化,特别是分配制度的完善,经济秩序逐渐好转,再加上税收征管的加强,财政收入增速比 GDP 增速快,造成了财政预算收入占 GDP 比重的 U 型变化。

(5) 特殊因素。还有部分政策性以及特殊因素的原因,比如 2007 年铁道运输企业一次性上交国有资产收入,证券交易印花税调整带来的收入增长,还有出口退税政策的调整,减少退税相应增加收入等因素,合计形成增收 3 000 多亿元。

本 章 小 结

本章突出了对财政收入属性和国家或政府取得财政收入的“依据”和“凭借”的理论分析,目的在于说明财政收入作为经济和政治融合范畴的特殊性质。以此为基础,从总体上分析了财政收入的若干基本问题。包括:经济与财政收入的因果关系,其中区分了财政收入的决定因素与影响因素;国家或政府取得财政收入的形式,其中的难点是铸币税收入;财政收入的分类,从来源、所有制和预算管理三个维度对财政收入的分类,有助于分析财政收入的不同性质类别;财政收入结构,目的在于了解财政收入来源的总体构成;财政收入规模,主要说明在全社会资源配置中确定财政收入量的因素是什么;我国财政收入规模的变化与特点,主要总结了 U 形变化的过程轨迹,从 U 形变化的下降和超 GDP 增长两方面分析了变化的原因。

扩 展 阅 读

我国财政收入规模及国际比较

近年来,随着国民经济较快发展,我国财政收入持续增长,占国内生产总值(GDP)的比重逐步提高,国家财政实力不断壮大,政府宏观调控和公共保障能力进一步增强。但我国财政收入占 GDP 比重明显低于世界平均水平,人均财力也与发达国家存在很大差距。

1. 我国财政收入规模基本情况

通常我国财政收入主要是指纳入公共财政预算管理,可以统筹安排用于民生支出、提供一般公共产品和服务的公共财政收入。2011 年、2012 年我国公共财政收入分别为103 874.4亿元和117 253.5 亿元,占当年 GDP 比重分别为 22% 和 22.6%。其中,税收收入分别为 89 738.4 亿元和 100 614.3 亿元,占 GDP 比重分别为 19% 和 19.4%。

按照国际货币基金组织(IMF)颁布的《政府财政统计手册 2001》的口径,政府财政收入包括税收、社会保障缴款、赠与和其他收入(其他收入主要指财产收入、出售商品和服务收入、罚金罚款和罚没收入以及其他杂项收入)。按此国际可比口径,我国政府财政收入,除公共财政收入之外,还应包括政府性基金收入(不含国有土地使用权出让收入)、国有资本经营收入、社会保险基金收入。不包括国有土地使用权出让收入,是因为根据 IMF《政府财政统计手册 2001》的定义,国有土地出让行为是一种非生产性资产的交易,结果只是政府土地资产的减少和货币资金的增加,并不带来政府净资产的变化,不增加政府的权益,因而不计作财政收入。按此口径计算,2011 年、2012 年我国政府财政收入分别为 132 986.3 亿元和 152 223.8 亿元,占当年 GDP 比重分别为 28.1% 和 29.3%。其中,公共财政收入是主体;政府性基金收入(不包括国有土地使用权出让收入)分别为 7 886.1 亿元和 8 651.8 亿元,占 GDP 比重均为 1.7%;国有资本经营收入分别为 765 亿元和 1 495.9 亿元,占 GDP 比重分别为 0.2% 和 0.3%;社会保险基金收入分别为 25 757.7 亿元和 31 411 亿元,占 GDP 比重分别为 5.4% 和 6%(见表 8-3)。

表 8-3

2011 年和 2012 年我国政府收入及其占 GDP 比重　　单位:亿元

项　目	2011 年		2012 年	
	绝对额	占 GDP 比重	绝对额	占 GDP 比重
一、公共财政收入	103 874.4	22.0%	117 253.5	22.6%
其中:税收收入	89 738.4	19.0%	100 614.3	19.4%
二、政府性基金收入	41 363.1	8.7%	37 534.9	7.2%
其中:土地出让收入	33 477.0	7.1%	28 892.1	5.6%
三、国有资本经营收入	765.0	0.2%	1 495.9	0.3%
四、社会保险基金收入	25 757.7	5.4%	31 411.0	6.0%
五、扣除重复计算部分	5 297.0	1.1%	6 579.5	1.3%
(一)中央公共财政收入调入政府性基金资金	40.8	0	47.4	0
国家重大水利工程建设基金增值税返还	25.8	0	32.4	0
车辆购置税划转水利建设基金	15.0	0	15.0	0
(二)国有资本经营收入调入公共财政资金	40.0	0	182.6	0
(三)公共财政对社会保险基金的补助支出	5 216.2	1.1%	6 349.4	1.2%
政府收入合计	166 463.3	35.2%	181 115.9	34.9%
IMF 口径的政府财政收入	132 986.3	28.1%	152 223.8	29.3%

2. 我国宏观税负水平的国际比较

从宏观税负水平看,按国际可比口径计算,2012 年我国宏观税负为 29%,低于 2011 年世界平均 38.4% 的水平,也低于发展中国家平均 35.4% 的水平。考虑到我国的政府性基金收入、国有资本经营收入和社会保险基金收入都具有特定用途,基本实行专款专用,实际上可统筹用于保障和改善民生等方面的公共财政收入水平并不高。

3. 我国人均财政收入水平的国际比较

人均财力水平更能客观反映一个国家的财政实力,我国的人均财力水平远远低于世界主要国家的平均水平。按照国际可比口径计算,2012 年美国等主要发达国家人均财政收入水平均在 14 000 美元以上,我国按汇率折算仅为 1 781 美元,不足主要发达国家水平的 13%。(见表 8-4)

表 8-4

2008—2012 年我国人均财政收入的国际比较情况

单位：美元

国家	2008 年	2009 年	2010 年	2011 年	2012 年
美国	15 245	14 032	14 844	15 404	15 743
日本	12 039	11 695	12 775	14 067	14 525
德国	19 502	18 134	17 524	19 499	18 745
法国	22 804	20 653	20 233	22 436	21 342
意大利	17 862	16 399	15 714	16 685	15 791
英国	16 512	13 016	13 266	14 303	14 435
中国	844	960	1 167	1 528	1 781

注：财政收入、人口数据来源于国际货币基金组织《世界经济展望》(2013 年 10 月)。数据库、汇率数据来源于 CEIC。

可以看出，虽然我国财政收入绝对规模比较大，但宏观税负水平并不高，与发达国家、发展中国家相比还存在差距，特别是人均财力水平和可统筹用于民生的公共财政收入占 GDP 比重都明显偏低。同时，我国区域、城乡之间发展很不平衡，经济社会发展还存在不少薄弱环节，需要增强财政调控能力。今后几年，我国财政面临收入降速、减税、增支、控债多重压力，有必要继续保持财政收入稳定增长，进一步提高财政保障和改善民生、提供公共服务的能力，以促进经济持续健康发展和社会和谐稳定。

（资料来源：中华人民共和国财政部网站。）

思考与练习

1. 如何理解财政收入的属性？
2. 国家或政府取得财政收入的"依据"和"凭借"有何不同？
3. 决定和影响财政收入的主要因素有哪些？
4. 在财政收入形式中，税收以外的收入形式有哪些？
5. 你怎样理解铸币税？
6. 根据财政收入分类的三个不同维度概括出财政收入分类。
7. 什么是财政收入结构？分析它有何意义？
8. 决定财政收入下限的因素是什么？其上限的决定因素有哪些？
9. 解释改革开放以来我国财政收入 U 形变化的原因。

第九章　税收原理

知识要点与学习要求

1. 税收的属性。要求正确理解税收的含义及其形式特征,能够对税收进行合理的分类。

2. 税收原则。要求能够从历史的角度认识税收原则的发展演变,并从发展演变中透视背后的原因。正确把握税收公平原则和效率原则的内容。

3. 税收效应。能够准确理解税收效应,把握政府征税对生产、储蓄、劳动供给、投资、收入分配产生等方面产生的影响。

4. 税制要素。能够准确把握纳税人、征税对象、税率、纳税环节、纳税期限、税收减免、违章处理等税制要素。

本章结构图

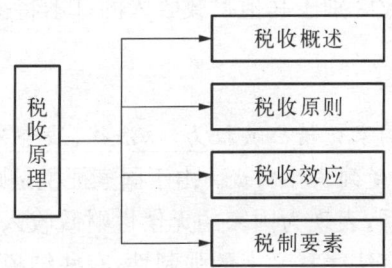

基本概念

税收　税收原则　直接税　间接税　税收效应　税收中性　超额负担　税制要素　拉弗曲线

第一节　税收概述

一、税收含义

税收是一个古老的经济范畴,它随着国家的产生而产生,经历了几千年的历史和不同的社会形态,并且在现代市场经济中形成完备的法律体系,成为国家财政收入最主要的形式。

关于什么是税收,马克思曾经指出,"赋税是政府机器的经济基础,而不是其他任何东西","国家存在的经济体现就是捐税"。列宁也曾说过,所谓赋税,就是国家不付任何报酬而向居民取得的东西。<u>税收是国家或政府为了满足社会公共需要,凭借政治权力,按照法律预先规定的标准,向个人和经济组织强制地、无偿地取得的财政收入</u>。对税收的理解应该把握以下几个方面：

（1）税收是国家财政收入的基本形式。财政收入的形式多种多样，包括税、费、公产收入、债务收入等，但税收是国家组织财政收入和参与国民收入分配最直接和最基本的方式，也是各国财政收入最主要的来源。

（2）税收是国家凭借公共权力取得的财政收入。国家取得财政收入凭借的权力性质不同，既可以依靠财产权力，也可依据政治权力。国家凭借财产权力可以获得财产收益，凭借政治权力可以向经济组织或个人征税。税收正是国家政治权力的一种体现。

（3）税收的目的是为了满足社会公共需要。政府履行自身的职责，就要消耗相应的社会资源，以向社会提供公共品，满足社会公共需要。这就需要有相应的经济来源，而税收是政府经济来源的保证。

（4）税收体现了国家在征税过程中形成的一种特殊分配关系，即以国家为主体的分配关系。

（5）税收是一个分配范畴，在现代社会日益成为政府对国民经济进行宏观调控的一种主要手段。

二、税收的形式特征

税收的形式特征是指国家或政府在取得税收的过程中在形式上表现出来的特征，体现了税收这种收入与其他收入形式相比所具有的属性。一般认为，税收的形式特征包括强制性、无偿性和固定性，这是税收区别于其他财政收入的基本特征，只有同时具备这三个特征的收入形式才构成税收。

1. 强制性

税收强制性是指税收是国家凭借公共权力，以法律、法令为依据强制课征，纳税人必须依法履行缴纳义务，违反者会受到法律制裁。由于国家征税是财富所有权的单方面转移，在直接取得的环节没有交换关系，表现为国家的无偿性财政收入，就纳税人而言，是一种非自愿的经济利益损失。如果没有法律意义上的强制性，有些纳税人就会不自觉或不愿缴纳税收，而期望在公共品的享用上"搭便车"。因此，只有通过强制性的课征，才使税收成为国家最可靠、最稳定和最广泛的收入形式。

税收的强制性使得税收与公债、政府收费和捐赠等收入形式明显区分开来。与税收相比，公债是按照信用原则，具有自愿性；收费是以政府提供服务或让付费者获得某种权力为前提；捐赠则取决于捐赠者的意愿。这些公共收入形式一般不具有强制性。但是应注意，税收的强制性不是绝对的，当社会成员明了征税的目的并增强纳税观念以后，强制性则可能转化为自觉遵从。

2. 无偿性

税收的无偿性是指国家向社会征税后，税款即为国家所有，不需要偿还，也不需要对直接的纳税人支付任何对价。税收的无偿性体现在税收征纳关系成立的环节，是就纳税人对相关资源和要素的占有关系而言的，即税款缴纳后不再有直接的交换关系。但是，国家最终要用所取的税收为全体国民提供公共安全、社会秩序和共同的生产生活条件等公共品，在消费环节纳税人可以"免费"享受这种公共品所带来的利益。如果从财政活动的整体来考察，税收又具有对全体国民享受一般利益的返还性，即"取之于民，用之于民"。税收的无偿性将税收同公债等有偿性的收入形式区分开来。

3. 固定性

税收的固定性是指征税前就以法律形式预先规定了纳税人、征税对象和税率等税制要素，纳税人必须按规定标准纳税，政府也只能按预先的规定征税，不得随意更改。因而，税收的固定性既有利于保证国家财政收入的稳定，也有利于维护纳税人的合法权益。同样，对税收固定性的理解也不能绝对化，它实质上是指政府征税要有一定的准则，这个准则在一定时期内具有相对的稳定性，而不是说税法的规定一成不变，随着社会经济条件的变化，税法内容必然会有所改动，使之更加合理和科学。税收的固定性使税收与公债、罚没收入等收入形式区分开来。

税收"三性"的形式特征是一个统一的整体，使税收作为一种特殊的收入形式区别于其他收入形式。但是需要注意的是，税收"三性"中的"无偿性"只是就税收的形式特征而言的，不可理解为实质性特征，因为就税收价格而言，税收在实质上必须是有偿的，是纳税人为获得公共产品而支付的价格。

三、税收分类

税收分类是按照一定的标准对各种税收进行的综合与归类。科学合理的税收分类，有利于分析税制结构，研究各类税种的特点、性质、作用以及相互之间的内在联系，有利于分析税源的分布和税收负担的状况以及税收对经济的影响，从而为建立健全现代税收制度和相应的征收管理制度提供依据。在理论上，税收分类的方法很多，一般可以根据不同的需要，用不同的标准对税收进行分类。

（一）按课税对象的性质分类

按照课税对象的性质分类，可将各税种划分为商品课税、所得课税、财产课税、资源课税和行为课税等。这是各国常用的主要分类方法，也是划分不同税种最主要的依据。商品课税也称流转课税，是指对纳税人的商品和劳务的交易额课征的税收。在计税依据上，可采用销售额、增值额、营业收入额，因而包括增值税、营业税、消费税、关税等。所得课税，是以纳税人的各种所得额为课税对象征收的税收。属于所得课税的一般包括个人所得税和企业所得税，在西方国家，社会保障税、资本利得税等也划入此类。财产课税是对纳税人拥有或支配的动产或不动产课征的税收。主要包括房产税、遗产税和赠与税等。资源课税是对从事资源开发的单位和个人就列举的应税资源课征的一类税，其目的在于对从事自然资源开发的组织和个人所取得的级差收入进行适当调节，以促进资源的合理开发和使用。行为课税是以社会的特定行为为课税对象和为实现政府的特殊目的而征收的一类税，这类税收的税种数量较多，征收办法各异，收入规模有限，政府征税的目的或是为了筹集财政资金，或是为了体现特定的政策目标，包括证券交易税、城市维护建设税、土地使用税、耕地占用税等。

（二）按课税标准分类

按课税标准分类，可将税收划分为从价税和从量税。凡是以课税对象的价格为标准，按一定比例计算征收的税称为从价税；凡是以课税对象的重量、容积、面积、数量等为计税标准的税称为从量税。由于从价税更适应市场经济的要求，有利于贯彻国家税收政策，因而大部分税种都采用这一计税方法。从量税虽然计算简便，但税负水平是固定的，不尽合理，因而只有少数税种采用这种计税方法，如车船税等。

（三）按税负能否转嫁分类

按税负能否转嫁分类，可将税收划分为直接税和间接税。把税收划分为直接税和间接税的做法由来已久。现代社会，直接税和间接税的划分方法随着税收理论的发展而进一步完善，并最终以税负能否转嫁为标准。即凡税负能够转嫁的税种归属于间接税；凡是税负不能或不易转嫁，由纳税人直接负担的税种归属于直接税。前者通常是对商品或劳务的交易课征的税收，如增值税、营业税、消费税、关税等商品课税；后者通常包括直接对纳税人课征的税收，如所得税和财产税。

（四）按税收与价格的关系分类

按税收与价格的关系分类，可将税收划分为价内税和价外税。凡税金构成价格组成部分的税收，称为价内税；凡税金作为价格之外附加的税收，称为价外税。与之相适应，价内税的计税依据称为含税价格；价外税的计税依据称为不含税价格。采用价内税，税金随商品、劳务销售而实现，税额随价格的提高而增加，既有利于税款及时入库，也有利于保证财政收入的取得，而且价内税计算简便，易于被公众接受。但是，由于价内税的税金内含于价格之中，价税不分，容易导致价格的扭曲，加重税收超额负担。采用价外税，则有利于价税分离，负担透明，因而是市场经济国家常用的一种征税方式。中国的增值税，在零售环节采用价内税，零售环节之前采用价外税。

（五）按税收管理权限分类

按税收管理权限分类，可将税收划分为中央税、地方税和中央地方共享税。在实行分税制的国家，一般都按税种划分中央和地方的财政收入，因而税收体系也相应划分为中央税和地方税。所谓中央税，是指税收立法权、管理权和收入支配权归中央的税收；地方税则是指税收立法权或税收管理权、收入支配权归地方的税收。中央税和地方税的划分方法会因国家政体和管理体制的不同而有所不同。有些国家的地方政府拥有税收立法权，可以自行设立税种，这类税种显然就是地方税，而中央政府开征的税种就是中央税。有些国家的税种是由中央政府统一设立的，但根据财政管理上的需要，特别是为了调动地方的积极性，划出一部分税种给地方，其管理和使用权限也相应下放给地方，从而形成另外一种类型的地方税。中央地方共享税是指中央和地方共同享有，并按一定比例分成的税种。如我国的增值税、个人所得税等。

第二节　税　收　原　则

一、税收原则的发展

税收原则也称为课税原则，是制定税收政策、设计税收制度所遵循的基本准则，也是评价税制的优劣、考核税务行政管理状况的基本标准。税收原则体现了一定时期，社会经济发展对税制建设的基本要求。长期以来，理论界和政府都非常重视对税收原则的研究，并形成了一系列的税收原则的理论。

（一）亚当·斯密的税收原则思想

税收原则理论起源于 17 世纪的英国，其最早提出者是英国古典政治经济学的创始人威廉·配第。但财政学界普遍认为，把税收原则明确化、系统化的第一人是古典学派的创始人亚当·斯密。亚当·斯密在其所著的《国民财富的性质和原因的研究》一书中,基于经济自由主义的立场,提出了"平等、确实、便利和最少征收费用"四大原则。

1. 平等原则

它是指一国国民都应该依其在国家的保护下所获得收入的多少,按照一定比例向国家缴纳税收。

2. 确实原则

它是指国民所缴纳的税收必须明确规定,包括纳税的时间、地点、手续和金额等,都要让纳税人确实明了。

3. 便利原则

它是指政府对国民征税的时间、地点、方法等,应尽量站在纳税人的立场,减少纳税人的麻烦和所费。

4. 最少征收费用原则

课税应使收入尽可能地归入国库,使人民缴纳的税额与国库收入的数额之间的差额尽可能地降到最小的程度,也就是税务部门征税时所耗用的费用应减少到最低程度。亚当·斯密的税收原则理论,提出了按比例纳税的思想和税制效率的思想,初步认识到了税收与收入再分配、经济活动之间的关系,代表了自由资本主义时期对税收原则的认识。

(二)瓦格纳的税收原则思想

德国学者瓦格纳(1813—1883)是德国社会政策学派的代表人物,他在 19 世纪中后期也提出了非常有名的税收四原则,也被称为"四项九端"原则。① 财政收入原则。即课税应能充足而灵活地保证国家财政开支需要的原则,包括收入充分原则和收入弹性原则。② 国民经济原则。即国家征税不能阻碍国民经济的发展,以免危及税源,应尽可能有助于资本的形成,促进国民经济发展。它包括税源选择原则和税种选择原则,强调应以国民所得为税源,不能以资本所得和财产所得作为税源。税种选择最好选择所得税。③ 社会公正原则。即税收负担应普遍和平等地分配给各个阶级、阶层和纳税人。包括普遍原则和平等原则。④ 税务行政原则。即税法的制定与实施应当便于纳税人纳税并有利于降低征税成本。它包括确实原则、便利原则和最少征收费用原则。瓦格纳的税收原则理论集前人课税原则理论之大成,代表了自由资本主义向垄断资本主义过渡时期对税收原则的认识和对税制设计的原则要求。

现代财政学者结合财政税收要实现的社会、经济目标对税收原则进行了多方面的研究,综合起来包括:财政收入原则、公平原则、效率原则、管理原则、稳定原则、税务行政原则和中性原则等。一般而言,建立在福利经济学理论基础上的税制优化理论以收入分配的公平性和资源配置的效率性为准则,将税收原则表述为公平和效率两大基本原则。在不同政治经济时期,在不同国家,税收原则的具体内容和侧重点会有所不同,但一般认为现代政府税制设计应遵循三大原则:财政原则、公平原则、效率原则。

二、税收原则

(一)税收的财政原则

税收是国家财政收入的主要来源,筹集财政收入政府课税的重要目标。从税收产生和发展的历史看,各种税收的目的就是要获得满足国家支出需要的财政收入。这一点并没有因为时代的发展而改变,只不过是随着经济社会的发展,税制设计除了满足财政需要的同时,还要兼顾公平与效率问题。所谓税收财政原则就是以满足国家财政需要为目标的税制准则,是税收最基本的原则。税收财政原则强调为了保证政府及时足额地提供公共产品和服务,通过税收取得的收入既要充裕,又要富有弹性。

1. 充裕原则

所谓收入充裕,是指税收收入必须充足、稳定、可靠,可以满足财政支出的需要。这就要求设计税制要着眼于广开税源,选择合理的税制结构模式,可采用复合税制,而不宜实行单一税制;选择税种应考虑课税对象能否提供丰裕税源,特别是在确定税制中的主体税种时,要充分考虑本国经济社会发展的现状;调整税目、税率和制订税收减免税政策时,应充分考虑其对财政收入的影响。

税收充裕原则包括三个层次的意思:一是税收收入要充足。即税收要能为政府筹集足够的资金,以满足向社会提供公共服务的需要。当然,政府提供公共服务的财力也要受到税收收入的制约。二是税收收入要稳定。即税收收入占国内生产总值或国民收入的比例应稳定在一个相对合理的水平,不宜经常或急剧变动。当然,这是相对而言的,当经济社会形势发生巨大变化,分配结构发生重大调整时,税收均衡就会被打破。三是税收收入要可靠。即税收收入要有可靠的经济基础或税源。经济决定税收,因此,大力发展经济,这是税收收入最可靠的保证。

当然,税收充裕原则,也不是税收越多越好,而是应该保持适度,既要满足国家财政的需要,又要能兼顾经济的承受能力。我们应该以社会福利最大化为标准,从国民经济运行、公共服务的需要、纳税人的负担等角度来判断税收收入的规模,关键是要处理好税收收入占国内生产总值即 GDP 的比重问题。

2. 弹性原则

所谓收入弹性,是指税收收入必须具有随国家财政需要变化而伸缩的可能性,从经济意义上看,税收收入弹性是指税收收入的变化率与经济增长变化率之间的比率

$$税收收入弹性＝税收增长率/经济增长率$$

税收收入弹性在一定程度上反映的是税收收入对经济变化的敏感程度。若税收收入弹性等于1,说明税收收入的增减与经济增减同步;若税收收入弹性小于1,说明税收收入增减变动幅度小于经济增减变动幅度;若税收收入弹性大于1,则说明税收收入增减变动幅度大于经济的增减变动幅度。进行税收收入弹性的研究有助于国家对整个社会的宏观税收负担程度进行比较分析,了解掌握整体税负的变化,以使从宏观上对全社会经济效益进行比较研究。还能够从动态上分析研究税收相对经济变化的量变及其运动规律。

(二)税收的公平原则

税收公平原则是指政府征税应使纳税人承担的税收与其经济状况相适应,并使纳税人之间的负担水平保持均衡。税收公平包括横向公平和纵向公平。所谓横向公平是指税收应使相同境遇的人承担相同的税负。纵向公平是指税收应使境遇不同的人承担不同的税负。然而在现实生活中如何衡量"相同境遇"和"不同境遇"是一件十分困难的事情,因此,在税制设计中需要很好的兼顾横向公平和纵向公平。目前被广泛接受的税收公平原则包括受益原则和纳税能力原则。

1. 受益原则

受益原则是指课税是依据纳税人从政府提供公共品中受益的多少而定,受益多的多纳

税,受益少的少纳税。该原则强调,各人所承担的税收应该与他从政府公共活动中所获得的利益相一致,并按照纳税人从政府支出中受益程度来分配税负。

受益原则实际是将纳税人纳税与政府提供的服务看成是类似于市场的交易过程,是"交换说"在税收原则中的体现。政府之所以要向纳税人课税,是因为它向纳税人提供了公共品;纳税人之所以要向政府缴税,是因为他们从政府提供的公共品中获得了利益。因此,税负在纳税人之间的分配,就要以他们受益的多少为依据。税收实际就是纳税人享受公共品的价格。

这一观点从理论上来说很容易让人接受,但在实际的实施过程中遇到的最大难题就是如何衡量每个人从政府支出中获益的多少。由于政府提供的公共品具有非排他性和非竞争性,无论受益者是否愿意缴款,他们的受益都不会受到影响。这样公共品的消费者就不会像购买私人品那样用愿意支付的价格来表现出自己的偏好。而且当他意识到政府要按受益原则来对他课税的时候,为了少缴税就有可能隐瞒自己的偏好或扭曲自己的偏好。这实际是受益原则在运用中的一个局限性。同时,很多支出带有收入再分配的性质,直接用于提高低收入阶层的福利水平,对这类支出很难把收和支连接起来,并以此进行税负分配。这实际是受益原则在运用中的另一个局限性。

因此,我们并不能期待把受益原则用于所有的税制设计,但该原则还是在某些税种中可以运用,如燃油税、车船使用税、社会保障税等。

2. 能力原则

能力原则就是根据各人的纳税能力的大小来确定每个纳税人应该承担的税收。根据这一原则,横向公平可以理解为纳税能力相同的人,缴纳相同的税,纵向公平可以理解为纳税能力不同的人,缴纳不相同的税。按照此原则,征税并不联系支出,而是把支出和收入作为两个不同的问题来处理,因而受到一些经济学家的反对。但该原则具有收入再分配作用,有利于社会公平,且从实践的角度,它具有可行性,所以成为各国税制设计中普遍遵循的原则之一。

然而,运用纳税能力原则实现税收公平,面临的首要问题就是纳税能力的衡量问题,这实际是税基的选择问题。从这一角度,衡量纳税能力可以有三种选择:收入、消费和财产。

收入通常被认为是衡量纳税人纳税能力的最优标准,被多数人认同。收入越高,纳税能力越强,就应该多纳税;收入越低,纳税能力越弱,就应该少纳税。但什么是"收入",按照什么口径统计又面临一些问题。① 是以个人的收入为标准,还是以家庭的平均收入为标准? ② 是以货币收入为标准,还是以经济收入即能够增加个人消费能力的收入为标准? ③ 是以纯收入为标准,还是以扣除某些支出后的净收入为标准? 这些问题,都是税种设计中应该考虑的重要问题,否则,会影响税收的公平性。但一些学者认为,同样收入的人们,其福利水平可能有很大差别,以收入作为衡量纳税能力的标准,难以实现横向公平,这种批评也存在于下述的消费和财产的标准中。

消费是衡量纳税人纳税能力的另一标准。消费标志一个人对社会的索取,索取越多,说明纳税人的纳税能力越强,就应该多缴税。以消费为标准衡量纳税能力,意味着只对消费品课税,客观上起到鼓励投资、抑制消费的目的。但是应该看到,消费尽管与收入的高低有很大联系,但是并不一定成比例,且就消费课税会形成累退性税收,出现收入越高,因消费的边际递减倾向,使纳税额占其收入的比例就越低,这不利于实现分配公平。

财产也被认为是衡量纳税人纳税能力的一个标准。如果一个人或一个家庭财产越多,就意味纳税能力越强，就应该多纳税；反之就应该少纳税。财产类的税收课征，有利于调节社会财富分配不公。但由于对财产课税会助长社会的消费倾向，不利于储蓄和投资，会影响国民经济的长期发展。因此，很少有国家把财产税作为主体税，一般是把它作为所得税、商品税的补充而发挥作用。

可以看出，不同的衡量纳税人纳税能力的标准各有利弊，很难只选择某一种标准进行税制设计，往往是以某种标准为主，辅之以其他标准，形成复合税制以体现税收公平的要求。

（三）税收的效率原则

征税不仅要公平，还应富有效率。税收效率主要是研究税收成本与税收收入、税收与国民经济之间的关系，主要包含两个层次的意义：一是征税过程本身的效率，即较少的征收费用和较低的缴纳成本；二是征税保持对国民经济运行的效率，即征税要有利于促进经济效率的提高，能够有效发挥税收对经济的调节作用。由此，税收的效率原则应该包括两个方面：税收行政效率原则和税收经济效率原则。

1. 税收行政效率原则

税收行政效率原则是指税收征管部门本身的效率，它要求政府在筹集充分的财政收入的同时，应该尽可能降低税收成本。税收成本包括税收的征管成本和缴纳成本。税收的征管成本是指税务机关在税收征管过程中所发生的全部费用。具体包括税务人员的工薪、奖金、福利等各项人员费用；税务机关的公务费、业务费、设备购置费、修缮费及其他公用经费，税收征管改革所付出的成本等。税收的缴纳成本是指纳税人按照税法规定在缴纳税收的过程中所付出的全部费用。具体包括纳税人在申报纳税中所耗费的精力、时间、金钱，为处理好人际关系等所付出的交易费用；纳税人雇用会计师、税务顾问和税务代理机构所花费的费用；单位为个人代扣代缴税款所花费的费用等。

税收行政效率原则，客观要求税收成本或税收费用最小化，即在征收既定税收收入的前提下，尽可能将征纳双方的征纳费用降到最低限度。提高税收行政效率的途径主要包括：简化税制，加强税收宣传，提高纳税人纳税意识，降低税制运行费用；加强税务机构人员培训，提高税务人员素质，提升税务机构的工作效率；进行税收征管模式改革，提高税收征管水平，提高税收的征管效率；强化税收预算管理，提高税务支出透明度，压缩税务支出成本。

2. 税收经济效率原则

税收经济效率原则旨在考虑税收对市场经济资源配置和宏观经济运行产生的影响。主要应该考虑两个方面的问题：一是税收制度和税收政策在保证筹集财政收入的同时，应有利于促进经济发展，避免税收对社会资源配置和市场经济运行造成负面影响，也就是要保持税收"中性"。二是由于市场机制本身存在局限性，客观需要政府对市场进行纠偏，要求税收具有校正性。

税收中性是指政府课税应不扭曲市场机制的正常运行，不影响私人部门原有的资源配置状况。税收中性包含两种含义：一是政府征税使社会所付出的代价应以税款为限，尽可能不给纳税人和社会带来其他的额外损失；二是政府征税应尽量避免对市场机制运行产生不良影响，不要影响市场机制在资源配置中的基础作用。实际上，税收中性理论暗含一个重要的前提，那就是市场机制的运行已经处于高效率状态，这时保持税收中性才是合理的。

但在现实生活中，完全保持税收中性是不可能的，只要政府征税，就会对社会投资、消费、劳动供给等产生多方面的影响，正因如此，才使税收成为政府可以运用的一个重要杠杆。

因此,税收中性原则并不是要求取消税收对经济的调节作用,而是要寻求税收机制和市场机制的最优结合。

有助于理解税收中性的概念是税收额外负担(又称税收超额负担或超重损失)。<u>税收额外负担是指政府通过征税将资源从纳税人转向政府部门的转移过程中,给纳税人造成的税款以外的损失。</u>如纳税人在政府征税后不得不改变自己的消费偏好等。税收额外负担主要表现在两个方面:一是政府征税会减少纳税人的支出,增加政府的支出,由此导致的纳税人经济利益的损失如果大于因征税而增加的社会经济效益,则产生税收额外负担;二是由于征税改变了商品的相对价格,对纳税人的生产和消费行为产生不利影响,则会产生经济运行方面的额外负担。相关税收理论认为,实现税收体系的额外负担最小,必须对供给和需求弹性较小的商品课税。因为供求弹性较小,则供给方或需求方因为价格或征税而对其行为的改变也会较小。对所得课税也会产生额外负担,因为纳税人会在工作和闲暇之间进行重新选择,从而产生额外的福利损失。

税收额外负担可以通过消费者剩余净损失来说明(见图9-1)。

图9-1横轴表示 X 商品的数量,纵轴表示 X 商品的价格,D 和 S 分别为商品税前的需求曲线和供给曲线,均衡点为 E,产量为 OQ_0,价格为 OP_0。假定政府对商品 X 征收 AE_1 的从量税,供给曲线由 S 向上移至 S',税后均衡点为 E',由税后均衡点 E' 决定的产量减少到 OQ_1,价格上升到 OP_1。这时税收收入是销售量 P_2A 乘以税率 AE_1,即四边形面积 $AP_2P_1E_1$。消费者因课税而损失的消费者剩余四边形 $P_1P_0EE_1$ 的面积,生产者因课税而损失的生产者剩余为四边形 P_0P_2AE,两种损失合计为多边形

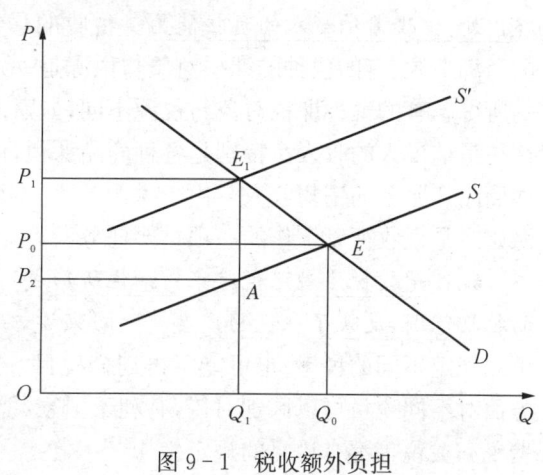

图9-1　税收额外负担

$P_1P_2AEE_1$ 的面积,显然该面积大于政府的课税收入(四边形 $AP_2P_1E_1$ 的面积),两者差额三角形 AEE_1 即"哈伯格三角"就是课税的额外负担。减少税收额外负担有三种方式:选择没有需求弹性的物品课税;所有物品均征收同等数量的税;课征所得税。

税收额外负担降低了税收效率,因此,降低税收的额外负担,保持税收中性就成为提高税收效率的重要途径。

第三节　税制构成要素

税制要素主要是指构成税种和税收征纳的基本要素,包括:纳税人、征税对象、税率、纳税环节、纳税期限、税收减免、附加和加成、违章处理等。其中纳税人、课税对象、税率是税制的三大基本要素,它们旨在解决税收的三大基本问题:即向谁征税,对什么征税,征多少税。

一、纳税人

<u>纳税人又称纳税主体,是指税法规定的负有纳税义务并享有纳税权利的单位和个人。</u>

纳税人可以是自然人,也可以是法人。自然人一般是指依法享有民事权利,并承担民事义务的公民或居民个人;法人是指依法成立并能独立行使民事权利和承担民事义务的组织,包括事业单位、社会团体和各类企业等。在税制要素中,纳税人规定的是"向谁征税"。

与纳税人相关的概念涉及负税人。税法上规定具有纳税义务的人并不一定就是实际负担税收的负税人。负税人是最终负担税款的人。在税负不能转嫁的情况下,纳税人和负税人是一致的;在税负能够转嫁的情况下,纳税人和负税人则是不一致的。

二、课税对象

课税对象又称课税客体,是每个税种征税的标的物,表明对什么征税,课税对象规定着征税的范围,是一种税区别于另一种税的主要标志。不同的课税对象决定着税收的不同种类以及各种税收的征税特点。在现代社会,课税对象主要包括所得、商品和财产三大类,相应地,税收也可以分为所得税、流转税、财产税三大类。

与课税对象密切相关的概念是税源、税目和税基。税源是指税收收入的经济来源或最终出处,体现着纳税人的负担能力。税收的最终源泉只能是国民收入。不同的税种有不同的经济来源,有的税种的课税对象与税源是一致的,如所得税的课税对象与税源都是纳税人的所得。有的税种课税对象与税源不同,如财产税的课税对象是纳税人的应税财产,但税源往往是纳税人的收入。特别是各种商品课税,课税对象是各种应税商品和服务,税源则是这些商品和服务的销售收入。由于税源是否丰裕直接制约着税收收入规模,因而积极培育税源始终是税收征管工作的一项重要任务。

税目是指税法对课税对象的细化所形成的具体征税品种和项目。税目规定了一个税种的征收范围,反映了征税的广度。一般来说,一个课税对象可能包括多个税目,不同的税目可以规定不同的税率;也可能不再划分税目。规定税目,一方面是课税技术上的必需;另一方面对不同税目可以区别对待,有利于国家灵活地贯彻执行税收政策。我国现行营业税、消费税和关税等都有税目的规定。

税基又称计税依据,是计算应纳税额的根据,是征税对象的数量化。其计量单位主要有两种:一是以货币单位为标准,进行从价计征;二是以实物单位为标准,进行从量计征。

三、税率

税率是应纳税额与课税对象数额之间的比例,它是计算税额的尺度。税率体现征税深度,从而直接关系到国家财政收入和纳税人的负担,起着调节收入的作用,是税收制度的中心环节,被称为"税收的眼睛"。在实际运用中,税率主要有三种:比例税率、累进税率和定额税率。

(一)比例税率

比例税率是指对同一课税对象不论其数额大小,只规定一个固定的征收比例。比例税率在具体运用上,又可分为几种类型:统一比例税率,即一种税只采用一个税率;行业差别比例税率,即按行业的差别规定不同的税率;产品差别比例税率,即按产品的不同规定不同的税率;地区差别比例税率,即对不同的地区实行不同的税率;幅度比例税率,即国家只规定一个最高税率和最低税率,在这一幅度内,由地方政府根据本地区的情况具体确定。在比例税率下,同一课税对象的不同纳税人的负担相同,有利于鼓励规模经营和平等竞争,是体现国家经济政策和税负横向均衡的重要工具。另外,比例税率计征简便,也有利于税收征管。比例税率的缺点是有悖于量能纳税原则,且有累退性质。

（二）累进税率

累进税率是按课税对象数额大小规定不同等级的税率,课税对象数额越大,税率越高,数额越小税率越低。累进税率因其累进方法的不同,又可分为全额累进税率和超额累进税率两种基本形式。全额累进税率是课税对象的全部数额都按照与之相适应的最高等级的一个税率征税,课税对象数额越大,所适用的税率越高。超额累进税率是把课税对象按数额的大小划分为若干不同等级部分,对每个等级部分分别规定相应的税率,分别计算税额,一定数额的课税对象可以同时使用几个等级部分的税率。累进税率一般适用于对所得税的征收。

全额累进税率与超额累进税率都是按照量能纳税的原则设计的,但两者具有不同的特点,主要表现在：① 在名义税率相同的情况下,实际税率不同。全额累进税的累进程度高,负担重;超额累进税的累进程度低,负担轻。② 在所得额级距的临界点附近,全额累进会出现税额增加超过所得额增加的不合理现象,超额累进则不存在这种问题。③ 在计算上,全额累进计算简便,超额累进计算复杂。但这只是技术上的问题,可采取"速算扣除数"的办法予以解决。所谓速算扣除数,即为按全额累进税率计算的税额减去按超额累进税率计算的税额之间的差额。

与比例税率相比较,累进税率的缺点是在计算和征收上比较复杂,优点是能够体现公平税负的原则,即所得多的多征,所得少的少征,无所得不征,适合调节纳税人收入水平。特别是超额累进税率,累进幅度比较缓和,能够在一定程度上克服全额累进的缺陷。目前,各国所使用的累进税率主要是超额累进税率。

（三）定额税率

定额税率是按单位课税对象直接规定一个固定的税额,而不规定征收比例。定额税率同价格没有直接联系,一般适用于从量税的征收,如元/吨,元/辆,元/件,元/平方米等。定额税率在计算上更为简便,而且不受价格变动的影响。但是,也正是由于它是一个固定的税额,随着税基规模的增大,纳税的比例变小,所以定额税率具有典型的累退性质,税负不尽合理,因而只适用于那些价格稳定、质量和规格标准比较统一的商品,如啤酒、卷烟等。

比例税率、累进税率、定额税率与税基的关系如图9－10所示。

在图9－10中,横轴代表税基,纵轴代表税率,三条线分别表示不同的税率种类与税基之间的基本量变关系：累进税率会随着税基的增加

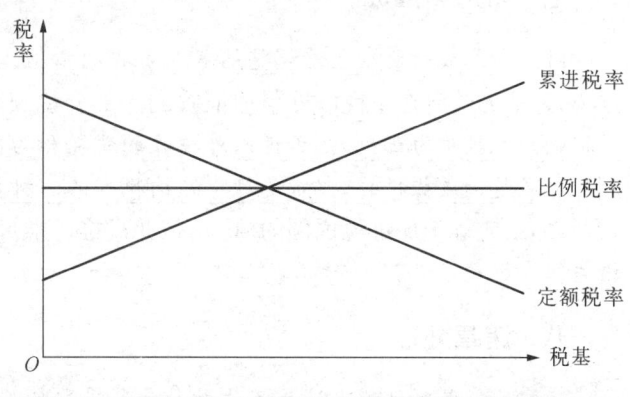

图9－10 比例税率、累进税率、定额税率与税基的关系

而不断提高,定额税率会随着税基的增加而不断降低,只有比例税率与税基始终保持不变。

四、纳税环节

纳税环节是指税法规定的商品从生产到消费的流转过程中缴纳税款的环节。商品从生

产到消费要经过许多流转环节,一般要经过生产、批发、零售等。在商品流转环节中可以选定一个或几个环节缴纳税款。同一税种只在一个环节征税的,称为"一次课征制";在两个环节征税的,称为"两次课征制";在每个环节都征税的,称为多次课征制。正确确定纳税环节对于平衡税负,保证财政收入,便于管理都具有重要意义。

五、纳税期限

纳税期限是指纳税人发生纳税义务后,按规定应向税务机关缴纳税款的期限,是负有纳税义务的纳税人向国家缴纳税款的时间限制。各种税都明确规定了税款的缴纳期限,这有利于保证国家取得财政收入的及时性和连续性。纳税期限是税收强制性、固定性特征的重要体现。纳税期限包括纳税计算期和税款缴库期。前者是指税法规定的纳税人计算应纳税额的间隔期。如我国增值税和消费税是按应纳税款数额的大小,分别核定为 1 日、3 日、5 日、10 日、15 日和 1 个月。后者是指纳税计算期期满后,纳税人报缴税款的法定期限。如我国增值税规定,以 1 个月为纳税计算期的纳税人,于期满后 10 日内申报纳税。

六、税收减免

税收减免是税法规定的对某些特殊情况给予少征一部分税款或全部免予征税的优惠规定。减税免税是把税收的严肃性和必要的灵活性结合起来,有利于因地制宜、因事制宜地处理税收方面的特殊情况。税收减免的形式主要包括税基式减免、税率式减免和税额式减免三种。

税基式减免是指通过减少计税依据来实现减免税的一种形式,具体包括起征点、免征额和项目扣除等。税率式减免是指通过降低税率来实现减免税的一种形式,包括重新确定税率、规定低税率和规定零税率等。税额式减免是指通过减少一部分税额或全部税额来实现减免税的一种形式,具体包括全部免征、减半征收等(详见第七章中的"税式支出"一节)。

七、附加和加成

附加和加成是税率之外调整纳税人负担的措施。附加是地方附加的简称,通常也称为副税,是地方政府在正税以外附加征收的一部分税额。税制中通常把按国家税法规定的税率征收的税款称为正税,把正税以外征收的税款称为副税。附加收入一般留给地方财政支配。加成是加成征税的简称,是对特定纳税人的一种加税措施。加一成等于加正税税额的10%,加二成等于加正税税额的20%,依此类推。采用加成是为了实现某种限制政策或调节措施。

八、违章处理

违章处理是对纳税人违反税法的行为所采取的处罚措施,是税收强制性在税制上的具体体现。纳税人的违章行为通常包括:偷税①、漏税、欠税、抗税、骗税等。偷税是纳税人有

---

① 2009 年 2 月 28 日第十一届全国人民代表大会常务委员会第七次会议通过《中华人民共和国刑法修正案(七)》后,逃避缴纳税款罪取代了原来的偷税罪。纳税人采取欺骗、隐瞒手段进行虚假纳税申报或者不申报,逃避缴纳税款数额较大并且占应纳税额 10%以上的;扣缴义务人采取欺骗、隐瞒手段,不缴或者少缴已扣、已收税款,数额较大的即构成逃避缴纳税款罪。

意识地采用非法手段不交或少缴税款的违法行为；漏税是指纳税人并非故意未缴或少缴税款的行为；欠税是纳税人拖欠税款，不按规定期限缴纳税款的违章行为；抗税是指纳税人以暴力、威胁方法拒不缴纳税款的行为；骗税是指纳税人采取对所生产或者经营的商品假报出口等欺骗手段，骗取国家出口退税款。

违章行为处理的方法有经济制裁、行政制裁和刑事制裁。对纳税人违章处理的措施包括：限期纳税、加收滞纳金、罚款、扣押或查封财产、追究刑事责任等。

第四节 税 收 效 应

一、税收效应含义

税收效应是指因为政府征税所引起的纳税人在经济选择或经济行为方面的各种反应，也可以说是政府征税对消费者或生产者的消费决策或生产决策所产生的各种影响。税收效应表现为收入效应和替代效应。

税收收入效应是指征税将纳税人的一部分收入转移到政府手中，从而减少了纳税人可支配的收入，改变了纳税人的预算线，并进而对纳税人的经济行为产生的影响。税收收入效应本身并不会造成经济的无效率，它只表明资源从纳税人手中转移到了政府手中，但收入减少效应却会引起纳税人在储蓄、劳动供给、投资等方面的一系列进一步反应，进而会改变经济的效率与状况。税收的替代效应是指政府课税会改变商品的相对价格，从而会引起纳税人用一种经济行为替代另一种经济行为。如用轻税或无税商品的生产和消费来替代征税或重税商品的生产和消费。

政府征税会对纳税人的收入、劳动供给、投资、储蓄等产生影响，而这种影响可以从税收的收入效应和替代效应角度进行分析。

二、税收对消费的影响

税收对消费的影响主要表现在政府征税会影响消费者的收入水平和商品的相对价格水平，进而影响人们对消费品的选择行为。这种影响表现为税收的收入效应和替代效应。

税收对消费者选择的收入效应表现为政府课税后，消费者的收入减少，对商品的购买能力下降，但消费偏好并未因此改变，从而均衡减少各种商品的消费（见图 9－2）。

在图 9－2 中，横轴代表食品购买量，纵轴代表衣物购买量。假定纳税人的全部收入均用于购买食品和衣物，在纳税人税前收入一定时，其全部收入用来购买食品和衣物的所有组合落在直线 AB 上。AB 为消费者的预算线，无差异曲线 U_1 与 AB 相切于 P_1 点，该点表示在既定收入水

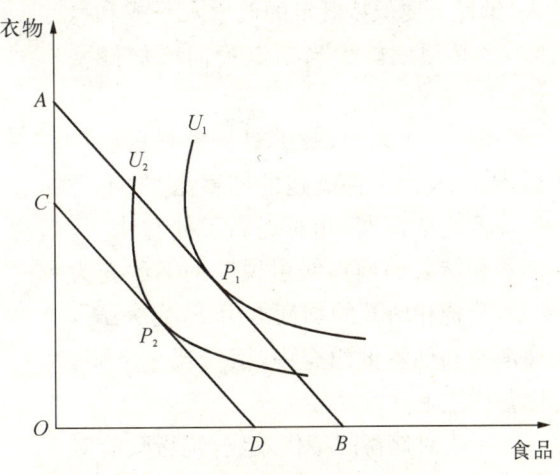

图 9－2 税收对消费的收入效应

平上,对于食品和衣物的这一购买组合给消费者带来的效用或满足程度最大。

当政府对纳税人课征一次性税收时(如个人所得税),税款相当于 AC 乘以衣物价格或 BD 乘以食品价格,那么就意味着纳税人的收入减少,支付能力下降,其支出预算线由 AB 向内平移到 CD,新的预算线 CD 与无差异曲线 U_2 相切于 P_2 点,该点为纳税人在预算线上的最佳购买组合。

上述分析表明,由于政府对纳税人课征一次性税收而使消费者购买商品的最佳组合由 P_1 点移动到 P_2 点,这说明在政府课税后对消费者的影响表现在因收入水平下降而减少商品的购买量或降低购买水平,而预算线的平行内移,表明并未改变购买两种商品的数量组合。

税收对消费者选择的替代效应表现为政府对商品课税后,改变了商品的相对价格,从而导致消费者减少对征税或重税商品消费,增加对无税或轻税商品消费见图 9-3。

图 9-3 显示,政府对食品征税,对衣物不征税,导致消费者预算线由税前的 AB 移至 AD,其消费均衡点由 P_1 变为

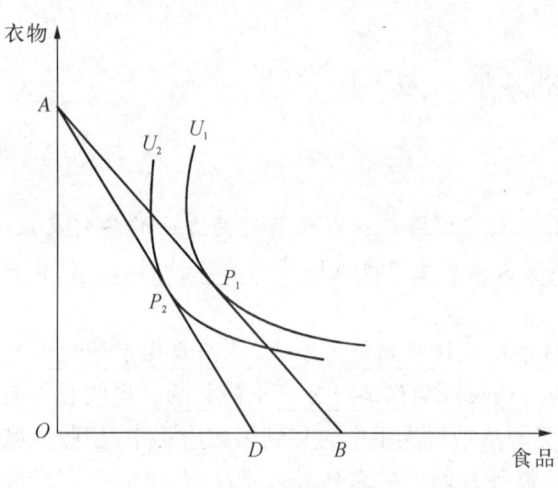

图 9-3　税收对消费的替代效应

P_2,说明消费者改变了消费偏好,减少了食品消费而增加了衣物消费,商品消费组合发生变化。

三、税收对储蓄的影响

人们获得收入主要是用于消费和储蓄,而储蓄往往是为了未来的消费。人们的储蓄行为会受到多方面因素的影响,包括收入水平的高低,储蓄利率水平的高低,而税收也是其中一个非常重要的因素。税收对储蓄的影响主要体现在个人所得税、利息税等税种上。

税收对储蓄的收入效应,是指政府对储蓄利息征收所得税,减少个人实际可支配的收入,纳税人要保持既定的储蓄水平或利息收入,必须就减少当期消费而增加储蓄(见图 9-4)。

图 9-4 表明,政府对储蓄利息征税后,纳税人为维持既定的储蓄水平,不得不降低当期消费,相对提高了储蓄水平。消费和储蓄的预算线由税前的 AB 变为 AD,消费和储蓄的均衡点由 P_1 变为 P_2,在消费和储蓄的组合中,消费比重下降,储蓄比重上升。

税收对储蓄的替代效应,是指政府对储蓄利息征收税收,减少纳税人实际得到

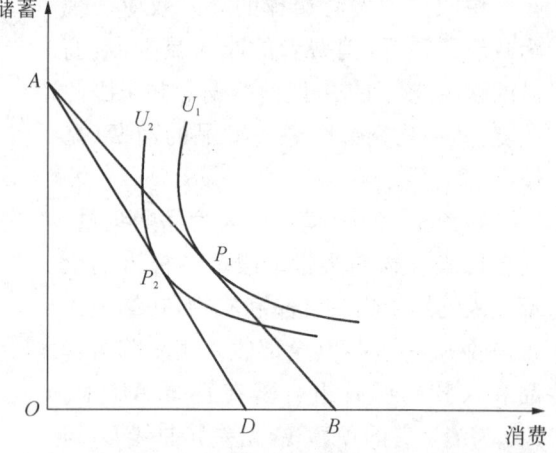

图 9-4　税收对储蓄的收入效应

的利息收入,提高了未来消费的相对成本,降低了储蓄对纳税人的吸引力,导致纳税人以消费替代储蓄(见图9-4)。

图9-5表明,政府对储蓄利息征税后,由于改变了消费与储蓄的相对价格,纳税人会减少储蓄,相对增加当期消费,消费与储蓄的预算线由 AB 变为 BD,消费和储蓄的均衡点由 P_1 变为 P_2,在消费和储蓄的组合中,储蓄比重下降,消费比重上升。

税收对居民储蓄产生的收入效应和替代效应的大小,要取决于个人的收入水平、储蓄偏好、税率的高低等因素。

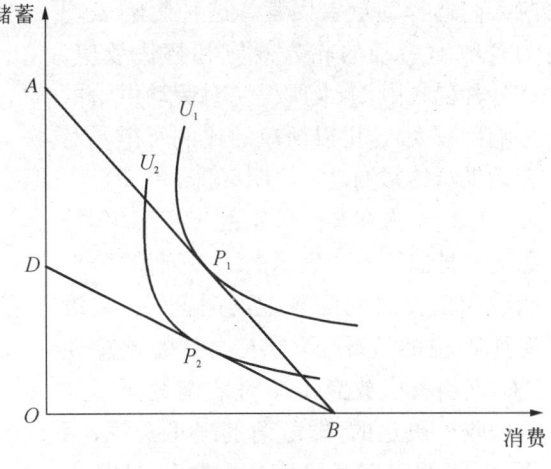

图9-5　税收对储蓄的替代效应

四、税收对投资的影响

影响私人部门投资的因素很多,其中税收是一个很重要的因素。税收主要是通过影响投资收益率来影响投资者的投资行为。税收对投资的影响也表现为收入效应和替代效应。

税收对投资的收入效应,表现为政府征税后,降低了投资收益率及投资收益,为了保证既定的投资收益或更多的投资收益,投资者将会增加投资(见图9-6)。图中, AD 为税后新的预算线, P_2 为税后投资和消费新的均衡点。

税收对投资的替代效应,表现为政府征税降低了投资收益率,对投资者的投资积极性产生抑制作用,从而选择用消费或储蓄来替代投资(见图9-7)。图中, BD 为税后新的预算线, P_2 为税后投资和消费新的均衡点。

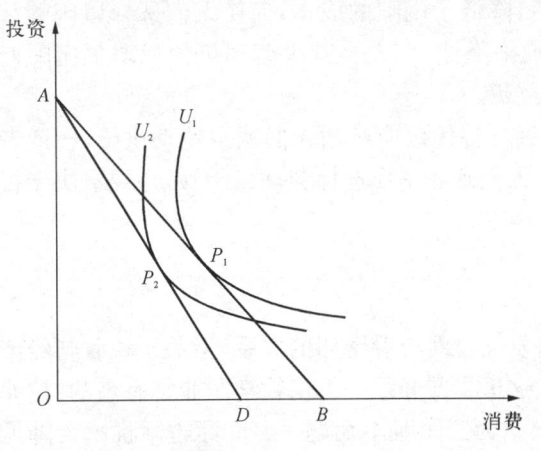

图9-6　税收对投资的收入效应

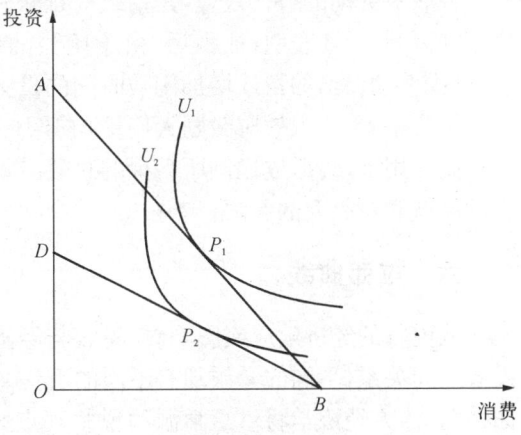

图9-7　税收对投资的替代效应

五、税收对劳动供给的影响

人们选择劳动还是闲暇,受很多因素的影响,税收改变了劳动和闲暇的相对价格,是影

响人们选择的重要因素。这种影响表现
为税收对劳动的收入效应和替代效应。
在各种税收中,个人所得税对劳动供给的
影响比较大,这里以简单的比例所得税对
劳动供给的影响进行说明(见图9-8)。

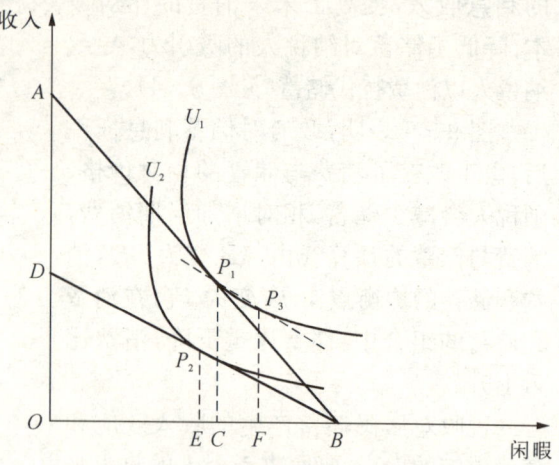

图 9-8　比例所得税的劳动供给效应

　　假定个人在某一既定的工资率下,按
照无差异曲线图所表示的一系列偏好,在
闲暇和工作之间配置他的时间①。在没
有所得税的情况下,个人面临的预算线
AB,其斜率由放弃 1 小时的闲暇而增加
的净收入决定的,即所谓的净工资率,用
W 表示,假定它是既定的。数量 B 是个
人完全不工作,也没有任何收入下,所能
占有的最大闲暇量。在这个无差异曲线图中,个人的最大化效用点是无差异曲线 U_1 与预算
线 AB 的切点 P_1,该点所决定的闲暇时间为 OC,劳动供给量为 CB。

　　假定对全部劳动所得征收比例所得税,税率为 t,没有免税。因为征税使得预算线向内
转至 BD,其斜率为 $W(1-t)$。新的预算线与新的无差异曲线 U_2 相切于 P_2 点,该点所决定
的工作时间为 EB,与 P_1 点相比,P_2 点表明劳动供给的时间增加了,增加量为 $CE(EB-CB)$,这是征收比例所得税的总效应,并可把其分解为税收对劳动供给的收入效应和替代
效应。

　　税收对劳动供给的收入效应,是指征税后减少了个人可支配的收入,纳税人为维持既定
的收入水平或消费水平而减少闲暇,增加工作时间。它表明,只减少个人收入而不改变闲暇
与劳动的相对价格。从图9-7可以看出,效用水平降低,无差异曲线下移,从 P_3 点移至 P_2
点。可见,税收对劳动供给的收入效应是使闲暇减少,劳动供给增加,增加量为 EF。

　　税收对劳动的替代效应,是指政府征税后,降低了闲暇的成本,促使人们选择以闲暇替
代劳动。图9-8表明,征税后,由于闲暇的价格降低,个人会减少劳动供给而增加闲暇时
间,减少劳动供给的量或增加闲暇时间的量为 CF。

　　综合来看,收入效应激励人们更加努力工作,替代效应刺激人们减少劳动供给,在两者
的共同作用下,会形成比例所得税的总效应。人们到底是要选择劳动或闲暇,还要取决于税
率的高低和对收入的看法。

六、拉弗曲线

　　从税收的经济效应或影响看,税收与经济发展之间有着密切的关系,但关于税收与经济
发展之间关系,不同的学派却有不同的看法。这里主要介绍一下供给学派非常有名的"拉弗
曲线"。西方经济学将供给学派的税收观点归结为三个基本命题②:① 高边际税率会降低
人们工作的积极性,而低边际税率会提高人们工作的积极性。② 高边际税率会阻碍投资,
减少资本存量,而低边际税率会鼓励投资。③ 边际税率的高低和税收收入的多少不一定朝

---

① 郭庆旺、赵志耘:《财政学》,中国人民大学出版社 2002 年版。
② 陈共:《财政学》,中国人民大学出版社 2009 年版。

同一方向变化,甚至可能朝相反方向变化。这三个基本命题可以从供给学派的代表人物拉弗设计的"拉弗曲线"得到说明。

拉弗曲线是说明税率与税收收入或经济增长之间的函数关系的一条曲线。图9-9中的横坐标代表税率,纵坐标代表的是由税率和生产共同决定的税收收入。税率从原点开始为0,逐步提高至B点为100%。税收从原点开始为0,沿纵轴方向随着税率的变化而变化。税收收入与税率之间的函数关系呈现为曲线

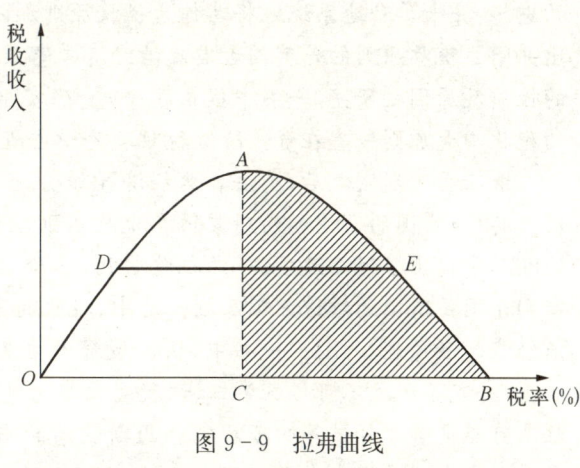

图9-9 拉弗曲线

OAB,该曲线表示:当税率为0时,税收收入为0;当税率逐级提高税收收入也随之增加,当税率提高至OC时,税收收入达到最大值OA;当税率一旦超过OC时,税收收入会体现为减少趋势,当税率上升到OB(100%)时,将因无人愿意工作和投资而使税收收入为0。供给学派把CAB区域称为税率禁区,在该区域,税率越高,税收越少,说明税收对经济发展已形成严重的破坏作用。

拉弗曲线至少阐明了三个方面的经济含义:① 高税率不一定能够取得高收入,高收入也不一定要实行高税率。② 取得同样多的税收收入可以有两种不同税率的选择,如在图中的D点和E点,取得的税收收入相同。③ 从理论上讲存在着兼顾税收收入和经济增长的最优税率。可见,拉弗曲线是具有启发性的,它可以使人们更加直观地认识到税收和经济增长之间的关系,并告诉我们最优税率应是既能使政府获得实现其职能的收入,又能使经济保持合意增长的税率。

本 章 小 结

本章从税收含义入手,主要从四个方面简要介绍了税收的原理。一是从概述的角度,分析了税收的概念、形式特征及其分类;二是从历史的角度分析了税收原则的发展演变,重点研究了税收公平原则和效率原则的内容;三是介绍了税收的收入效应与替代效应,并讨论了政府征税对储蓄、劳动供给、投资、收入分配产生等方面产生的影响;四是对税制要素问题进行介绍,主要分析了纳税人、征税对象、税率、纳税环节、纳税期限、税收减免、违章处理等税制要素,为后边相关章节中国税制的学习奠定基础。

扩 展 阅 读

西方税收原则理论的发展演变

关于税收原则,最早提出的是威廉・配第。他在1662年发表的《赋税论》及《政治算术》中提出了"公平"、"简便"、"节省"三项原则。但是,实际上威廉・配第只是提出了税收原则

的思想,并未单独地系统地将其作为税收原则加以阐述。严格说来,第一个明确而系统地提出并阐述税收原则的是英国古典政治经济学家亚当·斯密。他在 1776 年出版的《国民财富的性质及原因之研究》一书中提出了平等、确实、便利和征收费最少四大原则。亚当·斯密的税收四大原则一直在资产阶级税收理论中占据相当重要的地位。

继亚当·斯密之后,英法古典经济学派分为四大家:李嘉图、马尔萨斯、萨伊和西斯蒙第。其中,法国的萨伊和西斯蒙第在税收原则理论上有所建树。萨伊在《政治经济学概论》(1803)中提出了税率适度、节约征收费用、各阶层人民负担平等、最低程度上妨碍生产以及有利于国民道德的增进五项原则。其中,税收的国民道德原则为萨伊首创。西斯蒙第在《政治经济学新原理》(1819)一书中,从发展资本主义经济观点出发,在肯定斯密提出的原则基础上,补充了税收不可侵蚀资本、课税对象应为纯收入、税收不能触及纳税人最低生活费、税收不可驱使资本外流等四项原则。西斯蒙第的四项原则总括而言是国民经济原则(这是亚当·斯密未明确提出来的)。

随着资本主义经济从自由竞争过渡到垄断阶段,资本日益集中,财富分配日益不均,阶级矛盾日趋尖锐,以德国新历史学派创始人瓦格纳为代表的资产阶级学者,主张实行改良主义的"社会政策",企图缓和资本主义社会的阶级矛盾。瓦格纳在其名著《财政学》四卷(1871—1872 年)中提出了自己的税收原则,共分四大项九小点,故称四项九端原则。即:第一,财政政策原则(又叫财政收入原则):① 充裕;② 弹性。第二,国民经济原则:① 选择税源;② 选择税种。第三,社会正义原则:① 普遍;② 平等。第四,税务行政原则:① 确实;② 便利;③ 征收费最少。瓦格纳税收原则体系集前人之大成。他率先提出了税收的财政政策和国民经济原则。其税收原则更表现了社会政策的特征,突出社会正义原则,并对历来各家的平等原则充实了新的内容。

现代资产阶级财政经济学家在凯恩斯经济学和福利经济学的思想影响下,将税收原则与资本主义财政的三大职能联系起来,强调税收在资源配置、收入分配和经济稳定与增长方面的职能作用。他们在传统的平等原则和税务行政原则之外,补充了资源的最佳配置和经济稳定与增长方面的税收原则。

现代资本主义税收原则中的公平原则是对社会正义原则的发展,效率原则和稳定原则则是对国民经济原则的发展。公平和效率是社会经济福利两项准则,将它们作为评价税制的标准,是美国当代著名财政经济学家马斯格雷夫(Musgrave)的主张,而稳定经济原则则主要是渊源于凯恩斯主义强化国家干预经济职能的学说。

(资料来源:摘自于鲍灵光:《西方税收原则理论述评》,《经济学动态》1997 年第 5 期。)

思考与练习

1. 简析税收的形式特征。
2. 简述亚当·斯密的税收原则。
3. 简述瓦格纳的税收原则。
4. 试述税收的公平原则。
5. 试述税收的效率原则。
6. 谈一谈你对税收效应的认识。

第十章 中国现行主要税种

知识要点与学习要求

1. 中国税制改革概述。了解历次税制改革的基本背景与主要内容。
2. 流转课税。把握流转课税的特点,掌握增值税、消费税等主要税种的内容。
3. 所得课税。把握所得课税的特点,掌握企业所得税、个人所得税的主要内容。
4. 其他课税。掌握资源课税、财产课税、行为课税的主要特征,并对相关税种有所认识。

本章结构图

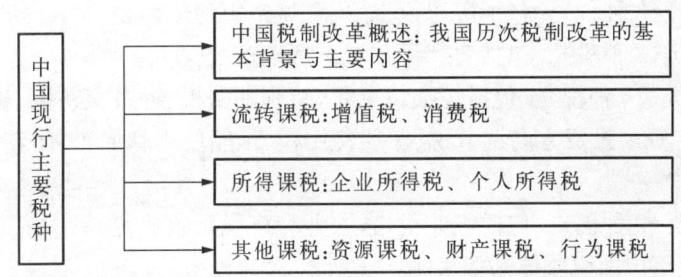

基本概念

税收制度 流转课税 增值税 消费税 营业税 所得课税 企业所得税 个人所得税 资源课税 财产课税 行为课税

第一节 中国税制改革概述

税收制度是一国有关税收的法令、条例和征收办法的总称,是国家处理税收分配关系的规范。税收制度主要涵盖各税种的法律法规以及为保证这些税法得以实施而制定的税收征管制度和税收管理体制等内容。所以,从广义上讲,税收制度包括各税种的法规、税收征管制度和税收管理体制以及税务机关内部的管理制度等。从狭义上讲,税收制度是指国家的各种税收法规和税收征管制度,包括各种税收法律、税收条例、实施细则、征税管理办法等。税法是税收制度的核心。本章主要从狭义角度对我国税制进行分析。

新中国的税制是在 1950 年确立的,到改革开放之前,伴随着我国政治经济形势的变化,税收制度也进行了多次调整,主要经历了 1953 年、1958 年和 1973 年的改革。经过 1973 年的改革,我国的税制已经变得非常单一,对国有企业只征收工商税,对集体企业只征收工商税和工商所得税。

　　改革开放后,中国的税收制度经历了一个与时俱进的改革过程,在理论研究和制度建设方面都取得了举世瞩目的成就。这一时期的改革主要分为如下三个阶段。

一、1978—1993 年的税制改革

　　1978 年召开的中共十一届三中全会作出了改革开放的战略决策,我国开始由传统的计划经济向有计划的商品经济转变。为了适应改革开放的新形势,客观需要对原有的税制进行改革。这一时期改革的主要内容是,建立和健全涉外税制,配合国家对外开放政策;实行两步"利改税",进一步调整国家和企业的分配关系;实施"税利分流",明确政府社会管理者身份和财产所有者身份;全面改革和完善工商税制等。通过税制改革,初步建立了一套适应社会主义有计划商品经济发展,以流转税、所得税为主体,其他税种相配合的多税种、多环节、多层次的复合税制体系。到 1993 年我国的税种达到 37 种:

　　(1) 流转税类(5 种税)。包括产品税、工商统一税、增值税、营业税、关税。

　　(2) 所得税类(12 种税)。包括国有企业所得税、集体企业所得税、私营企业所得税、城乡个体工商业户所得税、外商投资企业和外国企业所得税、个人所得税、个人收入调节税、国营企业调节税、国营企业奖金税、集体企业奖金税、事业单位奖金税、国营企业工资调节税。

　　(3) 资源税类(3 种税)。包括资源税、盐税和城镇土地使用税。

　　(4) 财产税类(2 种税)。包括房产税和城市房地产税。

　　(5) 行为税类(13 种税)。包括烧油特别税、特别消费税、牲畜交易税、耕地占用税、城市维护建设税、固定资产投资方向调节税、车船使用税、车船使用牌照税、印花税、契税、屠宰税和筵席税。

　　(6) 农业税类(2 种税)。包括农业税(含农业特产税)、牧业税。

　　1978—1993 年中国税收体系如表 10-1 所示。

表 10-1

1978—1993 年中国税收体系表

税类	税　种	颁布时间	实施时间	备　注
流转税类	工商统一税	1958 年 9 月 11 日	1958 年 9 月 11 日	1994 年 1 月 1 日失效
	产品税	1984 年 9 月 18 日	1984 年 10 月 1 日	1994 年 1 月 1 日失效
	增值税	1984 年 9 月 18 日	1984 年 10 月 1 日	1994 年 1 月 1 日修改
	营业税	1984 年 9 月 18 日	1984 年 10 月 1 日	1994 年 1 月 1 日修改
	关税	1985 年 3 月 7 日	1985 年 3 月 10 日	
所得税类	国有企业所得税	1984 年 9 月 18 日	1984 年 10 月 1 日	1994 年 1 月 1 日失效
	集体企业所得税	1985 年 4 月 11 日	1985 年度	1994 年 1 月 1 日失效
	私营企业所得税	1988 年 6 月 25 日	1985 年度	1994 年 1 月 1 日失效
	外商投资企业和外国企业所得税	1991 年 4 月 9 日	1991 年 7 月 1 日	
	城乡个体工商业户所得税	1986 年 1 月 7 日	1986 年 1 月 1 日	1994 年 1 月 1 日失效

（续表）

税类	税　种	颁布时间	实施时间	备　注
所得税类	个人所得税	1980 年 9 月 10 日		1994 年 1 月 1 日失效
	个人收入调节税	1986 年 9 月 25 日	1987 年 7 月 1 日	1994 年 1 月 1 日失效
	国营企业调节税	1984 年 9 月 18 日	1984 年 10 月 1 日	1994 年 1 月 1 日失效
	国营企业奖金税	1984 年 6 月 28 日	1985 年度	1994 年 1 月 1 日失效
	集体企业奖金税	1985 年 8 月 24 日	1985 年度	1994 年 1 月 1 日失效
	事业单位奖金税	1985 年 9 月 20 日	1985 年度	1994 年 1 月 1 日失效
	国营企业工资调节税	1985 年 7 月 3 日	1985 年度	1994 年 1 月 1 日失效
资源税类	资源税	1984 年 9 月 18 日	1984 年 10 月 1 日	1994 年 1 月 1 日失效
	盐税	1984 年 9 月 18 日	1984 年 10 月 1 日	1994 年 1 月 1 日失效
	城镇土地使用税	1988 年 9 月 27 日	1988 年 11 月 1 日	
财产税类	房产税	1986 年 9 月 15 日	1986 年 10 月 1 日	
	城市房地产税	1951 年 8 月 8 日	1951 年 8 月 8 日	
行为税类	烧油特别税	1982 年 4 月 22 日		
	特别消费税	1989 年 4 月 14 日 对小轿车 1989 年 2 月 14 日 对彩电	1989 年 4 月 22 日 对小轿车 1989 年 2 月对彩电	1994 年 1 月 1 日失效
	牲畜交易税	1982 年 12 月 31 日	1983 年 1 月 1 日	1994 年 1 月 1 日失效
	建筑税	1983 年 9 月 20 日	1983 年度	1991 年改征固定资产投资方向调节税
	耕地占用税	1987 年 4 月 1 日	1987 年 4 月 1 日	
	城市维护建设税	1985 年 2 月 8 日	1985 年度	
	固定资产投资方向调节税	1991 年 4 月 16 日	1991 年度	
	车船使用税	1986 年 9 月 25 日	1986 年 10 月 1 日	
	车船使用牌照税	1951 年 9 月 20 日	1951 年 9 月 20 日	
	印花税	1988 年 8 月 6 日	1988 年 10 月 1 日	
	契税	1950 年 4 月 3 日	1950 年 4 月 3 日	1997 年 10 月 1 日失效
	屠宰税	1950 年 12 月 19 日		征否由各省份自行决定
	筵席税	1988 年 9 月 22 日	1988 年 9 月 22 日	征否由各省份自行决定
农业税类	农业税	1958 年 6 月 3 日	1958 年 6 月 3 日	农业特产税 1994 年 1 月 30 日颁布实施
	牧业税			无全国性法规，征收办法由开征省份自行制定

二、1994—2002 年的税制改革

中共十四大提出了建立社会主义市场经济体制的目标模式,经济体制的转型必然要求有一套全新的税收制度与之相适应,1994 年的税制改革是社会主义市场经济体制改革的重大举措。改革的总的指导思想是:统一税法,公平税负,简化税制,合理分权,理顺分配关系,建立符合社会主义市场经济税收体系。

为此,1994 年我国对税制进行了全面改革,本次改革被认为是新中国成立以来规模最大、范围最广、内容最深刻、力度最强的结构性改革。主要内容包括以下四个方面:① 全面改革流转税。实行以规范化的增值税为核心,相应设置消费税、营业税,建立新的流转税课税体系。② 对内资企业实行统一的企业所得税。③ 统一个人所得税。取消原个人收入调节税和城乡个体工商业户所得税,统一实行修改后的个人所得税法。④ 调整、撤并和开征其他一些税种。

经过 1994 年的税制改革以及后来的调整和完善,我国已经初步建立了适应社会主义市场经济体制的较为完善的复合税制体系,初步实现了税制的简化、结构的优化和税负的公平。税种由原来的 37 个减少为 23 个:

(1) 流转税类(4 种税)。包括增值税、消费税、营业税、关税。

(2) 所得税类(3 种税)。包括企业所得税、外商投资企业和外国企业所得税、个人所得税。

(3) 资源税类(2 种税)。包括资源税、城镇土地使用税。

(4) 财产税类(2 种税)。包括房产税和城市房地产税。

(5) 行为税类(10 种税)。包括耕地占用税、城市维护建设税、固定资产投资方向调节税、土地增值税、车船使用税、车船使用牌照税、印花税、契税、屠宰税和筵席税。

(6) 农业税类(2 种税)。包括农业税(含农业特产税)、牧业税。

1994—2002 年中国税收体系如表 10 - 2 所示。

表 10 - 2

1994—2002 年中国税收体系表

税类	税 种	颁布时间	实施时间	备 注
流转税类	增值税	1993 年 12 月 13 日	1994 年 1 月 1 日	
	消费税	1993 年 12 月 13 日	1994 年 1 月 1 日	
	营业税	1993 年 12 月 13 日	1994 年 1 月 1 日	
	关税	1985 年 3 月 7 日	1985 年 3 月 10 日	
所得税类	企业所得税	1993 年 12 月 13 日	1994 年 1 月 1 日	
	外商投资企业和外国企业所得税	1991 年 4 月 9 日	1991 年 7 月 1 日	
	个人所得税	1993 年 10 月 31 日	1994 年 1 月 1 日	
资源税类	资源税	1993 年 12 月 25 日	1994 年 1 月 1 日	
	城镇土地使用税	1988 年 9 月 27 日	1988 年 11 月 1 日	

（续表）

税类	税　种	颁布时间	实施时间	备　注
财产税类	房产税	1986 年 9 月 15 日	1986 年 10 月 1 日	
	城市房地产税	1951 年 8 月 8 日	1951 年 8 月 8 日	2009 年 1 月 1 日废止
行为税类	土地增值税	1993 年 12 月 13 日	1994 年 1 月 1 日	
	耕地占用税	1987 年 4 月 1 日	1987 年 4 月 1 日	
	城市维护建设税	1985 年 2 月 8 日	1985 年度	
	固定资产投资方向调节税	1991 年 4 月 16 日	1991 年度	从 2000 年 1 月 1 日起，暂停征收固定资产投资方向调节税
	车船使用税	1986 年 9 月 25 日	1986 年 10 月 1 日	
	车船使用牌照税	1951 年 9 月 20 日	1951 年 9 月 20 日	
	印花税	1988 年 8 月 6 日	1988 年 10 月 1 日	
	契税	1997 年 7 月 7 日	1997 年 10 月 1 日	
	屠宰税	1950 年 12 月 19 日		征否由各省份自行决定
	筵席税	1988 年 9 月 22 日	1988 年 9 月 22 日	征否由各省份自行决定
农业税类	农业税	1958 年 6 月 3 日	1958 年 6 月 3 日	农业特产税 1994 年 1 月 30 日颁布实施。2006 年 1 月 1 日废止农业税
	牧业税			无全国性法规，征收办法由开征省份自行制定

三、2003 年以来的税制改革

2003 年 10 月，中共十六届三中全会通过了《中共中央关于完善社会主义市场经济体制若干问题的决定》，要求按照"简税制、宽税基、低税率、严征管"的原则，稳步推进税收改革。提出分步实施税收制度改革的内容：改革出口退税制度；统一各类企业税收制度；增值税由生产型改为消费型，将设备投资纳入增值税抵扣范围；完善消费税，适当扩大税基；改进个人所得税，实行综合和分类相结合的个人所得税制；实施城镇建设税费改革，条件具备时对不动产开征统一规范的物业税，相应取消有关收费；在统一税政前提下，赋予地方适当的税政管理权；创造条件逐步实现城乡税制统一。该决定揭示了我国今后一个时期税制改革的基本方向。

我国《国民经济和社会发展第十一个五年（2006—2010 年）规划纲要》则明确提出：在全国范围内实现增值税由生产型转为消费型。适当调整消费税征收范围，合理调整部分应税品目税负水平和征缴办法。适时开征燃油税。合理调整营业税征税范围和税目。完善出口退税制度。统一各类企业税收制度。实行综合和分类相结合的个人所得税制度。改革房地产税收制度，稳步推行物业税并相应取消有关收费。改革资源税制度。完善城市维护建设税、耕地占用税、印花税。

2013 年 11 月,中共十八届三中全会通过的《中共中央关于全面深化改革若干重大问题的决定》,首提使市场在资源配置中起决定性作用,形成了改革理论和政策的一系列新的重大突破,是全面深化改革的又一次总部署、总动员。《决定》对完善税收制度也做出重要安排,明确提出:"深化税收制度改革,完善地方税体系,逐步提高直接税比重。推进增值税改革,适当简化税率。调整消费税征收范围、环节、税率,把高耗能、高污染产品及部分高档消费品纳入征收范围。逐步建立综合与分类相结合的个人所得税制。加快房地产税立法并适时推进改革,加快资源税改革,推动环境保护费改税"。

2016 年 3 月,全国人大通过的《中华人民共和国国民经济和社会发展第十三个五年(2016—2020 年)规划纲要》,强调要改革和完善税费制度,明确提出:"按照优化税制结构、稳定宏观税负、推进依法治税的要求全面落实税收法定原则,建立税种科学、结构优化、法律健全、规范公平、征管高效的现代税收制度,逐步提高直接税比重。全面完成营业税改增值税改革,建立规范的消费型增值税制度。完善消费税制度。实施资源税从价计征改革,逐步扩大征税范围。清理规范相关行政事业性收费和政府性基金。开征环境保护税。完善地方税体系,推进房地产税立法。完善关税制度。加快推进非税收入管理改革,建立科学规范、依法有据、公开透明的非税收入管理制度。深化国税、地税征管体制改革,完善税收征管方式,提高税收征管效能。推行电子发票。"这既是对《中共中央关于全面深化改革若干重大问题的决定》的落实,也是对税制深化改革的安排。调整税费关系、落实税收法定原则、构建现代税收制度是今后一段时期税制改革的重要方向。

因此,2003 年以来,我国按照进一步适应完善社会主义市场经济体制的总体要求,以增值税转型和统一企业所得税等为改革重点,实施了"营改增",调整了消费税,修订了个人所得税,废止了农业税、屠宰税、筵席税、城市房地产税,完善了资源税,调整了出口退税制度等,并由人大审议通过了车船税法,进一步巩固了 1994 年税制改革成果,逐步形成了更加有利于科学发展、促进社会和谐的税收体系。经过近十几年的改革,我国的税种由 23 种减少到 16 种:

(1) 流转税类(5 种税)。包括增值税、消费税、烟叶税和关税。

(2) 所得税类(2 种税)。包括企业所得税、个人所得税。

(3) 资源税类(1 种税)。即资源税。

(4) 财产税类(4 种税)。包括房产税、车船税、城镇土地使用税。

(5) 行为税类(7 种税)。包括耕地占用税、城市维护建设税、土地增值税、印花税、契税、车辆购置税。

2003 年至 2017 年中国税收体系如表 10 - 3 所示。

表 10 - 3

2003 年至 2017 年中国税收体系表

税类	税　种	备　注
流转税类	增值税、消费税、烟叶税、关税	2009 年 1 月 1 日起增值税全面转型,2016 年 5 月 1 日全面推开营业税改增值税,2017 年 10 月 30 日营业税正式废止
所得税类	企业所得税、个人所得税	2008 年 1 月 1 日起,内外资企业所得税合并

（续表）

税类	税　种	备　注
资源税类	资源税	2011 年 11 月 1 日,经国务院修改后的资源税开始施行,2016 年 7 月 1 日起,我国全面推进资源税改革
财产税类	房产税、车船税、城镇土地使用税	2006 年 12 月 31 日将原车船使用税、车船使用牌照税合并为车船税,2007 年 1 月 1 日实施。2012 年 1 月 1 日起,全国人大通过的《中华人民共和国车船税法》正式施行,这是新中国成立以来的第一个财产税法
行为税类	耕地占用税、城市维护建设税、土地增值税、印花税、契税、车辆购置税	2006 年 2 月 17 日,废止屠宰税,2008 年废止筵席税,2013 年 1 月 1 日起,废止固定资产投资方向调节税

　　总之,改革开放以来,适应建设有计划的商品经济和社会主义市场经济的需要,我国不断推进税制改革,取得了巨大的成就,为我国社会经济的发展作出了重要贡献。到 2016 年我国税收收入达到 130 354 亿元,为 1978 年 519.28 亿元的 251 倍,税收在国民经济中的调控作用也不断得到加强。

第二节　流　转　课　税

　　流转课税也称商品课税,它是以商品和非商品流转额为课税对象的税类。商品流转额指的是在交换过程中发生的交易额,对卖方来说表现为商品销售额,对买方来说则是购进商品支付的金额。非商品流转额是指交通运输、邮电通讯以及各种服务性行业的营业或服务性收入额。

　　流转课税与其他税类相比较,具有以下几个特点：① 以商品交换为前提,课征普遍。在商品经济社会中,只要社会再生产在进行,就会有商品（劳务）的交易,就会有流转额,也就必然有商品税的征税对象。在商品经济高度发达的现代社会里,商品生产和商品交换是社会生产的主要形式,商品课税自然是最普遍的税类。② 以商品和非商品流转额为计税依据,与成本费用水平无关。商品课税的这一特点,对于保证国家财政收入的及时、稳定和均衡都有其他税种不可替代的作用。③ 主要实行比例税率,计征简便。商品课税只就纳税人的流转额为计税依据,一般适用于比例税率,因而计税征税都十分简便。④ 税收具有累退性。商品课税不区别纳税人的经济状况和负担能力,一律按消费量的多寡承担税负,使税收具有明显的累退性。即收入越少,税负相对越重;收入越多,税负相对越轻。我国现行属于商品课税的税种主要有增值税、消费税、营业税、烟叶税、关税。其中,2016 年 5 月 1 日,我国开始全面推开营业税改增值税,但营业税还未正式废止。

一、增值税

（一）增值税概述

　　20 世纪 50 年代初,法国率先开征增值税并获得成功,增值税很快风靡全球而成为各国流转税的主体税种。增值税是以商品价值中法定增值额为课税对象所征收的一种税。所谓增值额,是指企业或个人在生产经营中新创造的价值。从理论上讲,增值额相当于商品价值

$(C+V+M)$扣除在生产中消耗掉的生产资料的转移价值(C)以后的余额$(V+M)$,它主要包括工资、利润、利息、租金和其他属于增值额的部分。但是,由于各国税法规定的扣除项目不同,增值额的具体内容也不相同。也就是说,用于计税的增值额与纯粹理论上的增值额是有区别的。增值税最大的优点就是在对一种商品多次课征中可以避免重复征税。同时由于采用多环节课征,税基广阔,并以各企业新创造的价值为计税依据,可使各相关联企业在纳税上相互监督,利于减少偷税漏税。

根据各国增值税制度对购进固定资产价款的处理方式的不同,可将增值税分为三种类型:

一是生产型增值税。在计税时不准许抵扣购进固定资产中的进项税价款,法定增值额相当于当期工资、利润、利息、租金等理论增值额和折旧额之和。就国民经济整体而言,计税依据相当于国民生产总值,称为生产型增值税。

二是收入型增值税。在计税时只准许扣除当期应计入产品价值的折旧部分,法定增值额相当于当期工资、利润、利息、租金等各增值项目之和。从国民经济来看,计税依据相当于国民收入,故称为收入型增值税。

三是消费型增值税。在计税时准许一次全部抵扣当期购进的用于生产应税产品的固定资产价款,法定增值额相当于纳税人当期的全部销售额扣除外购的全部生产资料价款后的余额。就整个社会而言,相当于纳税企业用于生产的全部生产资料不在课税之列,只对消费资料征税,故称为消费型增值税。

在这三种类型的增值税中,生产型增值税税基最大,消费型增值税税基最小。从财政收入看,生产型增值税的效应最大,收入型增值税次之,消费型增值税最小;从对投资激励看,则排序相反。由于消费型增值税的优点,发达国家大多实行消费型增值税。

(二)我国增值税主要内容

我国增值税始于1993年12月13日国务院发布的《中华人民共和国增值税暂行条例》,1994年1月1日起施行,由于当时的条件,对生产企业购置固定资产所含的进项税不准抵扣,属于生产型增值税。2004年9月14日,经国务院批准,财政部、国家税务总局联合向辽宁、吉林、黑龙江、大连省(市)财政厅(局)、国家税务局下发了《东北地区扩大增值税抵扣范围若干问题的规定》,增值税转型开始在东北老工业基地试行。自2007年7月1日起,国家在中部地区6省份的26个老工业基地城市的8个行业中进行扩大增值税抵扣范围的试行,在此基础上,2008年11月5日国务院对《中华人民共和国增值税暂行条例》进行修订,自2009年1月1日起,在全国全面推行消费型增值税。下面主要对2008年修订后的增值税内容进行介绍。主要涉及销售货物、进口货物和加工、修理修配劳务方面的增值税制度安排。

1. 纳税人

在中华人民共和国境内销售货物或者提供加工、修理修配劳务以及进口货物的单位和个人,为增值税的纳税人。这里所称单位,是指企业、行政单位、事业单位、军事单位、社会团体及其他单位。个人,是指个体工商户和其他个人。单位租赁或者承包给其他单位或者个人经营的,以承租人或者承包人为纳税人。

2. 征税范围

征税范围包括在中华人民共和国境内销售货物或者提供加工、修理修配劳务以及进口货物。这里的销售货物,是指有偿转让货物的所有权;提供加工、修理修配劳务(以下称应税劳务),是指有偿提供加工、修理修配劳务。单位或者个体工商户聘用的员工为本单位或者雇主提供加工、修理修配劳务,不包括在内。同时,条例对视同销售货物、混合销售行为、免税项目等作出了特殊规定。

3. 税率

增值税税率主要采取基本税率和低税率的模式,基本税率为17%,低税率为13%。除税法规定的适用低税率的五类商品和出口货物外,纳税人销售或者进口货物税率均为17%。而本次税法修订将矿产品增值税税率恢复到17%。

纳税人销售或者进口粮食、食用植物油;自来水、暖气、冷气、热水、煤气、石油液化气、天然气、沼气、居民用煤炭制品;图书、报纸、杂志;饲料、化肥、农药、农机、农膜;国务院规定的其他货物等,税率为13%。

除国务院另有规定外,纳税人出口货物,税率为零。

纳税人提供加工、修理修配劳务,税率为17%。

小规模纳税人增值税征收率为3%。

4. 应纳税额计算

(1) 一般纳税人应纳税额计算。除小规模纳税人外,纳税人销售货物或者提供应税劳务,应纳税额为当期销项税额抵扣当期进项税额后的余额。应纳税额计算公式:

$$应纳税额 = 当期销项税额 - 当期进项税额$$

当期销项税额小于当期进项税额不足抵扣时,其不足部分可以结转下期继续抵扣。

纳税人销售货物或者应税劳务,按照销售额和相应税率计算并向购买方收取的增值税额,为销项税额。销项税额计算公式:销项税额=销售额×税率。销售额为纳税人销售货物或者应税劳务向购买方收取的全部价款和价外费用,但是不包括收取的销项税额。纳税人购进货物或者接受应税劳务支付或者负担的增值税额,为进项税额。

增值税实行价外计税,如果销售额为含税销售额,需要将含税销售额换算为不含税销售额,其计算公式如下:

$$不含税销售额 = 含税销售额 \div (1 + 增值税税率)$$

(2) 小规模纳税人应纳税额计算。小规模纳税人销售货物或者应税劳务,实行按照销售额和征收率计算应纳税额的简易办法,并不得抵扣进项税额。应纳税额计算公式:

$$应纳税额 = 销售额 \times 征收率$$

(3) 进口货物应纳税额计算。纳税人进口货物,按照组成计税价格和相关税率计算应纳税额。组成计税价格和应纳税额计算公式:

$$组成计税价格 = 关税完税价格 + 关税 + 消费税$$
$$应纳税额 = 组成计税价格 \times 税率$$

另外,税法对增值税纳税义务发生时间、地点、纳税期限及增值税的征收管理等也作出了相关规定。

(三)"营改增"的历程及主要内容

我国营业税改征增值税(以下称"营改增")从2012年1月日开始试点,2016年5月1日起,在全国范围内全面推开,对于完善税制、企业减负、刺激经济增长起到了良好作用。

1. "营改增"试点实施过程

(1) 自 2012 年 1 月日起,上海市交通运输业和部分现代服务业开展营业税改征增值税试点。2011 年 11 月 16 日,财政部和国家税务总局发布经国务院同意的《财政部、国家税务总局关于印发〈营业税改征增值税试点方案〉的通知》(财税〔2011〕110 号),同时印发了《交通运输业和部分现代服务业营业税改征增值税试点实施办法》《交通运输业和部分现代服务业营业税改征增值税试点有关事项的规定》和《交通运输业和部分现代服务业营业税改征增值税试点过渡政策的规定》,明确从 2012 年 1 月 1 日起,在上海市交通运输业和部分现代服务业开展营业税改征增值税试点。

(2) 自 2012 年 8 月 1 日起,北京等 8 省市参照上海进行试点。2012 年 7 月 31 日,财政部和国家税务总局联合印发《财政部、国家税务总局关于在北京等 8 省市开展交通运输业和部分现代服务业营业税改征增值税试点的通知》(财税〔2012〕71 号),确定将交通运输业和部分现代服务业营业税改征增值税试点范围,由上海市分批扩大至北京等 8 个省(直辖市)。试点地区应自 2012 年 8 月 1 日开始面向社会组织实施试点工作。

(3) 自 2013 年 8 月 1 日起,在全国范围内开展交通运输业和部分现代服务业试点。财政部和国家税务总局 2013 年 5 月 24 日联合印发《财政部 国家税务总局关于在全国开展交通运输业和部分现代服务业营业税改征增值税试点税收政策的通知》(财税〔2013〕37 号),进一步明确从 2013 年 8 月 1 日起在全国范围内开展交通运输业和部分现代服务业营业税改征增值税试点的相关税收政策。

(4) 自 2014 年 1 月 1 日起,在全国范围内开展铁路运输和邮政业"营改增"试点。2013 年 12 月 9 日,财政部、国家税务总局联合发文《关于将铁路运输和邮政业纳入营业税改征增值税试点的通知》(财税〔2013〕106 号),明确自 2014 年 1 月 1 日起,在全国范围内开展铁路运输和邮政业"营改增"试点。同时,《财政部 国家税务总局关于在全国开展交通运输业和部分现代服务业营业税改征增值税试点税收政策的通知》(财税〔2013〕37 号)自 2014 年 1 月 1 日起废止。

(5) 自 2014 年 6 月 1 日起,电信业正式纳入"营改增"试点。2014 年 4 月 30 日,财政部、国家税务总局联合发布《财政部国家税务总局关于将电信业纳入营业税改征增值税试点的通知》(财税〔2014〕43 号),从 2014 年 6 月 1 日起电信业正式纳入"营改增"范围。

(6) 自 2016 年 5 月 1 日起,在全国范围内全面推开"营改增"试点。2016 年 3 月 23 日,财政部、国家税务总局发布了《关于全面推开营业税改征增值税试点的通知》(财税〔2016〕36 号),称经国务院批准,自 2016 年 5 月 1 日起,在全国范围内全面推开营业税改征增值税试点,建筑业、房地产业、金融业、生活服务业等全部营业税纳税人,纳入试点范围,由缴纳营业税改为缴纳增值税。并印发了《营业税改征增值税试点实施办法》《营业税改征增值税试点有关事项的规定》《营业税改征增值税试点过渡政策的规定》和《跨境应税行为适用增值税零税率和免税政策的规定》四个附件。

2. 全面推开"营改增"的意义

"营改增"作为深化财税体制改革的重头戏和供给侧结构性改革的重要举措,在前期试点的基础上,全面推开营改增试点具有重要意义①。

① 《财政部税政司、国家税务总局货物和劳务税司负责人就全面推开营改增试点答记者问》,http://szs.mof.gov.cn,2016 年 3 月 18 日。

　　一是实现了增值税对货物和服务的全覆盖,基本消除了重复征税,打通了增值税抵扣链条,促进了社会分工协作,有力地支持了服务业发展和制造业转型升级。

　　二是将不动产纳入抵扣范围,比较完整地实现了规范的消费型增值税制度,有利于扩大企业投资,增强企业经营活力。

　　三是进一步减轻企业税负,是财税领域打出"降成本"组合拳的重要一招,用短期财政收入的"减"换取持续发展势能的"增",为经济保持中高速增长、迈向中高端水平打下坚实基础。

　　四是创造了更加公平、中性的税收环境,有效释放市场在经济活动中的作用和活力,在推动产业转型、结构优化、消费升级、创新创业和深化供给侧结构性改革等方面将发挥重要的促进作用。

　　3. 纳税人

　　根据《关于全面推开营业税改征增值税试点的通知》(财税〔2016〕36 号)、《营业税改征增值税试点实施办法》等的规定,在中华人民共和国境内销售服务、无形资产或者不动产(以下称应税行为)的单位和个人,为增值税纳税人,应当缴纳增值税,不缴纳营业税。单位,是指企业、行政单位、事业单位、军事单位、社会团体及其他单位。个人,是指个体工商户和其他个人。

　　纳税人分为一般纳税人和小规模纳税人。应税行为的年应征增值税销售额超过财政部和国家税务总局规定标准的纳税人为一般纳税人,未超过规定标准的纳税人为小规模纳税人。

　　4. 征税范围

　　应税行为的具体范围,按照《销售服务、无形资产、不动产注释》执行。销售服务、无形资产或者不动产,是指有偿提供服务、有偿转让无形资产或者不动产。在境内销售服务、无形资产或者不动产,是指:①服务(租赁不动产除外)或者无形资产(自然资源使用权除外)的销售方或者购买方在境内;②所销售或者租赁的不动产在境内;③所销售自然资源使用权的自然资源在境内;④财政部和国家税务总局规定的其他情形。

　　5. 税率和征收率

　　增值税税率:①纳税人发生应税行为,除本条第②项、第③项、第④项规定外,税率为6%。②提供交通运输、邮政、基础电信、建筑、不动产租赁服务,销售不动产,转让土地使用权,税率为10%。③提供有形动产租赁服务,税率为16%。④境内单位和个人发生的跨境应税行为,税率为零。具体范围由财政部和国家税务总局另行规定。

　　增值税征收率为3%,财政部和国家税务总局另有规定的除外。

　　6. 应纳税额的计算

　　增值税的计税方法,包括一般计税方法和简易计税方法。一般纳税人发生应税行为适用一般计税方法计税。小规模纳税人发生应税行为适用简易计税方法计税。

　　(1)一般计税方法。一般计税方法的应纳税额,是指当期销项税额抵扣当期进项税额后的余额。应纳税额计算公式:

应纳税额＝当期销项税额－当期进项税额

　　当期销项税额小于当期进项税额不足抵扣时,其不足部分可以结转下期继续抵扣。销项税额,是指纳税人发生应税行为按照销售额和增值税税率计算并收取的增值税额。销项税额计算公式：

$$销项税额＝销售额×税率$$

一般计税方法的销售额不包括销项税额，纳税人采用销售额和销项税额合并定价方法的，按照下列公式计算销售额：

$$销售额＝含税销售额÷(1＋税率)$$

进项税额，是指纳税人购进货物、加工修理修配劳务、服务、无形资产或者不动产，支付或者负担的增值税额。

（2）简易计税方法。简易计税方法的应纳税额，是指按照销售额和增值税征收率计算的增值税额，不得抵扣进项税额。应纳税额计算公式：

$$应纳税额＝销售额×征收率$$

简易计税方法的销售额不包括其应纳税额，纳税人采用销售额和应纳税额合并定价方法的，按照下列公式计算销售额：

$$销售额＝含税销售额÷(1＋征收率)$$

纳税人适用简易计税方法计税的，因销售折让、中止或者退回而退还给购买方的销售额，应当从当期销售额中扣减。扣减当期销售额后仍有余额造成多缴的税款，可以从以后的应纳税额中扣减。

《营业税改征增值税试点实施办法》还对纳税义务、扣缴义务发生时间和纳税地点，税收减免的处理，征收管理等进行了制度安排。

二、消费税

我国现行消费税是 1993 年 12 月 13 日颁布的《中华人民共和国消费税暂行条例》，1994年 1 月 1 日开始实施。2008 年 11 月 5 日国务院对《中华人民共和国消费税暂行条例》进行修订，自 2009 年 1 月 1 日起施行。消费税是我国税制改革的重要内容，2009 年后，我国先后对酒与酒精、成品油、卷烟、高档化妆品、进口小汽车的消费税政策进行了调整与完善。为促进节能环保，经国务院批准，自 2015 年 2 月 1 日起对电池、涂料征收消费税。

<u>消费税是指在我国境内从事生产、委托加工和进口应税消费品的单位和个人征收的一种税</u>。在对商品普遍征收增值税的基础上，选择少数消费品再征税一道消费税，有利于调节产品结构，引导消费方向，保证国家财政收入，并有利于调节收入分配。消费税主要包括以下内容。

（一）纳税人

在中华人民共和国境内生产、委托加工和进口应税消费品的单位和个人，以及国务院确定的销售税法规定的消费品的其他单位和个人，为消费税的纳税人。单位，是指企业、行政单位、事业单位、军事单位、社会团体及其他单位；个人是指个体工商户及其他个人。

（二）税目和税率

我国现行消费税共设 15 个税目及若干子目，税率主要采用比例税率、定额税率。消费税税目税率见表 10－4。

表 10 - 4

消费税税目、税率表

税　　　目	税　　　率
一、烟	
1. 卷烟	
生产环节	
（1）甲类卷烟	56％加 0.003 元/支
（2）乙类卷烟	36％加 0.003 元/支
批发环节	11％加 0.005 元/支
2. 雪茄烟	36％
3. 烟丝	30％
二、酒	
1. 白酒	20％加 0.5 元/500 克（或者 500 毫升）
2. 黄酒	240 元/吨
3. 啤酒	
（1）甲类啤酒	250 元/吨
（2）乙类啤酒	220 元/吨
4. 其他酒	10％
三、化妆品	30％
四、贵重首饰及珠宝玉石	
1. 金银首饰、铂金首饰和钻石及钻石饰品	5％
2. 其他贵重首饰和珠宝玉石	10％
五、鞭炮、焰火	15％
六、成品油	
1. 汽油	1.52 元/升
2. 柴油	1.20 元/升
3. 航空煤油	1.20 元/升
4. 石脑油	1.52 元/升
5. 溶剂油	1.52 元/升
6. 润滑油	1.52 元/升
7. 燃料油	1.20 元/升
七、摩托车	
1. 气缸容量（排气量，下同）在 250 毫升（含 250 毫升）以下的	3％
2. 气缸容量在 250 毫升以上的	10％
八、小汽车	
1. 乘用车	1％
（1）气缸容量（排气量，下同）在 1.0 升（含 1.0 升）以下的	3％
（2）气缸容量在 1.0 升以上至 1.5 升（含 1.5 升）的	5％
（3）气缸容量在 1.5 升以上至 2.0 升（含 2.0 升）的	9％
（4）气缸容量在 2.0 升以上至 2.5 升（含 2.5 升）的	12％
（5）气缸容量在 2.5 升以上至 3.0 升（含 3.0 升）的	25％
（6）气缸容量在 3.0 升以上至 4.0 升（含 4.0 升）的	40％
（7）气缸容量在 4.0 升以上的	5％
2. 中轻型商用客车	

（续表）

税　　目	税　　率
九、高尔夫球及球具	10％
十、高档手表	20％
十一、游艇	10％
十二、木制一次性筷子	5％
十三、实木地板	5％
十四、电池	4％
十五、涂料	4％

（三）应纳税额计算

按照现行消费税暂行条例的规定，应纳税额计算可分为从价定率、从量定额以及复合计算三种方法。

1. 从价定率计算

从价定率计算时，应纳税额取决于应税消费品的销售额和适用税率。其计算公式为：应纳税额＝销售额×比例税率。销售额为纳税人销售应税消费品向购买方收取的全部价款和价外费用。这里所称的销售额，不包括应向购货方收取的增值税税款。如果纳税人应税消费品的销售额中未扣除增值税税款或者因不得开具增值税专用发票而发生价款和增值税税款合并收取的，在计算消费税时，应当换算为不含增值税税款的销售额。其换算公式如下：

应税消费品的销售额＝含增值税的销售额÷（1＋增值税税率或者征收率）

2. 从量定额计算

实行从量定额办法计算应纳税额，其公式为：应纳税额＝销售数量×定额税率。这里所称销售数量，是指应税消费品的数量。具体为：① 销售应税消费品的，为应税消费品的销售数量；② 自产自用应税消费品的，为应税消费品的移送使用数量；③ 委托加工应税消费品的，为纳税人收回的应税消费品数量；④ 进口应税消费品的，为海关核定的应税消费品进口征税数量。

3. 复合计算

复合计算是指采用从价定率和从量定额混合计算的方法。现行税制中，只有卷烟、白酒实行复合计税办法。计算公式如下：

应纳税额＝销售额×比例税率＋销售数量×定额税率

例：2017 年 2 月某烟厂生产销售甲类卷烟 100 标准箱（1 标准箱 50 000 支），取得不含税收入 220 万元，销售雪茄烟取得不含税收入 200 万元。计算该月应缴纳的消费税。

应纳税额＝220×56％＋100×50 000×0.003÷10 000＋200×36％

＝123.2＋1.5＋72＝196.7（万元）

另外，纳税人自产自用的应税消费品，按照纳税人生产的同类消费品的销售价格计算纳税；没有同类消费品销售价格的，按照组成计税价格计算纳税。委托加工的应税消费品，按照受托方的同类消费品的销售价格计算纳税;没有同类消费品销售价格的,按照组成计税价格计算纳税。进口的应税消费品,按照组成计税价格计算纳税。

第三节　所　得　课　税

所得课税是以所得额为课税对象征收的一类税。与流转课税等其他类型的税收相比,所得课税具有以下特征。

1. 税负相对公平,是调节收入分配的重要手段

所得税是以纯收入或净收入为计税依据,并且一般采用累进征税的办法,有利于直接调节纳税人的收入,体现量能负担的原则。而且,由于所得税的课税对象是纳税人的最终所得,一般不易进行税负转移。

2. 税源普遍,课税有弹性

作为课税基础的所得源于国家的经济资源和个人的经济活动,只要有所得,就可以课征所得税。而且,随着社会生产力的发展和经济效益的提高,国家可以根据需要灵活调整税负,所得税通过税率的变动使收入富于弹性。

3. 具有自动稳定功能

所得税与宏观经济联系紧密,主要采用累进税率,西方理论界称之为经济的自动稳定器。在经济过热时,更高比例地增加税收,对需求起到抑制作用;在经济衰退时,更大比例减少税收,对需求起到刺激作用。

4. 计征管理比较复杂

由于净所得计算困难,尤其是哪些费用可以列支,哪些费用不能扣除,界限确定困难,计征管理的复杂性要求具有较高的税务管理水平。在生产过程中,由于所得额的来源不同,所得额的形式多种多样,并且各种纳税人为取得所得支付的必要费用各异,因此不同国家对不同来源的所得额采取了不同的政策和课税制度。

综合各国所得税制,可以分为三种类型:一是分类所得税制,即将纳税人各种性质的所得划分为不同的类别,分别规定不同的税基和税率,分别计算应纳税额进行课征的所得税;二是综合所得税制,即将纳税人各种性质的所得加以合并,减去法定减免和各种扣除后,统一规定税基和税率进行课征的所得税;三是分类综合所得税制,是将分类所得税制和综合所得税制的优点结合起来,实行分项课征和综合课征相结合的所得税制度。

我国现行所得课税包括企业所得税和个人所得税两个税种。对企业所得税,选择了综合征税的方式;对个人所得税,则选择了分类征税的方式。但由于分类所得税制不能真正体现纳税人的纳税能力,容易产生逃避税问题,仍然实行分类所得税制的发达国家已经不多。我国也已经明确提出了要实行综合和分类相结合的个人所得税制度。

一、企业所得税

企业所得税是指在我国境内企业和其他取得收入的组织,对其生产、经营所得和其他所得征收的一种税。企业所得税在促进企业公平竞争,理顺国家和企业之间的分配关系,确保国家财政收入方面都有重要作用。我国现行企业所得税是 2007 年 3 月 16 日由第十届全国人民代表大会第五次会议通过的《中华人民共和国企业所得税法》,自 2008 年 1 月 1 日开始

施行。1994年的税制改革,我国实现了内资企业所得税制的合并与统一,2008年新的企业所得税实现了内外资企业所得税制的合并与统一,更好地适应了企业公平竞争的要求。

（一）纳税人

现行所得课税是以在中华人民共和国境内,企业和其他取得收入的组织（以下统称企业）为企业所得税的纳税人。不包括个人独资企业、合伙企业。

企业分为居民企业和非居民企业。居民企业,是指依法在中国境内成立,或者依照外国（地区）法律成立但实际管理机构在中国境内的企业。非居民企业,是指依照外国（地区）法律成立且实际管理机构不在中国境内,但在中国境内设立机构、场所的,或者在中国境内未设立机构、场所,但有来源于中国境内所得的企业。

（二）征税对象

企业所得税的征税对象是企业取得的生产、经营所得和其他所得,但并不是企业取得的任何一项所得都是企业所得税的征税对象。就居民企业而言,应当就其来源于中国境内、境外的所得缴纳企业所得税。这里的所得包括销售货物所得、提供劳务所得、转让财产所得、股息红利等权益性投资所得、利息所得、租金所得、特许权使用费所得、接受捐赠所得和其他所得。

非居民企业在中国境内设立机构、场所的,应当就其所设机构、场所取得的来源于中国境内的所得,以及发生在中国境外但与其所设机构、场所有实际联系的所得,缴纳企业所得税。

非居民企业在中国境内未设立机构、场所的,或者虽设立机构、场所但取得的所得与其所设机构、场所没有实际联系的,应当就其来源于中国境内的所得缴纳企业所得税。

（三）税率

企业所得税的税率是指对纳税人应纳税所得额征税的比率。我国企业所得税实行的是比例税率。基本税率是25%,适用于居民企业和在中国境内设立机构、场所且所得与机构、场所有关联的非居民企业。而对在中国境内未设立机构、场所的,或者虽设立机构、场所但取得的所得与其所设机构、场所没有实际联系的非居民企业,实行20%的低税率。同时,为了照顾小微企业的困难,对符合条件的小微企业,可减按20%的税率征收企业所得税。为了鼓励高新技术企业的发展,对国家需要重点扶持的高新技术企业减按15%的税率征收企业所得税.非居民企业减按10%的税率征收企业所得税。

（四）应纳税所得额

企业每一纳税年度的收入总额,减除不征税收入、免税收入、各项扣除以及允许弥补的以前年度亏损后的余额,为应纳税所得额。企业应纳税所得额的计算,以权责发生制为原则,属于当期的收入和费用,不论款项是否收付,均作为当期的收入和费用;不属于当期的收入和费用,即使款项已经在当期收付,均不作为当期的收入和费用。

企业以货币形式和非货币形式从各种来源取得的收入,为收入总额。包括:销售货物收入;提供劳务收入;转让财产收入;股息、红利等权益性投资收益;利息收入;租金收入;特许权使用费收入;接受捐赠收入;其他收入。企业取得收入的货币形式,包括现金、存款、应收账款、应收票据、准备持有至到期的债券投资以及债务的豁免等。企业取得收入的非货币形式,包括固定资产、无形资产、股权投资、存货、不准备持有至到期的债券投资、劳务以及有关权益等。

收入总额中的下列收入为不征税收入：财政拨款；依法收取并纳入财政管理的行政事业性收费、政府性基金；国务院规定的其他不征税收入。

企业的下列收入为免税收入：国债利息收入；符合条件的居民企业之间的股息、红利等权益性投资收益；在中国境内设立机构、场所的非居民企业从居民企业取得与该机构、场所有实际联系的股息、红利等权益性投资收益；符合条件的非营利组织的收入。

企业所得税法规定的各项扣除：是指企业实际发生的与取得收入有关的、合理的支出，包括成本、费用、税金、损失和其他支出，计算应纳税所得额时准予扣除。

（五）应纳税额计算

企业的应纳税所得额乘以适用税率，减除依照本法关于税收优惠的规定减免和抵免的税额后的余额，为应纳税额。计算公式如下：

$$应纳税额＝应纳税所得额×适用税率－减免税额－抵免税额$$

公式中的减免税额和抵免税额，是指依照企业所得税法和国务院的税收优惠规定减征、免征和抵免的应纳税额。

对于居民企业来源于中国境外的应税所得和非居民企业在中国境内设立机构、场所，取得发生在中国境外但与该机构、场所有实际联系的应税所得，已在境外缴纳的所得税税额，可以从其当期应纳税额中抵免，抵免限额为该项所得依照我国企业所得税法规定计算的应纳税额；超过抵免限额的部分，可以在以后五个年度内，用每年度抵免限额抵免当年应抵税额后的余额进行抵补。

国家还对重点扶持和鼓励发展的产业和项目，给予企业所得税优惠。

（六）征收管理

在企业所得税征收管理上，企业所得税按纳税年度计算。纳税年度自公历 1 月 1 日起至 12 月 31 日止。企业所得税分月或者分季预缴，企业应当自年度终了之日起 5 个月内，向税务机关报送年度企业所得税纳税申报表，并汇算清缴，结清应缴应退税款。

二、个人所得税

个人所得税是世界各国普遍征收的一种税，它是以个人所得为征税对象开征的一种税。我国现行的个人所得税是在 1980 年 9 月 10 日第五届全国人民代表大会第三次会议通过的《中华人民共和国个人所得税法》的基础上，经过全国人民代表大会常务委员会 1993 年 10 月 31 日第一次修正、1999 年 8 月 30 日第二次修正、2005 年 10 月 27 日第三次修正、2007 年 6 月 29 日第四次修正、2007 年 12 月 29 日第五次修正、2011 年 6 月 30 日第六次修正而形成的。经过多次修正，现行个人所得税更好地体现了公平税负、简化税制、合理调节的思想。

（一）纳税人

个人所得税的纳税人包括居民纳税人和非居民纳税人。前者是指在中国境内有住所，或者无住所而在境内居住满 1 年的个人。居民纳税人应就其来源于中国境内和境外的所得，缴纳个人所得税。在中国境内无住所又不居住或者无住所而在境内居住不满 1 年的个人，是非居民纳税人，非居民纳税人负有有限纳税义务，仅就其来源于中国境内的所得缴纳个人所得税。

（二）征税对象

个人所得税的征税对象是个人取得的应税所得。税法规定的个人应税所得包括 11 项：

工资、薪金所得;个体工商户的生产、经营所得;对企事业单位的承包经营、承租经营所得;劳务报酬所得;稿酬所得;特许权使用费所得;利息、股息、红利所得;财产租赁所得;财产转让所得;偶然所得;经国务院财政部门确定征税的其他所得。

个人所得的形式,包括现金、实物、有价证券和其他形式的经济利益。所得为实物的,应当按照取得的凭证上所注明的价格计算应纳税所得额;无凭证的实物或者凭证上所注明的价格明显偏低的,参照市场价格核定应纳税所得额。所得为有价证券的,根据票面价格和市场价格核定应纳税所得额。所得为其他形式的经济利益的,参照市场价格核定应纳税所得额。

（三）税率

个人所得税的税率包括超额累进税率和比例税率。

（1）工资、薪金所得,适用 3%～45% 的 7 级超额累进税率（见表 10-6）。

表 10-6

个人所得税税率表
（工资、薪金所得适用）

级　数	全月应纳税所得额	税率(%)
1	不超过 1 500 元的	3
2	超过 1 500 元至 4 500 元的部分	10
3	超过 4 500 元至 9 000 元的部分	20
4	超过 9 000 元至 35 000 元的部分	25
5	超过 35 000 元至 55 000 元的部分	30
6	超过 55 000 元至 80 000 元的部分	35
7	超过 80 000 元的部分	45

注:本表所称全月应纳税所得额是指依照税法第六条的规定,以每月收入额减除费用 3 500 元以及附加减除费用后的余额。

（2）个体工商户的生产、经营所得和对企事业单位的承包经营、承租经营所得,适用 5%～35% 的 5 级超额累进税率（见表 10-7）。

表 10-7

个人所得税税率表
（个体工商户的生产、经营所得和对企事业单位的承包经营、承租经营所得适用）

级数	全年应纳税所得额	税率(%)
1	不超过 15 000 元的	5
2	超过 15 000 元至 30 000 元的部分	10
3	超过 30 000 元至 60 000 元的部分	20
4	超过 60 000 元至 100 000 元的部分	30
5	超过 10 0000 元的部分	35

注:本表所称全年应纳税所得额是指依照税法第六条的规定,以每一纳税年度的收入总额减除成本、费用以及损失后的余额。

（3）稿酬所得,适用比例税率,税率为20%,并按应纳税额减征30%。

（4）劳务报酬所得,适用比例税率,税率为20%。对个人一次取得劳务报酬,其应纳税所得额超过2万元的畸高收入,实行加成征收。对应纳税所得额超过2万～5万元的部分,依照税法规定计算应纳税额后再按照应纳税额加征五成;超过5万元的部分,加征十成。

（5）特许权使用费所得,利息、股息、红利所得,财产租赁所得,财产转让所得,偶然所得和其他所得,适用比例税率,税率为20%。其中,储蓄存款利息所得自2008年10月9日起暂免征收个人所得税。

（四）应纳税所得额的计算

（1）工资、薪金所得,以每月收入额减除费用3 500元后的余额,为应纳税所得额。

（2）个体工商户的生产、经营所得,以每一纳税年度的收入总额,减除成本、费用以及损失后的余额,为应纳税所得额。

（3）对企事业单位的承包经营、承租经营所得,以每一纳税年度的收入总额,减除必要费用后的余额,为应纳税所得额。

（4）劳务报酬所得、稿酬所得、特许权使用费所得、财产租赁所得,每次收入不超过4 000元的,减除费用800元;4 000元以上的,减除20%的费用,其余额为应纳税所得额。

（5）财产转让所得,以转让财产的收入额减除财产原值和合理费用后的余额,为应纳税所得额。

（6）利息、股息、红利所得,偶然所得和其他所得,以每次收入额为应纳税所得额。

（五）允许扣除项目和减、免项目

纳税义务人从中国境外取得的所得,准予其在应纳税额中扣除已在境外缴纳的个人所得税税额。但扣除额不得超过该纳税义务人境外所得依照本法规定计算的应纳税额。个人将其所得对教育事业和其他公益事业捐赠的部分,按照国务院有关规定从应纳税所得中扣除。

免纳个人所得税的个人所得包括:① 省级人民政府、国务院部委和中国人民解放军军以上单位,以及外国组织、国际组织颁发的科学、教育、技术、文化、卫生、体育、环境保护等方面的奖金;② 国债和国家发行的金融债券利息;③ 按照国家统一规定发给的补贴、津贴;④ 福利费、抚恤金、救济金;⑤ 保险赔款;⑥ 军人的转业费、复员费;⑦ 按照国家统一规定发给干部、职工的安家费、退职费、退休工资、离休工资、离休生活补助费;⑧ 依照我国有关法律规定应予免税的各国驻华使馆、领事馆的外交代表、领事官员和其他人员的所得;⑨ 中国政府参加的国际公约、签订的协议中规定免税的所得;⑩ 经国务院财政部门批准免税的所得。

经批准,下列情形可以减征个人所得税:① 残疾、孤老人员和烈属的所得;② 因严重自然灾害造成重大损失的;③ 其他经国务院财政部门批准减税的。

目前我国个人所得税采取的是分项定率或定额扣除、分项征收的分类所得税制,在级次划分、税率设计、费用扣除和征收管理等方面还存在不少问题。因此,需要适时对个人所得税进行进一步调整,实现由分类所得税制到综合分类所得税制的转换。

第四节　其他课税

当前我国已形成以流转课税、所得课税为主体,资源课税、财产课税和行为课税为辅助的复合税制体系。2008 年流转课税、所得课税已占税收收入总额的 82%,其他三类税收占比 18%。

一、资源课税

资源课税是对自然资源征收的税种的总称。对资源征税按其目的和意义的不同,可以分为级差资源税和一般资源税。级差资源税是国家对开发和利用自然资源的单位和个人,由于资源条件的差别和所取得的级差收入课征的一种税。征收级差资源税的依据是马克思的级差地租理论。一般资源税是国家根据需要对使用某种自然资源的单位和个人,为取得应税资源的使用权而征收的一种税。征收一般资源税的理论依据是马克思的绝对地租原理。资源税的课税方式也有两种:一是以自然资源本身为计税依据,这种自然资源必须是私人拥有的;二是以自然资源的收益为计税依据,这种自然资源往往为国家所有。

资源课税的功能主要表现为以下几方面:① 促进社会资源的合理配置。对资源征税有利于国家加强对自然资源的保护和管理,防止经营者乱采滥用资源,减少浪费和损失。同时,也有利于提高经营者对资源的开发利用率,最大限度合理、有效、节约地开发利用国家资源。② 调节资源级差收入。我国地域辽阔,各地资源结构和开发条件存在很大差异,自然资源条件的优劣,会使开发利用它们的企业处于有利或不利的位置,这种差别又会直接影响纳税人的收益水平。征收资源税可以调节自然资源的级差状况,从而调节企业因资源因素造成的利润水平相差悬殊和利润分配苦乐不均的问题,使企业能够在同一水平上展开竞争。③ 增加财政收入。通过资源税种与其他税种的相互配合,不但有利于充分发挥税收的杠杆作用,而且也拓宽了税源,为国家取得一定的财政收入。

我国现行属于资源课税的税种有资源税,对土地征税尽管有资源税性质,但土地也是财产,土地课税一般被归于财产税。

现行资源税是国务院于 1993 年 12 月颁布的《中华人民共和国资源税暂行条例》,从 1994 年 1 月 1 日起施行。2011 年 9 月 21 日,国务院通过《国务院关于修改〈中华人民共和国资源税暂行条例〉的决定》,自 2011 年 11 月 1 日起施行。2011 年 10 月 28 日,财政部和国家税务总局公布了《中华人民共和国资源税暂行条例实施细则》,自 2011 年 11 月 1 日起施行。

2016 年 5 月 9 日,财政部和国家税务总局发布《关于全面推进资源税改革的通知》(财税〔2016〕53 号)。①改革的原则。包括:清费立税;合理负担;适度分权;循序渐进。②改革的主要目标。包括:通过全面实施清费立税、从价计征改革,理顺资源税费关系,建立规范公平、调控合理、征管高效的资源税制度,有效发挥其组织收入、调控经济、促进资源节约集约利用和生态环境保护的作用。③改革的主要内容。包括:扩大资源税征收范围;实施矿产资源税从价计征改革;全面清理涉及矿产资源的收费基金;合理确定资源税税率水平;合理收入分配体制及经费保障。此次资源税从价计征改革及水资源税改革试点,自 2016 年 7 月 1 日起实施。已实施从价计征的原油、天然气、煤炭、稀土、钨、钼等 6 个资源品目资源税政策暂不调整,仍按原办法执行。

资源税是以在中国境内开采或者生产应税产品的单位和个人为纳税人。这里所称单位,是指国有企业、集体企业、私有企业、股份制企业、其他企业和行政单位、事业单位、军事单位、社会团体及其他单位;个人,是指个体经营者及其他个人。资源税税目税率幅度见表 10 - 8。

表 10 - 8

资源税税目税率幅度表

序号	税目		征税对象	税率幅度
1	原油			6%～10%
2	天然气			6%～10%
3	煤炭			2%～10%
4	金属矿	铁矿	精矿	1%～6%
5		金矿	金锭	1%～4%
6		铜矿	精矿	2%～8%
7		铝土矿	原矿	3%～9%
8		铅锌矿	精矿	2%～6%
9		镍矿	精矿	2%～6%
10		锡矿	精矿	2%～6%
11		未列举名称的其他金属矿产品	原矿或精矿	税率不超过 20%
12	非金属矿	石墨	精矿	3%～10%
13		硅藻土	精矿	1%～6%
14		高岭土	原矿	1%～6%
15		萤石	精矿	1%～6%
16		石灰石	原矿	1%～6%
17		硫铁矿	精矿	1%～6%
18		磷矿	原矿	3%～8%
19		氯化钾	精矿	3%～8%
20		硫酸钾	精矿	6%～12%
21		井矿盐	氯化钠初级产品	1%～6%
22		湖盐	氯化钠初级产品	1%～6%
23		提取地下卤水晒制的盐	氯化钠初级产品	3%～15%
24		煤层(成)气	原矿	1%～2%
25		黏土、砂石	原矿	每吨或立方米 0.1 元～5 元
26		未列举名称的其他非金属矿产品	原矿或精矿	从量税率每吨或立方米不超过 30 元；从价税率不超过 20%
27		海盐	氯化钠初级产品	1%～5%

备注：①铝土矿包括耐火级矾土、研磨级矾土等高铝黏土。②氯化钠初级产品是指井矿盐、湖盐原盐、提取地下卤水晒制的盐和海盐原盐，包括固体和液体形态的初级产品。③海盐是指海水晒制的盐，不包括提取地下卤水晒制的盐。

资源税的应纳税额,按照从价定率或者从量定额的办法,分别以应税产品的销售额乘以纳税人具体适用的比例税率或者以应税产品的销售数量乘以纳税人具体适用的定额税率计算。销售额为纳税人销售应税产品向购买方收取的全部价款和价外费用,但不包括收取的增值税销项税额。价外费用,包括价外向购买方收取的手续费、补贴、基金、集资费、返还利润、奖励费、违约金、滞纳金、延期付款利息、赔偿金、代收款项、代垫款项、包装费、包装物租金、储备费、优质费、运输装卸费以及其他各种性质的价外收费。销售数量,包括纳税人开采或者生产应税产品的实际销售数量和视同销售的自用数量。

二、财产课税

财产课税是一个古老的税类,它是以纳税人拥有或支配的应税财产就其数量或价值征收的税类,主要包括一般财产税、土地税、房屋税、不动产税、遗产税等,是各国地方政府的重要税收来源。

财产课税的特征可以归纳为以下几点:① 对财富的存量课税,课税较为公平且符合受益原则。财产税是对财富的存量课税,即对财产的数量或价值课税,纳税人拥有或支配财产价值的高低,在一定程度上可以反映纳税人的收入水平和负担税款的能力。同时,纳税人使用其占有的财产,一般不与他人发生联系,税负不易转嫁,能够体现税收负担的纵向公平。② 收入弹性小,课税对象稳定。由于财产税课税对象的特殊性,使其课税难以普遍,除了不动产和少数动产以外,其他动产诸如证券票据、贵重物品等因查实困难而难以征税。而且,由于财产的生成时间较长等因素,也使得财产课税的收入缺乏弹性,不能随着财政需要的多寡缓急提供资金。另外,财产税依据现有的财产价值课税,一般不受社会经济变动的影响,课税范围相对稳定,适宜作为地方税收的来源。③ 征收管理较为复杂。财产税多选择从价计征,征税时必须对纳税人的财产进行估价,而估价工作难度极大,往往难以准确确定,甚至出现徇私舞弊等现象。我国现行财产课税体系尚不健全,有待进一步完善。

目前我国属于财产课税的税种主要有:房产税、车船税、城镇土地使用税。当前我国财产税税基窄,收入低,还很难发挥地方政府主体税的作用。积极推进财产税制度改革,逐步建立财产税地方主体税的地位十分必要。2011 年 2 月 25 日,第十一届全国人民代表大会常务委员会第十九次会议通过了《中华人民共和国车船税法》,该法自 2012 年 1 月 1 日起施行,2006 年 12 月国务院公布的《中华人民共和国车船税暂行条例》同时废止。

三、行为课税

行为课税是以纳税人的特定行为作为征税对象的税类。所谓“特定行为”,指的是国家出于财政目的或政策目的而要通过征税加以限制或监督的行为。国家通过对特定行为征税,以达到特定的调节目的。

行为课税的特点是税种多、税源分散;政策性强,调节范围明确;税负直接,难以转嫁;稳定性差,往往具有临时性或偶然性。我国现行行为课税的税种主要包括耕地占用税、城市维护建设税、土地增值税、印花税、契税、车辆购置税 6 个税种。

本 章 小 结

本章主要从四个方面分析了中国现行主要税种:首先,从税收制度概念入手,介绍了中国税制历次改革的基本背景与主要内容。其次,介绍了我国流转课税的主要税种。从流转课税的特点入手,主要介绍了增值税、消费税、营业税等主要税种的内容。再次,介绍了我国所得课税的主要税种。从所得课税的特点入手,主要介绍了企业所得税、个人所得税的主要内容。最后,介绍了其他课税的一些税种。分析了资源课税、财产课税、行为课税的主要特征,并对相关税种进行介绍。

扩 展 阅 读

增值税转型改革

增值税制的一大优点是能够避免生产专业化过程中的重复征税问题。根据对外购固定资产所含税金扣除方式的不同,增值税制分为生产型、收入型和消费型三种类型。生产型增值税不允许扣除外购固定资产所含的已征增值税,税基相当于国民生产总值,税基最大,但重复征税也最严重。收入型增值税允许扣除固定资产当期折旧所含的增值税,税基相当于国民收入,税基其次。消费型增值税允许一次性扣除外购固定资产所含的增值税,税基相当于最终消费,税基最小,但消除重复征税也最彻底。在目前世界上 140 多个实行增值税的国家中,绝大多数国家实行的是消费型增值税。

1994 年,我国选择采用生产型增值税,一方面是出于财政收入的考虑;另一方面则为了抑制投资膨胀。随着我国社会主义市场经济体制的逐步完善和经济全球化的纵深发展,推进增值税转型改革的必要性日益突出。

中共十六届三中全会明确提出要适时实施这项改革,"十一五规划"明确在十一五期间完成这一改革。自 2004 年 7 月 1 日起,在东北、中部等部分地区已先后实行了改革试点,试点工作运行顺利,达到了预期目标。2008 年国务院政府工作报告提出,要研究制定全国增值税转型改革方案。十一届全国人大一次会议审议同意的全国人大财经委关于预算草案审查结果报告,明确提出争取 2009 年在全国推开增值税转型改革。在这种情况下,国务院决定实施增值税转型改革,规范和完善我国增值税制度,使税收制度更加符合科学发展观的要求,并为最终完善增值税制、完成全国人大常委会要求 5 年内制定增值税法的任务创造条件。

所谓增值税转型,是指从生产型增值税转变为消费型增值税。根据国务院常务会议精神,这次增值税转型改革的主要内容包括以下几个方面:

(1) 自 2009 年 1 月 1 日起,全国所有增值税一般纳税人新购进设备所含的进项税额可以计算抵扣。

(2) 购进的应征消费税的小汽车、摩托车和游艇不得抵扣进项税。

(3) 取消进口设备增值税免税政策和外商投资企业采购国产设备增值税退税政策。

(4) 小规模纳税人征收率降低为 3%。

(5) 将矿产品增值税税率从 13% 恢复到 17%。

(资料来源:引自国家税务总局网站,http://www.chinatax.gov.cn/。)

思 考 与 练 习

1. 简述流转课税的主要特点。
2. 简述所得课税的主要特征。
3. 简述增值税的三种类型。
4. 简述资源课税的主要功能。
5. 简述财产课税的主要特征。
6. 试述我国现行增值税的主要内容。
7. 试述我国现行个人所得税的主要内容。
8. 简述"营改增"的主要内容。
9. 简述我国现行消费税的主要内容。

第十一章 公债与公债管理

知识要点与学习要求

1. 公债的特点与功能。要求正确理解公债的含义,把握公债的特点,认识公债的种类,重点掌握公债的职能。

2. 公债规模与结构。一方面,要求正确认识公债的负担与限度,把握影响公债规模的因素,另一方面,能够从理论上正确认识公债的品种结构、期限结构、持有结构、利率结构,并对我国公债的现状有所认识。

3. 公债的发行、流通与偿还。要求能够正确认识公债的发行方式、发行利率、发行市场等问题;认识公债流通及其市场组成、交易方式;掌握公债偿还方式与偿还资金的来源。

4. 公债管理。要求掌握公债管理的主要内容,掌握公债发行额管理与余额管理等方式。

本章结构图

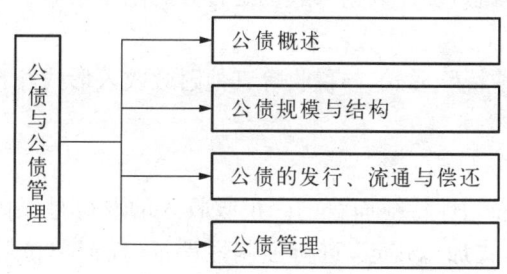

基本概念

公债 公债负担 公债限额 公债结构 公债市场 公债管理

第一节 公债概述

一、公债的含义与特点

(一)公债的含义

在现代社会,举债是一种十分普遍的经济现象,既有私人和企业举借的债务,又有政府举借的债务。一般把私人和企业举借的债务称为民间债务或私债,政府举借的债务称为公共债务或公债。

公债是政府以信用为基础,根据借贷原则,通过向国内外借款或发行政府债券所筹集的财政资金。它是政府取得财政收入的一种有偿形式,在现代社会也是政府调节经济的重要手段。理解公债含义,应该把握以下要点:① 公债是政府债务,以国家或政府为主体。因此,公债包括中央政府债和地方政府债。在西方,通常将中央政府债称为国债。2014 年修正后的《中华人民共和国预算法》规定:中央一般公共预算中必需的部分资金,可以通过举借国内和国外债务等方式筹措,举借债务应当控制适当的规模,保持合理的结构。经国务院批准的省、自治区、直辖市的预算中必需的建设投资的部分资金,可以在国务院确定的限额内,通过发行地方政府债券举借债务的方式筹措。因此,按照预算法规定,我国中央政府和地方政府都可以依法举债。实际上,改革开放后至 2008 年,我国地方政府并没有发行地方政府债券,2009 年后,经批准我国地方政府每年开始发行地方政府债券。② 公债是财政收入的一种形式,但相对于传统的税收而言,又是一种特殊的财政收入一种形式。它具有有偿性、自愿性等特征。③ 公债以信用为基础,是国家信用的重要表现。国家信用是指政府依据信用原则进行的财政活动,是商业信用、银行信用发展到一定水平后出现的信用形式,包括收入信用和支出信用。前者是指政府作为债务人进行的筹资信用,后者是指政府作为债权人进行的投资信用。公债属于国家收入信用的主要形式。④ 公债是一种重要的经济杠杆。公债不仅仅是政府弥补赤字的收入来源,而且是政府实施财政政策可以运用的重要手段。

需要指出的是,本章区分使用公债和国债概念。使用的公债概念,既包括中央政府债,也包括地方政府债,主要指的是通过发行政府债券形成的债务,使用国债概念则指的是中央政府债。因为没有发行地方政府债券,所以,2009 年之前我国的公债实际上主要是国债,书中一些地方会使用国债概念,统计数据一般也是官方的国债数据。

（二）公债的特点

作为财政收入的一种特殊形式,与税收等其他财政收入形式相比,公债具有自身的一些特点。

1. 自愿性

这是相对于税收的强制性特征而言的。税收收入的取得是以国家的政治权力为依托,并以国家法律、法令的形式加以规定,进行强制性课征,任何单位和个人都必须依法纳税。而公债的发行依据的是信用原则,债权债务关系的缔结,要在平等自愿的基础上达成。认购者买与不买、买多买少,应由认购者自主决定。

2. 偿还性

这是相对于税收的无偿性而言的。国家通过依法征税取得的财政收入,既不需要偿还,也不需要对纳税人直接付出任何代价。而公债的发行是以政府偿还本金和付息为条件,政府以支付一定的利息为代价获得在一定时间内的资金的使用权,债务到期必须还本付息。

3. 灵活性

这是相对于税收的固定性而言的。公债是否发行、发行多少及其他发行条件,并不是通过法律形式预先规定,而是政府根据财政资金状况、宏观调控需要、经济建设需求等灵活加以确定。

同时,公债既是一个财政范畴,也是一个金融范畴,具有很强的金融性。首先,公债是金融市场上的一种重要金融工具。随着现代金融市场的发展,公债与股票、企业债、商业票据等成为金融市场上的重要工具。其次,公债市场已经成为金融市场的重要组成部分,包括公债发行市场、流通市场和期货市场等。最后,公债是中央银行进行公开市场操作的重要工具。由于公债的发行凭借的是政府的信誉,无需财产作担保,且政府的信誉比私人的信誉要高得多,因此,公债通常被称为"金边债券",在金融市场上有很好的流动性。

（三）公债的种类

现代政府发行公债的种类众多,可以从不同的角度分类,对公债进行合理分类,既可强化对公债的管理,也构成了公债结构分析的基础。

1. 政府借款和政府债券

按政府举债的形式,公债可分为政府借款和政府债券。前者可称为广义的公债,是指政府通过与债权人签订借款合同所形成的债权债务关系,主要包括向国内外金融机构或他国政府的借款。这种债务借用方便快捷,但往往筹资对象有限,成本较高或附加其他条件。后者是指向社会或企业等采用发行债券的形式所形成的债权债务关系,这种公债发行条件要求较高,但纳入预算管理,规范化程度高,以国家信用为基础,筹资成本较低。

2. 内债和外债

按公债发行地域分类,公债可分为内债和外债。内债是指在本国境内发行的债务。内债债权人多为本国居民,还本付息以本国货币支付,因而,内债不会影响国际收支,也不会影响国内资源总量,但会影响国内资源结构性转移。外债一般是在国际市场上发行,以外币作为计量单位发行的债券或一国政府以契约形式向国外取得的借款。外债的债权人一般为外国政府、国际金融机构、外国银行、外国企业或个人等。外债的发行和偿还一般都要使用外汇。因此,外债既影响国际收支,又影响国内资源总量的增减,导致国际间资源的转移。

3. 短期公债、中期公债和长期公债

按公债偿还期限分类,公债可分为短期公债、中期公债和长期公债。短期公债是偿还期限在 1 年或 1 年以内的公债,主要用于解决国库由于收入入库与财政拨款的时间脱节而造成的财政资金临时性短缺,故被称为国库券。这种公债流动性极强,具有准货币性质。中期公债是指偿还期限一般在 1 年以上 10 年以内的公债,许多国家用中期公债弥补赤字或中期投资。长期公债是指偿还期限一般在 10 年以上的公债,资金一般用于较大的经济建设项目。

4. 自愿公债和强制公债

按公债发行方法分类,公债可分为自愿公债和强制公债。前者是指政府发行的由居民或其他主体自愿认购的公债。居民、企业、团体购与不购,购多购少,完全取决于各自的意愿,政府不作限制性规定,体现了信用的基本特征。后者是凭借政治权力,按照规定的条件,强制居民或团体购买的公债,一般只有在战时等特殊情况下才发行此种类型的公债。但典型意义上的公债应是建立在信用基础上的自愿公债。

5. 上市公债和不上市公债

按是否上市流通,公债可分为上市公债和不上市公债。上市公债是可以在金融市场上自由流通买卖的公债,也可称为可转让公债。认购者在购入这种公债后,可以随时视自身资金需求状况和金融市场行情,将债券通过市场售出。这种债券的流动性强,一般占有较大份额。不上市公债是指不能在金融市场上自由买卖流通的公债,也称为不可转让公债。这种公债流动性弱,所占份额较小。

6. 实物券公债、凭证式公债和记账式公债

按债权债务的载体形式,公债可分为实物券公债、凭证式公债和记账式公债。实物券公

债又称为证券公债或无记名公债,它是以债券为载体,券上载有发行年份、期限、面额等信息。这种公债不记名、不挂失,但可自由转让。凭证式公债是指公债承销机构给公债购买者填制公债收款凭证的方式发行的公债,这是一种记名公债,可以挂失,可以到购买网点提前兑现,但不能上市流通,具有类似银行定期存单的特点,也可称为储蓄式公债。记账式公债没有任何形式的债券或凭证,认购者认购后,由政府将公债的金额、期限、种类等信息直接存入认购者的证券账户或公债专有账户中,以记账的形式保存。这种公债可记名、可挂失,安全性好,而且发行成本低,发行效率高。

二、公债的产生和发展

(一)公债的产生

公债作为一种财政范畴,其产生要晚于税收。作为国家信用的主要形式,其产生也要晚于私人信用和商业信用。一般认为,公债最早出现于公元前 4 世纪左右的古希腊和古罗马。当时在奴隶制的城邦制下,商品经济已经萌芽,并得到缓慢发展,简单的货币信用关系也已经存在,出现了国家向商人、高利贷者和寺院举债的情况,于是产生了早期公债。但当时的公债只是一种偶然的经济现象,而且规模小,通常是以高利贷的形式出现的。

马克思在《资本论》中指出:“公共信用制度,即公债制度,在中世纪的热那亚和威尼斯就已产生,到工厂手工业时期流行于整个欧洲。”公债的产生需要相应的条件和环境。

(1)政府财政的需要。公债产生的直接原因是财政收不抵支。公债既是政府债务,它总是与政府及其职能的发展联系在一起。随着国家职能的不断扩大,财政支出日益增加,原有的依靠税收形式组织的财政收入已不能满足国家财政支出的需要,于是就需要新的收入来源渠道。这就有了发行公债的必要。

(2)经济发展的可能。公债能不能产生,还要有赖于社会生产力水平的提高,有赖于商品经济的一定发展。因为公债筹集的是社会闲置资金,只有商品经济发展了,剩余产品的数量才会增加,才能为公债的发行提供必要可能。因此,只有当社会生产力发展到一定水平,出现了闲置的货币资金,社会有一定的应债能力,公债才可能产生。

(3)信用制度的发展。公债作为国家信用的一种形式,其产生有赖于信用制度的发展。但仅仅依赖于信用制度公债的发展还是会受到很大限制。一般认为,近现代化的金融机构、全国性的金融市场和较为发达、稳固的信用制度是大量发行公债的三大技术条件。有较完善的金融机构体系,才能通过公债有效吸收社会闲置资金;有发达的金融市场才能保持公债的流动性;有稳固的信用制度债权人和债务人之间的债权债务关系才能够得以维系。因此,早期的公债产生后,因为没有这些条件的存在,不可能有大的发展。

(二)公债的发展

公债是在私债基础上发展和演变而来的。到了封建社会,借债的规模有所扩大,但限于经济非常落后,社会闲散资金极其有限,公债发展十分缓慢。公债的真正发展是在人类社会进入资本主义社会之后,由于西方殖民制度和海上贸易的发展,社会生产力的快速提高,大量社会闲置资本的存在,促使公债在资本主义时代得到了迅速发展。尤其是两次世界大战和凯恩斯赤字财政政策的推行,都有力地推动了公债制度的发展。

第一次世界大战期间,由于参战国的军费陡增,公债就成为筹集战争经费的最主要途径。第二次世界大战期间,同样是由于战争的原因,导致公债出现爆炸性的增长。整个资本主义世界,公债总额在 1940—1945 年达到了 8 000 亿~9 000亿美元。自 1929—1933 年世界经济大萧条以来,由于奉行凯恩斯的国家干预主义,各国普遍实行赤字财政政策,政府日益把公债作为干预经济的一个重要手段,导致公债规模的迅速膨胀。

在今天,公债日益成为各国政府对经济进行调控、筹集财政收入的重要手段。

（三）我国公债的历史演进

据记载,中国早在汉唐时期,就有财政信用活动。在半封建、半殖民地的中国,也曾多次发行公债。清政府时期,对内曾经三次发行公债。最早的一次是清光绪二十年（1894 年）,为筹措中日"甲午战争"军费而举办的"息借商款"。此后,清政府、北洋军阀政府、国民党政府都曾多次发行内外债。

新中国成立后,我国国债的发展可分三个阶段:

第一个阶段是新中国刚刚成立的 1950 年。为了弥补财政赤字、抑制通货膨胀、实现经济的快速恢复,1950 年发行了"人民胜利折实公债",采用实物计算单位,定名为"分",计划 2 亿分,实际发行 1 亿分,总价值约为 3.02 亿元。从 1951 年起分五年五次偿还,它是新中国第一次举债实践。

第二个阶段是 1954—1958 年。为了完成"一五"计划所规定的建设任务,加快社会主义经济建设,这期间分五次发行了总额为 35.48 亿元的"国家经济建设公债"。主要用于恢复国民经济和重点项目的建设。但在极左思想影响下,我国从 1968 年至 1978 年 10 年间,没有继续运用公债形式,并实现了"既无内债,又无外债"。

第三个阶段是 1979 年至今。从 1979 年,我国开始发行一定数量的外债,从 1981 年,我国开始发行一定数量的内债。至 2015 年,中央财政债务余额达到 106 599.59 亿元,占 GDP 的 15.55%。随着改革开放,我国不断强化对公债手段的运用,公债制度不断完善,公债在国民经济中发挥着越来越重要的作用。

三、公债的功能

（一）弥补财政赤字

财政赤字是指财政收不抵支的差额,当出现这种差额时,总要寻求一定的资金来弥补。通过发行公债弥补财政赤字,是现代国家的普遍做法,也是公债产生的主要动因。从理论上讲,弥补财政赤字可有四种方法:即动用历年财政结余、增加税收、向银行透支或借款、发行国债。比较而言,发行公债具有更大的优越性。其中动用历年财政结余,客观需要财政账户上存在结余资金可用。从实际情况看,各国财政即使出现财政节余,往往数量有限,用来弥补财政赤字的可行性小。增加税收往往受到政治程序的限制,政府行政部门不能随意增加税收。而且,增加税收会加重纳税人负担,往往会遭到纳税人的反对。向商业银行借款,需要支付较高的利息,借债成本较高。向中央银行透支,容易造成财政性货币发行,引发通货膨胀,很多国家对此进行严格限制。

用公债弥补财政赤字,一般不会影响经济发展,可能产生的副作用较小。这是因为:① 发行公债通常坚持自愿认购原则。它筹集的是社会闲置资金,体现的是社会正常经济关系,一般不会对经济运行产生不利影响。② 发行公债是运用信用形式筹集财政资金,一般只涉及资金使用权的暂时转移,不涉及资金所有权的变更。所以,发行国债往往是对资金使用结构的调整,一般不会引发货币发行或通货膨胀。但也应看到,债务规模过大,容易引发债务危机,破坏财政的稳健性。

(二) 筹集建设资金

在我国,财政承担着为经济建设提供巨额资金的任务,经常性的税收收入很难满足建设对资金的需求,发行公债具有非常明显的筹集建设资金的功能。通过发行建设性公债,把企业和居民手中的一部分闲置资金集中到政府手中,用于能源、交通、通信等方面的建设,有效地矫正了市场在资源配置方面的缺陷。在西方国家,国家除了维持经常性的社会消费性支出外,大量公共事业和基础设施的投资,也由财政来承担,为投资性项目筹资是支持政府举债的重要理由。

目前,中国建设性支出的很大一部分是依靠公债收入来保证的。尤其在 1998—2004 年实行积极财政政策期间,通过发行长期建设国债,是促进经济增长的重要手段。从 1999—2003 年,我国每年分别发行长期建设国债 1 100 亿元、1 500 亿元、1 500 亿元、1 500 亿元和 1 400 亿元,每年拉动 GDP 增长约1.5～2 个百分点。2008 年为应对国际金融危机的冲击,我国政府出台了 4 万亿元的投资计划,2009—2011 年,中央财政分别代地方财政发行 2 000 亿元的债券。

(三) 调节经济

(1) 调节积累和消费比例关系。公债是对 GDP 再分配的重要手段,通过公债筹资的合理运用,将有效地调整积累和消费比例关系。在消费膨胀,商品供不应求时,发行公债将一部分消费转化为积累,有利于缓解供求关系,减轻物价上涨压力;在需求不足,商品供过于求时,发行国债并把这部分财力用于消费,将能有力扩大社会消费规模,使积累和消费的比例向消费一方偏移。

(2) 调节投资结构,促进国民经济结构调整。政府发行公债,不仅可以将一部分分散性资金集中起来,从而使这部分资金的使用得到合理引导,减少社会投资的盲目性,而且通过优化财政支出结构,可以使国家的重点建设、基础产业等资金短缺行业得到资金保证,可有力地推动经济结构调整。如从 1998—2004 年中国实施积极财政政策期间,累计发行长期建设国债达 9 100 亿元,资金主要投向交通、能源、通讯、农业等社会公共领域,并且有效带动了社会各方面的投资,据测算,这部分国债拉动形成的投资总规模为 5 万亿元左右,有力地推动了社会需求和产业升级。

(3) 为中央银行进行公开市场操作提供了重要手段。公开市场操作是中央银行实施货币政策的重要工具,而公开市场操作主要是买卖政府债券,因此,一定数量公债的存在为中央银行实施货币政策创造了很好条件。

(4) 调节社会总供求,促进社会总供给和社会总需求的平衡。当社会总需求大于社会总供给时,政府可以抛售公债并配合增加税收、削减开支等措施,抑制总需求膨胀;当社会总需求小于社会总供给时,政府可以通过偿还或购买公债以及减少税收、增加支出等措施,来增加流通中的货币量扩大总需求,从而调节社会总供给与社会总需求的平衡。

第二节　公债规模与结构

一、公债规模

(一) 公债负担

公债规模问题一直是理论界和实际部门关注的重大理论和实践问题,关注该问题的主要原因是对公债负担的担心。所谓公债负担是指由于公债的发行、流通、偿还等所带来的经济主体的经济损失以及对国民经济造成的负面影响。

公债负担可从下面几个方面分析：① 认购人负担。在一定时期，整个社会闲置资金是有限的，认购人用来认购公债的资金也是有限的，或者说认购人的认购能力是有限的。尽管认购公债只是资金使用权的暂时让渡，但当公债规模超过一定限度，还是会对认购人形成巨大的压力，对其经济行为产生多方面的影响。② 债务人负担。即政府负担，同其他债务一样，政府借债同样需要还本付息，需要承受公债成本。一定时期财政收支的规模有限，还本付息的能力有限，借债的过程实际也是公债负担形成的过程。因此，政府借债应考虑债务人负担，量力而行。③ 纳税人负担。公债实质是延期的税收，是寅吃卯粮。如果发行公债仅用于弥补公共消费支出的不足，那么，不管偿还公债使用何种方式，如何筹集偿债资金来源，说到底，偿债的收入来源还是依靠税收。公债规模过大，势必会加重纳税人的负担。④ 代际负担。该负担是指政府通过借新债还旧债或举借长期债务的方式，把偿债时间向后推移，让下一代人来承担债务的责任。如果债务资金用于资本性项目，后代人因此受益，债务负担一定程度上的代际转移就具有合理性。但如果债务资金用于消费性项目，就意味着后代人的税收用于当代人的消费，这样就存在不合理、不公平问题。公债负担的类型主要包括：货币负担与实物负担；直接负担与间接负担；形式负担与实质负担；当代负担与后代负担。

长期以来，西方学者非常注重对公债负担问题的探讨，而且在认识上也有很大的分歧。

西方财政学的奠基人亚当·斯密认为，公债会增加国家和人民的负担。首先，公债增加了国家的负担。他说："举债的方策，曾经使采用此方策的一切国家都趋于衰弱。首先，采用此方法的，似为意大利各城市共和国。热那亚和威尼斯是意大利各共和国中仅存的两个保有独立局面的共和国，他们都因举债而衰弱。"其次，举债还会加重人民的负担。因为政府为支付公债的本金和利息，往往要以一些税收作担保，一些政府短期预支的税，就可能为支付债务利息而变为永久的税。同时，为偿债政府往往还要开征一些新税。

凯恩斯则认为，一人若失业已久，则做若干劳动，不仅没有负效应，也许还有正效应，如果接受这一点，则可以推出：举债支出虽然浪费，但结果倒可以使社会致富。在他看来，政府举债有利于解决失业问题，政府举借的债务同个人举借的债务有很大的不同，个人举债会被债务困扰，政府举债却不一定会出现这种情况。

萨缪尔森认为，分析债务负担时，要把政府债务分为外部的债务（欠外国人的）和内部的债务（欠本国公民的），他认为外部债务形成真正的债务。当政府从国外借款而用于消费，由子孙后代来还本付息，的确将会在子孙后代身上加上了纯粹的负担。因为将"不得不把物品送到国外去支付债务的利息"，子孙后代能够消费的东西必然减少。因此，外债将会产生债务负担的转移，会加重后代人的负担。就内部债务而言却是另外一回事。因为内债是自己欠自己的债，和外债负担不一样。外债还本付息使国内资源流向国外，从而加重后代的负担。内债不会改变资本存量的应有数量，改变的只是资源结构。萨缪尔森分析了他所谓的"真正的债务负担"，他的真正目的是要击破那些"有关债务负担的神话"，他的最后结论是公债并没有把重担加于一个国家。

公共选择学派的代表人物布坎南认为，在公债与资本形成的关系上，公债筹资主要用在公共消费开支方面，债务摧毁了资本价值，而且那些被摧毁的资本价值无法再恢复。现在人们应该做的是充分认识债务的危害，对挥霍的体制进行调整，颁布一些限制性的制度规则，以使财政行为限制在节约的范围内。正是由于政府举债会形成负担,布坎南极力反对政府举债,主张回复到古典的平衡财政中去。

可见,在不同时代,西方主流经济学家对公债负担有不同认识,分歧主要表现在债务会不会形成负担,内债负担和外债负担有没有区别,债务负担会不会出现代际之间的转移等方面。公债会不会减少社会投资。相反,我国理论界对公债负担问题探讨得较少,在公债规模越来越大,对社会经济生活影响越来越深刻的情况下,强化对公债负担问题的研究已是摆在我们面前的重大课题。

(二)公债限额

公债限额又叫公债的数量界限,它是指一个国家在一定时期内发行公债所能承受的最高数量界限。公债限额导源于公债负担。正是由于公债的发行和偿还形成公债负担,要受到公债认购人认购能力的限制,因此,公债发行具有客观界限。如果随意扩大公债发行规模,则有可能导致产生债务危机,最终影响国民经济的正常发展和人民生活水平的提高。

公债限额实质是寻求公债的合理规模问题,公债规模主要有三种口径:一是当年新发公债规模;二是历年累积公债规模,即公债余额;三是当年到期需要还本付息的债务总额。

公债限额或规模通常通过相关指标加以监测,这些指标主要包括:

(1)公债借债率。它是指当年新发公债额占当年 GDP 的比例,这一指标反映一国经济总量对新增公债的承担能力。该指标西方国家的经验数据一般是 3%～5%。用公式表示如下:

$$公债借债率＝(当年公债发行额÷当年 GDP)×100\%$$

(2)公债负担率。它是指当年公债累积余额占 GDP 的比例。它是着眼于公债的存量规模,从国民经济整体上来考察公债的数量界限。1991 年的《马斯特里赫条约》规定,欧盟国家的公债负担率不得超过 GDP 的 60%。该指标用公式表示如下:

$$公债负担率＝(当年公债余额÷当年 GDP)×100\%$$

(3)公债偿债率。它是指当年债务还本付息额占当年财政收入的比例,反映政府财政的还本付息能力。从国际经验看,全国财政和中央财政公债偿债率分别处于 8%～10% 和 7%～15% 的范围内是安全的。该指标用公式表示如下:

$$公债偿债率＝(当年还本付息额÷当年财政收入)×100\%$$

(4)公债依存度。它反映的是年度公债发行额占财政支出的比例,可分为国家财政公债依存度和中央财政公债依存度,用来说明财政支出中有多少收入是依靠公债来支撑。这一指标是国际公认的警戒线,国家财政公债依存度为 15%～20% 左右,中央财政公债依存度为 25%～30% 左右。该指标用公式表示如下:

$$公债依存度＝(当年公债发行额÷当年国家或中央财政支出)×100\%$$

(三)影响公债规模的因素

由于各个国家的生产力水平不同,社会经济结构不同,以及公债的使用效果不同,因此,很难寻求一个统一的公债发行的数量指标,并以此指标衡量公债规模是否合理。但是一个国家、一个地区,到底能够发行多大规模的公债,却要受到一系列客观因素的制约。

1. 受到整个社会应债能力的制约

应债能力是指居民、企业、单位等公债投资者购买公债的能力,这是决定公债发行规模的最主要因素。投资者购买公债说到底取决于投资者可支配的收入水平,更主要是他们可支配的闲置资金。一般来说,投资者可支配的收入水平取决于以下几个因素:首先,取决于经济发展水平。生产力水平越高,GDP 的规模越大,公众的收入水平会相应增加,这时整个社会的应债能力就越强。否则,应债能力就弱。其次,取决于收入分配制度。在国民收入水平一定的情况下,集中的收入分配制度,公众收入占国民收入的比重就会降低,社会应债能力相应下降;反之,公众应债能力就会增强。再次,受公众的支出决策影响。在人们收入水平一定的情况下,到底有多少资金可用来投资公债,还取决于公众的支出决策。公众用于消费和其他投资的份额增加,用于公债投资的份额就会减少;反之,公众可能就会增加对公债的投资。

2. 受到公债偿债能力的制约

运用公债需要还本付息,这就涉及财政的偿债能力。偿债能力是指财政部门支付公债本金及利息的能力,这是制约公债规模的重要因素。所谓一些国家发生债务危机,主要是相对其财政偿债能力而言。在公债发行之初,财政可能还不会面临这一问题。但随着每年新发公债及公债余额规模的不断扩大,财政偿债压力就越大,每年债务还本付息占财政支出的比重就会上升,财政的债务负担也会上升。因此,如果财政偿债能力较强,公债规模就可以大些;反之,就应控制债务规模。

3. 公债资源的使用效益

如果说公债资源运用得当,由此带来的收入额大于公债的还本付息额或公债投资收益率高于公债利息率,那么公债还本付息一般不会存在什么问题。这时公债规模可以大些。相反,公债资源利用损失浪费严重,效益低下,就会限制公债规模。

4. 国家宏观政策的影响

如果需要强化财政对经济的调控作用,就需要增加公债发行规模。如果正常的税收收入可以满足财政支出的需要,也就没有发行公债对经济进行过多干预的必要。

(四)中国公债规模

按照我国预算法的规定,除法律和国务院另有规定外,地方政府不得发行地方政府债券,我国政府的债务主要是中央政府债,即国债。因此,此处所提公债规模是指中央政府公债。

自改革开放之初,我国重新发行国债以来,国债规模有逐步扩大之势,尤其是 1998 年实施积极财政政策以来,债务规模有快速膨胀态势。在 2007 年,发行了 15 500 亿元特别国债购买 2 000 亿美元外汇储备,用作中国投资有限公司的资本金,所以,本年发行国债高达23 189.83亿元。表 11-1 显示我国国家财政债务发行额与余额。

表 11-1

1981—2008 年我国国家财政债务发行额与余额　　　单位:亿元

年份	国债发行额	国债余额
1981	48.66	
1985	89.85	
1990	375.45	

（续表）

年份	国债发行额	国债余额
1995	1 549.76	
2000	4 180.10	13 020.00
2001	4 604.00	15 618.00
2002	5 679.00	19 336.10
2003	6 153.53	22 603.60
2004	6 879.34	25 777.60
2005	6 922.87	32 614.21
2006	8 875.16	35 105.28
2007	23 198.83	52 074.65
2008	8 549.00	53 270.76

资料来源：根据《中国统计年鉴》、相关年份中央和地方预算执行情况报告整理。

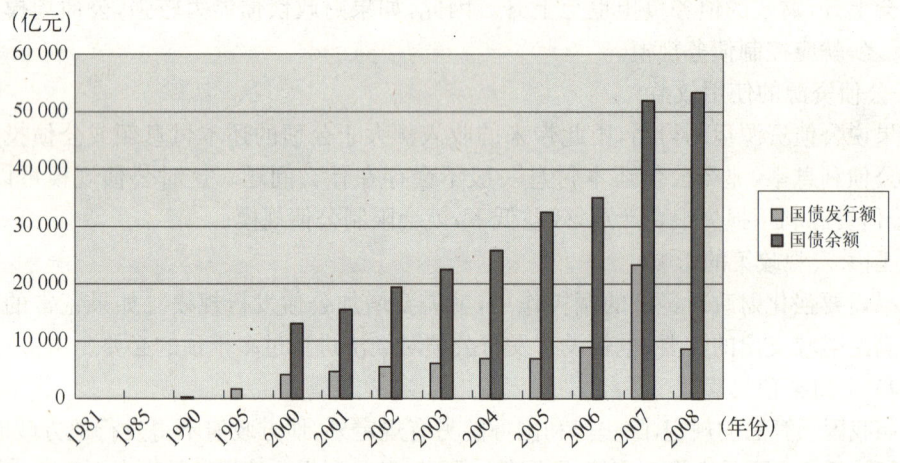

图 11-1　国家财政债务发行额与余额图

　　随着国债发行额的扩大，我国债务余额也快速增长，到 2008 年已达到 53 270.76亿元。国债的发行运用，为我国财政筹集了巨额资金，加快了经济建设的步伐，推进了金融市场的发展，国债日益成为政府对经济实施调控的重要手段。

　　如表 11-2 所示，从国债规模指标看，与发达国家相比，2000—2008 年，我国国债负担率还处于较低水平，均控制在 21％以内，处于安全范围内；除 2008 年外，国债依存度则均超过 20％，超出安全警戒线；国债偿债率，除 2006—2008 年因统计口径不同指标较低外，其他各年份均超过 10％的风险警戒线；国债借债率处于安全范围内。综合看，我国国债负担率、国债借债率处于安全范围内，说明整个国民经济对债务的承受能力还较强；而国债偿债率、国债依存度则存在一定风险度，说明财政的债务压力较大，应该适当加以控制。

表 11 - 2

2000—2008 年中国国债规模指标

单位：%

年份	国债负担率	国债依存度	国债偿债率	国债借债率
2000	13. 12	26. 31	11. 79	4. 21
2001	14. 24	24. 36	12. 25	4. 20
2002	16. 07	25. 75	13. 56	4. 72
2003	16. 64	24. 96	14. 00	4. 53
2004	16. 12	24. 15	13. 91	4. 30
2005	17. 80	20. 40	12. 40	3. 78
2006	16. 52	21. 96	2. 52	4. 19
2007	20. 87	46. 60	2. 05	9. 30
2008	17. 72	13. 69	2. 04	2. 84

注：2005 年后国债偿债率为付息额÷财政收入。

资料来源：根据《中国统计年鉴》相关资料整理。

2006 年后，我国对国债实行余额管理，在中国统计年鉴中也不在统计每年国家财政债务发行额。而从 2009 年起，我国地方政府开始发行地方政府债券，而且地方政府债券还有快速膨胀之势，见表 11 - 3。2016 年，政府债券发行额占 GDP 的 12.08%。从借债率看，由于从 2015 年开始，地方政府进行了大量债务置换，使得当年地方政府债券发行额增长很快，也大大提高了政府借债率。

表 11 - 3

2009—2016 政府债券发行情况

单位：亿元

年份		2009	2010	2011	2012	2013	2014	2015	2016
国债	记账式国债	12 718. 10	14 581. 90	12 446. 50	12 032. 80	13 374. 40	14 363. 30	18 016. 20	27 465. 80
	储蓄国债	1 495. 48	1 296. 28	1 551. 41	1 529. 46	2 169. 61	1 884. 05	1 859. 18	1 991. 89
地方债		2 000. 00	2 000. 00	2 000. 00	2 500. 00	3 500. 00	4 000. 00	38 350. 62	60 458. 40
政府债券		16 213. 58	17 878. 18	15 997. 91	16 062. 26	19 044. 01	20 247. 35	58 226. 00	89 916. 10

说明：这里的政府债券是指以债券方式发行的内债，包括国债和地方政府债。

资料来源：中国债券信息网（http://www.chinabond.com.cn）。

2015 年正式实施的新预算法和 2014 年出台的《国务院关于加强地方政府性债务管理的意见》明确提出，我国对地方政府债务余额实行限额管理。这样我国全部实现了对国债和地方债的余额管理，这有利于更好监督地方政府的债务规模，防范地方政府债务风险。我国地方政府债务由一般债务和专项债务两部分组成，地方政府债余额也分别由这两部分组成。2016 年我国公债负担率为 36.72%。当然目前大家对地方债统计口径还有很大分歧，财政部在公布地方债余额数据时没有公布统计口径，很明显，不同的统计口径，对公债负担率等风险指标会产生很大影响。2009—2016 年我国国债与地方债余额如表 11 - 4 所示。

表 11 - 4

2009—2016 国债与地方债余额　　　　　　　　单位：亿元

年份	合计	国债余额	地方债余额
		60 237.68	—
		67 548.11	—
2011		72 044.51	—
2012		77 565.70	—
2013		86 746.91	—
2014		95 655.45	15 4074.3
2015		106 599.59	160 074.3
2016		120 066.75	153 164.01

注：①国债余额包括国债、国际金融组织和外国政府贷款。除此之外，还有一部分需要政府偿还的债务，主要是偿付金融机构债务，以及部分政府部门及所属单位举借的债务等，这部分债务在规范管理后纳入国债余额。②财政部在公布地方债余额数据时没有公布统计口径。

资料来源：根据《中国统计年鉴》及财政部网站资料整理。

认识我国公债规模的时候，还应关注财政存在的大量"隐性债务"，如果加上此类债务的话，我国债务的风险程度将大为提高。

二、公债结构

公债结构是指一个国家各种性质债务的搭配状况及其相互之间的数量比例关系。其主要包括品种结构、期限结构、利率结构和持有人结构等。

公债结构要受到多种因素的制约，一定时期影响公债结构的因素主要包括：① 政府对发行条件的规定。发行公债更主要是一种政府行为，政府在公债品种的选择、发行对象的安排、发行利率的确定等方面都具有决定作用。② 社会闲置资金的结构状况。社会闲置资金从时间上看，有短期闲置、长期闲置；从拥有主体看，有政府拥有、企业拥有和个人拥有，说到底社会资金闲置结构是制约公债结构的重要因素。③ 金融市场结构发育状况。金融市场从层次上可分为一级市场（发行市场）、二级市场（流通市场）；从范围上可分为国内市场和国际市场等。公债市场的发育状况无疑会影响利用国债的广度和深度。

（一）公债品种结构

公债的品种结构是指政府发行的不同品种的公债构成及其数量比例关系。品种结构合理，有利于满足不同投资者的需求，便于公债发行，并有利于政府充分发挥不同种类公债的功能作用。

从 1981 年起我国重新发行公债，至今已有 30 多年的历史，总体看，公债的品种在不断丰富。1981—1986 年主要发行一种债券，即国库券，其重要特点是不可流通。1987 年开始增加发行重点建设债券。尤其从 1988 年开始，公债流通市场进行放开的试点，公债发行的品种有所增加，陆续发行了国家建设债券、财政债券、特种国债、保值国债、定向国债等。1994 年后，公债发行相对规范化，开始面向机构投资者发行记账国债和实物国债（无记名），面向个人投资者发行凭证式国债，面向养老保险基金和失业保险基金等社会保障基金发行特种国债,到 1998 年,这期间国债主要以凭证式国债为主。1999 年起,发行的国债以记账式国债为主。2016 年,国债发行额中,记债式国债占到 93.24%。

（二）公债期限结构

公债的期限结构是指发行公债的期限构成,即短、中、长期公债在公债总额中所占比重。合理的公债期限结构,应该是短、中、长期公债合理搭配的结构,并通过结构优化,实现公债年度还本付息的分散化、均衡化、降低筹资成本。结构的选择应考虑一定时期的国民经济状况,市场利率及应用公债所要达到的目的。

合理安排公债期限结构十分必要：

第一,是由不同期限的公债本身特点所决定。短期债券期限短,流动性强,筹资成本低,筹资容易,可以保证财政资金短期周转性需要或临时应急需要,尤其在通货膨胀条件下,经济形势恶化,发行长期公债困难,而短期公债则有较强的适应性。但短期公债也有其缺陷。如利用期限短,还本付息资金往往需财政用其他收入来安排；流动性强,甚至可称为"准货币",对货币流通影响大,通货膨胀时增加短期公债发行,不利于抑制通货膨胀。中期公债期限一般为 1～10 年,利率较高,期限适中,因而对有较长期限闲置资金的投资者来说有吸引力,且资金如运用得当,到还本付息时,这部分资金已经产生效益,还本付息资金有一定保障,但不能吸引短期投资者手中的资金。长期公债,期限一般在 10 年以上,国家可以长期使用这部分资金。但这种公债流动差,投资风险比较大,发行比较困难,尤其是在通货膨胀条件下,发行就更加困难。从上面分析可以看出,不同期限公债各有利弊,政府应针对不同时期的经济特点,对公债期限结构作出合理选择。第二,降低公债筹资成本的需要。第三,有利于公债的顺利发行。合理安排公债期限结构还应对整个社会闲置资金的期限构成进行科学分析,以使公债期限结构与社会闲置资金的结构相吻合,这有利于公债的发行。因此,合理发行各种期限的公债品种,可以调动各方面投资公债的积极性,便于国家吸收社会闲置资金。

（三）公债持有结构

公债持有结构是指在一定时期,公债规模一定的条件下,公债由哪些机构和个人持有,以及它们持有公债数额在公债总额中所占数量比例关系。因此,研究公债持有结构不仅要研究公债由哪些主体持有,而且还要研究各主体之间持有公债的数量比例关系。公债持有者一般包括中央银行、商业银行、非银行金融机构、机关团体、企业和事业单位以及居民个人等。公债在不同主体间的分布就构成了公债持有结构。公债持有结构可分为两大类：一是新发公债的持有结构；二是公债余额的持有结构。我们在这里主要是讨论新发公债的持有结构。

一定时期,公债发行持有结构的形成要受到多种因素的制约。这些因素主要包括：第一,不同经济主体拥有资金的数量。在市场经济条件下,公债持有结构的状况,反映了各经济主体的应债能力的大小,而应债能力的大小取决于各经济主体拥有资金量的多少。一般而言,在国民收入分配中所占份额大,拥有资金多,那么这种经济主体持有公债占新发公债的比重就会高；反之,比重就会低。第二,政府干预程度。为了保证公债顺利发行,政府往往要进行一定的行政干预,在发行方面的干预,直接影响新发公债持有结构。如在 1981 年后的很长一段时间里,我国每年新发公债主要是依靠行政摊派。因此,国库券在不同经济主体之间的摊派额也就决定了公债的持有结构。另外,不同经济主体对金融资产的不同偏好,也会影响公债持有结构。

从制约公债持有结构的因素来看,这些因素是在不断变化。这些因素的变化,又会引起公债持有结构的变化。因此,公债持有结构应该是一个动态的结构。这种动态性主要表现在两个方面:一是公债持有者的构成可能发生变化,一些经济主体可能退出投资领域,一些新的投资主体可能又进入这一领域;二是当构成要素不变,公债持有者手中公债数量的增减变化,也会引起公债持有结构的变化;三是构成要素及其持有者持有公债数量同时变动,也会引起公债持有结构的变化。因此,正确地把握持有结构,就需我们动态地去研究公债持有结构。

公债持有结构的变化或调整,必然会对不同经济主体的经济活动及整个国民经济活动产生不同影响。调整中央银行持有公债比重,会对货币供应、货币流通产生重大影响;调整单位、个人及其他金融机构持有公债的比重,会影响这些主体资产运用结构及其运用方向。可见,公债持有结构的不同,会对经济造成不同的影响,这实际也为国家调节经济提供了一种手段。国家可根据不同的经济形势,合理调整公债持有结构,以达到调节经济活动的目的。如在经济不景气时期,可适当增加银行系统持有公债的比重,以扩大货币供应,刺激经济增长;在经济膨胀时期,可以适当扩大银行系统以外持有比重,以减少流通中的货币,保证紧缩政策的执行。

(四)公债利率结构

公债利率结构是指不同利率公债之间的组合比例关系。公债利率对发行人来说是衡量成本的关键指标,对债权人来说,是衡量收益的关键指标。公债利率结构与公债期限结构密不可分,不同期限的公债其利率水平也有较大区别。利率是政府公债管理中最为敏感的发行条件,而利率的制定方式有:由债务人制定、由债权人制定、由债务人和债权人共同制定。利率由债务人制定通常是由公债的一级自营商和公债大的投资机构以投标竞价的方式决定公债利率,即市场决定方式。1995 年,我国首次引入公债招标发行后,公债利率的市场决定方式成为主要的制定方式。优化公债利率结构,不仅可降低政府筹资成本,而且与市场利率形成良性互动,发挥公债利率基准利率的作用。

总之,合理公债结构具有重要经济意义:① 可降低公债成本。低成本是公债发行和运用的重要原则,不同类型公债的成本不同,结合经济发展形势,合理选择公债结构可有效降低公债成本。如在通货膨胀时期,市场利率上升,风险提高,这时可适当增加短期公债发行,减少长期公债发行。② 可为政府调控经济提供丰富多样的公债手段。每种公债实际都是政府调控经济可以运用的重要手段,结构合理、品种多样的公债,为政府的选择提供了余地。③ 可满足投资人的不同需求。不同的投资者,手中的资金性质不同,投资目的不同,他们可能选择不同的公债品种进行投资,这也对公债结构提出了要求。④ 便于公债的顺利发行。品种多样的公债品种,可以动员社会不同性质的资金,有利于公债的顺利发行。⑤ 优化公债结构也是优化国民经济结构的重要手段。

(五)中国公债结构

在我国重新运用公债后,公债结构总体上在不断趋向优化,公债的结构效益有所显现,但客观上还需进一步优化公债结构。从公债品种结构看,可根据投资者的投资需求,进一步丰富公债品种类型,并科学设计记账式公债、凭证式公债、储蓄公债比例关系,尤其保持无纸发行的记账式公债的合适比例。图 11 - 2 显示 2005—2008 年中国国债品种结构。

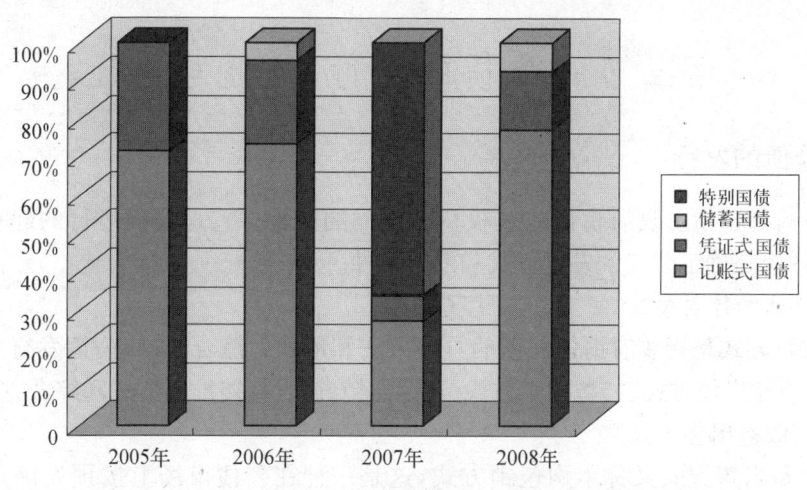

图 11-2 2005—2008 年中国公债品种结构图

2009—2016 年,我国国债发行中,记账式国债已成为最主要的品种,如表 11-5 所示。

表 11-5

2009—2016 国债品种结构

年份	2009	2010	2011	2012	2013	2014	2015	2016
记账式国债	89%	92%	89%	89%	86%	88%	91%	93%
储蓄国债	11%	8%	11%	11%	14%	12%	9%	7%

资料来源:根据中国债券信息网(http://www.chinabond.com.cn)资料整理。

从期限结构看,长期以来,我国发行的国债绝大部分为中期国债,短期国债和长期国债数量很少,可以说,期限结构最主要的特征表现为结构单调。因此,可根据需要适当提高短期国债和长期国债在国债发行总额中的比重。从 2006 年公债期限结构看,0.25 年期、3 年期、5 年期、7 年期、10 年期、20 年期国债分别为 1 490 亿元、2 705 亿元、1 448 亿元、1 312.6 亿元、640 亿元、310.9 亿元。具体如图 11-3 所示。

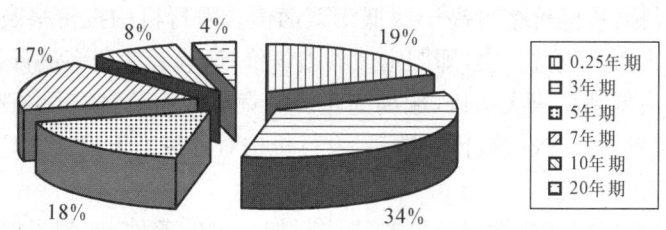

图 11-3 2006 年中国国债期限结构图

2016 年,我国政府债券(包括国债、地方政府债)短期(1 年以下)、中期(1~10 年)、长期(10 年以上)的比例分别 10.4%、86.9%、2.7%。

根据中国债券信息网的统计,2016 年末,在 107 861.65 亿元的国债持有额中,商业银行、保险公司、基金、交易所、特殊结算会员、境外机构分别持有 67.1%、3.2%、3.3%、5.9%、15.1%、3.9%,其他持有者一共持有 1.5%。可见在我国的国债持有中,是以机构持有为主,最大的持有者是商业银行。

第三节　公债的发行、流通与偿还

一、公债的发行

公债发行指公债由政府售出或被投资者认购的过程。它是公债运行的起点和基础环节,其主要内容是确定公债的发行方式和发行条件。

(一)公债发行方式

公债发行方式是指政府销售公债的具体方法和形式。综合起来,公债发行主要有五种方式:固定收益出售方式、公募拍卖方式、连续经销方式、直接推销方式和综合方式。

1. 固定收益出售方式

固定收益出售方式又称承购包销方式,这是一种在公债市场上按预先确定的发行条件发行公债的方式。投资者在偿还期内的投资收益已被事先予以确定,"固定收益"因此得名。其特点是认购期限较短,发行条件固定,发行机构不限,主要适用于可转让的中长期债券的发行。在金融市场稳定的情况下,采用这种方式一般有利于公债的发行。但在金融市场不稳的情况下,运用这种方式发行公债可能会遇到一定的困难。因为这时市场波动较大,利率不稳,对于国家不易把握发行条件,对于投资者来说不易规避市场风险。

2. 公募招标方式

公募招标方式也称公募拍卖式,这是在公债市场上通过引进竞争机制、公开招标发行公债的方式。它是西方发达国家发行公债的主要方式,也是最为典型的市场发行公债的方式。其主要特点是:发行费用低,发行条件通过投标决定,即发行规模、发行利率等由市场选择,拍卖过程由财政部门或中央银行负责组织。主要适用于中短期公债的发行,特别适合国库券的发行。

具体拍卖方式多种多样,主要有价格拍卖、收益拍卖和非竞争性出价等。价格拍卖是公债的利率与票面价格相联系固定不变,认购者根据固定的利率和未来金融市场利率走势的预期对价格进行投标,投标价格可高于或低于票面值。发行机构按价格及购买数额由高到低依次出售,额满为止。收益拍卖,即固定债券出售价,认购者就利率进行投标,发行机构根据投标利率高低,由低到高依次出售,额满为止。非竞争性出价,即对一般小额认购者或不懂此项业务的认购者,可只报拟购债券数量,发行机构对其按当天成交的竞争性出价的最高价与最低价的平均价格出售。

在采用这种公募招标方式发行公债时往往附加一定的条件,如为了保护发行人或投资者的利益,避免操纵市场,往往确定投标的价格区间或利率区间。

3. 连续经销方式

连续经销方式也称"随买"方式,是指政府委托经销机构在金融市场上设置柜台,并根据市场行情变化随时调整公债发行条件的公债经销方式。其特点是销售期限不定,销售方式灵活,发行条件不定,由财政部或其代销机构根据市场状况相机确定。这种方式主要适用于不可转让债券,特别是对个人发行的储蓄公债。其主要优点是可灵活确定公债条件发行,且机构网点众多,便于公债顺利发行。但发行时间可能会较长,影响政府筹资速度。

4. 直接推销方式

直接推销方式也称承受发行法,它是由财政部门直接与认购者举行一对一谈判出售公债的发行方式。主要特点是发行机构只限于政府财政部门,而不通过任何中介或代理机构;认购者主要是机构投资者,包括商业银行、保险公司、各种投资基金和政府基金等;发行条件通过谈判确定;单个投资者一般投资规模较大。这种方式主要适用于某些特殊类型的公债发行,这些债券一般是为满足一些大的机构投资者而设计的专用债券。其优点是针对性强,可充分挖掘社会闲置资金。但这种发行方式的市场化程度较低。

5. 组合发行方式

这是一种综合上述各种方式的特点而组合运用发行公债的方式。在公债发行过程中,往往需要综合运用几种发行方式来完成公债发行任务。这有利于扬长避短,发挥各种发行方式的优点。缺点是运用起来比较复杂,可能会增加公债发行成本。如我国对一些品种的公债发行就采用先由机构主要是金融机构竞价投标,后由中标机构利用柜台连续经销出售。这种方式的结合,既可保证公债的市场化发行,又利用了金融机构网点多,便于公债发行的优点。

(二)公债发行利率

公债利率是指一定时期(通常为 1 年)内政府举债所支付的利息额与借入本金之间的比率,反映了政府占用投资者资金的时间成本。公债利率是公债发行制度的核心问题之一。首先,公债利率水平的高低直接决定一个国家利用公债成本的高低。高利率有利于公债的顺利发行,但会增加财政付息的负担。低利率可降低财政付息的负担,但可能不利于公债的顺利发行。其次,公债发行利率高低直接决定投资者收益的高低。高利率意味着投资者可以获得高收益,低利率也意味投资者的收益要降低。可见,利率水平的高低是涉及国家和投资者之间利益的分配问题。再次,公债利率是整个利率体系的重要组成部分,其水平的高低对整个利率体系将产生重大影响。最后,利率作为国家调节经济的重要杠杆,发挥杠杆作用客观需要合理制定公债利率政策。可见,选择一个合理的公债发行利率水平非常重要。

公债利率水平的制定要受到多种因素的制约。马克思曾指出决定利率水平的两个基本因素:一是平均利润率;二是借贷市场中的资本供求的对比关系。这也是我们制定公债利率水平时应考虑的两个基本因素。除此之外,还应考虑如下因素:贯彻国家宏观政策的需要;公债期限的长短;金融市场利率水平;政府信用状况;通货膨胀因素等。

(三)公债发行市场

公债发行市场也称公债一级市场,从狭义看,它是指公债发行者将新的公债销售给投资者的场所;从广义看,它是指实现公债销售的完整过程。公债发行市场是公债市场的重要组成,其构成的基本要素包括参与者、市场工具和组织形式。

参与者是公债发行市场的主体,主要包括发行者、投资者、中介机构和管理者四类。市场工具是公债发行市场的客体,即交易工具和对象。各种公债品种及衍生品种都是公债市场上交易的客体。组织形式是指公债发行者采用一定发行方式,将公债销售给投资者的运作过程。

二、公债的流通

公债流通是指已发行公债在公债市场上所进行的买卖、转让,它表现为公债在投资者之间的流动。公债流通尽管不会改变政府的债务总量,但对繁荣市场,推动经济发展还是有多方面的积极作用。从其对公债的自身影响看,公债流通保证了公债的流动性。从对公债的发行看,公债流通可以为公债发行提供信息,有利于提高国民参与公债投资的积极性。从其对政府的影响看,公债流通为中央银行开办公开市场业务提供了操作基础,使政府调控变得更加灵活有效。从其对企业的影响看,公债流通增强了企业资产的流动性。从其对个人的影响看,使个人理财有了更多的选择。

公债流通是在市场上进行的,公债流通市场是对已发行的公债进行买卖、转让的市场,也称公债二级市场。二级市场的交易一般是公债承销商与认购者之间的交易,也包括持有者与政府或购买者之间的交易。

公债流通市场包括场内交易市场和场外交易市场两个基本部分。场内交易市场是指在证券交易所以集中交易形式进行的交易,不在证券交易所进行的交易称场外交易。场外交易市场是以分散交易形式存在的柜台交易(店头交易)市场。目前中国公债市场主要由三部分组成:场内集中交易的证券交易所市场(上海证券交易所和深圳证券交易所)、场外集中交易的银行间债券市场和场外分散交易的柜台市场。

近年来,随着我国自贸区的发展,又形成了自贸区债券市场。中国债券市场形成了统一分层的市场体系,包括银行间债券市场、交易所债券市场、商业银行柜台市场和自贸区债券市场四个子市场。政府债券属于中国债券市场交易的重要品种。

银行间市场是中国债券市场的主体,债券存量约占全市场 91%。该市场属于大宗交易市场(批发市场),参与者是各类机构投资者,实行双边谈判成交,主要实行“实时、全额、逐笔”的结算方式。交易所债券市场。由各类社会投资者参与,属于集中撮合交易的零售市场,典型的结算方式是净额结算。商业银行柜台市场。是银行间市场的延伸,也属于零售市场。自贸区债券市场是银行间债券市场的延伸,定位于“在岸的离岸市场”,是我国债券市开放发展的重要尝试,有助于吸引境外投资者参与境内债券市场,丰富债券发行和投资主体,拓宽离岸人民币资金的回流渠道,加快人民币国际化进程。自贸区债券市场采取“境内关外”的模式,遵循“一线放开、二线管住”的资金出入境管理原则,即境外资产可以自由进出自贸区,但资产在区内和境内区外之间的流通需遵循相关监管要求。2016 年中国债券市场交易格局如表 11-6 所示。

表 11-6

2016 年中国债券市场交易格局　　　　　　　　单位:万亿元

类型	银行间市场	交易所市场	商业银行柜台市场	自贸区市场
发行量	19.49	2.86	0.20	0.003
交易量	731.02	232.20	0.009	0.000 39
托管量	51.86	4.45	0.69	0.003

数据来源:中央结算公司

公债交易方式主要包括现货交易、期货交易、回购交易和期权交易等。公债现货交易是指债券交易双方在买卖成交之后即刻办理交割手续的交易方式,交易的特点一般包括:成交与交割基本同时进行;交易形式为实物交易;从性质上看属于投资行为。公债期货交易是指债券交易双方在成交之后,同意按照成交合同规定的数量和价格,在将来的某一特定日期进行清算和交割的交易,一般在交易所内部进行交易。交易的特点一般包括:成交与结算的时间不一致;以对冲的方式进行;公债期货合约是按标准化条件设计;期货交易中的保证金制度具有杠杆作用。公债回购交易是指债券持有人在卖出一笔债券的同时,又签订协议承诺在未来某一时间以事先约定的价格再将该笔债券购回来的交易方式。资金持有者在买入一笔债券的同时,又签约在一定时期后再将其卖出的交易方式,即为逆回购。回购交易的特点一般包括:债券交易与债券融资相结合;债券即期交易与远期交易相结合;回购期较短;回购利率反映了市场利率。公债期权交易是公债市场上的一种衍生交易工具,是指公债交易双方为了减少投资风险,以在约定的时间、按约定的价格买卖一定数量公债的权利为交易对象的交易方式。期权交易的历史并不长,它最早产生于美国纽约的场外交易市场。目前,公债期权交易已成为各国金融市场上的重要交易方式。

三、公债的偿还

公债的偿还是指政府按照举债条件到期还本付息以终止债权债务关系的行为。是债务资金运动的最后一个环节。

(一)公债偿还方式

公债偿还方式可分为本金偿还方式和利息偿还方式。

1. 本金偿还方式

(1)到期一次偿还法。它是指政府在债券到期日按票面额一次全部偿清的方式。这是最常见也是最传统的公债偿还方式。该方式的优点是工作简单,易于管理。缺点是一次集中性偿还需要资金量大,财政压力会比较大。

(2)买销偿还法。它起源于自由偿还制度,是指政府以财政资金按照市价从债券市场收买公债,以消除政府债务的方法。此法一般在公债市价低于或等同于公债票面价时采用,可减少公债成本负担,对国库有利。另外,当公债市价下跌时,政府收购公债有利于控制债市进一步下跌,保护债权人利益和国家信用。

(3)按次偿还法。它是指政府发行公债时,按其偿债号码的先后顺序,规定其固定的偿还日期,以后每年按规定的顺序清偿其到期部分的偿还方法。其优点是迫使政府事前做好精确的公债偿还计划,保证按规定日期和数额偿还债务,同时有利于投资者选择投资期。其缺点是不利于市场流通,同样面值的债券,由于偿还期的早晚而市价不同。因此,这种方法不应该成为主要的偿债方法。

(4)定期抽签偿还法。它是指发行公债时规定在偿还期内的某一时间进行定期抽签,以决定哪些公债持有者可提前得到偿付的债务偿还方法。此法不问号码顺序及认购的迟早,一律以中签与否为准,中签的债权人可先收回本息,因而获得多余的利益,所以抽签法具有鼓励和奖励意义。

(5)比例偿还法。这是将公债分为若干份,每年按份偿还的方法。例如公债总额100亿元,每年规定偿还10%,则每年偿还10亿元,其优点是便于政府有计划地安排偿债资金,使偿债有稳定的资金来源。但是,未能顾及财政状况,容易出现借新债还旧债的局面。我国内债的偿还,曾实行过比例偿还法。

(6)以新替旧偿还法。也称调换偿还法,即政府通过发行新的债券来兑换旧的债券。也就是到期债券持有者可用到期的债券直接兑换相应数量的新发行债券,从而延长了持有政府债券的时间。这种方式一般是在偿债高峰期或财政困难时采用。其弊端是经常采用此种方式,实际等于无限期推迟债务的偿还,会加大政府未来债务负担,损害政府的信誉。

上述偿债方法,各有千秋,应当选用哪种方法,就要因时制宜灵活运用,不能拘泥于某一种方法。我国在公债实践中运用的偿还方法有:1981—1984 年国库券采用按次偿还法;1985 年后的国库券几乎都采取本金与利息期满一次还本付息法;我国对单位发行的公债采用过发行转换债推迟偿还的方法。

2. 公债利息偿还方式

(1) 分期付息。即在偿还期内规定偿还利息的固定时间和次数,以及每次支付利息的金额,一般附有息票,债券持有者可剪下息票,兑换利息。它一般适合于期限较长或持有期不准兑现的债券。

(2) 息随本清。即在公债偿还期满时,利息连同本金偿还债权人。该种方式一般适合于期限较短或超过一定期限后可随时兑换的债券。

(3) 发行时贴息。即采取折价发行公债的方法,发行价格和券面额的差额即为利息。一般适用于短期的国库券。

利息支付的方式取决于公债券的类型及发行价格条件中规定的偿还方法。利息支付方式选择的核心要素是确定利息支付的次数和支付的时间。

(二) 公债偿还的资金来源

1. 税收

可从正常的税收总额中提取一定比例的偿债资金,也可开征特别税种,专门用来偿还债务,这是最古老最基本的资金来源渠道。但是,出现财政赤字时,用税收偿债就很难;而开征新税种又受到社会资金状况、纳税人负税能力的限制。

2. 发新债还旧债

这是当今世界普遍采用的方法。这种方法有两大优点:一是对当前财政收支不产生压力;二是可以把债权人已经收回的本息再吸收上来,稳定市场和物价,保持货币流通均衡。所以在财政有困难无力偿还时,不失为一种有效的资金来源。其不足之处有:① 如果财政困难状况长期得不到好转,不断采用这种方法来筹集偿债资金就会产生债务积累效应,使公债的利率逐渐提高,财政负担逐年增加,长此下去,很可能造成债务危机,使财政经济遭受损失;② 容易引起社会总供求矛盾加剧。目前西方国家,如美国的巨额债务已成为经济发展的一大障碍。因此,采用这种方法,要严格限制新债规模和条件,充分考虑财政的预期负担能力;同时,还要提高公债使用效益。

3. 向银行借款

如果中央银行的资金在偿还期内相对充足,各商业银行资金也充足,财政借款不会引起中央银行资金周转困难和发行货币,则可以通过向银行借款的办法,筹集财政资金。但借款的时间不能过长,在条件允许的情况下,短期内采用这种办法是可以的,但一般不宜多用。

4. 发行货币

如果财政收入不足,银行资金又紧张,新债发行不出去,只有用发行货币来偿还债务。虽然具体的债权人得到本息收入,但是全社会的人都蒙受损失,包括债权人本身。不仅国家信用、政府形象受到损害,对经济也可能产生很大的破坏性。显然,这是无可选择的选择。

5. 变卖国有资产、黄金储备

这种筹集偿债资金渠道也是不到万不得已不得使用的一种方法。因为变卖国有资产可能会使国家财产因折价而受损失,何况变卖的资产可能十分有限。外汇、黄金储备主要是为应付国内国际重大政治经济变化,一经动用,国家的经济实力就会因此而削弱。当然,如果一国的外汇,黄金储备丰厚,在国家债务无法偿还时,临时动用有限的部分,对国家财政经济的稳定还是大有裨益的。

总之,这五种不同特点的筹集资金的办法各有利弊,而且使用时要求的条件都很苛刻,否则将会引起不良后果。其中税收是最基本的筹资来源,而目前我国财政赤字规模较大,使用的可能性不大。向银行借款和货币发行的筹集方式一般不能使用。变卖国有资产,黄金储备也是迫不得已时才能使用。因此,借新债还旧债是一种现实的选择。但我们在使用这种方法时要汲取西方国家的经验教训,尽量避免出现债务积累现象。

第四节　公债管理

一、公债管理含义

公债管理是指政府围绕公债运行过程所进行的决策、组织、规划、调节和监督等一系列活动,公债管理是财政管理的重要组成部分。公债既是一个财政范畴,又是一个金融范畴,公债日益成为政府对经济进行调控的重要手段,且公债的发行、流通、使用和偿还会对国民经济的运行、货币供求及相关经济主体的行为产生多方面的影响。因此,强化对公债的管理至关重要。

二、公债管理的主要内容

公债管理主要涉及发行管理、流通管理和偿还管理等几个环节。

从发行环节看,公债管理主要是确定适度的公债规模、形成合理的公债结构和规定公债发行的程序。其中,公债规模管理至关重要,而加强对公债余额的管理,是控制公债规模的有效方式。目前世界发达的市场经济国家主要是采用控制新发公债规模的方式来控制公债余额。具体做法是规定公债余额上限和控制财政赤字两种模式。公债余额上限的确定一般是通过立法的程序予以确定,在不突破余额上限的情况下,发行公债无需立法机构再批准。如果达到上限,就要停止发行新债,或申请上调余额上限;或兑换到期公债减少余额,腾出新的发债空间。

从流通环节看,公债管理主要是对公债流通市场的管理和上市公债交易的管理。公债流通市场的管理主要涉及管理制度的制定、对证券交易所和金融机构柜台交易的管理及流通市场秩序的管理。上市公债交易的管理主要涉及上市品种的规定、交易方式的选择、交易价格的形成及交易机构的职责等。

从偿还环节看,公债管理主要是考虑偿还方式的选择、偿还资金来源的确定、债券兑付工作的实施等。而确保公债偿还资金来源的稳定可靠是公债偿还管理的核心问题。

三、我国的公债管理改革

公债管理改革涉及内容较多,我们此处主要就其核心的公债规模管理方式进行分析。

我国公债规模管理方式主要经历了发行额管理和余额管理两个阶段。

（一）公债发行额管理（1981—2005 年）

1981 年我国通过并发布了《中华人民共和国国库券条例》，恢复内债发行。为控制国债规模，1981—2005 年，我国一直采用控制国债年度发行额的方式管理国债规模。一般是每年 3 月初，财政预算经全国人大审议批准后，国债发行规模就成为刚性指标，财政部要按照预算制定国债年度发行计划。国债当年发行规模由当年财政赤字和到期国债偿还本金构成，发行工作由财政部具体组织。

该阶段国债管理主要在国债发行制度、发行品种、发行期限结构及宏观调控手段等方面经历了较大的变化发展。一是国债发行制度由行政分配、承购包销过渡到国债承销团制度。二是国债发行品种逐步规范化，国债载体由实物券过渡到电子记账和购买凭证。三是国债发行期限结构合理化。国债发行形成了从 3 个月到 30 年的短、中、长期合理分配的期限结构，基本上满足了投资者的多样化需求。同时，将 1 年、3 年、7 年和 10 年期记账式国债作为关键期限品种定期滚动发行。四是国债调控宏观经济手段日益多样化。从 1994 年开始，中央财政赤字完全通过发行国债来弥补，国债成为弥补财政赤字的唯一手段。1998—2005年，我国开始通过增发及发行长期建设国债扩大基础设施建设方式实施积极财政政策，有效缓解了通货紧缩趋势，扩大了国内需求。1998 年向四大国有商业银行发行 2 700 亿元特别国债，专项用于补充这四家国有商业银行资本金。2003 年向人民银行发行 1 660 亿元转换国债，用于解决 1994 年以前历年财政向央行借款的历史遗留问题，彻底理顺了财政部与人民银行之间的财务关系。2007 年，发行了 15 500 亿元特别国债购买 2 000 亿美元外汇储备，用作中国投资有限公司的资本金。

但随着国民经济的快速发展、国债规模的不断扩大，公债发行额管理的弊端日益显现。如年度国债发行额不能全面反映国债规模及其变化情况，控制年度国债发行额不利于合理安排国债期限结构，不利于促进国债市场平稳发展，不利于财政与货币政策协调配合，不利于提高国债管理效率。因此客观需要对公债发行额管理方式进行改革。

（二）公债余额管理（2006 年至今）

1. 国债余额管理

为适应新时期公债管理的需要，2005 年 12 月，第十届全国人大常委会审议通过了国务院关于实施国债余额管理的建议，决定从 2006 年开始改国债年度发行额管理为余额管理。

国债余额管理指立法机关不具体限定中央政府当年国债发行额度，而是通过限定一个年末不得突破的国债余额上限以达到科学管理国债规模的方式。 当年中央政府在改限额指标内可以自行决定国债品种结构、期限结构和发行节奏。我国国债余额包括中央政府历年预算赤字和盈余相互冲抵后的赤字累积额、向国际金融组织和外国政府借款统借统还部分（含统借自还转统借统还部分）以及经立法机关批准发行的特别国债累计额，是中央政府以后年度必须偿还的国债价值总额，能够客观反映国债负担情况。

我国国债余额管理的内容主要包括：① 在每年向全国人民代表大会作预算报告时，报告当年年度预算赤字和年末国债余额限额，全国人民代表大会予以审批；一般情况下，年度预算赤字即为当年年度新增国债限额。② 在年度预算执行中，如出现特殊情况需要增加年度预算赤字或发行特别国债，由国务院提请全国人大常委会审议批准，相应追加年末国债余额限额。③ 当年期末国债余额不得突破年末国债余额限额。④ 国债借新还旧部分由国务院授权财政部自行运作。财政部每半年向全国人大有关专门委员会书面报告一次国债发行和兑付等情况。⑤ 每年一季度在中央预算批准前,由财政部在该季度到期国债还本数额以内合理安排国债发行数额。

实施国债余额管理提高了我国财政透明度,有利于防范财政风险,既增加了全国人大及其常委会对政府债务的控制能力,又赋予了政府在债务管理方面更大的灵活性。

2. 地方政府债余额(限额)管理

2015 年实施的新《预算法》规定:经国务院批准的省、自治区、直辖市的预算中必需的建设投资的部分资金,可以在国务院确定的限额内,通过发行地方政府债券举借债务的方式筹措。举借债务的规模,由国务院报全国人民代表大会或者全国人民代表大会常务委员会批准。省、自治区、直辖市依照国务院下达的限额举借的债务,列入本级预算调整方案,报本级人民代表大会常务委员会批准。举借的债务应当有偿还计划和稳定的偿还资金来源,只能用于公益性资本支出,不得用于经常性支出。除此规定外,地方政府及其所属部门不得以任何方式举借债务。这样通过法律的方式赋予了地方政府依法适度举债权限,同时规定,地方政府只能通过发行地方政府债券方式举借债务。经国务院批准,省、自治区、直辖市政府可以适度举借债务,市县级政府确需举借债务的需由省、自治区、直辖市政府代为举借。明确划清政府与企业界限,政府债务只能通过政府及其部门举借,不得通过企事业单位等举借。

在赋予了地方政府依法适度举债权限后,国家地方政府债务规模实行限额管理,地方政府举债不得突破批准的限额。地方政府一般债务和专项债务规模纳入限额管理,由国务院确定并报全国人大或其常委会批准,分地区限额由财政部在全国人大或其常委会批准的地方政府债务规模内根据各地区债务风险、财力状况等因素测算并报国务院批准。

同时,把地方政府债务分门别类纳入全口径预算管理。地方政府要将一般债务收支纳入一般公共预算管理,将专项债务收支纳入政府性基金预算管理,将政府与社会资本合作项目中的财政补贴等支出按性质纳入相应政府预算管理。地方政府各部门、各单位要将债务收支纳入部门和单位预算管理。或有债务确需地方政府或其部门、单位依法承担偿债责任的,偿债资金要纳入相应预算管理。

专栏

为什么要发行地方政府债券置换存量债务

2014 年 9 月 21 日,发布的《国务院关于加强地方政府性债务管理的意见》(国发〔2014〕43 号)规定,对甄别后纳入预算管理的地方政府存量债务,各地区可申请发行地方政府债券置换,以降低利息负担,优化期限结构,腾出更多资金用于重点项目建设。2015 年 12 月 21 日,出台的《关于对地方政府债务实行限额管理的实施意见》(财预〔2015〕225 号)规定,地方政府存量债务中通过银行贷款等非政府债券方式举借部分,通过 3 年左右的过渡期,由省级财政部门在限额内安排发行地方政府债券置换。为避免地方竞相发债对市场产生冲击,财政部根据债务到期、债务风险等情况予以组织协调,并继续会同人民银行、银监会等有关部门做好定向承销发行置换债券等工作。

　　为什么要发行地方政府债券置换存量债务？财政部有关负责人认为,新预算法规定,地方政府举借债务应通过发行政府债券的方式。《国务院关于加强地方政府性债务管理的意见》(国发〔2014〕43号)规定,纳入预算管理的地方政府存量债务可以发行一定规模的地方政府债券置换。地方政府存量债务是新预算法实施之前形成的,以一定规模的政府债券置换部分债务,是规范预算管理的有效途径,有利于保障在建项目融资和资金链不断裂,处理好化解债务与稳增长的关系,还有利于优化债务结构,降低利息负担,缓解部分地方支出压力,也为地方腾出一部分资金用于加大其他支出创造条件。

　　发行地方政府债券置换存量债务,只是债务形式变化,不增加债务余额,因此,不会增加财政赤字。

　　(资料来源:《财政部有关负责人就发行地方政府债券置换存量债务有关问题答记者问》,http://www.mof.gov.cn,2015年3月12日。)

本 章 小 结

　　本章主要从四个方面分析公债与公债管理问题:第一,从一般理论的角度,介绍了公债的特点、种类和职能问题。第二,讨论了公债规模与结构问题。一方面,从理论上对公债规模与结构进行研究;另一方面,对我国公债规模与结构的现状进行分析。第三,分析了公债的发行、流通与偿还等制度问题。从公债的发行方式入手,讨论了发行利率、发行市场等问题;研究了公债流通及其市场与交易方式;分析了公债偿还方式、偿还资金来源等问题。第四,公债管理部分主要介绍了公债管理的主要内容,结合我国现实分析了公债发行额管理与余额管理等方式的利弊。

扩 展 阅 读

希腊债务危机

　　2010年5月5日,希腊民间发起了一场声势浩大的全国性大罢工。这场罢工的背后,是身处债务危机泥潭的希腊政府为削减赤字、争取援助而采取紧缩政策,削减工资、增加赋税、降低福利等做法让民众无法接受,引发严重抗议。希腊高达3 000亿欧元相当于GDP的113%的债务如何产生,希腊的债务危机又为何难以解决,值得我们做进一步的探讨。

一、希腊债务危机为何产生

　　2009年10月初,希腊总理帕潘德里欧新官上任,却赫然发现前任给自己留下的巨大财政赤字。最后不得不对外宣布,2009年政府财政赤字和公共债务占国内生产总值的比例预计将分别达到12.7%和113%,远超欧盟《稳定与增长公约》规定的3%和60%的上限。鉴于希腊政府财政状况显著恶化,全球三大信用评级机构惠誉、标准普尔和穆迪相继调低希腊主权信用评级,希腊债务危机由此拉开大幕。

高福利导致政府过度举债

希腊主权债务危机直接的原因是政府过度举债,以及欧洲式的高福利模式所带来的私人部门负担过重。希腊的社会福利不仅高昂且名目繁多。根据希腊经济网站的数据,每年政府都要为公务员福利拨出数以十亿计的款项。例如,已经去世的公务员的未婚或者已婚的女儿,都可以继续领取其父母的退休金。根据欧盟委员会的数据,到了2050年,希腊的养老金开支将上升到等于国内生产总值的12%,而欧盟的成员国的平均养老金开支还不到国内生产总值的3%。希腊的公务员们每个月更是可以享受到5欧元到1 300欧元的额外奖金,奖金的名目也相当随意而奇诡,比如会使用电脑、会说外语、能准时上班。如此奢侈的社会保障制度,也难怪有专家预测,除非进行大刀阔斧的改革,否则希腊的社会保障制度必会在15年之内崩溃。希腊的不同政党不断地开出各种高福利支票来争取选民,也造成了高福利的恶性循环。如果经济形势喜人,高福利也可以维持,可是希腊经济发展偏偏停滞不前,是欧盟内经济最弱的国家之一。政府实在无力偿债,反而以债养债,将雪球越滚越大。

为进入欧元区,重金礼聘高盛"债务造假"

2001年,希腊为进欧元区而犯愁不已。根据《马斯特里赫特条约》,欧洲经济货币同盟成员国必须符合两个关键标准——预算赤字不能超过国内生产总值的3%和负债率低于国内生产总值的60%。希腊却一个也不符合。不过希腊人灵机一动,花了3亿美元的巨额佣金从华尔街请来了"天才发明家"高盛,给自己量身定做了一套"债务隐瞒"方案。这个方案采用的是一种叫做"货币掉期交易"的方式,目标是掩饰一笔高达10亿欧元的公众债务,模式如下:比如希腊政府本来发行了100亿美元的债券,我们假设美元与欧元的比价为1∶1,那么希腊政府可以换回100亿欧元。但是高盛"高明"在为希腊政府设定了一个优惠利率,假设为1∶1.5,如此一来希腊政府就有了150亿欧元。账面的盈余成功地掩饰住了公共债务,希腊也就顺利加入欧元区。但是高盛也不会傻到自己贴钱,次贷危机中大名鼎鼎的金融衍生产品此时派上了用场,包括一家德国银行在内的很多银行都成了下家。据悉,希腊政府已经把付息时间延长到了2037年,可是没等到"大限"来临,危机就已爆发。因为全球金融危机导致融资成本高企,希腊的债务链再也无法继续,不仅相关的银行被波及,有类似弱点的主权债务国家也全部受到影响。希腊人的"饮鸩止渴"到此结束。

二、希腊债务危机为何难以解决

高达3 000亿欧元的债务让希腊不得不向外界求援。四处求援的希腊总理成了"借钱英雄",但是德国等国家对于是否援助也是左右为难。为了获得援助,希腊政府必须实行紧缩政策,却激怒了民众,引发大罢工。希腊政府陷入两难境地。

三种债务解决方式皆很困难

主权国家的债务解决主要有三种方式,①直接违约。②大量发行货币,利用通货膨胀或货币贬值降低债务的实际价值。③获得其他国家的援助。

(1) 直接违约是万不得已的下下策。这将会重创欧元区经济,带来的危害不可估量。

(2) 身处欧元区的希腊无法发行货币。实际上希腊这次的危机也暴露出了欧元区内的很多国家同时面临的矛盾:欧元区内有统一的货币政策,却没有统一的财政政策,当金融体系面临崩盘的时候,只有财政部才能够处理偿还能力的问题。显然身处欧元区的希腊无法通过发行货币来解决危机,除非欧元区增加货币发行量,或者希腊退出欧元区。希腊债务危机之所以愈演愈烈,很大部分原因就是当年想要加入欧元区。欧洲货币联盟成员国的身份可以给希腊带来诸如规避货币波动风险、享受欧洲央行的流动性服务、来自其他成员国在经济和金融方面的扶持等诸多好处。如果退出欧元区，虽然可以解一时燃眉之急，长期来看却得不偿失，所以这一步不到万不得已希腊政府绝不会尝试。

(3) 德国等国家对援助左右为难。第一二种方式排除之后，希腊政府剩下的就是向其他国家和组织请求援助，这其中德国的态度尤其关键。而德国这次也左右为难，如果不救助，欧元则会受到损害，如果救助，就无异于在拿德国公民的纳税为希腊买单。虽然最后在种种的博弈之下，德国加入了援助大军，但是救助效果如何还有待观察，而且欧元区还不止希腊，葡萄牙、西班牙、爱尔兰等国家也在破产的边缘苦苦挣扎，救得了一个，也救不了全部。

根本在于欧元区内强势国家与弱势国家地位不平等

希腊债务危机的背后，其实隐藏的正是欧元区的经济失衡，这种失衡则是德国这样的强势国家与希腊这样的弱势国家之间的矛盾。德国作为欧元区最大的出口国，和希腊、葡萄牙、意大利等贸易伙伴之间产生了巨大的贸易盈余。德国就如同一个"制造国"与"出口国"，希腊等国则处于"消费国"的地位。事实上，德国通过了购买国债等方式，也助长了这些友邦的无度消费与借贷。据《商业周刊》的数据，德国的银行持有欧元区陷入债务困境国家大约2 500亿的国债。

另外，在2007年金融危机伊始，欧元区内的各成员国在利率问题上出现巨大分歧。德国强势地坚持强势的利率，保持自己经济的发展，希腊这样的国家却需要低利率来促进国家经济的恢复。其实，由于德国政府和行业工会一直在限制生产成本，德国的生产成本要远远低于欧元区内的其它国家，这也如同"变相的货币贬值"。

政府自救政策陷入两难境地

自我救助是最"治本"的方法。但这需要希腊政府拿出方案来说服欧盟和债券投资者，特别是给予后者购买希腊国债的信心。早些时候希腊财长公布了救助方案的细节，宣布将会实施更加严厉的紧缩政策，包括在未来3年内削减财政预算300亿欧元，以便在2014年将财政赤字控制在国内生产总值的3％以内。如此一来，希腊也可以获得欧盟和国际货币基金组织高达1 100亿欧元的贷款援助。然而希腊政府的财政方案将使工人的工资被消减、赋税会加重、高福利也要走下神坛。"明明是政府的错误，为何要民众买单？"希腊人被激怒了。这也是一场涉及希腊所有公共领域，甚至令希腊国家陷入瘫痪大大罢工发生的原因所在。如此强烈的民意，不得不让希腊政府有所忌惮，究竟日后自救方案能否实施下去，还真的是个未知数。但是假若没有切实可行的自救政策，其他国家和组织根本不可能援助。

无法自主的货币、弱势的经济地位，让希腊的债务危机旷日持久、复杂异常、很难解决。并且这把火也烧到了爱尔兰、葡萄牙、西班牙等国，引发世界金融市场的震动。而这背后凸显的是正是欧元的尴尬，尽管在经济平顺时期这种共同货币机制曾经带来很多美妙的回忆，但是在经济困难时期，却带来诸多不可逾越的鸿沟。希腊债务危机，把欧元推到了一个十字路口，欧元到底何去何从，也是从很多人心中的问号。

(资料来源：网易新闻。)

思考与练习

1. 简述公债的含义与特点。

2. 结合我国经济与公债的发展状况,分析公债的功能。
3. 简析公债负担与公债限额。
4. 试分析影响公债规模的因素。
5. 结合我国公债结构的现状,分析进一步优化公债结构的方向。
6. 简述公债发行方式。
7. 简述公债偿还方式。
8. 简述公债余额管理的含义及其主要内容。
9. 简述公债管理的主要内容。

第十二章　财政预算管理体制

知识要点与学习要求

1. 财政预算概述。认识财政预算的含义与分类,把握财政预算的原则,掌握财政预算的编审、执行和决算的流程。

2. 分税制预算管理体制。认识分税制的含义与特征,把握分税制改革的主要内容,认识分税制预算管理体制调整的主要方面,了解我国分税制改革取得的成效及进一步完善的方向。

3. 预算管理制度改革。主要掌握部门预算改革、国库管理制度改革、政府采购制度改革、"收支两条线"管理改革的背景与内容。

4. 财政平衡与赤字。要求正确理解不同意义的财政平衡,把握导致财政失衡的主要因素,掌握财政平衡与社会总供求平衡的关系,理解财政赤字及其经济效应。

本章结构图

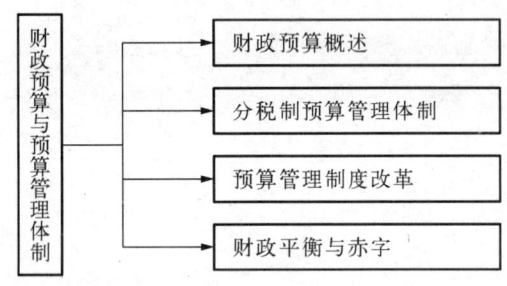

基本概念

政府预算　预算管理体制　分税制　部门预算　国库管理制度　政府采购制度　收支两条线　财政平衡　财政赤字

第一节　财政预算概述

一、财政预算的含义

世界各个国家的政府为了执行其各项职能,在每个预算年度里都要编制政府预算。<u>财政预算是指经法定程序审核批准、具有法律效力的政府年度基本财政收支计划,是政府筹</u>

集、运用和管理预算资金的重要工具。理解该概念的要点包括：

（1）从形式上看，财政预算是体现预算年度预算收入和支出的一览表。它是在对政府收支分类的基础上，按照国家一定的政策意图和法律制度要求将政府预算年度的收入和支出分门别类列入各种计划表格，通过这些表格可以反映政府在一定时期的预算收入的来源和支出的方向。

（2）从内容上看，财政预算是政府对预算收支的计划安排，反映政府财力的分配过程。预算就是计划，政府预算是基本财政收支计划，而不是全部财政性收支的计划，它体现了预算年度内政府可以集中并使用的预算资金的规模和结构，体现了国家参与社会产品或国民收入分配的分配关系，反映了政府活动的范围、方向和政策。

（3）从性质上看，财政预算是具有法律地位的技术性文件。政府预算从提出到批准都是按照立法程序进行，它要经过国家立法机关的审批方能生效，一旦审查批准后，实质就是具有法律效力的文件。而预算的编制、执行和决算都要置于预算法的规范之下。

二、财政预算的分类

（一）单式预算和复式预算

按照预算编制的形式，财政预算可以分为单式预算和复式预算。

单式预算是指在预算年度内，不区分收支的经济性质，将全部预算收支统一编制在一个预算里，它是一种传统的预算编制形式。复式预算是在预算年度内，将全部预算收支按照经济性质，分别编成两个或两个以上的预算。最典型的复式预算通常分为经费预算和资本预算。其中，经费预算又称经常预算或普通预算，它是政府编制的满足国家经常性开支需要的预算，其支出主要用于国防、行政、文教等方面的经费开支，其收入主要是税收。资本预算又称建设性预算或投资预算，它是综合反映建设资金来源与运用的预算，其支出主要用于经济建设，其收入主要是经常预算转入的结余、债务收入等。我国曾从1992年起开始编制经常性预算和建设性预算结构的复式预算，但目前已不再编制。2015年实施的新《预算法》规定，我国的预算包括一般公共预算、政府性基金预算、国有资本经营预算、社会保险基金预算。一般公共预算、政府性基金预算、国有资本经营预算、社会保险基金预算应当保持完整、独立。政府性基金预算、国有资本经营预算、社会保险基金预算应当与一般公共预算相衔接。

（二）基数预算和零基预算

按照预算的编制方法，可将政府预算分为基数预算和零基预算。

基数预算又称为增量预算，是指预算年度的各项财政收支计划指标的确定，是以上一年度各该项财政收支的执行数作为基数，考虑新的年度国家社会经济发展的需要和财政要完成的目标后加以调整确定。基数是预算编制的基本依据，确定了基数以后，再考虑影响财政收支变化的各种经济性、社会性、政策性以及其他的因素，进而确定预算数，这是一种基数加增量的预算编制方法。基数预算法的优点在于方法简单，预算编制周期短，预算有历史的延续性，编制和实施中的协调管理成本较低。但基数预算法存在着明显的不足，会固化和不断放大基数中的不合理因素，造成资金分配的不均衡，带来预算规模的"滚雪球"效应。

零基预算是不考虑基期预算指标的实现情况，一切从"零"出发，根据预算年度各部门、单位的实际情况和需要确定预算方案的预算编制方法。按零基预算法编制预算，对各部门、单位原有的各项开支都要重新审核,并测算预算年度必要和合理的资金需求。由于零基预算不受以往年度预算收支情况的束缚,也称为"不连续预算"。零基预算法可以在预算编制上突破基数的限制,引入了成本—效益分析等项目绩效评估方法,能使财政资金的安排具有科学性、合理性和灵活性,有利于优化财政分配结构,提高公共供给的质量和效益。但由于编制零基预算要求重新审核和安排所有的预算项目,因而其要求的信息量较大,技术较复杂,编制的周期也较长。

(三)中央预算和地方预算

按照预算分级管理的要求分类,政府预算分为中央预算和地方预算。

中央预算是经法定程序审查批准的,反映中央政府活动的年度财政收支计划,在国家预算体系中处于主导地位,主要由中央各部门预算组成,为国家履行政治、经济、军事、外交等方面的职能提供财力保证。

地方预算是指经地方各级人大审查批准的地方各级政府的年度财政收支计划的总称,它是组织、管理国家预算的基本环节。经过层层汇总,最后形成地方总预算。

我国政府预算的组成,是与我国国家政权结构和行政区域的划分密切联系,原则上凡属一级政权都应建立一级独立的预算。宪法规定,我国的政权结构由中央政府和地方政府统一组成,与此相适应,政府预算由中央预算和地方预算两部分组成。按照《中华人民共和国预算法》规定,我国实行一级政府一级预算,设立中央,省、自治区、直辖市,设区的市、自治州,县、自治县、不设区的市、市辖区,乡、民族乡、镇五级预算。省级及其以下预算称为地方预算。

(四)总预算、部门预算和单位预算

总预算是指各级政府的财政汇总预算。如我国的中央总预算,省、自治区、直辖市总预算,市总预算,县总预算等。各级政府总预算由本级政府预算和所属下级政府总预算构成,由财政部门负责编制。

部门预算是反映一级政府中一定部门(含直属单位)全部收支的年度计划。部门预算由各该部门所属各单位预算汇总编制而成。部门预算是总预算的基础,其基本单元是单位预算。

单位预算是指列入部门预算的国家机关、社会团体和其他单位在预算年度的收入和支出的计划,也就是单位根据其职责、工作任务和发展计划编制的、并经过规定程序批准的年度收支计划,反映行政或事业单位活动的规模和方向,是部门预算的基础。

三、财政预算的原则

财政预算的原则是指政府确定预算形式和编制预算的指导思想与准则。目前为多数国家所接受的一般性预算原则包括:

(1)公开性。这是指各级政府预算必须经过权力机关审查批准,并向社会公布,让公众了解政府的财政收支状况,使之置于公众的监督之下。

(2)完整性。这是指政府预算应包括它的全部预算收支项目,完整反映政府全部的财政收支活动,不准少列收支、预算外另列预算。这也是公开性的必然要求。

(3)可靠性。这是指在预算编制中,要必须运用科学的方式,正确估算各项预算收支项目的数字,做到真实可靠,不得假定,任意编造。

（4）统一性。就是要按统一的要求、统一的程序、统一的科目、统一的原则来编制统一的预算。尽管一级政府一级预算，但这些预算都是政府预算的组成部分，所有地方政府预算连同中央预算一起共同组成统一的国家预算。这就要求设立统一的预算科目，每个科目都要严格按统一的口径、程序计算和填列。

（5）年度性。这是指财政预算必须按照预算年度编制。也就是说，任何一个国家的政府预算的编制和实现，都要有时间上的界定，即所谓预算年度（亦称财政年度）。预算年度是指预算收支起止的有效期限，通常为1年。世界各国普遍采用的预算年度有两种：一是历年制预算年度，即从每年的1月1日起至12月31日止。目前世界上多数国家采用历年制，这些国家有中国、法国、德国、意大利等。二是跨年制预算年度，是指一个预算年度跨越两个公历年度，但总时长仍等于一个日历年度。主要包括三类：以美国、泰国为代表，预算年度从每年的10月1日开始，到次年的9月30日止；以英国、日本等国为代表，预算年度从当年的4月1日起至次年的3月31日止；以瑞典、澳大利亚为代表，预算年度从当年的7月1日起至次年的6月30日止。

（6）法律性。这是指编制的财政预算一旦经过国家最高权力机关审查批准之后，就具有了法律效力，各地区、各部门、各单位必须贯彻执行。

应当指出，上述预算原则是属于一般性的原则，不是绝对的，具体到一个国家，又有其特殊性，也就是说，一种预算原则的确立，不仅要以预算本身的属性为依据，而且要与本国的经济实践相结合，要充分体现国家的政治和经济政策。一个国家的预算原则通常都体现在预算法中。

四、预算的编审、执行和决算

（一）预算编审

预算编制涉及范围广、内容多，是一项十分复杂而细致的工作。预算编制是制定年度收支计划阶段，它是整个预算管理工作的起点。在这一阶段，要求各级政府、各部门、各单位应当按照国务院规定时间编制预算草案。中央预算和地方各级政府预算应当依据本年度社会经济发展计划，参照上一年预算执行情况，力求使预算制定得积极可靠。我国预算编审采取了"自下而上、自上而下、两上两下、上下结合"的方法。

1. 自下而上提出概算

即由单位、部门自下而上向财政部门上报预算建议数。单位根据预算年度工作计划、任务和收支增减因素，按财政部门规定的预算报表格式，提出由各项收支组成的概算，逐级汇总后，按规定的时间由主管部门报送同级财政部门。各部门上报的预算建议数要体现国家的有关政策，符合国民经济和社会发展规划的要求，与财力相适应。经过层层上报和汇编，形成各省、自治区、直辖市和中央各部门的预算收支建议数。

2. 自上而下下达预算收支控制指标

即财政部门根据政策法规、经济社会发展规划和各项收支测算所确定的预算数额，以及本级政府批准的预算外资金收支计划，自上而下按预算级次下达预算控制数或预算指标，并逐级下达直至基层预算单位。

3. 自下而上汇编预算草案

单位根据所下达的预算指标，调整核实本单位各项收支，结合单位的其他收支，按照预算编报的要求,正式编制年度预算和预算外资金收支计划。编制完成后,按照规定程序逐级报送主管预算部门,经主管预算部门审核汇总,形成部门预算草案,报送同级财政部门。财政部门对上报的部门预算审核汇总后形成本级预算草案,并报同级政府。省、自治区、直辖市财政部门汇总的本级总预算草案,应报送财政部。各级财政部门在本级人代会召开前的规定时间,将本级预算草案提交人大常委会及专门委员会进行初步审查。

4. 自上而下审核批复预算

各级政府提交的预算草案要经同级人代会审核批准,经人代会审批后的预算成为当年的正式预算。财政部门要将经批准的本级预算在规定期限内向各部门批复下达,各主管部门在部门预算的范围内批复所属各单位预算。批复下达的预算成为预算执行的依据。

中央预算由全国人代会批准,地方各级政府预算由本级人代会审查和批准。预算经过人代会批准后,就进入预算的执行阶段。

（二）预算执行

预算执行是指组织预算收支任务实现的过程,包括组织预算收入、拨付预算支出、动用预备费以及进行预算调整等内容。这一阶段是预算管理的中心环节。各级预算由本级政府组织执行,国务院负责组织国家预算的执行,地方各级人民政府负责组织本级预算的执行,具体工作由本级财政部门负责。财政部对国务院负责,在其领导下具体组织国家预算的执行,并指导地方预算的执行。地方财政部门对地方各级人民政府负责,在其领导下具体组织本级预算的执行,并监督指导下级预算的执行。

预算收入征收部门,必须依照法律、行政法规的规定,及时、足额征收应征的预算收入。不得违反法律、行政法规规定,擅自减征、免征或者缓征应征的预算收入,不得截留、占用或者挪用预算收入。各级政府财政部门必须依照法律、行政法规和国务院财政部门的规定,及时、足额地拨付预算支出资金,加强对预算支出的管理和监督。各级政府、各部门、各单位的支出必须按照预算执行。

县级以上各级预算必须设立国库机构,中央金库业务由中国人民银行办理,地方国库业务依照国务院的有关规定办理。各级政府预备费的动用必须经各级人民政府批准,按规定的用途使用,不得挪作他用。

预算调整是平衡预算收支的一种重要方法,预算调整是指经全国人民代表大会批准的中央预算和经地方各级人民代表大会批准的本级预算,在执行中因特殊情况需要增加支出或者减少收入,使原批准的收支平衡的预算的总支出超过总收入,或者使原批准的举借债务的数额增加的部分变更。各级政府对于必须进行的预算调整,应当编制预算调整方案。中央预算的调整方案必须提请全国人民代表大会常务委员会审查和批准。县级以上地方各级政府预算的调整方案必须提请本级人民代表大会常务委员会审查和批准;乡、民族乡、镇政府预算的调整方案必须提请本级人民代表大会审查和批准。未经批准,不得调整预算。地方各级政府预算的调整方案经批准后,由本级政府报上一级政府备案。

（三）财政决算

政府决算是按照法定程序编制,用于反映政府预算执行结果的会计报告,由决算报表和文字说明两部分组成,也是预算管理的终点。我国政府决算由中央政府决算和地方各级政府决算组成。

决算草案由各级政府、各部门、各单位,在每一预算年度终了后按照国务院规定的时间编制。编制决算草案的具体事项,由国务院财政部门部署。编制决算草案,必须符合法律、行政法规,做到收支数额准确、内容完整、报送及时。各部门对所属各单位的决算草案,应当审核并汇总编制本部门的决算草案,在规定的期限内报本级政府财政部门审核。国务院财政部门编制中央决算草案,报国务院审定后,由国务院提请全国人民代表大会常务委员会审查和批准。县级以上地方各级政府财政部门编制本级决算草案,报本级政府审定后,由本级政府提请本级人民代表大会常务委员会审查和批准。乡、民族乡、镇政府编制本级决算草案,提请本级人民代表大会审查和批准。各级政府决算经批准后,财政部门应当向本级各部门批复决算。地方各级政府应当将经批准的决算,报上一级政府备案。

政府决算经国家立法机关批准后即宣告正式成立,政府决算的成立标志着从预算编制开始,到决算完成而形成的一个标准预算周期的结束。

第二节　分税制预算管理体制

预算管理体制是处理中央财政和地方财政以及地方各级财政之间财政关系的一项根本制度,是财政管理体制的核心。它是政府预算编制、执行、决算和监督管理的制度依据。其主要内容包括:① 确定政府预算管理的级次和职能范围。一般来说,一级政权一级事权,并相应建立一级财政一级预算。② 划分各级预算收支。即确定中央与地方财政收支的归属,明确中央和地方财政收支所占比例。③ 划分预算管理职权。主要是指预算管理主体有关的财政政策、方针、法规的制定权、解释权、修订权,政府预算的编审、执行和调整等权限。④ 预算调节制度的安排。主要涉及转移支付制度的选择与安排。

一国预算管理体制的选择要受本国社会、政治、经济等具体情况制约。以中央和地方政府集权与分权为线索,我国先后实行过四种类型的预算管理体制:① 新中国建立之初国民经济恢复时期实行统收统支的体制。② 1953—1979 年实行"统一领导,分级管理"的体制。③ 1980—1993 年实行以"分灶吃饭"为标志的分级包干财政体制。④ 1994 年至今,实行分税制预算管理体制。

一、分税制的含义与特征

分税制,也可称为分级预算管理体制,是指在明确各级政府职责权限范围的前提下,按照事权与财权相统一的原则,以分税法划分各级财政收入,并实行政府间转移支付以平衡各级财政收支的预算体制,也是市场经济条件下西方国家普遍采用的预算体制。分税制预算管理体制包括分税、分权、分征、分管等多方面的内容。分税是分税制的核心内容,就是在中央和地方之间划分税种和税收收入;分权,是指划分各级政府在税收方面的立法权、征管权和减免权等;分征,是指在中央和地方分别建立两套税收征收组织机构,分别征税;分管,是指在中央和地方分别建立相对独立的预算,分别管理各自的收入,自求平衡。

分税制的主要特征有:① 分税制的前提,是以法律化形式明确划分各级政府的职责范围即支出范围。按公共产品受益范围划分各级政府的职责范围,使各级政府的职能重点分明,从而决定了各级政府财政支出的范围和规模。这是分级财政体制规范和稳定的前提条件。② 分税制的基础,是以分税方法划分各级财政收入。即在职责划分基础上,明确各级财政的收入来源,以完全分税的方式,实行中央税和地方税的分征和分管。各级政府以其独立的收入来源自主安排各自财政支出。③ 分税制的核心,是中央预算和地方预算相互独立,自求平衡。这也是它区别于统一领导,分级管理型财政体制的主要特征。④ 分税制的调节器是转移支付制度。

在中共十四大确立了建立社会主义市场经济体制的总体目标后,我国各项经济体制按照市场经济的要求明显加快了改革。在财政体制方面,原有多种形式的包干体制已明显不能适应社会主义市场经济的要求。在这种背景下,分税制预算管理体制改革提到了议事日程。1993 年 11 月,中共十四届三中全会通过的《中共中央关于建立社会主义市场经济体制若干问题的决定》正式提出了分税制改革的内容。据此,国务院出台《关于实行分税制财政管理体制的决定》,决定从 1994 年 1 月 1 日起改革地方财政包干体制,对各省、自治区、直辖市以及计划单列市实行分税制财政管理体制。1994 年我国实施的财税管理体制改革,在新中国的财政史上具有里程碑意义,适应社会主义市场经济发展的要求,构建了公共财政体系的重要支撑框架。

二、分税制改革的指导思想

(一) 正确处理中央与地方的分配关系

既要考虑地方利益,调动地方发展经济、增收节支的积极性,又要逐步提高中央财政收入的比重,适当增加中央财力,增强中央政府的宏观调控能力。为此,中央要从财政收入的增量中适当多得一些,以保证中央财政收入的稳定增长。

(二) 合理调节地区之间财力分配

既要有利于经济发达地区继续保持较快的发展势头,又要通过中央财政对地方的税收返还和转移支付,扶持经济不发达地区的发展和老工业基地的改造。同时,促使地方加强对财政支出的约束。

(三) 坚持统一政策与分级管理相结合的原则

划分税种不仅要考虑中央与地方的收入分配,还必须考虑税收对经济发展和社会分配的调节作用。中央税、共享税以及地方税的立法权都要集中在中央,以保证中央政令统一,维护全国统一市场和企业平等竞争。税收实行分级征管,中央税和共享税由中央税务机构负责征收,共享税中地方分享的部分,由中央税务机构直接划入地方金库,地方税由地方税务机构负责征收。

(四) 坚持整体设计与逐步推进相结合的原则

分税制改革既要借鉴国外经验,又要从我国的实际出发。在明确改革目标的基础上,办法力求规范化,但必须抓住重点,分步实施,逐步完善。要针对收入流失比较严重的状况,通过划分税种和分别征管堵塞漏洞,保证财政收入的合理增长;要先把主要税种划分好,其他收入的划分逐步规范;作为过渡办法,现行的补助、上解和有些结算事项继续按原体制运转;中央财政收入占全部财政收入的比例要逐步提高,对地方利益格局的调整也宜逐步进行。总之,通过渐进式改革先把分税制的基本框架建立起来,在实施中逐步完善。

三、分税制改革的主要内容

1994 年开始实行的分税制预算管理体制改革,是新中国建立以来涉及范围最大、调整力度最强、影响最为深远的一次财政体制改革。这次改革按照"存量不动,增量调整,逐步提高中央的宏观调控能力,建立合理的财政分配机制"的原则设计。在不触动地方既得利益的情况下,结合税制改革,对财政收入增量分配进行了重大调整。

（一）中央与地方事权和支出的划分

根据现有中央政府与地方政府事权的划分,中央财政主要承担国家安全、外交和中央国家机关运转所需经费,调整国民经济结构、协调地区发展、实施宏观调控所必需的支出以及由中央直接管理的事业发展支出。地方财政主要承担本地区政权机关运转所需支出以及本地区经济、事业发展所需支出。经过划分,中央财政支出主要包括 14 个方面,地方财政支出主要包括 13 个方面(见表 12-1)。

表 12-1

1994 年中央与地方收入划分

中央固定收入	地方固定收入	中央与地方共享收入
1. 关税 2. 海关代征消费税和增值税 3. 消费税 4. 中央企业所得税 5. 地方银行和外资银行及非银行金融企业所得税 6. 铁道部门、各银行总行、各保险总公司等集中缴纳的收入(包括营业税、所得税、利润和城市维护建设税) 7. 中央企业上缴利润 8. 外贸企业的出口退税	1. 营业税(不含铁道部门、各银行总行、各保险总公司集中缴纳的营业税) 2. 地方企业所得税(不含上述地方银行和外资银行及非银行金融企业所得税) 3. 地方企业上缴利润 4. 个人所得税 5. 城镇土地使用税 6. 固定资产投资方向调节税 7. 城市维护建设税(不含铁道部门、各银行总行、各保险总公司集中缴纳的部分) 8. 房产税 9. 车船使用税 10. 印花税 11. 屠宰税 12. 农牧业税 13. 农业特产税 14. 耕地占用税 15. 契税 16. 遗产和赠与税 17. 土地增值税 18. 国有土地有偿使用收入	1. 增值税 　中央分享 75％ 　地方分享 25％ 2. 资源税 　海洋石油资源税归中央 　其他资源税归地方 3. 证券交易税 　中央分享 50％ 　地方分享 50％

（二）中央与地方收入的划分

根据事权与财权相结合的原则,按税种划分中央与地方的收入。将维护国家权益、实施宏观调控所必需的税种划为中央税;将同经济发展直接相关的主要税种划为中央与地方共享税;将适合地方征管的税种划为地方税,并充实地方税税种,增加地方税收收入。

在收入划分中,中央固定收入有 8 种,地方固定收入有 18 种,中央与地方共享收入有 3 种(见表 12-1)。

（三）中央财政对地方税收返还数额的确定

为了保持现有地方既得利益格局,逐步达到改革的目标,中央财政对地方税收返还数额以 1993 年为基期年核定。按照 1993 年地方实际收入以及税制改革和中央与地方收入划分情况,核定 1993 年中央从地方净上划的收入数额(即消费税＋75％的增值税－中央下划收入)。1993 年中央净上划收入,全额返还地方,保证现有地方既得财力,并以此作为以后中央对地方税收返还基数。

1994 年以后,税收返还额在 1993 年基数上逐年递增,递增率按全国增值税和消费税的平均增长率的 1:0.3 系数确定,即上述两税全国平均每增长 1％,中央财政对地方的税收返还增长 0.3％。1994 年 8 月,又将税收返还递增率改为按各地区分别缴入中央金库的"两税"增长率的 1:0.3 系数确定,即各地区"两税"每增长 1％,中央财政对地方的税收返还增长 0.3％。

税收返还额的基本计算:

$$税收返还基数 = \left(\begin{array}{c}1993年上划\\中央收入数\end{array} - \begin{array}{c}中央下划\\地方数\end{array}\right)$$

$$1994年后税收返还数 = 上年税收返还数 \times \left(\begin{array}{c}本地区 1+"两税"\\增长率 \times 0.3\end{array}\right)$$

（四）原体制中央补助、地方上解以及有关结算事项的处理

为顺利推行分税制改革,1994 年实行分税制以后,原体制的分配格局暂时不变,过渡一段时间再逐步规范化。原体制中央对地方的补助继续按规定补助。原体制地方上解仍按不同体制类型执行。

原来中央拨给地方的各项专款,该下拨的继续下拨。地方 1993 年承担的 20％部分出口退税以及其他年度结算的上解和补助项目相抵后,确定一个数额,作为一般上解或一般补助处理,以后年度按此定额结算。

在推行分税制改革同时,还在国有企业利润分配制度、税收管理体制、预算编制、国库体系等方面进行配套改革。

四、分税制预算管理体制的调整

随着经济形势的变化,在稳定分税制基本框架的基础上,我国对分税制及转移支付制度进行了一系列调整和完善。

（一）探索建立规范化的转移支付制度

1. 过渡期转移支付

分税制平稳运行后,迫切需要实施规范的转移支付制度,这不仅是完善分税制财政体制的需要,而且也是地方财政运行的现实要求。但是,由于受中央财力等因素的制约,转移支付制度的规范化建设只能采取"总体设计、分步实施"的战略。在此背景下,1995 年出台了过渡期转移支付办法。过渡期转移支付办法是在不触动地方既得利益的条件下,由中央财政安排一部分资金,按照相对规范的办法,用于对欠发达地区的一般性财政补助,并向民族地区适度倾斜。与以往的政府间财力分配方式相比,其突出特点是办法规范,决策过程透明。按照影响财政支出的因素,核定各地的标准支出数额,并考虑财力水平与收入努力程度,计算各地的财力缺口,作为确定转移支付的依据。

2. 一般性转移支付与专项转移支付

1995 年开始实施的过渡期转移支付,伴随社会经济形势的变化和财政改革的深入,中

央对其进行不断完善。2002 年我国实施的所得税收入分享改革,建立了转移支付资金的稳定来源机制,过渡期转移支付同时改为一般性转移支付。

中央对地方的转移支付逐步为两个部分:一是财力性转移支付,主要目标是增强财力薄弱地区地方政府的财力,促进基本公共服务均等化,包括一般性转移支付、民族地区转移支付、调整工资转移支付、农村税费改革转移支付和"三奖一补"转移支付等。二是专项转移支付,是中央政府对地方政府承担中央委托事务、中央地方共享事务以及符合中央政策导向的事务进行的补助,实行专款专用,包括一般预算专项拨款、国债补助等。2007 年中央对地方的转移支付达到 13 991 亿元,其中,财力性转移支付为 7 093 亿元(一般性转移支付为 2 505亿元),专项转移支付 6 898 亿元,如图 12 - 1 所示。至 2016 年,中央对地方的一般性转移支付为 31 864.93 亿元,专项转移支付为 20 708.93 亿元,其中一般性转移支付占中央对地方转移支付的比例为 60.6%。

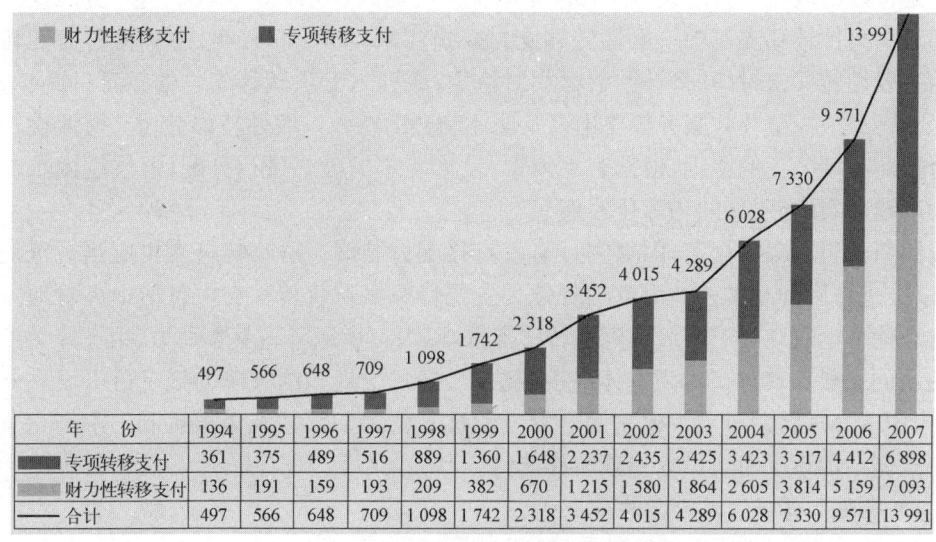

年　份	1994	1995	1996	1997	1998	1999	2000	2001	2002	2003	2004	2005	2006	2007
专项转移支付	361	375	489	516	889	1 360	1 648	2 237	2 435	2 425	3 423	3 517	4 412	6 898
财力性转移支付	136	191	159	193	209	382	670	1 215	1 580	1 864	2 605	3 814	5 159	7 093
合计	497	566	648	709	1 098	1 742	2 318	3 452	4 015	4 289	6 028	7 330	9 571	13 991

图 12 - 1　1994—2007 年中央对地方转移支付规模(亿元)

一般性转移支付按照公平公正、公开透明和稳步推进的原则,主要参照各地标准财政收入和标准财政支出的差额及可用于转移支付的资金规模等客观因素,按统一公式计算确定。

标准财政收入是指各地的财政收入能力,主要按税基和税率分税种测算。各地标准财政收入分省、自治区、直辖市(以下简称"省")计算。各省的标准财政收入由地方本级标准财政收入、中央对地方返还及补助(扣除地方上解)、计划单列市上解收入等构成。地方本级标准财政收入根据客观因素测算各税种的标准收入,主要按"税基"乘以"税率"的公式计算确定。

标准财政支出是指各地达到均等化基本公共服务水平的财政支出需求,主要按地方政府规模、平均支出水平和客观因素测算。为了更好体现以人为本的理念,测算标准财政支出时,选取各地总人口为主要因素。按照财政管理科学化、精细化的要求,为强化各级政府的责任,分省、市、县(含乡镇级)三个行政级次测算标准财政支出。标准财政支出的项目主要包括行政和公检法部门支出、教育部门支出、农林水等部门支出、城市维护建设标准支出、按人员经费一定比例提取支出、据实测算的相关支出和其他支出七大类,各类支出分别测算并计算总和。

标准财政支出＝$\sum j$标准财政支出×其他支出占已测算支出比重。其中，$j＝$该级次行政单位个数。

转移支付系数根据当年中央财政用于转移支付的资金总额以及存在缺口地区的标准收支差额确定，并参照各地困难程度适当调整。

一般性转移支付资金分配，选取影响财政收支的客观因素，适当考虑人口规模、人口密度、海拔、温度、少数民族等成本差异，结合各地实际财政收支情况，采用规范的公式化方法进行分配。用公式表示如下：

某地区一般性转移支付额＝（该地区标准财政支出－该地区标准财政收入）
×该地区转移支付系数

凡是标准财政收入大于或等于标准财政支出的地区，不纳入一般性转移支付的范围。

随着财力性转移支付中一般性转移支付规模越来越大，2009年，中央将财力性转移支付改为一般性转移支付，并将补助数额相对稳定、原列入专项转移支付的教育、社会保障和就业、公共安全、一般公共服务等支出以及原体制补助纳入一般性转移支付。一般性转移支付资金按照客观公正的原则，根据客观因素，设计统一的公式进行分配，财政越困难的地区补助程度越高，具有明显的均等化效果。

按照新的《预算法》规定，国家实行财政转移支付制度。财政转移支付应当规范、公平、公开，以推进地区间基本公共服务均等化为主要目标。财政转移支付包括中央对地方的转移支付和地方上级政府对下级政府的转移支付，以为均衡地区间基本财力、由下级政府统筹安排使用的一般性转移支付为主体。按照法律、行政法规和国务院的规定可以设立专项转移支付，用于办理特定事项。建立健全专项转移支付定期评估和退出机制。市场竞争机制能够有效调节的事项不得设立专项转移支付。

（二）实施所得税收入分享改革

1994年分税制改革时，所得税仍然按行政隶属关系划分，即中央企业所得税作为中央财政固定收入，地方企业所得税作为地方财政固定收入，这不利于现代企业制度的建立和企业间的公平竞争。而收入分布不均衡、地区间财力差距不断扩大也是所得税收入分享改革的重要原因。因此，国务院决定，从2002年1月1日起实施所得税收入分享改革，将按企业隶属关系划分中央、地方所得税收入的办法，改为中央与地方按统一比例分享所得税收入。

所得税收入分享改革的主要内容包括：

（1）除铁路运输、国家邮政、四大国有商业银行、三家政策性银行、中石化及中海油等企业外，其他企业所得税和个人所得税收入实行中央与地方按统一比例分享。2002年所得税收入中央与地方各分享50％；2003年中央分享60％、地方分享40％；2003年以后根据实际情况确定中央与地方各分享比例。

（2）中央因改革所得税收入分享办法增加的收入全部用于对地方主要是中西部地区的一般性转移支付。

（3）为了保证所得税收入分享改革的顺利实施，妥善处理地区间利益分配关系，规定跨地区经营企业集中缴纳的所得税，按分公司（子公司）所在地的企业经营收入、职工人数和资产总额三个因素在相关地区间分配。

通过所得税收入分享改革,加快了企业改革步伐,减缓了地区间财力差距扩大的趋势。

（三）出口退税负担机制改革

从 1985 年开始实施出口退税政策以来,我国出口退税负担机制经历了多次变革,中央和地方之间的负担比例在不断调整。到 1994 年分税制改革时,出口退税改由中央全部负担,并规定地方负担部分以 1993 年为基数专项上解,以后按此定额结算。

在 1998 年实施积极财政政策后,由于出口退税率的提高,导致出口退税持续高速增长,中央财政的负担越来越重,使得欠税情况越来越严重。到 2003 年年底,全国累计应退未退税额已达到 3 256 亿元。

在此背景下,经国务院批准,2004 年 1 月 1 日起我国实施出口退税负担机制改革。这次改革的指导思想是:"新账不欠,老账要还,完善机制,共同负担,推动改革,促进发展。"新机制以 2003 年出口退税实退指标为基数,对超基数部分的应退税额,由中央和地方按 75:25 的比例共同负担。2005 年对出口退税负担机制做出进一步完善,在维持 2004 年经国务院批准核定的各地出口退税基数不变的基础上,超基数部分由中央、地方按照 92.5:7.5 的比例分担;出口退税改由中央统一退库,地方负担部分年终专项上解。

出口退税负担机制的改革,建立了中央和地方的共同负担机制,归还了历史欠账,降低了财政风险,提高了政府的公信力。

（四）证券交易印花税、金融保险营业税分享改革

分税制改革初期,证券交易印花税中央与地方(上海市和深圳市)各自分享 50%。但随着我国证券交易市场的发展,证券交易规模的扩大,证券交易印花税大幅增长。为了理顺中央和地方分配关系,增强中央调控能力,国务院规定,从 1997 年 1 月 1 日起,中央与地方证券交易印花税分享比例改为 80:20。后将税率从 3‰调增到 5‰,增加的收入全部作为中央收入,并从 2000 年起,分 3 年将证券交易印花税分享比例逐步调整到中央 97%、地方 3%。中央由此增加的收入主要用于支持西部贫困地区发展,并作为补充社会保障资金的一个来源。

为了进一步理顺国家和金融保险企业之间的分配关系,促进金融保险企业间平等竞争,保证国家财政收入,国务院规定,从 1997 年 1 月 1 日起,将金融保险营业税税率由 5%提高到8%。提高 3 个百分点增加的收入划归中央;从 2001 年起,国务院决定,金融保险营业税税率每年下调 1 个百分点,分 3 年将金融保险业的营业税税率降至 5%,中央分享部分随之取消。

（五）"营改增"试点改革

我国营业税改征增值税从 2012 年 1 月日开始试点,2016 年 5 月 1 日起,在全国范围内全面推开,对于完善税制、企业减负、刺激经济增长起到了良好作用。考虑到税制改革未完全到位,推进中央与地方事权和支出责任划分改革还有一个过程,2016 年 4 月,国务院出台了《全面推开营改增试点后调整中央与地方增值税收入划分过渡方案》,过渡方案规定:以 2014 年为基数核定中央返还和地方上缴基数;所有行业企业缴纳的增值税均纳入中央和地方共享范围;中央分享增值税的 50%;地方按税收缴纳地分享增值税的 50%;中央上划收入通过税收返还方式给地方,确保地方既有财力不变;中央集中的收入增量通过均衡性转移支付分配给地方,主要用于加大对中西部地区的支持力度。

五、分税制预算管理体制改革取得的成效及进一步完善

（一）分税制改革取得的成效

二十余年来的实践证明,1994 年分税制改革,是我国财政管理体制上一次卓有成效的

制度创新,逐步建立起了与社会主义市场经济发展相适应的财政管理体制和运行机制。其改革成效主要表现在:

(1)构建起市场经济条件下的分级财政体制基本框架。分税制财政体制按照兼顾各方利益关系、事权与财权相结合的原则,以法律法规形式对中央与地方政府的事权、财权加以明确界定和划分,并以较为规范的政府间转移支付制度实现各级政府事权与财力的基本匹配,使各级财政都能够在法律规范的体制框架内行使各自的职责。显然,作为市场经济条件下政府间财政关系的载体,分税制财政体制所顾及的利益范围较之前的财政包干体制更为完整,中央与地方的共同利益以及自身利益均得到承认与体现,从而跳出了传统财政体制下仅强调中央或地方某一方财政利益的限制,基本实现了财政体制的稳定与明晰①。

(2)进一步理顺了中央与地方的分配关系,调动了各级政府理财的积极性,建立了财政收入稳定增长的机制。1993—2016 年,全国一般公共预算收入由 4 349 亿元增加到 159 552 亿元,增加了 36 倍;全国一般公共预算收入占国内生产总值的比重由 12.2% 提高到 21.4%。

(3)中央财政收入占全国财政收入的比重逐步提高,增强了中央的宏观调控能力。从中央收入项目的构成来看,通过分税制财政体制改革,与国内生产总值增长呈明显正相关关系的消费税、增值税上划中央或实行共享,形成了中央财政收入稳定增长的源泉,为提高中央财政收入的比重创造了条件。分税制改革后,中央本级财政收入占全国财政收入的比重与改革前相比,有明显提高,从一般公共预算收入看,由 1993 年的 22% 上升到 2015 年的 45.5%(见表 12 - 2)。中央财政收入比重的上升,有力地增强了中央政府的宏观调控能力。

表 12 - 2

中央与地方一般公共预算收入比重　　　　　　　　　　单位:亿元

年份	一般公共预算收入	中央收入比重	地方收入比重
1993	4 348.95	22.0%	78.0%
1996	7 407.99	49.4%	50.6%
2000	13 395.23	52.2%	47.8%
2001	16 386.04	52.4%	47.6%
2002	18 903.64	55.0%	45.0%
2003	21 715.25	54.6%	45.4%
2004	26 396.47	54.9%	45.1%
2005	31 649.29	52.3%	47.7%
2006	38 760.20	52.8%	47.2%
2007	51 321.78	54.1%	45.9%
2008	61 330.35	53.3%	46.7%
2009	68 518.30	52.4%	47.6%

---

① 彭健:《分税制财政体制改革 20 年:回顾与思考》,《财经问题研究》2014 年第 5 期。

（续表）

年份	一般公共预算收入	中央收入比重	地方收入比重
2010	83 101.51	51.1%	48.9%
2011	103 874.43	49.4%	50.6%
2012	117 253.52	47.9%	52.1%
2013	129 209.64	46.6%	53.4%
2014	140 370.03	45.9%	54.1%
2015	152 269.23	45.5%	54.5%

注：一般公共预算收入不包括国内外债务收入。

资料来源：《中国统计年鉴（2016）》，中国统计出版社。

（4）推动了经济结构调整，抑制了地方的盲目投资 1994 年分税制改革将 100% 的消费税和 75% 的增值税划归中央，降低了财政增收与地方经济发展的直接关联程度。2002 年所得税收入分享改革延续了这一改革思路，从制度安排上削弱了地方政府粗放发展加工业和盲目投资的冲动。1994 年分税制改革将来自第三产业的营业税划归地方，提高了地方积极发展第三产业的主动性。分税制改革后，地方政府的投资行为和经济行为产生了积极变化，促进了经济发展方式的转变和经济结构的调整。

（二）分税制进一步完善的基本思路

分税制改革虽然取得了很大成绩，但由于受到多种因素的影响和制约，分税制改革过程中也出现了一些不容忽视的问题。主要表现在以下几方面：

（1）政府间支出责任划分还不够清晰、不够合理。我国现行法律对政府间支出责任只作了原则性划分，还不够清晰，也不够合理。尤其是省、市、县、乡政府间支出责任划分更为模糊，地区之间差别较大。政府间支出责任不清、风险不明，为财政可持续发展留下了隐患。

（2）政府间收入划分不尽合理，基层政府分享的收入与支出责任不对称。目前，我国地方税制结构不合理，缺少主体税种，地方税制体系过于薄弱。这就使得地方财政特别是基层财政功能弱化，这成为影响我国构建规范、科学、合理的分税制财政体制的重要制约因素。虽然分税制改革初步形成了以房产税、营业税、印花税、土地使用税和城市维护建设税为主的地方税体系。但是，中央税与地方税划分不合理，地方政府缺乏税种设置权、税率调整权。

（3）财政转移支付制度需要进一步完善。现行转移支付体系包括一般性转移支付和专项转移支付。这两类转移支付应基于政府间事权和支出责任的划分分别设定具体的政策目标和准入门槛。但由于中央与地方间事权和支出责任的划分不够清晰和合理，现行各项转移支付项目的设立与政府间事权划分相关性较弱，各项转移支付项目的政策目标不够明确。同时，由于大部分转移支付项目都是出于配合中央宏观调控政策而设立的，随着各项新政策的出台，也造成现行转移支付种类繁多、结构复杂，不利于地方政府因地制宜地统筹安排财政支出，也带来转移支付资金的监管力度不够，转移支付资金的效益评估有限。

（4）省以下财政管理体制尚不完善。目前，各地普遍存在省以下横向财力不平衡问题，省以下纵向财力分布也不尽合理。省级政府没有在调节省以下政府财力不平衡方面发挥应有的作用。

全面深化改革是中共十八大所作出的战略部署。2013 年 11 月 12 日十八届三中全会通过了《中共中央关于全面深化改革若干重大问题的决定》(简称《决定》),《决定》明确提出,"全面深化改革的总目标是完善和发展中国特色社会主义制度,推进国家治理体系和治理能力现代化"。财政是国家治理的基础和重要支柱,科学的财税体制是优化资源配置、维护市场统一、促进社会公平、实现国家长治久安的制度保障。在全面深化改革的大背景下,必然对预算管理制度改革提出更高要求。

正是在这种背景下,中共中央审议通过了《深化财税体制改革总体方案》,基于国家治理现代化的深刻变革,吹响了新一轮财税体制改革的进军号角。总体方案明确提出深化财税体制改革的目标是建立统一完整、法治规范、公开透明、运行高效,有利于优化资源配置、维护市场统一、促进社会公平、实现国家长治久安的可持续的现代财政制度。新一轮财税体制改革要在 2020 年基本建立现代财政制度。而财税体制改革的核心应是预算管理制度改革。为了全面推进预算管理制度改革,2014 年 9 月,通过了《国务院关于深化预算管理制度改革的决定》,对今后一个时期我国预算管理制度改革做出全面安排。

按照现代财政制度的基本要求,结合国际经验和我国国情,我国政府间财政关系比较规范的目标模式应当是:在明确界定政府职能的基础上,通过法律形式规范政府间支出责任划分;本着财权、财力与事权相统一的原则,合理安排各级政府的收入,赋予地方政府相应的税收立法权;通过一般性转移支付弥补因财力集中以及地区经济发展不平衡形成的纵向和横向财政缺口;运用专项转移支付实现中央特定政策目标;在完善相关法规和严格审批程序的基础上,赋予地方政府按照市场原则适度举债的权力;建立规范有效的信息反馈与监管机制,确保财政资金分配与使用的合法有效。

为此,分税制应在以下几个方面进行探索:一是进一步转换政府职能,合理界定各级政府的具体支出责任;二是伴随税制改革和税源变化,逐步调整和规范政府间的收入划分;三是加快"省直管县"和"乡财县管"改革步伐,简化财政管理级次,推进省以下预算管理体制改革;四是加快税费改革步伐,建立较为完善的地方税制体系,增强地方财力;五是归并和简化转移支付项目,提高一般性转移支付比重,严格专项转移支付审批程序,规范和完善资金分配办法,尽快建立省以下政府间规范的转移支付制度;六是推进政府间财政关系的法制化,健全监督约束机制。

第三节　预算管理制度改革

预算管理制度改革是近年来我国推进公共财政建设的重要内容,主要包括四个方面:部门预算改革、国库管理制度改革、政府采购制度改革和"收支两条线"管理改革。

一、部门预算改革

(一) 部门预算的概念

通俗地讲,部门预算就是一个部门一本预算。2000 年以前我国没有编制部门预算,每年向各级人代会提交的是收入按类别、支出按功能编制和汇总的预算。

(二) 部门预算改革的背景

编制部门预算是发达国家和大多数发展中国家的通行做法,也是我国深化社会主义市场经济体制改革,建立公共财政框架的基本要求。1994 年实施的分税制财税体制改革后,从收入方面初步理顺了中央与地方间的分配关系,增强了中央财政的宏观调控能力。但是,在财政支出管理方面,传统的预算管理模式已不能够适应公共财政建设的要求,其弊端日益显现:预算编制时间过短,程序不规范;预算编制内容不完整,覆盖不全面;预算编制过于粗放,内容不细化;预算编制简单,方法不科学。

为了加强和规范预算管理,我国政府提出了细化政府预算编制,实施部门预算改革的构想。自 2000 年财政年度开始,财政部开始推行中央部门预算改革。

(三)部门预算改革的主要内容

1. 改革预算编制形式,初步实现了"一个部门一本预算"

部门预算改革的启动,先是从解决部门预算编制形式开始的。部门预算将一个部门所有的收入和支出都按照统一的编报内容和形式在一本预算中反映,统一编报时间,规范编报内容,统筹安排部门资金,初步实现了各项收支清晰、项目预算到位、"一个部门一本预算"的改革目标。

2. 改革预算编制方法,建立新型预算分配机制

部门预算改革的目的,就是通过规范预算编制方法,建立规范、公开的预算分配机制。为此,将各部门的支出按照性质划分为基本支出和项目支出,分别采取不同的方法编制基本支出和项目支出预算。对于基本支出预算,采取定员定额管理方式。对于项目支出预算,采取项目库管理方式,按照项目重要程度,分别轻重缓急排序,使项目经费安排与部门事业发展规划和年度工作重点紧密结合,逐步建立起项目滚动安排的管理机制。

3. 扩大预算编制范围,初步实现综合预算

为加强对预算外资金管理,规范政府收支行为,通过深化"收支两条线"改革,逐步将一个部门的各项预算外收支、政府性基金收支、经营收支及其他收支都按照统一的编报内容和形式在一本预算中反映,采用综合预算编制方式。

4. 规范预算编制程序,合理预算编制流程

为规范部门预算编制过程中财政部和中央部门的职能和责任,出台了《中央部门预算编制规程》等文件,对预算编制、执行、调整各阶段的时间安排、具体工作任务、各部门职能权限等作出了具体的规定。目前部门预算编制实行"二上、二下"的编制程序。就中央部门预算而言,财政部在对各部门上报的预算草案审核后,汇总成按功能编制的本级财政预算草案和部门预算,报经国务院审批后,提交人代会审议,在人代会批准预算草案后 1 个月内,由财政部预算司统一向部门批复预算,各部门在财政部批复本部门预算之日起 15 日内,批复所属各单位的预算,并负责具体执行。同时延长预算编制时间,由改革前的 4 个月延长到 9 个月。

5. 推进绩效预算改革,强化绩效考评

预算绩效评价主要是对政府公共支出绩效考评,是在一定时限内,对政府公共支出的目标、结果、影响等方面内容进行综合考核和评价。加强对预算单位项目的绩效考评,是财政部门的一项重要工作。目前,财政部在绩效考评方面已经做了一些初步的工作,不断扩大绩效考评的试点范围。试点工作由 2006 年的 3 个部门 4 个项目,扩大到 2008 年的 74 个部门108 个项目。

通过部门预算改革,取得了一系列成效:确定了部门预算基本模式,转变了预算管理的

观念,规范了政府行政行为,提高了预算透明度,强化了人大对预算的监督。截至2007年年底,我国36个省、自治区、直辖市和计划单列市本级都建立了比较规范的部门预算管理制度,实行了综合预算;全国2 882个县(市、区)中,已有2 585个实行部门预算改革,其中2 200个全面推行部门预算。

二、国库管理制度改革

(一)国库管理制度改革的背景

国库是国家金库的简称,是专门负责办理国家预算资金收纳和支出的机关。国家全部预算收入都要纳入国库,一切预算支出都由国库进行拨付。广义国库不单是指国家金库,更重要的是指代表政府控制预算的执行、保管政府资产和负债的一系列管理职能。财政国库管理制度改革是预算管理制度改革的重要内容。

我国传统的国库管理制度,是以设立多重账户为基础的分散收付制度。在这种制度下,财政收入的许多项目由征收部门通过设立过渡账户收缴;财政支出通过财政部门和用款单位分别开设的账户层层拨付;大量预算外资金未纳入财政预算统一管理。这种制度的弊端十分突出,主要是:多重设置账户,延滞了财政资金的入库时间;在财政支出方面,资金在预算单位支付行为发生之前就流出国库,大量滞留在预算单位,严重降低了财政资金的使用效益;财政资金使用缺乏事前监督,截留、挤占、挪用等问题时有发生,甚至出现腐败现象;财政资金运行信息反馈迟缓,透明度不高,难以及时、准确地为预算编制、执行分析以及宏观经济调控提供有效依据。因此,改革现行国库收付制度势在必行。

(二)国库管理制度改革的主要内容

自2000年以来,我国加大现代国库管理制度改革步伐。2001年3月,国务院批准了《财政国库管理制度改革方案》,我国财政国库管理制度改革正式开始实施。改革的基本目标是:改革传统的财政资金银行账户管理体系和资金缴拨方式,建立以国库单一账户体系为基础、资金缴拨以国库集中收付为主要形式的现代财政国库管理制度。

1. 建立国库单一账户体系

(1)国库单一账户体系的构成。① 财政部门在中国人民银行开设国库单一账户,按收入和支出设置分类账,收入账按预算科目进行明细核算,支出账按资金使用性质设立分账册。② 财政部门按资金使用性质,在商业银行开设财政部门零余额账户。在商业银行开设的零余额账户,包括用于财政授权支付的预算单位零余额账户和用于非税收入收缴活动的财政汇缴专户。③ 财政部门在商业银行开设财政专户和财政汇缴专户,按收入和支出设置分类账。④ 经国务院和省级人民政府批准或授权财政部门开设特殊过渡性专户(以下简称特设专户)。

建立国库单一账户体系后,相应要取消各类收入过渡性账户。预算单位的财政性资金逐步全部纳入国库单一账户管理。

(2)国库单一账户体系中各类账户的功能。① 国库单一账户,为国库存款账户,用于记录、核算和反映纳入预算管理的财政收入和支出活动,并用于与财政部门在商业银行开设的零余额账户进行清算,实现支付。② 财政部门的零余额账户,用于财政直接支付和与国库单一账户支出清算。在支出管理中,预算单位的零余额账户用于财政授权支付和清算。在收入收缴管理中,财政汇缴专户作为零余额账户,用于非税收入收缴和资金清算。③ 财政

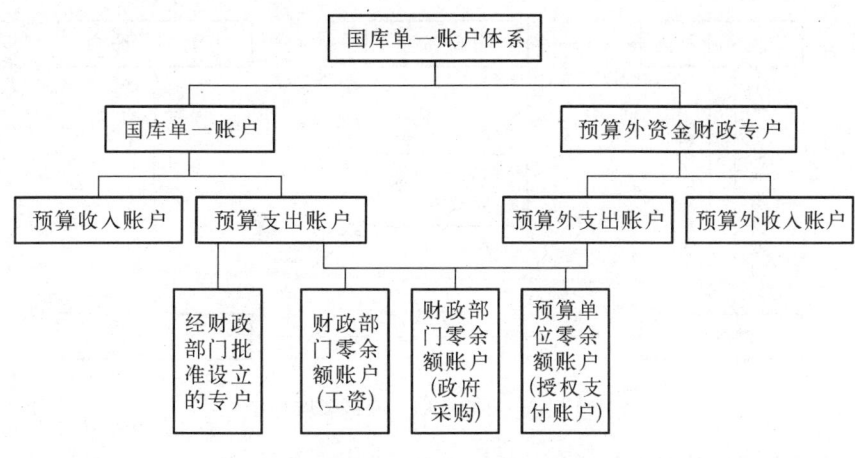

图 12-2 国库单一账户体系

专户,用于存储、记录、核算和反映非税收入的收付活动,并用于非税收入资金日常收支清算。④ 特设专户,用于记录、核算和反映预算单位的特殊专项支出活动。

2. 规范收入收缴程序

(1) 收入类型。按政府收支分类标准,对财政收入实行分类,包括税收收入、非税收入、社会保险基金收入、政府间转移支付收入、债务收入、其他收入。

(2) 收缴方式。适应财政国库管理制度的改革要求,将财政收入的收缴分为直接缴库和集中汇缴。直接缴库是由缴款单位或缴款人按有关法律法规规定,直接将应缴收入缴入国库单一账户或财政专户。集中汇缴是由征收机关按有关法律法规规定,将所收的应缴收入汇总缴入国库单一账户或财政专户。

(3) 收缴程序。① 直接缴库程序。直接缴库的税收收入,由纳税人或税务代理人提出纳税申报,经征收机关审核无误后,由纳税人通过开户银行将税款缴入国库单一账户。直接缴库的其他收入,比照上述程序缴入国库单一账户或财政专户。② 集中汇缴程序。小额零散税收和法律另有规定的应缴收入,由征收机构于收缴收入的当日汇总缴入国库单一账户。非税收入中的现金缴款等,比照本程序缴入国库单一账户或财政专户。③ 收入退库管理。涉及从国库中退库的,依照法律、行政法规有关国库管理的规定执行。

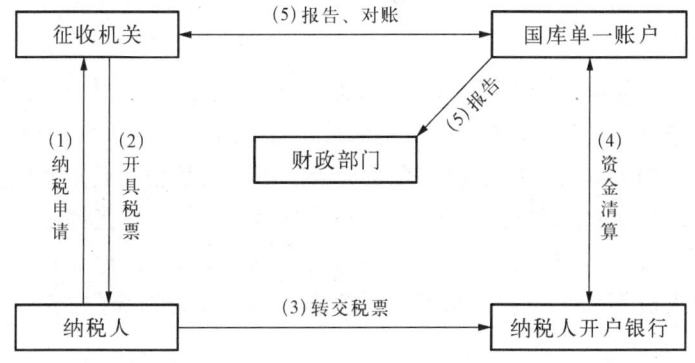

图 12-3 税收收入直接收缴程序

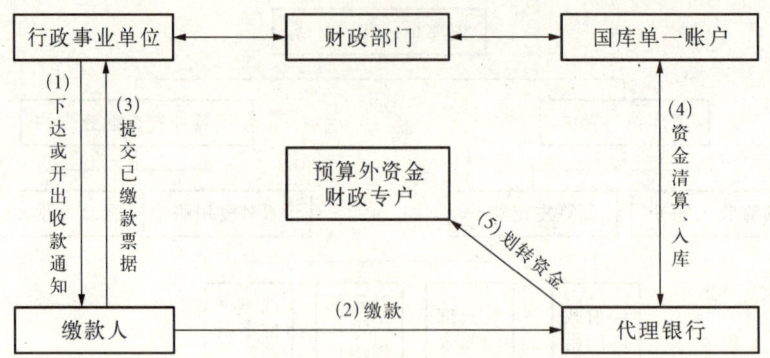

图 12 - 4　非税收入直接缴库程序

(三)规范支出拨付程序

1. 支出类型

根据支付管理需要,财政支出总体上分为购买性支出和转移性支出。① 购买性支出具体分为:工资支出、购买支出和零星支出。② 转移性支出,即拨付给预算单位或下级财政部门,未指明具体用途的支出。包括拨付企业补贴和未指明具体用途的资金,中央对地方的一般性转移支付等。

2. 支付方式

按照不同的支付主体,对不同类型的支出,分别实行财政直接支付和财政授权支付。

(1)财政直接支付。由财政部门开具支付令,通过国库单一账户体系,直接将财政资金支付到收款人(即商品和劳务供应者)或用款单位账户。实行财政直接支付的支出包括:① 工资支出、购买支出以及中央对地方的专项转移支付,拨付企业大型工程项目或大型设备采购的资金等,直接支付到收款人。② 转移支出(中央对地方专项转移支出除外),包括中央对地方的一般性转移支付中的税收返还、原体制补助、过渡期转移支付、结算补助等支出,对企业的补贴和未指明购买内容的某些专项支出等,支付到用款单位(包括下级财政部门和预算单位)。

(2)财政授权支付。预算单位根据财政授权,自行开具支付令,通过国库单一账户体系将资金支付到收款人账户。实行财政授权支付的支出包括未实行财政直接支付的购买支出和零星支出。

3. 支付程序

(1)财政直接支付程序。预算单位按照批复的部门预算和资金使用计划,按照规定的程序上报支付申请,由一级预算单位审核汇总后向财政国库支付执行机构提出支付申请,财政国库支付执行机构根据批复的部门预算和资金使用计划及相关要求对支付申请审核无误后,向代理银行发出支付令,并通知中国人民银行国库部门,通过代理银行进入全国银行清算系统实时清算,将财政资金从国库单一账户划拨到收款人的银行账户。工资性支付涉及的各项预算单位人员编制、工资标准、开支数额等,分别由编制部门、人事部门和财政部门核定。

(2)财政授权支付程序。财政国库支付执行机构根据批复的用款计划,将批准后的财政授权支付额度通知代理银行和预算单位,并通知中国人民银行国库部门。预算单位在用

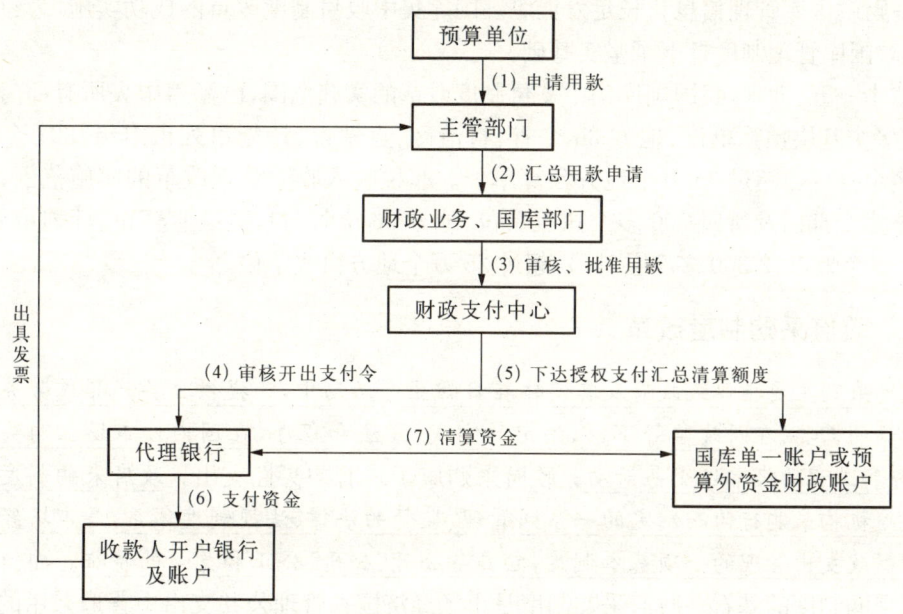

图 12-5　财政直接支付基本程序

款额度内,自行开具支付令送代理银行,代理银行通过国库单一账户体系向收款人付款,并与国库单一账户清算。

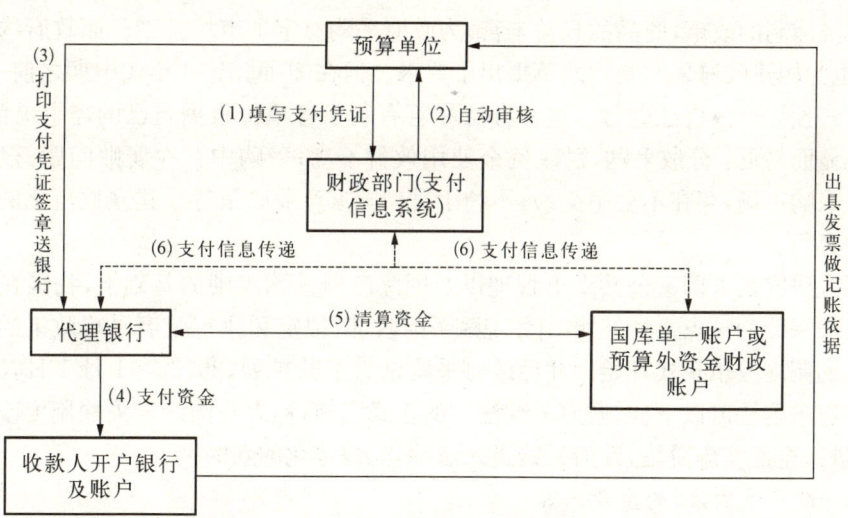

图 12-6　财政授权支付基本程序

上述财政直接支付和财政授权支付流程,以现代化银行支付系统和财政信息管理系统的国库管理操作系统为基础。

预算外资金的支付,比照上述程序实施。

经过几年的实践,我国财政国库管理制度改革已经取得显著成效:建立了国库单一账户体系,预算执行过程的监督控制不断加强;增加了预算执行信息的透明度;提高了财政资金的运行效率和使用效益;总预算会计管理基础得到加强;国库现金管理有效降低了财政筹资成本;财政国库管理信息化长足发展等。国库集中收付制度改革的成功实施,为建立我国现代财政国库管理制度打下了坚实基础。

到"十一五"期末,我国国库集中支付制度改革的实施范围,已涵盖中央所有部门及所属12 500多个基层预算单位、地方36个省、自治区、直辖市、计划单列市本级、327个地市和2 500多个县(区)超过35万个地方预算单位。非税收入收缴管理改革的实施范围,已涵盖中央70多个部门及所属700多个执收单位,地方36个省(自治区、直辖市、计划单列市)本级、300多个地市、2 300多个县(区),超过25万个地方执收单位。

三、政府采购制度改革

政府采购主要指各级政府及其实体在日常业务活动中,为提供公共产品或劳务及自身政务活动的需要,在财政监督下,以法定的方式、方法和程序,在国内外市场上购买所需商品、劳务和工程的经常性交易活动。政府采购属于政府购买性支出。政府采购制度就是为规范政府机构采购行为而制定的一系列管理、监督的法律、法规制度体系,是市场经济条件下加强财政支出管理的一项基本制度,它具备公开、公平、公正和竞争的特征。而公开竞争是政府采购制度的基石。政府采购制度是市场经济国家管理公共支出中普遍采用的一项管理制度和模式,对完善市场经济机制、加强宏观调控和提高财政资金使用效率,具有重要作用。

(一)政府采购制度改革的背景

在计划经济条件下,政府所需物资主要通过计划分配,不具备竞争采购的条件。但伴随着市场经济体制的改革,商品的日益丰富,为政府采购奠定了市场基础。而政府购买规模越来越大,也为构建政府采购制度改革提出了要求。但在20世纪90年代中期之前,我国政府购买是由各预算单位自己进行。这种办法尽管有利于各单位根据自己的需求灵活采购,但其弊端也显而易见:分散采购,财政资金使用效益不高;采购中存在腐败问题;很难形成统一的政府采购市场,存在不公平交易;不利于贯彻国家产业政策等。建立规范化的政府采购制度势在必行。

在深入研究西方国家公共支出管理以及国际政府采购规则的基础上,我国在一些地方开始了政府采购的试点。1998年国务院赋予财政部"拟定和执行政府采购政策的"职能,标志政府采购制度改革正式开始。此后政府采购试点不断扩展,2003年1月1日,《中华人民共和国政府采购法》(以下称《政府采购法》)的正式实施,标志我国政府采购制度改革试点工作结束,进入全面实施阶段,政府采购进入法治化、规范化的新时期。

(二)《政府采购法》的主要内容

1. 政府采购的原则

政府采购应该遵循公开透明原则、公平竞争原则、公正原则和诚实信用原则。

(1)公开透明原则。它是指有关政府采购的法律、政策、程序等都要公开。公开透明原则是国际公认的重要原则。

(2)公平竞争原则。它又包含公平原则和竞争原则。公平原则体现是对所有供应商一视同仁,公平对待。而竞争原则是在政府采购过程中充分发挥市场机制作用,有效的竞争最能体现政府采购的目标。

(3)公正原则。它主要指在公开、公平原则上所取得结果的公正和整个采购程序的公正。

（4）诚实信用原则。它是指采购当事人应当诚实守信，善意行使权利、履行义务，不得有欺诈等恶意行为。

2. 政府采购当事人

政府采购当事人是指在政府采购活动中享有权利和承担义务的各类主体，包括采购人、供应商和采购代理机构等。采购人是指依法进行政府采购的国家机关、事业单位、团体组织。集中采购机构为采购代理机构。集中采购机构是非营利事业法人，根据采购人的委托办理采购事宜。供应商是指向采购人提供货物、工程或者服务的法人、其他组织或者自然人。

3. 政府采购方式

所谓政府采购方式，就是指政府采购的组织和实现方式，是实现政府采购目的的形式表现，既要依法采购，又要便于实现政府采购的目标。《政府采购法》规定政府采购采用以下方式：公开招标；邀请招标；竞争性谈判；单一来源采购；询价；国务院政府采购监督管理部门认可的其他采购方式。公开招标应作为政府采购的主要采购方式。

（1）公开招标是一种采购程序，采购方根据已经确定的采购需求，提出招标采购项目的条件，邀请所有有兴趣的供应商参加投标，最后由招标人通过对各投标人所提出的价格、质量、交货日期等因素进行综合分析，确定其中最佳的投标人为中标人，并与之签订合同的过程。最大特点是：给所有供应商提供公平的机会，并在最大范围内进行竞争。这种采购方式最能实现政府采购的原则，因此，也成为各国政府采购的首选方式。

（2）邀请招标是选择性招标采购方式，由采购人根据自己的实际需要，选择符合特定条件的供应商为潜在的投标人，向其发出投标邀请，被邀请的供应商自主决定参与投标，由采购人从中选择中标者的方式。它适合对专业性强、供应商有限、采购时间短的政府采购项目，比公开招投标方式更节约时间和费用。除了邀请通知方式特殊外，其他方面与公开招投标方式相同，都实行公开原则。

（3）竞争性谈判是政府采购人根据自己的需求与合适的供应商分别一对一谈判，由采购人通过谈判的结果选择供应商的一种采购方式。它不具有公开性和充分的竞争性，采购人有权决定供应商。所以，这种采购方式的使用有非常严格的条件和程序。

（4）单一来源采购是政府采购人面对某项采购任务只有唯一的潜在供应商，不得不从该唯一供应商处购买所需的货物、工程和服务。法律也不能提出更多的选择，只能在使用条件上加以严格限制。

（5）询价是指政府采购人向有关供应商发出询价单，然后对供应商的报价进行比较，再确定中标供应商，以确保价值具有竞争性。它适用于政府采购货物规格、标准统一，现货货源充足，且价格变化不大的项目。

（6）国务院政府采购监督管理部门认可的其他采购方式。如定点采购、持卡采购等。从政府采购法规定的六种采购方式看，有递进关系。从第一种方式公开招投标到第六种采购方式，均在前一种方式不合适的情况下，按顺序采用后一种采购方式。而且越选择后面的采购方式，其限制性条件越严格。

4. 政府采购的管理模式

政府采购的管理模式是指一国政府采购体系的组织方式。它通常决定该国政府采购体

系的基本框架,对一国政府采购的效果有重要影响。按照集权与分权的性质不同,大致分三种:

(1)集中采购管理模式。就是将政府机关所需要的一切商品、服务、工程的采购集中于一个特定机构负责统一采购。这种模式有几个优点:一是更能实现政府采购的经济性和有效性目标;二是实现规模效应;三是便于监督管理部门进行有效监督。其不利之处是:对于技术含量较高或比较复杂的产品,进行集中采购,就会缺少最终用户与供应商之间的沟通;也会由于政府采购规模过大而形成市场垄断。因此,很少国家政府采购单独采用这种模式。

(2)分散采购管理模式。即政府采购在财政监督下,由需求单位和部门自主组织采购的模式。这种模式的优点在于最终用户与供应商之间便于沟通,采购效率高。缺点是存在重复采购和浪费严重,难以监管,不利于实现政府采购的经济有效性目标。所以,世界上很少国家是完全采用这种模式。

(3)集中与分散相结合的管理模式。即重要的、通用的物品采购由一个部门统一组织,而另外一些个性化的、零碎的物品则由采购主体自主采购。由于这种模式可以解决集中与分散的关系,目前被大多数国家采用。我国《政府采购法》第七条规定我国政府采购实行集中与分散相结合的管理模式。

5. 政府采购的程序

政府采购法通过严格的采购程序和步骤规范政府采购行为,实现政府采购的目的。本法从政府采购预算的编制和审批到政府采购文件内容和活动的记录与保存,都有详细规定。还明确提出选用每种采购方式的具体条件要求及每种采购方式的具体操作规程,从采购程序上确保政府采购原则的落实。

另外,政府采购法对政府采购合同、质疑与投诉、监督检查等问题都作出了明确规范。

经过多年的实践,我国政府采购制度改革取得了明显成效:政府采购的范围和规模不断扩大,产生了明显的经济效益和社会效益;政府采购制度的法律框架基本形成;政府采购管理体制基本形成;政府采购的政策功能日益显现;逐步形成以集中采购为主、公开透明的采购运行机制。

至 2014 年全国政府采购规模已达 17 305.34 亿元,占财政支出的比重达到 11.4%,占 GDP 的比重提高到 2.7%。2013 年通过公开招标方式完成的政府采购规模为 13 645.8 亿元,占采购总规模的 83.3%,公开招标方式仍占主导地位。2013 年政府集中采购规模为 10 750.2 亿元,占采购总规模的 65.6%。同时,为了履行入世承诺,2007 年底我国向 WTO 提交了加入《政府采购协定》(GPA)申请书和初步出价,启动了加入谈判工作,我国启动了加入《政府采购协定》(GPA)谈判。到 2015 年底,我国已提交了 6 份出价,按时履行了我国各项承诺,实现了预定的谈判工作目标。

四、"收支两条线"管理改革

"收支两条线",是指国家机关、事业单位、社会团体以及政府授权的其他经济组织,按照国家有关规定依法取得政府非税收入,收入全部缴入国库或财政专户,支出通过编制预算由财政部门统筹安排,并通过国库或者财政专户拨付资金的财政资金运行机制。这是我国目前对非税收入进行管理的重要方式。

1. 改革背景

改革开放之后,整个社会收入分配格局发生了很大变化。但是由于新旧体制的冲突,规章制度建设和监管不到位,一些地方和部门在利益的驱动下,出现了比较严重的"乱收费、乱罚款、乱摊派",并通过各种非法手段把部分预算内资金转为预算外资金,导致财政收入流失,预算外收入膨胀。由此带来了一系列问题:导致国家收入分配混乱,严重削弱了政府宏观调控能力;助长了社会不正之风,加剧了社会矛盾;加重了社会负担,破坏了政府形象;滋生了腐败现象,等等。为此,中央决定对行政事业性收费和罚没收入等非税收入实行"收支两条线"管理改革。

2. 改革的主要内容

1990 年,中共中央、国务院发布《关于坚决制止乱收费、乱罚款和各种摊派的决定》,明确提出集资资金实行"收支两条线"管理,这是中共中央、国务院首次在文件中提出"收支两条线"的概念。这一时期,"收支两条线"管理的重点主要放在治理"三乱"上。1996 年,国务院发布《关于加强预算外资金管理的决定》,提出将"收支两条线"管理范围扩大到预算外资金。但这一时期改革的重点放在"收"的方面,真正的收支脱钩还未落实。2001 年,国务院办公厅转发《财政部关于深化收支两条线改革进一步加强财政管理的意见》,要求深化"收支两条线"管理改革。在随后的改革中我国逐步把非税收入全部纳入"收支两条线"管理,实行收支脱钩,并实行收入收缴制度改革。"收支两条线"管理改革不断推向深入,改革内容主要包括:

(1) 收入必须依法取得。收费项目或政府性基金必须经过政府及相关部门批准,具有法律、法规依据,收入来源必须合法;取得收入必须出具相应凭证。

(2) 收入必须全额上缴国库或财政专户。按照规定依法取得的政府非税收入属于财政性资金,不是单位或部门的自有资金,相关单位不得截留、挪用,必须全额上缴国库或财政专户。实行收缴分离。

(3) 单位开户必须符合国家规定。单位开户必须经同级财政部门的批准;必须获得中国人民银行核发的开户许可证;对相关账户要严格管理。

(4) 部门和单位支出由财政部门统筹安排。部门和单位依法取得的有关收入,不得与其支出直接挂钩,要按照财政部门批复的预算和规定的用途安排使用,实现"收归收、支归支、收支脱钩"。

通过"收支两条线"管理改革,强化了政府对非税收入管理,逐步理顺了政府收入分配秩序,有力抑制了腐败的产生,提高了财政资金运行的效率,预算内外的关系得到合理调整。

伴随预算制度改革,中央审批的收费项目逐步纳入预算管理,政府性基金、罚没收入已全部纳入预算管理,土地出让金收入从 2007 年起全额纳入预算管理,彩票公益金从 2008 年起纳入预算管理。同时,有关制度明确规定,依法设立或取得的非税收入一律纳入预算管理。2010 年 6 月,《财政部关于将按预算外资金管理的收入纳入预算管理的通知》下发,通知指出,为贯彻落实全国人大和国务院有关规定,决定从 2011 年 1 月 1 日起,将按预算外资金管理的收入(不含教育收费)全部纳入预算管理。通过改革,我国已基本实现将预算外资金纳入预算管理的目标,预算外资金基本成为历史概念,"收支两条线"管理制度也完成历史使命。

第四节　财政平衡与赤字

一、正确理解财政平衡

财政平衡是指一定时期财政收支在量上的一种对比关系。从理论上说,财政收支对比关系表现为三种:收大于支,出现结余;收小于支,出现赤字;收等于支,出现平衡。可以说财政平衡只是理论上的一种结果或计划上的一种安排,在实际生活中,很难想象一个国家或一级政府预算执行的结果收与支刚好相等。因此,在财政实践中,结余或赤字的财政失衡是一种常态。平衡与失衡是相对而言,没有失衡就无所谓平衡。因此,研究财政平衡问题实际也是研究财政失衡。

财政收支集中体现了一定时期政府经济活动状况,也是国民经济运行状况的反映。影响财政收支关系的因素众多,决定了我们可以从不同角度来认识财政平衡问题。

1. 绝对平衡与相对平衡

平衡是相对的,不平衡是绝对的。所谓绝对平衡是指财政收支在量上绝对相等的一种对比关系,它只是一种偶然现象。相对平衡是指财政收支在量上的一种基本相等关系,也就是,按照某种标准,出现的略有赤字或略有结余,也视为财政基本平衡。现实生活中,财政平衡追求的是基本平衡。

2. 静态平衡与动态平衡

引入时间长短的因素,财政平衡可区分为动态平衡和静态平衡。前者是指在一个预算年度内来组织财政的平衡。后者是指在一个较长的时期内来组织财政的平衡,考虑年度之间的联系与衔接,在一段时期内,有些年份出现赤字,而另一些年份有结余,从整个时期来看,只要总量大体平衡,就可以认为是财政平衡。如在一个经济周期内或中长期经济发展计划内来组织平衡。这种财政平衡的方式可更好发挥财政的能动作用,收支安排余地更大一些。

3. 局部平衡与全局平衡

如果不考虑财政与国民经济其他方面的关系,仅仅是就财政论财政,把追求财政自身的平衡作为财政活动的最高原则,此时的财政平衡只能是局部平衡。实际上,财政只是国民经济中的一个部门,财政收支只是整个货币收支体系中的一个组成部分。必须要把财政收支放在整个国民经济或货币收支体系中来研究财政收支与整个国民经济平衡关系。这是一种财政全局平衡的理念。

4. 预算平衡与决算平衡

预算平衡是指在预算编制时保持财政收支的基本平衡,是一种计划平衡。计划平衡也可能会因为客观因素或主观因素而无法实现。决算平衡是指预算执行的结果实现了财政收支的基本平衡,是一种执行平衡。如果预算安排有赤字,因为增收减支等方面的原因,也有可能实现决算平衡。平衡预算往往是平衡财政政策的体现,一般在经济运行平稳的时期选择。

另外,对财政平衡的理解,还涉及统计口径问题。结合我国实践,大体上有以下三种财政平衡口径:

（1）财政收支口径中包括公债收支。即所有的公债收支都包含在财政收支中。财政平衡公式如下：

结余或赤字＝（经常性收入＋公债收入）
　　　　　　－（经常性支出＋投资性支出＋公债还本付息支出）

1953—1993年，中国一直实行这一财政平衡公式，这也是前苏联使用的统计口径。

（2）财政收支口径中不包括所有的公债收支。相应的财政平衡公式如下：

结余或赤字＝经常性收入－（经常性支出＋投资性支出）

从1994年开始，随着《预算法》、《中国人民银行法》的相继实施，我国对预算制度进行改革，将公债收支剔出财政收支是一重大变化，使我国财政平衡统计口径朝与国际接轨迈出一大步。1994—1999年，中国实行这一财政平衡公式。

（3）财政支出口径中包括公债付息支出。即当年公债收入和公债还本支出都不列入财政收支，但当年发生的公债付息支出列入财政支出中。

结余或赤字＝经常性收入－（经常性支出＋投资性支出＋公债付息支出）

这种口径的财政平衡是市场经济国家通行的做法和国际惯例。从2000年中国开始使用这一口径的财政平衡公式。

中国财政平衡统计口径的演变，反映了我国从计划经济到市场经济的转轨趋势，并最终实现与国际规则接轨。

二、导致财政失衡的主要因素

既然财政失衡是常态，那么，导致财政失衡的因素有哪些？影响财政收支关系的因素很多，既有政治、社会或经济的因素，也有制度或政策的因素。

1. 经济因素

经济是财政的基础，对财政具有决定作用。在经济衰退或危机的时期，财政收入会下降，收支状况会恶化，而扩张性财政政策的选择，也会加大收支的缺口。在经济运行状况好的时期，财政收入也会比较充裕，收支会维持好的状态。

2. 社会因素

如果这一时期，社会矛盾尖锐，或政府在社保、教育等方面履行更多社会职能，可能会导致财政失衡。如我国目前收入分配矛盾比较尖锐，社保体制还很不健全，这对财政转移类支出提出了很高要求。

3. 政策因素

随着经济形势的变化，政府会根据社会总供求的状况，对财政政策做出不断调整。在经济衰退时期推行的扩张性财政政策或在经济膨胀时期推行的紧缩性财政政策，分别会带来财政赤字或结余的增加。

4. 体制因素

主要是体制设计是否科学，体制类型选择是否符合当时经济发展的阶段或状况，税制是否具有良好弹性。例如，所选择税制如果具有良好弹性，那么，随着国民收入的增长，财政收入也会快速增长，财政收支缺口就会缩小或保持平衡状态；反之，财政收支缺口就会扩大或打破平衡状态。一般来说,以定额税率为主的税制,税收弹性低,以累进税率为主的税制,税收弹性高。

5. 外部因素

外部因素主要是指国际因素的影响。在国际经济一体化背景下,一个国家的国民收入和财政收支受国际因素的影响越来越大,往往不是自身所能控制得了的。如 2008 年世界金融危机爆发以来,一方面,由于各国需求的大幅下降,或一些国家的贸易保护,使我国出口明显下滑,影响了财政收入;另一方面,我国加大出口退税的力度或其他支持措施,又增加了财政支出。危机明显扩大了我国财政收支的缺口。

6. 突发性或意外因素

突发战争、发生强烈地震或其他重大自然灾害,造成一个国家财政减收或增支,都有可能打破一个国家的财政平衡。

总之,上述是从一般角度分析了导致财政失衡的普遍因素,具体到一个国家,财政失衡可能是一个因素或几个因素的影响,具有特殊性。而财政失衡的更常见表现是财政赤字。

三、财政平衡与社会总供求平衡

在社会经济生活中,政府经济活动,构成整个国民经济活动的重要组成部分,财政收支与社会总供求平衡有着密切关系。财政收支作为政府行为的体现,财政收入代表总资源中可供政府支配的资源或商品物资,表现为货币收入,构成整个社会收入流量的一个重要组成部分;财政支出体现了政府为实现其职能而对商品物资的需要,表现为有效的货币购买力,构成整个社会支出流量的一个重要组成部分。

在国民经济核算中,总量平衡的恒等式表现如下:

$$C+S+T+M\equiv C+I+G+X$$

该式中,左边代表总供给的收入流量,由消费 C、储蓄 S、税收 T 和进口额 M 构成;右边代表总需求的支出流量,由消费 C、投资 I、政府支出 G 和出口额 X 构成。这个恒等式表示:国民经济总量平衡时,总供给的收入流量恒等于总需求的支出流量。

从上式可以看出,财政收支分别构成社会总供求收入流量和支出流量的重要组成部分,成为影响社会总供求的重要因素,从而财政收支可以成为影响社会总供求平衡的重要手段,这实际也是财政政策可以成为政府宏观调控政策支柱的主要原因。由此我们可以描述出政府预算恒等式:

$$G-T\equiv (S-I)+(M-X)$$

恒等式左边表示政府预算收支平衡状况,体现的是政府部门收支账户。$G>T$ 时,表示财政赤字,$G<T$ 时,表示财政结余。恒等式右边实际是由两个账户组成,$S-I$ 体现的是非政府部门储蓄、投资账户状况,$S>I$ 时,表示非政府部门储蓄大于投资,有资金结余;反之,表示非政府部门出现赤字;$M-X$ 体现的是对外贸易经常账户状况,$M>X$ 时,表示对外贸易经常账户资金有赤字,出现国外商品物资等资源净流入;反之,表示对外贸易经常账户有资金盈余,出现国内商品物资等资源净流出。

因此,政府预算恒等式可以表述如下:

预算结余或赤字≡储蓄、投资账户结余或赤字+贸易账户结余或赤字这个恒等式表示：要保持国民经济总量平衡，政府账户的结余或赤字要取决于国民经济其他部门结余或赤字的状况。

通过分析财政平衡与社会总供求平衡的关系，我们可以得到如下结论：

（1）财政平衡是社会供求平衡中的一个组成部分，必须从国民经济总体平衡的角度来研究财政平衡问题。财政平衡与社会供求平衡是局部平衡与总体平衡的关系。

（2）财政平衡追求最高层次的目标是社会总供求平衡，预算结余或赤字主要取决于国民经济其他部门结余或赤字的状况。

（3）财政收支手段由政府掌控，可以直接影响社会总需求，间接影响社会总供给。因此财政政策手段对社会总需求的影响立竿见影，时滞短。

（4）消费、储蓄、投资和进出口主要属于非政府部门的市场行为，受市场机制支配，但政府通过财政收支手段可以对市场行为进行调控，从而影响非政府部门形成的社会供求关系。

四、财政赤字及经济效应

（一）财政赤字分类

财政赤字是指在一个预算年度财政支出大于收入而形成的差额，由于在会计处理中采用红字，所以称为财政赤字。财政赤字是一种世界性财政现象，可以从不同角度理解。

预算赤字是指在编制预算时，在收支上就安排的赤字，是计划安排的赤字，但是如果在预算执行中采取增收节支的措施，有可能会实现收支平衡。决算赤字是指预算执行的结果出现的支大于收的差额，决算赤字的产生，可能是由于预算安排时就有赤字，也有可能是由于预算执行中出现新的减收增支因素造成。从指导思想上看，预算赤字、决算赤字可能并不一定是有意识的安排，而是由经济生活中的因素所造成。而赤字财政则是指国家有意识运用赤字调节经济的一种扩张性财政政策，它的主要标志是连续多年的有意识地安排预算赤字。赤字财政政策的基本思想是由英国经济学家凯恩斯在《就业、利息和货币通论》中提出的。

财政赤字可以从不同角度进行分类，这里我们主要对周期性赤字和结构性赤字进行分析。

按照赤字产生的经济背景和原因，可将财政赤字分为周期性赤字和结构性赤字。周期性赤字是指由经济运行的周期性所引起的赤字，在经济衰退期间，财政支出增加而税收减少，由此会带来赤字的膨胀。周期性赤字体现了经济运行对财政平衡的决定作用，是一种内生变量。结构性赤字是指在经济运行达到充分就业状态时由非周期性因素引起的赤字，也称为充分就业赤字。结构性赤字主要是由政府财政政策的变量决定的，体现了财政政策的变量对经济运行的反作用，是一种外生变量。

现实经济中，财政赤字往往由周期性赤字和结构性赤字两部分组成，这种分类对分析财政赤字形成的原因及财政政策的安排具有现实意义。

另外，考虑与通货膨胀的关系，财政赤字可分为名义赤字和实际赤字；按照债务收支是否计入正常的财政收支，财政赤字可分硬赤字和软赤字；按照政府的级次，财政赤字可分中央财政赤字和地方财政赤字等。不同财政赤字的分类方法为我们提供了认识财政赤字的不同角度。

（二）财政赤字效应

财政赤字效应就是赤字的经济影响，理论界对财政赤字的看法分歧较大，既有肯定的看法，也有否定的观点。实际上，财政赤字效应有多种表现，很难用"好"或"坏"做简单判断。

1. 财政赤字的货币效应

过去人们经常用"财政有赤字,银行发票子"来形容财政赤字与货币供应的关系。实际上,财政赤字与货币供应之间并不一定存在这样的因果关系。财政赤字对货币供应的影响不仅要取决于赤字规模的大小,还要取决于赤字的弥补方式。

一般来说,财政赤字直接向银行透支或借款来弥补,往往会导致货币供应增加;如果向企业或个人发行公债来弥补赤字,往往只会带来货币购买力的结构变化,而不会增加货币供应总量;但是如果由银行购买公债弥补赤字,情况更加复杂一些,尤其中央银行直接购买,容易导致货币供应增加。

2. 财政赤字的需求效应

财政赤字对需求的影响是扩张性的,其扩大总需求的效应表现在:一是财政赤字形成新的需求,叠加在原有的总需求水平之上,从而使总需求扩张;二是替代其他部门的需求而构成总需求的一部分。但是应当注意,财政赤字扩张总需求,并不总是会带来通货膨胀,当整个社会有效需求不足的时候,财政赤字刚好可以起到拉动总需求,平衡社会供求关系的效果。这也正是在经济衰退时期,人们选择赤字财政政策的原因。

3. 财政赤字的"排挤"效应

财政赤字的"排挤"效应是指由于财政赤字增加了政府支出,从而排挤了民间的消费或投资的现象。当政府支出规模不断扩大,本身就会产生公私部门间支出的"替代"效应。而长期大规模的财政赤字,会导致大量发行公债,并引起市场利率水平上升,从而导致私人部门支出减少,就产生了"排挤"效应。当然,财政赤字的大小、社会闲置资金的多少、经济运行的不同状态,都会影响"排挤"效应的大小。"排挤"效应为我们揭示了一个问题,即财政赤字对需求的扩张效应会在某种程度上被"排挤"效应抵消,这是我们在评估政策效应的时候应该面对的一个重要问题。

另外,财政赤字会带来政府债务的膨胀,并有可能演变为债务风险,财政赤字的债务效应,也应该引起人们的关注。

本 章 小 结

本章主要从四个方面分析了政府预算与预算管理体制问题:1. 从政府预算的分类、原则,政府预算的编审、执行和决算的流程等方面对政府预算进行概述。2. 主要研究了分税制预算管理体制。从分税制的含义、特征入手,分析了税制改革的主要内容,总结了分税制改革取得的成效,探讨了我国分税制进一步完善的方向。3. 重点研究了我国预算管理制度改革的主要方面。包括部门预算改革、国库管理制度改革、政府采购制度改革、"收支两条线"管理改革等内容。4. 探讨了财政平衡与赤字问题。从对财政平衡的理解入手,分析了财政失衡的主要因素,探讨了财政平衡与社会总供求平衡的关系,研究了财政赤字及其经济效应。

扩 展 阅 读

财政部关于推进省直接管理县财政改革的意见

2009 年 6 月 22 日,财政部通过了《关于推进省直接管理县财政改革的意见》。意见指出,改革的总体目标是,2012 年年底前,力争全国除民族自治地区外全面推进省直接管理县财政改革。

一、总体思路

推进省直接管理县财政改革,要以邓小平理论和"三个代表"重要思想为指导,深入贯彻落实科学发展观,按照社会主义市场经济和公共财政的内在要求,理顺省以下政府间财政分配关系,推动市县政府加快职能转变,更好地提供公共服务,促进经济社会全面协调可持续发展。

推进省直接管理县财政改革,必须坚持因地制宜、分类指导,各地要根据经济发展水平、基础设施状况等有关条件,确定改革模式、步骤和进度,不搞"一刀切";必须坚持科学规范、合理有序,要按照分税制财政体制的要求,进一步理顺省以下政府间事权划分及财政分配关系,增强基层政府提供公共服务的能力;必须坚持积极稳妥、循序渐进,保证市县既得利益,尊重实际情况,妥善处理收支划分、基数划转等问题,确保改革的平稳过渡和顺利运行;必须坚持协调推进、共同发展,充分调动各方发展积极性,增强县域发展活力,提高中心城市发展能力,强化省级调控功能,推动市县共同发展。

改革的总体目标是,2012 年年底前,力争全国除民族自治地区外全面推进省直接管理县财政改革,近期首先将粮食、油料、棉花、生猪生产大县全部纳入改革范围。民族自治地区按照有关法律法规,加强对基层财政的扶持和指导,促进经济社会发展。

二、主要内容

实行省直接管理县财政改革,就是在政府间收支划分、转移支付、资金往来、预决算、年终结算等方面,省财政与市、县财政直接联系,开展相关业务工作。

（一）收支划分

在进一步理顺省与市、县支出责任的基础上,确定市、县财政各自的支出范围,市、县不得要求对方分担应属自身事权范围内的支出责任。按照规范的办法,合理划分省与市、县的收入范围。

（二）转移支付

转移支付、税收返还、所得税返还等由省直接核定并补助到市、县;专项拨款补助,由各市、县直接向省级财政等有关部门申请,由省级财政部门直接下达市、县。市级财政可通过省级财政继续对县给予转移支付。

（三）财政预决算

市、县统一按照省级财政部门有关要求,各自编制本级财政收支预算和年终决算。市级财政部门要按规定汇总市本级、所属各区及有关县预算,并报市人大常委会备案。

（四）资金往来

建立省与市、县之间的财政资金直接往来关系,取消市与县之间日常的资金往来关系。省级财政直接确定各市、县的资金留解比例。各市、县金库按规定直接向省级金库报解财政库款。

（五）财政结算

年终各类结算事项一律由省级财政与各市、县财政直接办理,市、县之间如有结算事项,必须通过省级财政办理。各市、县举借国际金融组织贷款、外国政府贷款、国债转贷资金等,直接向省级财政部门申请转贷及承诺偿还,未能按规定偿还的由省财政直接对市、县进行扣款。

三、工作要求

为确保顺利推进省直接管理县财政改革,各地要认真开展相关工作,妥善处理好各方面的利益关系。省级财政要会同有关部门抓紧调整管理制度,积极创新管理机制,将有关工作延伸到县;要逐步建立县级基本财力保障机制,加大对财力薄弱县的支持力度,实现"保工资、保运转、保民生"的目标;要规范财政预算外资金管理,全面清理预算外分配事项,理顺政府间预算外资金管理和分配关系;要加强财政管理信息化建设,构建省级与市、县的财政信息化网络,提高工作效率。市级财政要继续关心和帮助县级财政发展,加强对县乡财政工作的指导。县级财政要积极、主动配合省、市级财政做好有关改革工作,增强自我发展、自我约束意识,认真落实财政改革各项措施,提高财政管理的科学化、精细化水平。

省直接管理县财政改革涉及财政利益调整,政策性强,牵涉面广,各级财政部门要树立大局意识,加强组织领导,积极、主动、稳妥地推进改革,细化方案,精心实施。已经全面实行改革的地区,要密切跟踪改革进展,进一步规范和完善。正在进行试点的地区,要总结经验,加快推进。尚未开展试点的地区,除民族自治地区外,要尽快制定试点方案,积极推进改革。

思考与练习

1. 如何理解政府预算的含义?
2. 简析政府预算的原则。
3. 简述我国预算编审的方法。
4. 简述预算管理体制及其主要内容。
5. 简述分税制的主要特征。
6. 试分析现行分税制存在的主要问题及进一步完善的基本思路。
7. 简述部门预算改革的主要内容。
8. 简述国库单一账户体系的构成及各类账户的功能。
9. 简述我国政府采购的原则。
10. 如何正确理解财政平衡?
11. 试述导致财政失衡的主要因素。
12. 试分析财政平衡与社会总供求平衡的关系。
13. 试述财政的赤字效应。

第十三章 财 政 政 策

知识要点与学习要求

1. 财政政策的含义与要素。要求正确理解财政政策的含义,掌握财政政策主体、财政政策目标、财政政策工具等政策要素的基本内容。

2. 财政政策类型。要求能够从不同角度对财政政策进行分类,把握不同类型财政政策的主要内容。

3. 财政政策乘数。正确认识税收乘数、购买性支出乘数、平衡预算乘数等问题。

4. 财政政策与货币政策的协调。能够掌握财政政策与货币政策协调配合的必要性,把握财政政策与货币政策协调配合的模式,认识不同时期中国财政政策实践。

本章结构图

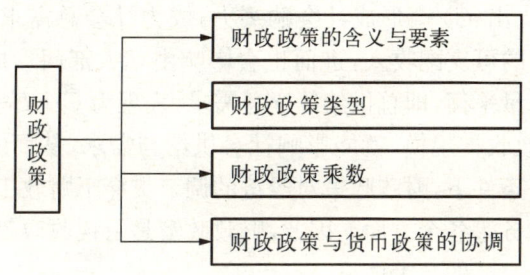

基本概念

财政政策 扩张性财政政策 紧缩性财政政策 中性财政政策 相机抉择的财政政策
自动稳定的财政政策 财政政策乘数 货币政策

第一节 财政政策的含义与要素

在市场经济条件下,政府的重要职能之一,是对国民经济进行宏观调控,实现经济的稳定与发展。政府宏观调控通常要借助于各种政策手段,其中财政政策是政府经常运用的重要调控手段。

一、财政政策的含义

财政政策是随着社会经济的发展而不断发展的。奴隶社会和封建社会由于受自给自足的自然经济制约,国家不可能大规模组织社会经济生活,财政主要是组织收入和安排支出,很少也很难作为政策手段来使用。在自由资本主义时期，一般实行简政轻税、预算平衡的财政政策，强调政府不干预，以利于自由资本主义的发展。国家垄断资本主义时期，伴随着各种社会经济矛盾的日益激化，政府的经济职能逐渐增强，财政政策不仅为实现国家政治职能服务，而且日益成为政府调控社会经济生活的重要工具。特别是 20 世纪 30 年代凯恩斯主义的产生，现代财政政策的理论和手段的运用日臻成熟。

即使是凯恩斯经济学流行之后，西方对财政政策的认识也有一个不断发展的过程。早期对财政政策的认识着重于从财政政策手段的角度来分析，后来把重点转移到对财政政策目标的理解。而萨缪尔森则把财政政策定义为：它是指制定税收和公共开支的过程，其目的是抑制经济周期的波动以及有助于维持的高度就业的经济，同时又要避免通货膨胀。可见，这种定义强调了财政政策目标和政策手段的有机结合，更体现了现代财政政策思想的精髓，强调了运用财政政策来稳定宏观经济。

财政政策是政府经济政策的组成部分。现代意义上的财政政策产生于 20 世纪 30 年代，1929—1933 年资本主义世界爆发了规模空前的经济危机，资本主义经济陷入极度萧条之中，为摆脱经济困境，需要有一种全新的理论来指导政府的决策，经济危机催生了以宏观经济分析为特色的凯恩斯经济学。凯恩斯理论认为，经济危机的产生在于需求不足，政府财政支出可以直接形成社会有效需求，完全可以弥补私人部门的需求不足，使经济达到充分就业均衡。在凯恩斯的纯市场经济模式中，总供给等于消费加储蓄，即 $Y = C + S$；总需求等于消费加投资，即 $Y = C + I$；总供给等于总需求，即 $C + S = C + I$。在政府参与的市场经济模式中，由于政府的财政支出 (G) 会形成社会购买力，成为社会总需求的组成部分，政府的税收 (T) 会影响私人部门的可支配收入，进而也会影响由私人部门形成的消费需求和投资需求。因此，国民经济的总量平衡，即总供给等于总需求，表现为 $C + S + T = C + I + G$。政府运用财政政策，改变财政收支规模，就能影响社会供给与需求，从而实现政府对经济运行的全面调节。在市场经济条件下，财政政策对经济的调节贯穿于财政工作的全过程，体现在收入、支出、预算和政府债务等各个方面。因此，财政政策是由税收政策、支出政策、预算政策、国债政策等构成的一个完整的政策体系。

我国一般把财政政策定义为：是指政府为实现一定的宏观经济目标，发挥财政各种功能作用，调整财政收支等手段而制定的一系列财政方针、措施和制度的总称。可见，理解这一概念，至少要把握如下几个要点：① 财政政策的主体是政府，由政府来制定和实施。② 财政政策是与宏观调控联系在一起的概念，其实质就是政府对经济进行干预的调控手段。财政政策是体系化了的财政措施，财政政策的制定和实施过程也就是政府实施宏观调控的过程。③ 财政政策是与市场经济联系在一起的概念，正是由于存在市场失灵，才有了运用财政政策对经济进行宏观调控的必要。④ 财政政策的目标与宏观经济目标的密切相关，指向非常明确。⑤ 为了实现财政政策目标，财政有一系列的手段可以运用，主要包括收入手段、支出手段等。在市场经济条件下，财政职能的正常发挥，取决于财政政策的恰当运用。财政政策运用得当，就能保证财政的资源配置、收入分配、经济稳定与发展的职能得到发挥；财政政策运用不当，就会引起经济的失衡和波动。

任何一种政策都是由政策要素构成的。从构成政策有机系统的内容来看，一个完整的政策通常由政策目标、政策主体、政策工具三大要素所组成。相应地，财政政策要素也主要包括财政政策目标、政策主体和政策工具三大要素，其中，政策目标是核心。这三个要素互相制约、互为条件,只有三者的有机结合,才能构成一项完整的财政政策。

在我国的财政实践中,财政政策对国民经济的调节,在计划经济时期,基本上就是一个内容单一的国民收入统配计划,还谈不上现代意义的财政政策运用。在社会主义市场经济时期,财政政策的内容得到了丰富和完善,财政政策逐步成为政府对宏观经济进行调控的重要手段。不同时期,我国政府主动运用适度从紧的财政政策、积极的财政政策和稳健的财政政策,对宏观经济进行调控,并取得了良好的效果。当前我国财政政策运用中还有许多亟待解决的问题,如财政政策主体间的摩擦,财政政策目标的协调,政策工具的合理运用,政策传导机制构建以及政策环境的优化等,因此,加强财政政策的创新研究也是当务之急。

二、财政政策主体

财政政策主体是指政策的制定者和执行者,实际上就是各级政府和立法机构。但按照财政政策作用的对象不同,可以将财政政策划分为宏观财政政策、中观财政政策和微观财政政策,这就决定了各级政府作为财政政策主体要扮演不同的角色,需要相互配合。

政策主体的行为是否规范,对于政策功能的发挥和政策效应的大小都起到直接的影响作用。在我国多级政府体制条件下,各级政府的行为和偏好,对政策的制定和执行,起着决定性作用。在计划经济体制下,我国实行统收统支的高度集权的财政管理体制,中央政府是财政政策的制定者,地方政府是财政政策的执行者。这时尽管也存在中央和地方"集权和分权"等利益摩擦,但地方利益的独立性并不强,利益摩擦和政策博弈并不激烈。经济体制改革以来,地方政府具有了较大的自主权,地方政府不仅是宏观财政政策的执行者,同时也是本地区地方性政策的制定者,地方政府具有双重身份。这种双重身份使中央政府与地方政府之间存在利益摩擦,在地方利益的驱动下,地方政府对中央政府制定的政策往往采取"上有政策,下有对策"的办法,对地方有利的政策,地方政府就贯彻执行,对地方不利的政策,地方政府就消极抵触。地方政府还有政策的攀比行为,中央对不同地区实行不同的开放政策,获得优惠的地区发展快,这就使得未被优惠政策覆盖的地区竞相攀比,向中央政府索要优惠政策,从而使中央政府对局部地区的优惠政策扩大化。因此,在财政政策的研究中,必须重视对政策主体行为规范的分析,以纠正政策偏差,提高政策实施的效果。

三、财政政策目标

财政政策目标是政府制定和实施财政政策所要实现的期望值或要达到的预期目的。它是财政政策的核心,必须服从于国民经济和社会发展的总目标。在市场经济条件下,市场是一种有效率的运行机制,但市场本身存在缺陷,因此,单靠市场机制的自发作用不能自动实现经济的稳定发展,经常表现为社会总供给与社会总需求在总量和结构上的矛盾。从总量上看,当社会总供给大于社会总需求时,生产出现相对过剩,经济萧条,失业人数大量增加;反之,当社会总需求大于社会总供给时,商品出现供不应求,经济过热,通货膨胀严重。这些经济矛盾的存在,影响了国民经济的正常运行,干扰了政府既定目标的实现,甚至带来政治危机。因此,解决经济的周期性波动,实现经济的稳定增长,成为市场经济国家的政府必须承担的责任,因此,政府必然要运用包括经济手段、法律手段和必要的行政手段在内的调节体系对国民经济进行宏观调控。财政政策是政府用以对国民经济进行宏观调控的支柱手段之一,政府宏观调控的目标也就是财政政策的目标,两者是应该保持一致。政府宏观调控的目标,是通过实现社会总供给与社会总需求的平衡,最终实现充分就业、物价稳定、收入公平分配、经济增长和国际收支平衡。在不同时期,不同国家,财政政策的目标会有所不同,但一般性的政策目标如下。

(一) 充分就业

所谓就业即工作或劳动,泛指一切用自己的劳动来维持自己生活的活动。也就是凡有劳动能力者都能在合理的条件下找到合适的工作。一个国家的就业水平通常是由失业率来反映。一般而言,一个国家的人口可以分为三类:① 就业人口,即正在从事有报酬的工作的人。② 失业人口,即没有工作,正在积极地寻找工作的人,或被解雇,而在等待重返工作岗位的人。就业人口和失业人口构成社会的劳动力人口。③ 非劳动人口,除就业者和失业者以外的人口,如在校学生、退休者、因病残失去劳动能力者、放弃寻找工作者等,他们不属于劳动人口。失业率是指失业人口占社会总劳动人口的比例。

充分就业并非失业率等于零。从理论上来说,一个社会的失业通常有以下几种情况:① 自愿失业。是劳动者不愿接受现行工资水平或工作条件而自愿放弃工作的失业现象。② 季节性失业。是某些行业由于气候或季节性变动造成劳动者的周期性失业。如在冬季农闲时,农场要解雇一些工人,这种失业是暂时的,生产淡季过去,旺季到来,工人又可以继续工作。③ 摩擦性失业。是由于劳动者对现有的就业机会不了解和劳动力的流动性差而造成的失业,往往是由劳动力市场的正常活动而造成的失业。如由于信息不畅,在一个国家内某个地区的某一类职业的劳动者找不到工作,而在另外一些地区却又缺乏同类型的劳动者;工人在由一种工作转为另一种工作过程中需要一定时间,由此导致的失业。④ 结构性失业,是由于市场上劳动力需求结构的变化,劳动力供给结构不能很快或完全适应需求变化,使劳动力的供求种类出现不相吻合的状态而造成的失业。对就业有严重影响的结构变化是生产技术的变化,由于科学技术的进步,老的经验和技术变得过时了,而劳动者对新技术还掌握不了;或是新兴产业应运而生,老的产业被淘汰等。结构性失业的劳动者如不通过重新培训或接受再教育,就很难找到工作。⑤ 周期性失业。是由于周期性爆发的经济衰退而造成的失业,也就是由于社会总需求不足,引起市场对劳动力需求不足,劳动力供给过剩而造成的失业。这种失业和经济危机一样具有周期性。前四种失业属于正常失业现象,是商品经济发展过程中不可避免的,与宏观经济运行状况并无直接关系,这些失业情况不属于财政政策作用的范围。只有周期性失业是由于宏观经济失衡造成的,才是财政政策作用的重点。

因此,财政政策实现充分就业的目标,就是排除自愿失业、季节性失业、摩擦性失业和结构性失业后的充分就业,主要在于消灭或减少周期性失业。如有的国家把控制在 $4\% \sim 6\%$ 以下的失业率视为充分就业。目前我国的就业形势严峻,政府应采取有力的财政政策手段,努力实现充分就业。

(二) 物价稳定

物价稳定是经济稳定的重要标志。物价稳定并不是冻结物价,而是把物价总水平的波动约束在经济稳定发展可容纳的空间,也就是避免过度的通货膨胀或通货紧缩。

通货膨胀是指信用货币作为交易媒介所出现的物价总水平持续上升的现象,它会导致一个国家货币贬值,扭曲商品价格,引起收入和财富的再分配,严重的通货膨胀还会影响社会的稳定。导致通货膨胀的原因有需求拉动、成本推进和结构摩擦。在实现物价稳定目标时,必须分清通货膨胀的类型,以便采取相应的对策。对"需求拉动"引起的物价上涨,政策目标在导向上侧重于抑制社会总需求,扶植国民经济薄弱部门的生产和市场紧俏商品的生产;对"成本推进"引起的物价上涨,政策目标在导向上既要控制工资的增长幅度,又要提高劳动生产率降低生产资料的消耗;对"结构摩擦"引起的物价上涨,政策目标在导向上应根据市场需求,调整产业结构,加大资金投入力度,推动产业升级和产品换代。在实际经济生活中,通货膨胀是一种常见的经济现象,但对经济发展却会带来不利影响。在一些国家,把财政政策物价稳定的目标,控制在物价水平不超过 5% 的上涨率以内。

通货紧缩则表现为物价总水平持续下降的现象,是总需求低于总供给的必然结果。通货紧缩会严重挫伤经营者信心,抑制企业的投资积极性,降低经济效率。而且持续的物价下降,会抑制经济增长,甚至使经济发生衰退,导致失业增加,居民收入减少,加剧总需求不足。因此,治理通货紧缩,政府在财政政策目标的选择上同样需要给予足够的重视。

（三）收入公平分配

财政收入公平分配目标的基本内涵是实现分配的社会公平,通过谋求政府、企业和居民之间,各级政府、各地区之间收入分配关系的合理化,从而实现不同主体之间的"共同富裕"。在市场经济条件下,由市场决定的收入分配状况,往往是不公平的,任其发展,不利于社会经济的稳定,这是市场无法依靠自身力量解决的难题之一,因此,政府有责任解决收入分配不公问题。同资源配置机制一样,收入分配应发挥市场的基础作用,同时由政府实施宏观调控,财政政策目标在导向上是协调公平与效率的关系,使收入分配既要有利于充分调动各个主体的积极性,又要防止贫富过分悬殊。合理确定纳税人税收负担,建立完善的社会保障体系,建立收入公平分配的体制、机制是实现收入公平分配的关键。

财政进行收入公平分配,主要是通过调节企业利润水平和居民个人收入水平来实现的。调节企业利润水平主要在于通过调节,使企业利润水平能够反映企业的生产经营管理水平和主观努力状况,使企业在大体相同的条件下,获得大体相同的利润水平,为企业创造一个公平竞争的外部环境。调节居民个人收入水平主要是通过对高收入者课税,对低收入者补贴,使整个社会收入差距保持在一个合理程度。

（四）经济稳定增长

经济增长是指一个国家物品和劳务生产总量的增加,通常用国民生产总值、国内生产总值或人均国内生产总值来衡量。经济增长受很多因素的制约。一国的经济增长水平取决于其生产的能力或潜力。生产能力的决定因素有资本、劳动、自然资源和技术进步。其中技术进步和由此引起的生产力的提高,对经济增长具有重要作用。而从哈罗德-多马的经济增长模型可知,在资本产出比率或投资效果一定的情况下,经济增长率的高低取决于储蓄率,以及储蓄能否转化为投资或转化多少。换言之,只要有持续的资本形成,就会有持续的经济增长。经济增长的实质就是关于社会的即期消费和未来消费之间的平衡问题,增加储蓄和投资,就是牺牲一部分即期消费,而把节约下来的资源用于发展生产,使未来的消费达到更高的水平。政府的财政活动对储蓄率的增长和资本的形成有着重要影响。政府运用税收、公债等财政工具,能有效地调节消费和投资之间的关系。

必须指出,财政政策是以持续的、稳定的、适度的经济增长为目标,不以最大限度的经济增长为目标,因为经济增长过高,超出国力,会引起物价上涨,政府为控制通货膨胀,被迫提高利率,又会影响投资,造成国民经济大起大落。因此,财政政策在推进经济增长的过程中,政策目标在导向上要处理好储蓄与消费的关系,保持适度的社会储蓄率;鼓励技术进步,科技兴国;积极培育支柱产业、主导产业,发挥财政在产业结构调整中的作用。

(五)国际收支平衡

在国际经济一体化条件下,伴随国际交往规模的越来越大,国际收支对国内收支的影响也越来越大。国际收支是一个国家一定时期内与其他国家在经济贸易等各种往来以及对外债权债务的结算中所引起的货币收支。国际收支是随着各国国际交往的发展而产生的。国际收支平衡表一般包括四个部分:经常性项目、资本性项目、统计误差和官方储备。国际收支平衡是指一国进行国际经济交往时,其经常性项目和资本性项目的收支大体保持平衡。由于一国的国际收支与国内收支密切相关,国际收支不平衡一般也意味着国内收支不平衡。

随着我国对外开放的不断发展,特别是在经济全球化趋势深入发展和国际产业转移不断加快的背景下,国际收支状况对经济稳定发展的影响越来越大,必须把促进国际收支平衡作为保持宏观经济稳定的重要任务。在过去外汇短缺时期,出口创汇是我们追求的目标,也是促进国际收支平衡的有效途径。目前,影响我国国际收支平衡的主要矛盾,已由过去的外汇短缺转化为贸易顺差过大和外汇储备增长过快、规模过大,同时也应防止短时间内外汇储备的大幅波动给经济和金融市场带来的巨震。20世纪90年代中国外汇储备处于短缺状态,2002年后外汇储备迅速增加,至2014年6月末达到峰值39 932亿美元,相比2002年末增长近13倍。2014年6月后,外储进入下行通道,下降速度也很快,2016末,我国外汇储备为30 105亿美元,但储备量仍为世界第一。外汇储备的增加,显示了我国综合国力逐步增强、国际竞争力逐步提高,但也带来了人民币升值压力加大、贸易摩擦增多和国内资源更多流向国外等问题。但近年来,伴随人民币国际化进程、国际国内金融市场的波动,我国外汇储备也出现较快下降,人民币汇率波动加大。因此,在人民币国际化进程中,维护经济的稳定,迫切要求我们必须把促进国际收支平衡作为宏观调控的重要任务。

以上各项目标构成了财政政策目标体系,在这个体系中,各项目标之间存在着一定的矛盾。比如,经济增长与物价稳定之间的矛盾。在现代市场经济中,经济增长大多伴随着物价上涨,在经济正常增长时期,物价水平呈上升趋势,使经济出现不稳定的迹象,这意味着财政政策要实现一定的经济增长目标,就要承受物价水平上涨的压力。又如,经济增长与收入公平分配之间的矛盾。经济增长与收入公平分配之间的矛盾实质上是效率与公平之间的矛盾,财政政策为实现收入公平分配,可能要以牺牲一定的效率为代价,这对经济增长不利;反之,追求经济增长,可能会带来收入分配的过大差距,难以兼顾收入分配的社会公平。再如,物价稳定与充分就业之间的矛盾。著名的菲利普斯曲线已说明了物价稳定与充分就业之间的关系。财政政策要实现充分就业,降低失业率,就要刺激社会总需求,而社会总需求增加,又会引起物价水平上涨。显然,财政政策诸目标要同时实现是困难的,这正是执行财政政策的难度所在。

既然财政政策目标之间的矛盾客观存在,因此,处理财政政策目标之间冲突的办法,那就是统筹兼顾,力求协调,突出重点。从长期看,财政政策目标应该是经济增长和充分就业。但在短期内,如果通货膨胀严重,则应该把稳定物价作为财政政策作用的重点。当出现经济萧条,社会有效需求不足时,则应把经济增长放在首位。需要指出的是,财政政策目标在时间上具有连续性,它要求中短期政策在导向上与长期财政政策保持一致。财政政策目标受社会、政治、经济、文化等环境和条件的制约,并且取决于公众的偏好和政府的行为。因此,财政政策目标的确定是一个科学的、民主的决策过程。

四、财政政策工具

财政政策工具是政府所选择的用以实现财政政策目标的各种手段。作为财政政策工具，它必须是为实现政策目标所需要的，可以影响社会总供给与总需求的变化，还必须是政府能够直接控制的。财政政策工具是为实现财政政策目标服务，如果政策工具选择和运用不当，政策目标就很难实现。一定时期的财政政策目标选择，决定了政策工具选择及其组合运用。综合看，财政政策工具主要有政府预算、收入手段、支出手段等。

（一）政府预算

政府预算是政府的年度基本财政收支计划，作为财政政策工具，其具有综合性。政府预算政策工具涵盖了收入、支出、赤字、盈余、平衡等手段，能够综合体现政府财政政策的意图和目标。但不同手段对供求尤其是需求影响的方向不同。一般地，收入减少需求，支出增加需求，赤字膨胀需求，盈余紧缩需求，平衡对需求的影响一般是中性的，但也有可以带有一定的扩张性。

作为政策工具，预算调节经济的作用主要体现在预算收支规模、结构和收支差额的安排上。扩大或缩小预算收支规模，将会对社会总供给和总需求产生强烈影响；调整预算收支结构，将会对社会总供给和总需求结构和国民经济结构产生强烈影响。从预算收支差额的安排上，当有效需求不足时，社会存在闲置资源，预算的赤字安排，可以有效拉动社会总需求；在社会总需求过旺时，预算的盈余安排，可以有效抑制社会总需求；在社会总供求大体平衡时，预算的平衡安排，有利于维持社会总需求的平衡。

（二）收入手段

1. 税收

税收是最主要的财政政策工具之一。税收具有强制、无偿性和固定性特征。因此，税收成为政府可以依据法律的严肃性而加以控制和运用的一个可靠工具。在宏观经济运行中，如果没有税收，当社会总需求大于总供给时，没有必要的手段抑制总需求的膨胀，企业和个人收入增加，势必进一步提高投资需求和消费需求，引起物价上涨；反之，当社会总供给大于总需求时，没有必要的手段刺激总需求的增加，势必进一步减少投资和消费，使社会有效需求更加不足，造成经济衰退。但是，在政府课税，税收成为财政收入的主要来源的情况下，则税收不仅成为政府聚财的手段，而且还具有对经济的调节作用。

首先，宏观税率对国民经济的稳定与发展会产生巨大影响。宏观税率体现了政府集中掌握的财力或动员资源的能力，一般说来，政府提高宏观税率，会对国民经济产生收缩作用，因为更多的收入以税收形式从企业和个人流向政府部门，相应地，企业和个人的投资和消费需求下降，企业的产出和个人的消费将减少。政府如果降低宏观税率，则情形正好相反，会对国民经济产生扩张作用，企业的投资需求和个人的消费需求上升，产出和消费将增加。其次，在宏观税率确定之后，政府对经济的调节主要是通过税种选择和制定不同的税率来实现的。政府可以根据经济形势的变化，适时开征新的税种、取消老的税种或对税制包括税率等作出结构性变化。同时，税制弹性，也能对经济变化起到自动稳定作用。如经济衰退时，企业和个人缴纳的所得税会随收入的减少而自动减少，在累进税制下，所得税下降的速度快于企业和个人收入下降的速度，因而有助于促进社会总需求的回升；经济繁荣时，企业和个人缴纳的所得税会随收入的增加而自动增加,所得税的增长速度快于企业和个人收入增长的速度,因而有助于抑制社会总需求的上升。所得税对社会总需求的调节是自动实现的,不需要政府预先作出判断和采取调整税种或税率的措施,在社会总供求关系发生变化时,它可以自行发挥作用,抵消总需求的变化,减轻经济震荡。

但是,在发生较为严重的通货膨胀或经济衰退时,政府则必须采取一些选择性的政策措施,如变更税种、税率等进行干预。例如,为了消除通货膨胀缺口,政府可以通过提高企业所得税和个人所得税税率,降低免征额,扩大税基,增设新税种等措施,增加税收,削弱企业和个人的购买力,使宏观经济达到物价稳定状态下的均衡。为消除通货紧缩的缺口,实现充分就业,政府可以通过降低税率,提高免征额,扩大税基,缓征或取消某些税种等措施,减少税收,增强企业和个人的购买力,使宏观经济达到充分就业状态下的均衡。此外,税负转嫁、减免税等税收优惠和税收加成等惩罚性措施,对实现财政政策的某些目标也能起到一定的作用。

2. 公债

公债是一种财政信用形式,在信用经济时代,公债成为调节货币供求、协调财政与金融关系的重要政策手段。

(1)通过公债的发行和偿还可以调整社会总供给与总需求的对比关系。在通货膨胀时期,为抑制社会总需求的增长,政府向企业、个人和商业银行出售公债,以削弱其购买力。如果政府把取得的债务收入冻结起来不加以使用,就等于减少了市场上一部分货币流通量,有利于压缩需求,稳定物价。当经济出现严重衰退时,政府向中央银行出售公债,清偿或收回企业、个人和商业银行持有的公债券,以提高企业和个人的购买力,增加商业银行的储备,刺激总需求的增长。

(2)在政府实施扩张性财政政策时,由于减收增支,引起财政赤字,而公债则是弥补财政赤字的一种有效手段,因此,公债是政府实施扩张性财政政策的重要条件。

(3)公债可以配合中央银行调节货币流通,实现经济稳定。适度的公债规模,是中央银行公开市场业务赖以开展的条件。公开市场业务操作的对象,大多是政府债券,中央银行根据货币流通情况,适时买进或卖出国债,可以调节货币流通量,进而调节社会供求。适度的公债规模,也是中央银行运用再贴现手段调节货币流通的重要条件。贴现首先是商业银行对一般公众债券的贴现,如果商业银行因贴现减少了准备金,它可以将公债券拿到中央银行去再贴现,这就扩大了货币流通量。因此,中央银行通过提高或降低贴现率,增加或减少一部分国债券的贴现量,扩大货币流通量,进而调节社会供求。

(4)国债利率可以成为引导市场的基准利率,成为确定货币价格的主要依据。从国际金融市场发展的一般规律来看,有资格成为这一利率的只能是那些信誉高、结构合理、流通性好的金融商品的利率,而市场上最具备这一特点的利率就是国债利率。通过调整国债的利率水平,可以影响金融市场的利率水平,进而对经济产生扩张或收缩的作用。此外,政府可以通过选择公债购买对象、公债偿还期限等来实现财政政策目标。

3. 收费

政府收费是指政府因履行职责而向一部分单位和公民提供直接服务而得到的政府收入,是国家财政收入的组成部分。政府收费主要是使用费,按世界银行有关文件的说法,使用费是指"为交换公共部门所提供特殊商品和服务而进行的支付"。此外,政府收费还有少量的其他收费,如罚没收入等。使用费实际上是政府模拟私人物品的定价方式收取的公共物品的价格,以便回收提供特殊商品和服务的全部或部分成本。

政府收费往往也带有明显的政策目的,成为政策手段。首先,是因为收取使用费在弥补市场失灵方面如矫正私人物品的外部效应上有特殊的作用,促进经济健康成长。比如:假定某一工厂对周围的环境带来污染而又没有采取治理措施,那么,它的私人成本将小于社会成本,获取额外利润,政府使用费可以定在等于甚至高于额外利润水平上,则可以运用经济手段迫使企业治理污染,或者政府运用这笔使用费来治理污染。其次,收取使用费有利于提高公共物品的配置效率,体现公平要求。使用费遵循的是受益原则,谁受益谁支付,合情合理,同时吸收了价格机制的优点,至少要支付相当于成本水平的使用费,显示了提供特殊商品和服务的价格信息,有利于避免公共物品的过度需求,提高公共物品的配置效率。而政府收费水平的高低,则会体现出明显的抑制或鼓励的政策意图。

（三）支出手段

公共支出是政府为提供公共产品,满足社会公共需要而安排的支出,包括购买性支出、转移性支出,是财政政策的重要工具。

1. 购买性支出

购买性支出是政府用于购买商品和劳务的支出,包括政府投资和社会消费性支出等,政府购买形成的社会需求构成社会总需求的组成部分。购买性支出的规模和结构不仅能够直接影响社会需求的总量和结构,而且能够间接影响总供给的规模和结构。因此,根据宏观经济运行的情况,政府可以通过增加或减少财政投资与社会消费性支出,直接扩大或缩减对商品和劳务的需求量,进而调节社会供求关系。同时,购买性支出还是政府直接配置资源的活动,对就业水平产生直接影响,还能间接影响分配。

2. 转移性支出

转移性支出是政府财政资金的单方面、无偿地转移,包括社会保障支出、财政补贴等。

社会保障支出既涉及社会保险,又包括社会救济,为人们生、老、病、死、伤、残或遭遇其他损失的时候提供基本的援助,其能够直接影响分配,间接影响生产和就业。财政补贴包括生产性补贴和消费性补贴,前者是对生产者特定的生产投资活动的补贴,可直接引导社会的投资行为。消费性补贴主要是生活物价补贴,可以有效提高居民消费水平,引导居民消费行为。

转移性支出尤其是失业津贴等社会保障类的支出,还具有自动稳定功能,可以随经济周期的变化而增减,自动调节社会总需求。但是,转移性支出对宏观经济的这种自动稳定作用是有限的,在通货膨胀或经济衰退较严重的时候,政府还可以通过修正转移性支出的条件和范围,主动增加或减少转移性支出,促进社会总供求的平衡。如为稳定物价,政府可以缩小财政补贴的范围,适当调低补贴的标准,以减少支出,降低需求水平;为实现充分就业,政府可以扩大财政补贴的范围,提高补贴的标准,增加支出,刺激需求。

概括起来,财政政策是一个由政策主体、政策目标、政策工具组成的有机整体,它们相互依存。没有政策目标,政策工具就无的放矢;没有政策工具,政策目标就无从实现,政策工具选择不当,还会导致政策目标的偏离,甚至影响财政政策的效果。

第二节　财政政策类型

一、自动稳定的财政政策和相机抉择的财政政策

按照财政政策经济周期调节的作用机制不同,可将财政政策分为自动稳定的财政政策和相机抉择的财政政策。

(一)自动稳定的财政政策

自动稳定的财政政策是指当经济形势发生波动时,能够自动调节社会总供求关系,稳定经济增长,从而熨平经济波动,恢复供求平衡的财政政策。它无需借助政策调整就可以对宏观经济产生自动调节作用,所以又被称为"自动稳定器"或"内在稳定器",体现了财税制度设计对经济形势变化的一种弹性或内在适应性。自动稳定的财政政策主要表现如下。

1. 税收的自动稳定作用

税收的自动稳定作用主要表现在累进的企业所得税和个人所得税方面,累进的税率设计使它们对经济活动尤其是收入水平的变化保持着高度敏感性。当经济处于衰退时期,失业率提升,企业利润水平和个人收入水平都会下降,所得税适用税率会自动降到一个较低水平,这样就会产生减税效应,减税会对经济复苏产生刺激作用。当经济处于高涨时期,就业率提升,企业利润水平和个人收入水平都会上升,所得税适用税率会自动的提高到一个较高水平,这样就会产生增税效应,增税会对趋于膨胀的经济产生抑制作用。

2. 政府支出的自动稳定作用

政府支出的自动稳定作用主要表现在政府的转移支出方面,包括失业津贴、社会救济和一些福利开支等。当经济处于衰退时期,失业率提升,个人收入水平下降,社会对失业津贴、社会救济的需求就会大大提高,政府对失业津贴、社会救济等方面的开支就会自动上升,自动上升的政府开支会对社会有效需求产生拉动作用,从而推动社会供求趋于平衡;当经济处于高涨时期,失业率下降,个人收入水平上升,社会对失业津贴、社会救济的需求就会下降,政府对失业津贴、社会救济等方面的开支就会自动减少,自动减少的政府开支会对社会有效需求的膨胀产生抑制作用,从而推动社会供求趋于平衡。

自动稳定器被称为是经济稳定的第一道防线,但它本身具有局限性。自动稳定器的作用只是部分地减少经济波动,不能完全消除这种扰动的影响。尤其当经济形势发生大的变化的时候,往往还需要相机抉择对财政政策进行调整。

另外,按照财政政策的期限长短不同,可以将财政政策分为中长期财政政策和短期财政政策,前者是为国民经济的战略目标服务的财政政策,后者则是属于战术性财政政策,适用于特定时期和特定范围;按照财政政策的作用对象不同,可以将财政政策分为宏观财政政策、中观财政政策和微观财政政策,宏观财政政策是通过作用于宏观经济总量而发挥作用,中观财政政策主要作用于国民经济结构,微观财政政策是通过作用于个体经济行为而发挥作用。

在实践中,我国将财政政策分为适度从紧的财政政策、积极的财政政策和稳健的财政政策,它们从本质上说是属于紧缩性财政政策、扩张性财政政策和中性财政政策,但它们又带有明显的中国特色,具有时代特征。

（二）相机抉择的财政政策

相机抉择的财政政策是指政府根据不同时期的经济形势,社会供求矛盾的具体表现,对财政收支总量和结构作出适时的调整,以有效调节社会总供求关系,实现政策目标的财政政策。之所以称为相机抉择的财政政策,是因为它不是自动的发挥作用,而是人为的政策调整。其目的是熨平经济波动,保持宏观经济运行的稳定性。相机抉择的财政政策属于一种反周期调节的短期性措施,必须随着作用环境与对象的变化而适时适度进行调整,相机抉择是政策的关键所在或灵魂。因此,财政政策相机抉择以政府正确认识和把握经济形势变化为前提,判断越准确,决策越果断,调控越及时,成效越显著。

财政政策的实行一般具有相对稳定性,因此,相机抉择的财政政策实施的条件一般是整个社会经济形势发生了大的变化,社会供求的矛盾非常尖锐,此时需要以变应变,对财政政策相机抉择。财政政策相机抉择的主要内容是:当总需求小于总供给时,采用扩张性财政政策,扩大总需求,反经济衰退;当总需求大于总供给时,采用紧缩性财政政策,抑制总需求,反通货膨胀;在总供求基本平衡时,实行中性财政政策,主要发挥市场机制的作用。

从财政政策相机抉择的实践来看,美国、日本和英国等各国政府都根据客观经济环境和经济形势的变化,相机实施不同的财政政策,并不断完善其对经济运行的调节机制。而为应对世界金融危机,各国对财政政策进行调整,则是典型的相机抉择。在我国,随着社会主义市场经济体制的逐步建立与完善,以及经济形势发展变化,我国政府审时度势,财政政策先后经历过适度从紧的财政政策、积极的财政政策和稳健的财政政策几次重要的相机抉择实践,2008年后,面对世界金融危机,我国再次实施积极财政政策,政府在相机抉择财政政策使用的时机把握和类型选用上越来越成熟。

二、扩张性财政政策、紧缩性财政政策和中性财政政策

根据财政政策在调节国民经济总量方面的作用和影响不同,可将财政政策分为扩张性财政政策、紧缩性财政政策和中性财政政策。这是现实生活中对财政政策最为常见、最为常用的分类方式。

（一）扩张性财政政策

扩张性财政政策又称为“松”的财政政策,是指政府在安排财政收支时,有意识地使财政支出大于财政收入,通过财政赤字扩张需求,以实现社会总供给与总需求的均衡,实现相关目标的财政政策。

实施扩张性财政政策的基本条件是,社会有效需求不足,社会总供给过剩,社会生产能力闲置,出现通货紧缩。扩张性财政政策的基本手段是通过减少财政收入、增加财政支出或两者的组合运用,以达到刺激社会总需求,实现社会总供给与总需求均衡的目标。扩张性财政政策是一种反经济衰退的政策。在经济衰退时期,社会需求不足,政府通常要采取减少税收,增加支出的措施使社会总需求与总供给保持平衡。一般说来,减税可以增加企业和个人可支配收入,在财政支出规模不变的情况下,也可以扩大社会总需求。减税的种类和方式不同,其扩张效应也不同。减少流转税,在增加需求的同时,对供给也有刺激作用;减少所得税,可使纳税人拥有更多的可支配收入,从而增加消费,刺激投资,所得税的扩张效应体现在需求方面。财政支出直接构成社会总需求,财政支出规模的扩大会直接增加社会总需求。因此,在减税和增加支出并举的条件下,由于财政支出大于财政收入,扩张性财政政策会导

致财政赤字,从这个意义上说,扩张性财政政策也就是赤字财政政策。适当的财政赤字可以起到弥补供求缺口,刺激经济增长的目的,但长期、大规模的赤字会带来财政风险。在实施扩张性财政政策的时候,如何降低财政风险也就是应该考虑的重要问题。

(二)紧缩性财政政策

紧缩性财政政策,又可称为盈余性财政政策或"紧"的财政政策,是指政府在安排财政收支时,有意识地使财政收入大于财政支出,通过财政盈余来紧缩社会需求,以实现社会总供给与总需求的均衡,实现相关目标的财政政策。

紧缩性财政政策实施的基本条件是,社会有效需求膨胀,社会供给相对不足,经济增长趋于过热,出现严重通货膨胀。紧缩性财政政策的出发点,就是抑制社会需求,缓解供求矛盾,使社会经济发展保持稳定的节奏。紧缩性财政政策的基本手段是通过增加财政收入、减少财政支出或两者的组合运用,以达到抑制社会总需求,实现社会总供给与总需求均衡的目标。

一般来说,增税可以减少企业和个人可支配收入,降低消费需求和投资需求,而增税的方式既可以是增加新的税种,也可以是提高相关税种税率;减少财政支出,既可以是减少社会消费性支出,也可是投资性支出,它会相应降低政府的消费需求和投资需求。因此,无论是增税还是减支,都具有减少和抑制社会需求的效应。在增税和减支并举的条件下,由于财政收入大于财政支出,紧缩性财政政策实施的结果会带来财政盈余。财政盈余的实质是财政掌握的部分资源暂时的闲置,因此在实施紧缩性财政政策时,应注意把握政策实施的时间和力度,以避免过度的紧缩可能带来对经济增长的过分抑制。

(三)中性财政政策

中性财政政策,又可称为均衡性财政政策或平衡性财政政策,是指政府在安排财政收支时,有意识地使财政收支大体相等,以维持社会总供求基本平衡的财政政策。

中性财政政策实施的基本条件是,社会总供求大体平衡,物价水平基本稳定,既没有通货膨胀,也没有出现通货紧缩。中性财政政策的基本手段既不增收减支,也不减收增支,主要是保持财政收支的基本平衡,从而实现社会总供给与总需求均衡的目标。

政府推行中性财政政策,对社会总供求关系只起到维持作用而不是调节作用,表现为使财政收支规模和增长速度保持基本一致,使财政活动对社会总需求的影响保持中性,既不产生扩张效应,也不产生紧缩效应。因此,中性的财政政策在预算上也就是表现为收支平衡的政策。

在财政理论中,通常把产生盈余或赤字的财政政策称为非均衡财政政策;而以收支平衡的形式表现出来的财政政策称为均衡财政政策。在财政政策的实施中,要么是以非均衡财政政策来推动社会总供求的均衡,要么是以均衡财政政策来维持社会总供求的均衡。

第三节　财政政策乘数

乘数最早由英国经济学家提出,后来凯恩斯对这一概念加以利用,用来研究投资变动对就业量的影响,分析了投资乘数的作用。乘数是指当一个经济变量的变化引起另一个经济变量成倍数的变化时,这个倍数就称为"乘数"。一个经济变量的变化对另一个经济变量的变化的这种倍数放大作用,称为"乘数效应"。乘数效应可有两种表现:一是一个经济变量

的增加引起另一个经济变量成的倍数增加;二是一个经济变量的减少,引起另一个经济变量成的倍数减少。用公式表示:

$$K = \Delta Y / \Delta X$$

其中:K 为乘数,ΔX 为最初注入的增量,ΔY 为由 ΔX 所引起的国民收入增量。

财政政策通常运用税收和公共支出手段作用于宏观经济,但其政策效应所引起的社会需求的变量,并不仅仅等于税收或公共支出本身的数量,而是以乘数的状态扩张或收缩。从国民收入的决定看,财政政策工具的运用对国民收入水平的影响程度是不同的,相应地可将财政政策乘数分为税收乘数、购买支出乘数和平衡预算乘数。可根据国民收入的决定方程式推导出财政政策乘数。

国民收入的决定公式如下:

$$Y = C + I + G \qquad (13-1)$$

其中:Y 代表国民收入;C 代表消费支出;I 代表私人投资支出;G 代表政府购买性支出。式中:

$$C = Ca + bYd \qquad (13-2)$$

其中:Ca 代表代表消费函数中的常数,也就是说人们短期内即使没有收入借债也要保持一定量的消费;b 代表边际消费倾向,表示消费者每增加一个单位的收入,有多少将用于消费;Yd 代表可支配的收入,即扣除税收(T)后的收入。则:

$$Yd = Y - T \qquad (13-3)$$

把式(13-2)、式(13-3)代入式(13-1)可得:

$$Y = Ca + b(Y - T) + I + G$$
$$= Ca + bY - bT + I + G$$
$$(1-b)Y = Ca - bT + I + G$$
$$Y = \frac{Ca - bT + I + G}{1-b} \qquad (13-4)$$

根据以上公式,就可以求得简单的财政政策乘数。

一、税收乘数

税收乘数 K_T 表示税收变化引起的国民收入变化额与税收变化额之间的比率。求式(13-4)对 T 的导数,即可得到税收乘数:

$$K_T = \frac{\partial Y}{\partial T} = \frac{-b}{1-b} \qquad (13-5)$$

由于边际消费倾向 b 介于 0 和 1 之间,故税收乘数为负值。可见税收乘数具备如下特点:① 税收乘数为负值,说明税收增减与国民收入呈反向变动。② 当政府增税时,国民收入减少,减少量为税收增量的 $b \div (1-b)$ 倍;当政府减税时,会减少财政收入,但会增加国民收入,增加量为税收减少量的 $b \div (1-b)$ 倍。

二、购买性支出乘数

购买性支出乘数 K_G 是购买性支出变化额引起的国民收入变化额与购买性支出变化额

之间的比率。求式(13-4)对 G 的导数,即可得到购买性支出乘数:

$$K_G = \frac{\partial Y}{\partial G} = \frac{1}{1-b} \tag{13-6}$$

由于边际消费倾向 b 介于 0 和 1 之间,故购买性支出乘数为正值。可见购买性支出乘数具备如下特点: ① 购买性支出乘数为正值,说明购买性支出的增减与国民收入呈正方向变动。② 当政府增支时,国民收入增加,增加量为支出增量的 $1 \div (1-b)$ 倍;当政府减支时,会减少国民收入,减少量为支出减少量的 $1 \div (1-b)$ 倍。

三、平衡预算乘数

平衡预算乘数 K_B 是指政府税收与政府购买同时以相等的数量增加或减少时($\Delta G = \Delta T$),国民收入变化额与购买性支出(或税收)变化额之间的比率。

$$K_B = \frac{\partial Y}{\partial T} + \frac{\partial Y}{\partial G} = \frac{-b}{1-b} + \frac{1}{1-b} = 1 \tag{13-7}$$

平衡预算乘数说明: ① 即使增加税收会减少国民收入,但若同时等量增加支出,国民收入也会以支出增加的数量而增加。也就是说,即使实行平衡预算的政策,仍具有一定的扩张效应。② 一般而言,国民收入水平的变化等于平衡预算规模变化。③ 平衡预算乘数的经济意义在于,当经济处于萧条时期,政府可以适当增税来弥补等量增加的政府支出,这样既可以提高国民产出和就业水平,又可以避免过大的财政赤字。

第四节 财政政策与货币政策的协调

一、货币政策概述

货币政策是政府为实现一定的宏观经济目标而制定的关于货币供应量与货币流通管理的基本方针、基本准则及其所采取的措施的总称。它是由信贷政策、利率政策、汇率政策等具体政策构成的一个有机的政策体系。货币政策同财政政策一样,是政府宏观经济政策的组成部分,其政策目标与政府宏观调控目标是一致的。我国货币政策的基本目标是保持币值稳定,并以此促进经济增长。保持币值稳定,就是把货币供应量控制在客观需求量的范围内。货币是经济发展的第一推动力和持续推动力,当潜在的生产要素未被充分利用时增加货币投放,可以使潜在的生产要素转变为现实的生产要素,促进经济发展。稳定的货币金融环境是保证经济有序发展的必要条件,发展经济又是稳定货币的前提。

货币政策的基本目标是通过货币政策工具来实现的。货币政策传统的一般性政策工具包括:法定存款准备率、再贴现率和公开市场业务。除此之外,还包括对某些特殊领域的信用加以调节和影响的选择性的政策工具,如消费者信用控制、证券市场信用控制、不动产信用控制、优惠利率等。此外,还包括直接信用控制和间接信用指导。前者是指以行政命令的方式对商业银行的信用活动进行控制,如信用配额、利率最高限额等;后者是中央银行通过道义劝告、窗口指导等办法影响商业银行的信用创造。

目前,我国中央银行的货币政策工具主要有:中央银行对商业银行的贷款、存款准备金制度、利率和公开市场操作。中央银行发出政策信号首先传导给商业银行,然后再传导给个人和企业,影响它们的消费和投资行为,最终达到宏观调控的目的。因此,货币政策的核心是通过改变货币供应量,使货币供应量与货币需要量相适应,调节社会总供给与总需求。

从总量调节出发,货币政策也有三种类型:① 扩张性货币政策,主要通过降低存款准备金率、降低再贴现率、在公开市场上买进政府债券,或者降低利率、扩大再贷款规模,使货币供应量超过经济过程对货币的实际需要量,以刺激社会总需求的增长。② 紧缩性货币政策,紧缩性货币政策的操作与扩张性货币政策正好相反,货币供应量小于货币的实际需要量,以抑制社会总需求的增长。③ 中性货币政策,中性货币政策是货币供应量大体等于货币需要量,对社会总供给与总需求的对比关系不产生影响。在市场经济条件下,货币政策离不开与财政政策的配合,否则,难以完成宏观调控的艰巨任务。

二、财政政策与货币政策协调配合的必要性

所谓财政政策与货币政策的配合是指在宏观经济调控中,两者的政策目标和政策工具的协调。财政政策与货币政策是政府最主要的两项宏观经济政策,两者都能对社会的总供给与总需求进行调节,但是在对消费需求与投资需求形成中的作用又有各自的优势和局限性。因此,两者不能彼此替代,必须协调配合。

（一）作用的机制与环节不同

财政政策对社会总需求的影响,主要是在分配领域,财政是政府集中一部分国民生产总值满足社会公共需要的分配活动,财政可以从收入和支出两个方面影响社会需求的形成。当财政收入占 GDP 比重确定时,财政支出的规模也就基本确定,企业和个人的消费需求和投资需求也就大体确定了。而货币政策对社会需求的影响主要发生在流通领域。银行的信贷资金是以有偿方式集中和使用的,在资金盈余部门和资金短缺部门之间进行余缺的调剂,信贷规模的伸缩影响消费需求和投资需求的形成。正是这种调节范围的不同,使得财政政策与货币政策在对社会总需求的调节上各有其局限性。财政政策在进行税收和支出规模的调整时,要受纳税人承受能力和财政支出刚性的限制,如果紧缩力度过大,会挫伤企业和个人从事经济活动的积极性,甚至破坏正常的经济运行。因此,在扩张或紧缩社会总需求时,要求货币政策从流通领域加以配合,避免财政政策与货币政策"双紧",可能带来经济停滞的后果。就货币政策而言,其政策松紧要受已经形成的信贷规模的制约,紧缩力度过大会引起资金短缺,导致整个流通过程梗阻,经济秩序紊乱,这也要求财政政策从分配领域与之配合。

（二）作用的侧重点不同

财政政策与货币政策都能对社会供求的总量和结构进行调节,财政政策对社会供给与需求的结构调节可以起到重要作用,它通过税收、财政支出、国债等政策工具可以直接影响商品和劳务市场的供求。例如,从消费需求的形成看,消费需求包括个人消费和社会消费两个方面。社会消费需求基本上是财政支出形成的,财政对社会消费需求的形成起决定作用。只要压缩财政的社会消费性支出,就可以控制社会消费需求。而货币政策在这方面则显得无能为力。个人消费需求受财政与信贷两方面的影响。个人所得税对个人消费需求的形成有直接影响,而银行则是通过工资基金的管理和对现金投放的控制,间接地影响个人消费需求。从投资需求的形成看,财政在形成投资需求方面的作用,主要是调整产业结构,促进经济结构的合理化,而银行的作用则主要在于调整经济总量。在实际经济运行中,供给与需求经常处于非均衡状态,政府必须适时调整政策类型,时而采取扩张性的政策,时而采取紧缩

性的政策。虽然财政赤字可以扩张需求，财政盈余可以紧缩需求，但是由于财政本身没有创造货币的能力，所以，财政对社会总需求的膨胀或紧缩效应必须通过信用机制的传递才能发生。如，财政发生赤字或盈余时，如果银行相应压缩或扩大信贷规模，能直接抵消财政的扩张或紧缩效应，只有银行同时扩大或收缩信贷规模，财政的扩张或紧缩效应才能真正发生。而且，银行还可以直接通过信贷规模的扩张或收缩来扩大或紧缩需求。从这个意义上说，信用是膨胀和紧缩需求的总闸门。

（三）政策时滞的特点不同

时滞性是指在政策制定和执行过程中，出现的时间滞后的现象，包括决策时滞和效应时滞。通常，财政政策的决策时滞较长，税收和财政支出的调整，涉及法律文件的变更，需要经过完整的立法程序，这一过程往往需要花费较长的时间。但是一旦作出决策，则由于财政政策在实施过程中没有中介环节，因此，其政策措施的效应时滞较短。而货币政策的决策机构是中央银行，它可以根据经济情况在较短时间内作出决策，决策时滞短，但效应时滞长。因为货币政策是通过调节市场货币供求，间接影响商品和劳务市场的供求，这种影响要经过一段时间的传递，需要经过金融市场或商业银行这些中介环节，然后才能影响到经济活动主体。通常货币政策的效应要经过几个月才开始显示出来。这种效应时滞使货币政策的实施变得十分复杂。当经济过热时，实行紧缩性的货币政策，但可能当其发挥最大作用时，经济因其他因素的作用已经开始衰退了；当经济不景气时，实行扩张性货币政策，但是，到其发生最大作用时，经济可能因其他因素的作用已经开始活跃起来。显然，滞后的货币政策由于不能及时生效，有可能在不需要它的时候发挥不适当的作用，从而对经济产生不利影响。正是由于财政政策与货币政策在宏观经济调节中各有特点，存在着功能上的差异，这就要求将这两者配合起来，相互补充，否则就会发生两大政策作用之间的碰撞，调节信息上的混乱，从而造成政策作用上扭曲，给国民经济带来损害。因此，在财政政策与货币政策的运用中，实现两者之间的协调配合具有十分重要的意义。

三、财政政策与货币政策协调配合的模式

（一）松的财政政策与松的货币政策，即"双松"政策

松的财政政策是指通过减少税收和扩大政府支出规模来增加社会总需求；松的货币政策是指通过降低法定准备金率、降低利息率扩大信贷支出规模，增加货币供给。"双松"政策作用的结果是社会总需求在短期内迅速扩张起来，对经济的发展产生强烈的刺激作用。在社会总需求严重不足，生产能力和生产资源未得到充分利用的条件下，利用这种政策模式，能够推动闲置资源的运转，刺激经济增长，扩大就业。但是，如果经济中不存在足够的闲置资源，双松政策注入大量的货币，则会导致通货膨胀，对经济产生不利影响。

（二）紧的财政政策与紧的货币政策，即"双紧"政策

紧的财政政策是指通过增加税收、削减政府支出的规模，来限制消费与投资，抑制社会总需求；紧的货币政策是指通过提高法定准备金率、提高利率减少货币供给量。双紧政策能使社会总需求在短时间内迅速收缩，有效地刹住恶性通货膨胀的势头，但也可能导致经济萎缩，使已投入的一部分社会资源被浪费。

（三）紧的财政政策与松的货币政策

在这种政策模式中，紧的财政政策通过增加税收，削减财政支出，抑制社会总需求；同

时,松的货币政策通过放松银根,适当增加货币供给,又可以满足投资的需要,保持经济的适度增长。

（四）松的财政政策与紧的货币政策

在这种模式中,松的财政政策通过减税,扩大财政支出,可以刺激社会总需求的增加,克服经济萧条,保持经济的适度增长;同时,紧的货币政策抽紧银根,控制货币供给,可以避免出现通货膨胀。

双紧政策与双松政策都是同向操作,实施起来对经济的震动很大,会造成经济大起大落,可能会带来社会资源大量浪费,不利于经济的稳定发展。因此,双紧政策或双松政策通常是在国民经济出现严重通货膨胀或经济危机时才采用。为了避免财政政策和货币政策同向调控而造成经济波动幅度过大,在宏观经济调控政策选择上,应注意适时采取松紧搭配的模式。财政政策与货币政策的松紧搭配,并非在任何条件下都能发挥作用。如果投资对利率的弹性很小,即投资需求对利率变化不敏感,那么这时财政政策的作用相对较强,货币政策的作用相对较弱,这是一种财政主导型的格局;反之,如果货币政策的作用较强,财政政策的作用相对较弱,货币政策的松或紧就决定了宏观经济的基本格局。只有介于上述两个极端之间,财政政策与货币政策对社会总需求的调控作用比较均衡,两者才有进行松紧搭配的可能。

以上我们对财政政策与货币政策的调节效应的分析,主要放在对社会总需求的影响上,其实,不管是松的政策措施还是紧的政策措施,在调节社会需求的同时也调节着社会供给。在社会总需求大于总供给的情况下,既可用紧的政策措施来抑制需求的增长,也可用松的政策措施来促进供给的增长。因此,紧的政策措施与松的政策措施并不是相互排斥的,而是相互补充。从结构调整来看,在社会总需求与总供给基本平衡的条件下,如果存在结构失衡,有些部门的产品供不应求,另一些部门的产品供过于求,单纯地采取紧的或松的政策调节,都不可能使部门之间保持平衡。因此,当我们运用财政政策与货币政策来实现宏观经济的调控目标时,不能只看需求,还要兼顾供给;不能只看总量,还要看结构。

第五节 中国财政政策实践

现代意义的财政政策是与市场经济和宏观调控联系在一起的概念,财政政策是政府在市场经济条件下进行宏观调控的支柱手段。从这个意义上来讲,我国财政政策的真正使用应该是在 1992 年社会主义市场经济体制目标提出来之后。此后,我国财政政策的演变主要经历了四个阶段。

一、适度从紧的财政政策(1993—1997 年)

我国真正把财政政策作为宏观调控的主要工具应该是始于 1993 年开始实施的适度从紧的财政政策,它是我国宏观经济管理由以行政手段为主的直接方式转变为以经济政策工具为主的间接管理方式的重要标志。

（一）政策出台背景

1992 年,中共十四大顺利召开,提出建立社会主义市场经济体制作为改革的目标,我国改革开放进入一个新的历史阶段,国民经济呈现出高速增长的态势。1992 年,我国 GDP 增长率高达 14.2%,是仅次于 1984 年的最高值。从下半年开始,经济生活中出现了房地产热、开发区热、集资热和股票热。金融秩序一度陷入混乱状态。与此同时,投资需求和消费需求急剧扩张,总需求大大超过总供给,造成能源、交通、重要原材料和资金全面短缺,经济运行环境全面趋紧。

从投资和物价两方面来看,1992 年全年固定资产投资增长速度达到创纪录的 44.4%;而 1993 年又在此基础上达到 61.8%;同时 1993 年消费价格指数上升到 14.7%,1994 年则空前绝后地达到了 24.1%。这种超高速增长在经济生活中引发了一些新的矛盾和问题,如宏观经济环境日趋紧张,经济运行秩序出现混乱,"瓶颈"制约加剧等,有些方面的问题已经相当严峻,亟待解决。如果不尽快实施有效的宏观调控政策,使经济运行降温,势必导致社会供求总量的严重失衡,通货膨胀进一步加剧,引起经济的大幅波动,影响社会安定。

(二) 政策主要内容

针对 1992 年开始出现的经济过热到 1993 年的加剧势头,中央于 1993 年 6 月 24 日正式下发了《中共中央国务院关于当前经济情况和加强宏观调控的意见》。以这一文件为标志,在建立社会主义市场经济体制下抑制经济过热和通货膨胀为主要目标的宏观调控全面展开,提出加强和改善宏观调控的十六条措施,由此确定了此后几年实行适度从紧财政货币政策的基调。此后,出台了一系列适度从紧的财政政策措施。

适度从紧的财政政策主要内容是:整顿财税秩序,严格控制税收减免和财政赤字;严格控制社会集团购买力的过快增长;进一步完善税收政策的调控机制;坚持有紧有松的财政政策。

适度从紧的财政政策突出的是总体从紧取向,而不是全面紧缩,在实施过程中,突出了区别对待,有保有压,而需要重点支持的方面,政府继续予以支持。

(三) 政策主要成效

经过努力,适度从紧的财政政策取得了显著的成效,达到了预期目标,投资需求和消费需求得到了有效遏制,价格涨幅显著回落,消费价格指数由 1994 年的 24.1% 分别下降到 1995 年和 1996 年的 17.1% 和 8.3%,固定资产投资增长速度下降到 1995 年和 1996 年的 17.5% 和 14.8%,经济增长速度则由 1992 年的 14.2%、1993 年的 13.5% 平稳回落到 1996 年的 9.6%,国民经济呈现出"高增长、低通胀"的良好势头,国民经济运行成功实现"软着陆"。

同时财政政策首次成为宏观调控的主要手段应该是另外一大收获,成为我国运用财政政策的成功范例。建立社会主义市场经济体制,必须采取与市场经济相适应的宏观调控政策。这次宏观调控没有像过去那样采取以行政命令为主的计划经济条件下普遍使用的直接调控方式,也没有搞"一刀切",而是从市场经济的基本原则出发,主要运用经济办法,通过经济和财政政策等措施进行间接调控。这种新的宏观调控方式,既有利于缓解当时经济生活中出现的宏观矛盾和问题,同时又有利于继续增强微观经济活力和市场机制的作用,避免了传统的行政命令方式导致的经济秩序混乱现象。因此,无论从经济管理思路还是宏观调控方式分析,这次实施的包括财政政策在内的一揽子宏观调控措施都是具有划时代意义的建设性尝试。

二、积极的财政政策(1998—2004 年)

(一) 政策出台背景

1996 年我国经济成功实现"软着陆",经济运行逐步趋向政府宏观调控的目标和适度的增长区间。但是,1997年7月,亚洲金融危机首先在泰国爆发,并很快波及菲律宾、印度尼西亚、马来西亚、新加坡、韩国、日本,股市暴跌,汇率下降,生产停滞,经济出现负增长。由于亚洲国家(或地区)是我国的主要贸易和投资伙伴,亚洲金融危机对我国外贸进出口和外商投资产生了极为不利的影响。1998年,我国经济形势发生进一步变化。亚洲金融危机的影响明显加深,长期以来盲目建设带来的结构不合理等深层次矛盾,在国际经济环境急剧变化和国内市场约束双重因素作用下,更加突出地显现出来,中国经济面临着严峻的考验。

一是外贸出口形势恶化。1998年以后,亚洲金融危机对中国出口的负面影响逐步显现出来。上半年的外贸出口额为869.8亿美元,同比增长7.6%。与1997年同期的26.2%和1997年全年的20.9%的增长速度相比,大大降低。二是国内物价持续走低。中国商品零售价格总水平自1997年10月开始出现绝对下降,截至1998年7月,持续下降了9个月。居民消费价格指数从1998年3月开始出现下降。工业品价格指数自1996年6月持续下降,到1998年7月,已达25个月之久。从全年价格走势看,没有明显的回转迹象,通货紧缩趋势已日渐明显。三是消费需求增长趋缓。20世纪90年代中期,医疗、住房、教育、社会保障等各项改革逐步推开,改革力度不断加大,居民预期未来支出增加。再加上失业率高、就业前景不乐观以及实际利率过高等因素,居民边际储蓄倾向上升,边际消费倾向下降。此外,市场发育不健全,消费信贷服务体系不完备,也大大限制了居民对住房、汽车等耐用消费品的消费;农村基础设施落后,农民收入增长缓慢,也制约了农村消费品市场及农业生产资料市场的发展。社会消费零售总额增长率持续下降,由1996年的20.1%逐渐下降至1998年的6.8%。四是投资需求增长乏力。1998年,中国投资需求增长明显受到消费增长趋缓和金融体制改革滞后的制约。预期回报率较高的投资领域相对狭小,投资项目可选择的余地不大。作为经济增长主要动力之一的固定资产投资,其增长幅度下降,1997年下降为8.8%。如果不采取有效措施,固定资产投资下降趋势将难以扭转。五是结构因素制约经济健康运行。经济结构不合理是传统经济发展模式的产物。改革开放以来,随着经济的发展,在经济政策和市场调节共同作用下,结构不合理状况有所改善,但问题依然存在,对亚洲金融危机的冲击产生了放大效应。

基于这种情况,党中央、国务院果断决定实施积极的财政政策,其实质是经济学意义上的扩张性财政政策。1998年7月,中国政府转发了国家发展计划委员会《关于今年上半年经济运行情况和下半年工作建议》,正式决定实施旨在扩大需求的积极的财政政策。1998年8月,全国人大常委会第四次会议审议通过了财政部的中央预算调整方案,决定增发1 000亿元国债,同时,配套增加1 000亿元银行贷款,全部用于基础设施专项建设资金。至此,中国积极的财政政策正式启动。

我国积极财政政策的政策要点包括:① 积极财政政策是以增加财政支出为主的扩张性政策;② 增发国债是积极财政政策的主要措施;③ 没有实行扩张性财政政策惯用的减税政策;④ 实行紧中有松的稳健的货币政策与积极财政政策松中有紧相配合。

(二)政策主要内容

1998—2004年,我国连续7年实施了积极的财政政策,其主要内容如下。

1. 发行长期建设国债,加强基础设施建设

1998—2004年,共发行长期建设国债9 100亿元,其中包括500亿元西部开发特种国债,以及2 430亿元转贷地方的国债。各年发行国债数额分别为1 000亿元、1 100亿元、

1 500 亿元、1 500 亿元、1 500 亿元、1 400 亿元和 1 100 亿元。国债投资主要用于加快基础设施建设、生态环境保护和科技教育发展等。

2. 调整税收政策,增强税收调控功能

在增发国债、扩大政府投资、拉动内需的同时,我国也十分注重调整税收政策对经济的拉动作用,主要措施是制定和实施了一系列支持经济发展以及刺激出口和消费的税收政策。一是配合西部大开发战略,制定了支持西部大开发的税收优惠政策。二是制定了促进高科技和基础产业发展的税收优惠政策。三是逐步提高了主要出口产品的出口退税率,刺激出口增长,促进对外贸易发展。四是恢复征收存款利息所得税,促进居民储蓄向消费和投资转化。

3. 调整收入分配政策,培育和扩大消费需求

1999 年 7 月 1 日、2001 年 1 月 1 日及 10 月 1 日,国家连续三次上调机关事业单位职工工资、离退休人员待遇和城市三条保障线标准,对艰苦边远地区工作者实行了艰苦边远地区特殊津贴政策,并于 2001 年落实了《国家公务员暂行条例》中规定的年终发放一次性奖金的制度。同时,不断完善社会保障体系。1998—2002 年中央财政大幅度提高"两个确保"和城市"低保"的投入,共安排资金 1 937 亿元,增加了企业困难职工和城镇低收入者的收入。

(三) 政策主要成效

积极财政政策是我国政府根据市场经济规律,在国内外经济环境急剧变化的情况下主动采取的一次反周期调节,在我国财政宏观调控的历史上具有重要意义,取得了显著成效。

1. 促进了经济持续稳定增长

实施积极的财政政策有力地拉动了经济增长。1998—2003 年,我国经济稳步增长,年均增速高达 7.8%,2004 年 GDP 比上年增长 9.5%。据有关方面测算,国债资金对 GDP 增长的拉动各年分别为:1.5、2.0、1.7、1.8、2.0 和 1.5 个百分点。

2. 促进了居民收入和消费增长

从 1999 年开始的三次调资,使机关事业单位人员工资水平和城镇低收入者的保障标准得到大幅度提高。社会保障投入的不断增加,不仅有力地支持了社会保障体系的建设与完善,而且也提高了城镇低收入群体的收入。较大幅度地增加了农民收入。明显地拉动了消费,促进了社会稳定。

3. 促进了外贸出口的稳定增长

1998—2003 年累计办理出口退税 6 331.52 亿元,有效地刺激了外贸出口。2004 年除办理当年出口退税 2 187.74 亿元外,还通过使用超收收入全部清偿了历年拖欠企业和地方的出口退税。

4. 物价保持基本稳定,通货紧缩趋势得到明显遏制

在积极财政政策和稳健货币政策的双重调控下,经济运行环境明显改善。市场需求趋于扩张,推动物价回升,前几年困扰经济发展的通货紧缩趋势明显改观。2004 年全国居民消费价格总水平比上年上涨 3.9%;商品零售价格上涨 2.8%;工业品出厂价格上涨 6.1%;固定资产投资价格上涨 5.6%;农产品生产价格上涨 13.1%。

5. 财政实力明显提高,政府宏观调控能力得到增强

积极财政政策不仅有力地拉动了经济增长,而且促进了财政收入的持续快速增长,1997—2003 年我国财政收入年均增长 16.6%,政府宏观调控能力逐步得到增强。

三、稳健的财政政策（2005—2008 年）

（一）政策实施背景

财政政策取向是由宏观经济形势所决定的。从 2003 年下半年开始，我国经济开始走出通货紧缩的阴影，呈现出加速发展的态势。2003 年我国国内生产总值比上年增长 9.3%，价格指数有所增长，社会需求扩大，固定资产投资不断增加，经济显现出自主增长的活力。但同时，钢铁、水泥、电解铝等部分行业投资增长过快，粮价攀升等问题突出，从而带动居民消费品价格明显上升。这与 1998 年实施积极财政政策时的宏观经济形势相比，已经发生了重大变化。

积极财政政策的实质是扩张性财政政策。当经济呈现通货膨胀率攀升的苗头时，如果再继续实施这种政策，不仅不利于控制固定资产投资的过快增长，甚至会产生逆向调节，加剧投资与消费比例失调状况，阻碍经济健康运行。因此，积极财政政策应当根据宏观经济发展的需要适时、适度地转向。

从 2004 年的经济形势看，我国经济并未出现全面过热的状况。经济社会发展中的农业、教育、公共卫生、社会保障等许多薄弱环节还有待加强，经济体制改革的任务仍然很重，支付改革成本仍呈加大趋势，而且没有强烈信号表明近期会发生严重膨胀，因此，积极财政政策又不宜一下子转向紧缩的财政政策。

2004 年 12 月 5 日结束的中央经济工作会议提出，2005 年要实行稳健的财政政策和货币政策，这标志着实施已近 7 年的积极财政政策要转向实施稳健的财政政策。

（二）政策主要内容

稳健的财政政策，也就是经济学讲的中性财政政策，政策核心是松紧适度，着力协调，放眼长远。具体说就是注重把握"控制赤字、调整结构、推进改革、增收节支"十六个字。

控制赤字，就是适当减少财政赤字和长期建设国债发行规模。具体说，要求中央财政赤字在 2004 年 3 192 亿元的基础上逐步缩小，2005—2007 年，中央财政赤字分别比上年减少 192.2 亿元、242.5 亿元、749 亿元和 200 亿元。

调整结构，就是按照科学发展观和公共财政的要求，着力调整财政支出结构和国债资金投向结构。资金安排有保有压，有促有控。对与经济过热有关的、直接用于一般竞争性领域的"越位"投入，要退出来压下来；对属于公共财政范畴的，如农业、就业和社会保障、环境和生态建设、公共卫生、教育、科技等经济社会发展的薄弱环节，要保且加大投入和支持力度。如 2005—2007 年，中央财政投入"三农"的资金分别为 2 975 亿元、3 397 亿元、3 917 亿元，且在 2006 年在全国范围内取消农业税。

推进改革，就是转变主要靠国债项目投资拉动经济增长的方式，按照既立足当前又着眼长远的原则，在继续安排部分国债项目投资，整合预算内基本建设投资，保证一定规模中央财政投资的基础上，适当调减国债项目投资规模，腾出部分财力用于推进体制和制度改革创新，为市场主体和经济发展创造相对宽松的财税环境，建立有利于经济自主增长的长效机制。

增收节支，就是在总体税负不增或略减的基础上，严格依法征税，确保财政收入稳定增长，同时严控支出增长，切实提高财政资金的使用效益。为此，一是依法加强税收征管，堵塞各种漏洞，做到应收尽收。依法清理和规范税收优惠政策，严控减免税。二是严控一般性支出,保证重点支出需要。三是继续深化预算管理制度改革,积极探索建立财政资金绩效评价制度,坚决制止铺张浪费、花钱大手大脚行为,切实提高财政资金使用的规范性、安全性和有效性,通过提高财政资金的使用效益来替代一定的财政资金的增量需要。四是科学使用预算执行中的超收,一般不做刚性支出和投资安排。

(三)政策主要成效

本轮实施以"控制赤字、调整结构、推进改革、增收节支"为主要内容的稳健政策,更加着眼于解决经济发展中的结构不合理问题,促进城乡协调发展、经济社会协调发展、区域协调发展,推动建立资源节约型、环境友好型社会,切实体现落实科学发展观和构建社会主义和谐社会的要求。一是实现财政收入较快增长。如财政收入由 2005 年的 31 649.29 亿元上升到 2008 年的 61 316.9 亿元。各级财政、税务、海关等部门依法加强税收征管,改进非税收入管理,初步建立了统一规范的政府非税收入征管机制。二是压缩了与长期建设国债。长期建设国债从 2004 年的 1 100 亿元减少到 2008 年的 300 亿元。三是国民经济结构进一步优化。按照突出重点、压缩一般的原则,进一步调整优化了财政支出结构和国债资金与预算内投资的使用结构,对于推进我国经济结构优化升级和增长方式转变,加强经济社会发展薄弱环节,促使国民经济沿着速度较快、效益较好、物价水平较低的良性轨道发展,发挥了重要作用。四是加大财政支农力度。2008 年,中央安排'三农'投入 5 955 亿元,比 2007 年增加 1 637 亿元,增长 37.9%。其中粮食直补、农资综合补贴、良种补贴、农机具购置补贴资金达 1 030 亿元,比上年增长一倍。出台了 10 项新的支农惠农政策,主要包括直接增加对种粮农民的补贴,三次较大幅度提高粮食最低收购价等。同时,加大了对农村义务教育、医疗等社会事业以及农村基础设施建设的支持力度。五是大力促进各项社会事业发展。如 2008 年,中央财政大幅增加对社会事业的投入。全年用于科技、教育、卫生和文化方面的支出分别比上年增长 16.4%、48.5%、24.5% 和 20%。六是充分发挥财税政策的宏观调控作用。以税收调节为杠杆,促进经济增长方式转变和产业结构优化升级,提高经济增长的质量和效益;按照公共财政要求,调整税收政策方向;引导产业投资方向,促进产业结构优化升级。七是发挥了财税政策稳定物价的作用。防止物价水平过快增长,努力防止价格由结构性上涨演变为明显的通货膨胀是稳健财政政策的重要目标。为此,财政加大支持粮油肉奶蔬菜等农产品生产的力度,加大对煤电油运行业的支持力度,并着重支持做好必需商品进口以及储备物资投放等相关工作。

四、积极的财政政策(2008—2011 年)

2008 年年底,我国自 1998 年来再次提出实施积极的财政政策,是中央在全面分析国内外经济环境变化的基础上作出的重大决策。

(一)政策实施背景

2008 年爆发了被认为是自 20 世纪 30 年代以来世界最严重的一场金融危机,这场由美国次贷危机引发的华尔街金融风暴,快速席卷整个国际金融市场,演变成全球性金融危机,世界经济出现明显下滑,进而使发达国家几乎整体陷入衰退。

美国次贷危机发生以来,对各国金融市场和实体经济的影响不断加深,世界许多著名的金融机构出现巨额亏损甚至倒闭,股市债市剧烈波动。如 2008 年 7 月,美国住房抵押贷款市场巨头房利美和房地美两家公司因陷入困境,被美国政府接管;进入 2008 年 9 月份,美国第四大投资银行雷曼兄弟公司无奈破产,高盛、摩根士丹利被迫业务转型,转为银行控股公司,美国最大储蓄银行华盛顿互惠银行和第三大投资银行美林公司相继被美国监管机构和美国银行收购。华尔街经历了一场"世纪洗牌",并迅速波及欧洲、日本等世界主要金融市场,次贷危机最终演变成一场世界性的"金融海啸"。

这场金融危机对世界经济产生了巨大冲击:

一是世界经济增长明显放缓,部分主要发达国家或地区经济陷入衰退;二是主要金融市场急剧恶化,全球股市遭遇重创;三是许多国政府财政赤字急剧增加,全球通货膨胀压力增大;四是世界贸易环境恶化,新兴市场国家经济贸易面临下滑;五是多数国家就业形势严峻,失业人数不断攀升;六是金融危机持续蔓延,全球能源和粮食问题如影相随,等等。

2008年下半年全球"金融海啸"爆发后,中国经济增长明显减速,经济下行压力加大。为应对这次全球金融危机,中央迅速出台了一系列扩大内需、保持经济增长的政策和措施。2008年11月9日,国务院常务会议召开,提出为抵御国际经济环境对我国的不利影响,必须采取灵活审慎的宏观经济政策,以应对复杂多变的形势。指出要实行积极的财政政策和适度宽松的货币政策。并公布扩大内需、加快基建投资等十项措施,到2010年年底前将投资4万亿元人民币。十项措施包括:加快建设保障性安居工程;加快农村基础设施建设;加快铁路、公路和机场等重大基础设施建设;加快医疗卫生、文化教育事业发展;加强生态环境建设;加快自主创新和结构调整;加快地震灾区灾后重建各项工作;提高城乡居民收入;在全国所有地区、所有行业全面实施增值税转型改革;加大金融对经济增长的支持力度。2008年12月10日,中央经济工作会议强调,必须将保持经济平稳较快发展作为2009年工作的首要任务,并提出扩大内需作为保增长的根本途径。会议提出2009年经济五大重点任务,强调要实施积极的财政政策和适度宽松的货币政策。随后中央制定"一揽子"振兴经济计划,其中包括有关汽车、钢铁、纺织、装备制造、船舶、电子信息、轻工、石化、有色金属、物流等十大产业振兴规划。我国由稳健的财政政策转向积极的财政政策。

(二)政策主要内容

2009年我国积极的财政政策的内容主要包括五个方面:

一是扩大政府公共投资,着力加强重点建设。这是进一步扩大内需、保持经济平稳较快发展的重要措施。在2008年年末增加安排保障性住房、灾后恢复重建等中央政府公共投资1 040亿元的基础上,2009年中央政府公共投资安排9 080亿元,增加4 875亿元。

二是推进税费改革,实行结构性减税。结合改革和优化税制,实行结构性减税,减轻企业和居民税收负担,扩大企业投资,增强居民消费能力。全面实施消费型增值税,减轻企业税负,促进企业增加自主创新和技术改造投入。实施成品油税费改革,公平税费负担,推动节能减排。取消和停征100项行政事业性收费。继续执行2008年已实施的提高个人所得税工薪所得减除费用标准、调高部分产品出口退税率、取消和降低部分产品出口关税、降低证券交易印花税税率并改为单边征收、暂免征收储蓄存款和证券交易结算资金利息个人所得税、降低住房交易税收等一系列税费减免政策。预计2009年将减轻企业和居民负担约5 000亿元。

三是提高低收入群体收入,大力促进消费需求。调整国民收入分配格局,提高居民收入在国民收入分配中的比重和劳动报酬在初次分配中的比重,增强居民消费能力,扩大消费对经济增长的拉动效应。充分发挥财税政策作用,增加财政补助规模,重点增加中低收入者收入。

四是进一步优化财政支出结构,保障和改善民生。支持农村改革与发展,中央财政用于"三农"支出安排 7 161.4 亿元,增加 1 205.9 亿元,增长 20.2%。着力保障和改善民生,中央财政用于教育、医疗卫生、社会保障、就业、保障性住房、文化方面与人民群众生活直接相关的民生支出安排 7 284.63 亿元,按可比口径增加 1 653.34 亿元,增长 29.4%。严格控制一般性支出,进一步降低行政成本。

五是大力支持科技创新和节能减排,推动经济结构调整和发展方式转变。加大科技投入,中央财政安排科学技术支出 1 461.03 亿元,增加 297.74 亿元,增长 25.6%。促进企业加快技术改造和技术进步,安排 200 亿元技改贴息资金,引导增加银行贷款,重点支持行业振兴规划项目等。增加节能减排投入,安排资金 495 亿元,支持节能技术改造、淘汰落后产能等方面。稳步推进资源有偿使用制度和生态环境补偿机制改革。改革完善资源税制度,促进资源合理利用。扶持中小企业发展,安排资金 96 亿元。加快产业结构优化升级,提高自主创新能力,推动经济发展方式转变。

(三) 政策主要成效

2009 年以来,在积极财政政策推动下,各地区、各部门认真贯彻落实中央关于应对国际金融危机、保持经济平稳较快发展的一揽子计划,努力克服前进中的各种困难,经济运行中积极因素不断增多,国民经济逐步实现稳中有进,稳中向好。

2013 年全年国内生产总值 568 845 亿元,比上年增长 7.7%,并首次实现我国第三产业增加值占比超过第二产业。就业持续增加,2013 年全年城镇新增就业 1 310 万人。居民消费价格基本稳定,全年居民消费价格比上年上涨 2.6%。外汇储备继续增加,年末国家外汇储备 38 213 亿美元,比上年末增加 5 097 亿美元。粮食再获丰收,全年粮食产量 60 194 万吨,比上年增加 1 236 万吨,增产 2.1%。工业生产稳定增长,全年全部工业增加值 210 689 亿元,比上年增长 7.6%。全年全社会固定资产投资 447 074 亿元,比上年增长 19.3%,扣除价格因素,实际增长 18.9%。市场销售平稳较快增长,全年社会消费品零售总额 237 810 亿元,比上年增长 13.1%,扣除价格因素,实际增长 11.5%。进出口稳中有升,全年货物进出口总额 258 267 亿元人民币,以美元计价为 41 600 亿美元,比上年增长 7.6%。城乡居民收入继续增加。

从上述国民经济主要指标数据看,积极财政政策的效应正在显现,政策的推行对遏制经济快速下滑、稳定投资者和消费者信心发挥了积极的作用。但是为弥补财政减收增支形成的缺口,2013 年赤字规模达到 12 000 亿元,相应的政府赤字和债务风险应该值得高度重视。

(四) 经济新常态下的积极财政政策

应该看到,如果说 2008 年金融危机本身就是全球产能过剩和结构失衡所致的话,那么后危机时期全球量宽和刺激的政策并未缓解全球产能过剩,而且由此还导致了新的供需不平衡,造成全球性结构性产能过剩继续蔓延,大宗商品价格不断下降,全球通缩预期加剧。因此,全球经济不是一个简单的后危机时期的复苏过程,而面临深度的结构性调整和新旧动力的持续转换。在此背景下,从 2011 年起,带动中国经济 30 年增长的投资、消费和出口的增速同时下降,经济运行呈现出不同以往的态势和特点。其中,供给和需求不平衡、不协调的矛盾和问题日益凸显,突出表现为供给侧对需求侧变化的适应性调整明显滞后。面对供给过剩与供给不足并存的情况,经济结构需要调整。中国经济发展面临着新常态。

中国经济呈现出"新常态"，有几个主要特点，一是从高速增长转为中高速增长；二是经济结构不断优化升级；三是从要素驱动、投资驱动转向创新驱动。面对"新常态"，在2015年底召开的中央经济工作会议明确提出要推进供给侧结构性改革，强调"推进供给侧结构性改革，是适应和引领经济发展新常态的重大创新，是适应国际金融危机发生后综合国力竞争新形势的主动选择，是适应我国经济发展新常态的必然要求"，这是审时度势推进我国经济转型升级的重大决策部署。

供给侧结构性改革主要集中在三个方面：一个是化解过剩产能，二是传统产业的转型升级，三是新兴产业的支持和培育。供给侧改革当前和今后一个时期重点任务是五项，就是去产能、去库存、去杠杆、降成本、补短板。

（1）积极稳妥化解产能过剩。要按照企业主体、政府推动、市场引导、依法处置的办法，因地制宜、分类有序处置，妥善处理保持社会稳定和推进结构性改革的关系。去产能先从钢铁和煤炭两个行业入手。

（2）化解房地产库存。要按照加快提高户籍人口城镇化率和深化住房制度改革的要求，通过加快农民工市民化，扩大有效需求，打通供需通道，消化库存，稳定房地产市场。

（3）防范化解金融风险。去杠杆方面，主要是去企业的杠杆，对信用违约要依法处置。要有效化解地方政府债务风险，做好地方政府存量债务置换工作，完善全口径政府债务管理，改进地方政府债券发行办法。

（4）帮助企业降低成本。要开展降低实体经济企业成本行动，打出"组合拳"。要降低制度性交易成本，转变政府职能、简政放权，进一步清理规范中介服务。要降低企业税费负担。

（5）补短板，持续扩大有效供给。主要补齐民生保障、产业发展、基础设施、"三农"等短板。

以推进供给侧结构性改革为主线，适度扩大总需求，近年来，财政结合经济发展新常态，"三去一降一补"的重要任务，更加精准有效实施积极财政政策。从2016年看，主要体现为：①实行大规模减税降费。全面推开营改增试点，将试点范围扩大到建筑业、房地产业、金融业、生活服务业，并将所有企业新增不动产所含增值税纳入抵扣范围，新增试点行业全部实现总体税负只减不增的预期目标，前期纳入试点的行业和原增值税行业因可抵扣进项税增加也实现了减税，2016年全年降低企业税负5 736亿元。进一步扩大企业研发费用加计扣除范围，加大对高新技术企业支持力度，出台股权激励和技术入股递延纳税政策，完善科技企业孵化器税收政策。②取消、停征和归并一批政府性基金，扩大18项行政事业性收费免征范围，推动地方清理规范涉企行政事业性收费，减轻企业和个人负担460多亿元。③合理扩大财政支出规模。赤字率适当提高，增加的赤字主要用于弥补减税降费带来的财政减收，保障政府应该承担的支出责任。新增地方政府债务限额1.18万亿元。继续发行地方政府债券置换存量债务4.9万亿元，加上2015年置换的3.2万亿元，累计置换8.1万亿元，全年降低利息成本约4 000亿元。④实施针对性强的政策措施，着力推动"三去一降一补"。中央财政设立并及时拨付工业企业结构调整专项奖补资金，支持化解钢铁、煤炭行业过剩产能过程中职工分流安置工作。安排补助资金，支持中央企业处置"僵尸企业"。调整房地产交易环节契税、营业税政策，加强对居民自住和改善性住房需求的支持，推动化解商品房库存。明确债转股涉及的债权转让和核销政策，支持实施市场化银行债转股。阶段性降低社会保险费率,清理涉企保证金,进一步帮助企业降低成本。加大补短板力度,大幅增加财政扶贫投入助力脱贫攻坚,大力支持棚户区改造、基础设施建设等重点领域。

本 章 小 结

　　本章主要从四个方面分析了财政政策问题:第一,从一般理论的角度,分析了财政政策含义与要素。重点探讨了财政政策主体、财政政策目标、财政政策工具等政策要素的基本内容。第二,从不同角度对财政政策进行分类,重点研究了扩张性财政政策、紧缩性财政政策和中性财政政策,自动稳定的财政政策和相机抉择的财政政策等财政政策类型。第三,从税收乘数、购买性支出乘数、平衡预算乘数等方面分析了财政政策乘数问题。第四,讨论了财政政策与货币政策的协调问题。从财政政策与货币政策协调配合的必要性入手,探讨了财政政策与货币政策协调配合的模式,并对中国财政政策实践问题进行分析。

扩 展 阅 读

美国财政政策60年

1933—1945 年:扩张性财政政策与罗斯福政府

　　扩张性财政政策是英国经济学家凯恩斯针对 20 世纪 30 年代西方国家出现普遍性经济大萧条提出来的。凯恩斯认为,经济中之所以会出现失业和萧条是总需求不足的缘故,要解决经济问题就要想办法增加总需求。因而,凯恩斯主义的核心原则就是彻底放弃过去新古典传统的经济自由主义信条,采用政府积极干预经济的办法来解决严重的失业和萧条问题。在经济萧条中,主要问题是由于资本边际效率的崩溃所引起的,因而采用货币政策很难达到预期的效果,只有采用扩张性财政政策才能解决问题。为此,凯恩斯主张摒弃平衡收支的古典财政原则,实施减税增支的办法,通过减税、大量举借公债,实行赤字预算,并积极扩大政府开支来扩大社会总需求。面对 20 世纪 30 年代美国严重的失业问题,罗斯福政府运用大量政府开支举办了很多市政公共工程和基础设施建设,建立了平民自然资源保护队,雇佣失业青年从事造林和水土保持等工作等。政府还拨款帮助各州、各地区对失业者和生活贫困家庭进行直接救济或以工代赈,给大批失业者提供就业机会,以减少社会的不稳定。严重的经济衰退使财政赤字额不断增大,到 1938 年 6 月美国国会通过为开支计划拨款的立法时,财政赤字已经达到了 29 亿美元。

1946—1960 年:补偿性财政政策与杜鲁门、艾森豪威尔政府

　　美国凯恩斯主义经济学家阿尔文·汉森更为全面地提出了补偿性财政政策的思想,即在经济萧条时期,政府应当增加财政支出以扩大有效需求、增加就业量;而在经济高涨和通货膨胀时期,政府则应当减少财政支出,实现预算平衡或结余,以便控制通货膨胀。这样就能够不拘泥于当年的财政预算平衡,而着眼于实现预算的周期性平衡。20 世纪 50 年代,美国政府采用了汉森提出的补偿性财政政策,虽然经济中没有出现严重的财政赤字与通货膨胀,但经济增长缓慢。因此,这一时期被称为"艾森豪威尔停滞"。

1961—1980 年:增长性财政政策与肯尼迪、约翰逊、尼克松、福特政府

增长性财政政策是由美国经济学家赫勒与托宾提出,其主要内容是以充分就业与经济增长为目标的长期预算赤字政策。这是首次正式将凯恩斯主义的短期扩张性财政政策长期化的实际转变。赫勒认为,20 世纪 60 年代初美国经济停滞和失业增加的原因是:潜在生产能力与实际生产能力之间已形成越来越宽的"鸿沟",这是长期奉行补偿性财政政策的恶果。因为补偿性财政政策要求政府在经济危机之后增加税收和削减开支,以便弥补政府财政预算在采取反危机行动时所产生的赤字。而这种为弥补财政赤字所采取的增税减支政策,恰恰紧缩了经济中的总需求水平,从而对经济增长造成了一种"财政阻力"。在赫勒看来,政府必须实行以 3.5% 的经济增长率和 4% 以下失业率为目标的长期性赤字财政政策。因此,赫勒主张实行长期的扩张性财政政策。这一思想的提出解除了财政赤字对政府的约束,长期赤字财政政策成为了美国政府在 20 世纪 60 年代刺激经济增长的主要手段。事实证明,肯尼迪和约翰逊政府采用减税和扩大政府支出的扩张性财政政策的结果,使美国出现了第二次世界大战后最长时期的经济增长。在经济持续增长的基础上进一步把美国推向了"福利国家"的道路,健全和完善了失业、养老、医疗等社会保险和社会福利制度,加强了联邦政府对医疗卫生和教育领域的干预,增加了人力资本投资,提高了劳动者素质,推动了科技进步。在基础设施方面,政府大量投资为私人投资改善了环境,普遍促进了工农业的发展,特别是汽车工业、建筑业、第三产业的发展和边远地区的开发制订了城市和环境保护立法,着手解决老城市衰败和环境污染的问题。增长性财政政策的实行确实带来了美国战后经济发展的黄金时代,但财政赤字规模的不断扩大,在增加货币供给的情况下,最终导致了 20 世纪 60 年代末 70 年代初的美国经济"滞胀"问题。再加上 70 年代发生的世界性粮食短缺和石油危机,更使美国的失业率和通货膨胀都上升到了两位数。尼克松为了消除通胀危机,在一定程度上实施了紧缩性的财政政策,美联储也紧缩了货币供给,因此美国 CPI 进入 1970 年之后有所回落。但由于 1968—1970 年经济下滑过快,尼克松在 1971 年放弃了紧缩性财政政策,此时美联储也担心如果让市场利率快速上升,对整个金融市场的稳定性和金融机构的生存产生巨大威胁,因此重新维持 60 年代初以来的低利率政策。总体而言 20 世纪 70 年代美国持续实行充分就业导向的增长性财政政策,财政预算年年为赤字。

1981—1988 年:偏向供给的扩张型财政政策与里根政府

供给学派认为,促进经济增长的着眼点不应是需求而应是供给,供给是需求的唯一可靠的源泉,没有出售产品的收入,也就没有可以用来购买商品的支出。因此,依据"萨伊定律",制定一系列的供给管理政策来刺激储蓄,储蓄自动转化为投资,投资增加就能提高劳动生产率和增加产量,从而促进经济的增长,实现没有通货膨胀的充分就业均衡。

里根政府提出了"经济复兴计划",大规模的削减个人和公司的所得税,削减非国防开支、增加国防开支,紧缩货币供应,抑制通货膨胀,切实放松政府管制,在几年之内实现平衡联邦预算。但大规模减税政策、扩大财政支出和紧缩货币供应量的组合造成了美国自身难以克服的高财政赤字问题。在 1983 年美国财政赤字高达 2 000 亿美元,这一财政赤字水平保持到了 1986 年。同时,由于财政刺激,美国出现了"双逆差",由债权国变为了债务国,贸易逆差不断扩大,美国的对外贸易政策逐渐背离了传统的所坚守的自由贸易的观念,里根政府开始实施以进口限额和反对其他国家出口补贴政策的贸易保护措施。整体而言,里根时代的经济增长确实好于 20 世纪 70 年代,失业率有所下降,不过未明显好于前期,通胀水平也明显低于 20 世纪 70 年代。但是,经济的改善是以财政赤字的上升为代价的。下一任总统老布什以"绝不加税"的口号竞选上台,但面对如此高的赤字不得不把税率提高,不过经济危机、海湾战争等各项因素的共同作用造成老布什任内联邦政府赤字占 GDP 比重仍然上升。

1993—2000 年:新凯恩斯主义与克林顿政府

20 世纪 80 年代末和 90 年代初美国的经济衰退与新自由主义经济政策的失误,为凯恩斯主义在理论和政策上走出危机提供了条件,1992 年 11 月,克林顿当选为美国总统,积极采纳了新凯恩斯主义经济学的一些观点和政策主张。新凯恩斯主义的基本观点是:政府必须干预经济,尤其要进行财政干预,以实现充分就业和经济增长的战略目标。克林顿政府采取了以下具体措施:①实行短期财政刺激:克林顿曾计划在执政的前两年内,增加 310 亿美元的政府开支,以缓解 900 万人的失业。不过,由于共和党人和部分民主党人认为当时的美国经济已经开始回升,无需刺激,并指责这项拨款提案没有相应地削减政府支出,会在今后几年增加联邦赤字,导致这项计划在国会讨论中被否决,只有用于延长失业救济的 40 亿美元开支获得国会通过。②长期削减财政赤字计划:里根、布什时代积累了巨额的财政赤字和债务,挤出了私人投资,最终导致经济增长乏力;同时,巨额赤字负担与利息也使政府得不到足够的资金和民众的政治支持来推行扩张性财政政策。所以,对于克林顿政府来说,减少财政赤字势在必行,对此,政府是从增税和减支两个方面着手的:克林顿主张对高收入者提高税率,提高大企业的公司所得税,对中低收入家庭和小企业实行减税,克林顿计划在 4 年内削减国防费用、医疗保健和退伍军人福利开支等 2 470 亿美元。③改革福利制度:强调建立更广泛的医疗保健网络,雇主应为职工提高医疗保险。④长期投资计划:克林顿政府计划四年内投资 1 600 亿美元,以消除公共部门和私人企业的负债投资,其中将总计 480 亿美元的投资用于基础设施建设,如高技术产业、交通、通讯、环保、能源、住房及社区开发等。此外,还要投资于教育、职业培训、研究与发展来开发人力资源。总体而言,互联网带动了美国 90 年代的经济增长和失业率的下降,但美国 90 年代的经济增速要低于 80 年代,不过通胀水平也更低。

2001—2007 年:减税与小布什政府

小布什政府的经济理念是,宏观经济政策由强调适当政府干预向更多强调自由竞争转变。美国经济的基础是企业,美国需要的是小政府和大市场。2001 年美国经济又出现下滑趋势。为此,小布什总统启动了极具争议性的"10 年减税"计划,税收政策也开始再次表现出供给学派的色彩,并倾向于保护富人利益。小布什政府的具体做法是:减税总额 1.35 万亿美元;全面降低个人所得税税率并简化税率级次,未成年子女的税收抵免额从 500 美元提高到 1 000 美元;遗产税的免征额由减税前的 67.5 万美元增加到 2002 年的 100 万美元及 2009 年的 350 万美元,最高边际税率由 55% 逐年降至 45%。2010 年取消遗产税,只保留赠与税。此外,小布什政府还大幅提高国防支出,奉行供应主义政策,小布什政府不仅刺激了国内经济复苏,同样也引发了世界范围内的减税,但美国财政状况也发生了迅速的恶化,从预算盈余骤变为赤字。

2009—2016 年:扩张型财政政策、财政紧缩与奥巴马政府

面对金融危机,奥巴马政府启动了新一轮的经济刺激计划。政府加大财政政策的刺激力度,通过减税,增加政府支出来振兴经济。政府将 7 000 亿美元救市资金中尚未用完的

3 500亿用于为房屋业主和小企业提供贷款,对低收入家庭减税,并对企业增加就业岗位进行减税,奥巴马的经济团队基本上否定了供给学派的思路,不是简单地减少公司所得税,而是结构性地减税。在政府支出上,奥巴马更多地回到凯恩斯主义刺激经济的路线上。同时,奥巴马增加了政府在社会福利和教育、科研等方面的开支,试图以此来刺激经济。在第一个任期,财政支出的扩大和财政收入的下降共同造成了高财政赤字。2011年美国政府决定,如果议员们无法通过正常渠道就一系列旨在削减预算赤字的增税与减支政策达成一致,则会同意启动"自动削减赤字机制",同时布什政府时期和金融危机后推出的经济刺激计划实行的减税政策将在2012年底到期。增税与减支这两项政策叠加在一起被称为"财政悬崖",指支出大幅削减使得支出曲线看上去状如悬崖。美国民主、共和两党在2012年12月31日达成解决"财政悬崖"的妥协议案,该议案2013年1月1日在国会参众两院投票获得通过。主要内容包括从2013年开始,美国将调高年收入45万美元以上富裕家庭的个税税率,失业救济金政策在2013年延长一年,把将在2013年年初启动的约1 100亿美元政府开支削减计划延后两月再执行等。总之,受制于财政赤字和债务上限等问题,奥巴马在第二任期内的财政政策相对较为紧缩,财政支出规模持稳(但占GDP比重下降)、财政收入上升(占GDP比重亦上升)使得财政赤字相应改善。

2016—2017:对特朗普政府寄予怎样的期待

特朗普当选美国总统以及他的减税、加大基建投资、贸易保护主义的政策组合一时间成为资本市场风口浪尖的话题。在货币政策逼近极限、经济长期维持低增长、低通胀的形势之下,最受关注的便是特朗普的财政刺激。基于美国财政刺激以及相应的通胀预期,美元指数已从大选日最低点的95水平上涨至101.2,已经突破了美联储本轮开启货币政策正常化以来的最高水平,也是2003年5月以来的最高水平,其他货币均相对美元呈现不同程度的贬值;美国10年期国债收益率也从1.86%迅速升至2.34%,短短5日上升了48BP,并且带动了欧债和日债和新兴市场国债收益率的同步上行,日本10年期国债收益率已升至0以上,中美利差显著收窄、美德利差明显上升;从大宗商品(CRB)指数来看,大宗商品整体也呈现上涨之势。预期层面的变化已经显现,然而未来特朗普主导的财政政策将对货币政策、经济增长、通胀、资产价格产生怎样的影响,则是最为重要的问题。

(资料来源:根据招商证券 谢亚轩《60年美国财政政策松紧逻辑:川普财政刺激能给世界带来什么变化?》整理。)

思考与练习

1. 试分析财政政策目标的主要内容及政策目标之间矛盾的协调。
2. 结合财政政策的分类,分析财政政策在调节国民经济总量方面的作用和影响。
3. 试分析财政政策与货币政策协调配合的必要性。
4. 简述财政政策与货币政策协调配合的模式。
5. 试分析中国财政政策的实践给我们带来的启示。

参 考 文 献

［1］ 匡小平. 财政学[M]. 北京：清华大学出版社，2008.

［2］ 安秀梅. 财政学[M]. 北京：中国人民大学出版社，2008.

［3］ 杨斌. 财政学[M]. 大连：东北财经大学出版社，2007.

［4］ 王金秀，陈志勇. 国家预算管理[M]. 北京：中国人民大学出版社，2007.

［5］ 张海星. 公共债务[M]. 大连：东北财经大学出版社，2008.

［6］ 谢旭人. 中国财政改革三十年[M]. 北京：中国财政经济出版社，2008.

［7］ 张馨. 财政学[M]. 北京：科学出版社，2006.

［8］ 陈志勇. 公债学[M]. 北京：中国财政经济出版社，2007.

［9］ 陈共. 财政学[M]. 北京：中国人民大学出版社，2009.

［10］ 郭庆旺，赵志耘. 财政学[M]. 北京：中国人民大学出版社，2002.

［11］ 谭建立. 财政学[M]. 北京：中国财政经济出版社，2008.

［12］ 邓晓兰. 财政学[M]. 西安：西安交通大学出版社，2007.

［13］ 隋新玉. 公共财政学[M]. 郑州：郑州大学出版社，2003.

［14］ 杨光焰，周自强，李九领. 国债制度分析[M]. 郑州：河南人民出版社，1997.

［15］ 蒋洪. 财政学[M]. 北京：高等教育出版社，2005.

［16］ 理查德·A·马斯格雷夫，等. 财政理论与实践[M]. 邓子基，等，译. 北京：中国财政
     经济出版社，2003.

［17］ 荷雷·H·阿尔布里奇. 财政学理论与实践[M]. 马海涛，等，译. 北京：经济科学出版
     社，2005.

［18］ 约翰·L·米克塞尔. 公共财政管理：分析与应用[M]. 北京：中国人民大学出版
     社，2005.

［19］ 王传伦，高培勇. 当代西方财政学理论[M]. 北京：商务印书馆，1995.

［20］ 王俊豪. 政府管制经济学[M]. 北京：商务印书馆，2001.

［21］ 句华. 公共服务中的市场机制——理论、方式与技术[M]. 北京：北京大学出版
     社，2006.

［22］ 张馨. 析"纳税人"权利[J]. 中国经济问题，2003(1).

［23］ 潘云华. "社会契约论"的历史演变[J]. 南京师范大学学报(社会科学版)，2003(1).

［24］ E·S·萨瓦斯. 民营化与公司们的伙伴关系[M]. 北京：中国人民大学出版社，2002.

［25］ 张康之. 公共性、公共物品与自利性的概念辨析[J]. 行政论坛，2000(7).

［26］ 许云霄. 公共选择理论[M]. 北京：北京大学出版社，2006.

［27］ 2010 年中国国防白皮书[M]. 北京：人民出版社，2010.

［28］ 阿兰·J·奥尔巴克，马丁·费尔德斯坦. 公共经济学手册[M]. 匡小平，黄毅，译. 北

京：经济科学出版社,2005.

[29] 平新乔.财政原理与比较财政制度[M].上海：上海三联书店,1995.

[30] 杰佛瑞·布伦南,詹姆斯·M·布坎南.宪政经济学[M].冯克利,等,译.北京：中国社会科学出版社,2004.

[31] 布坎南.民主过程中的财政：财政制度与个人选择[M].唐寿宁,译.上海：上海三联书店,1992.

[32] 布坎南.公共财政[M].赵锡军,等,译.北京：中国财政经济出版社,1991.

[33] 布坎南.伦理学、效率与市场[M].廖申白,谢大京,译.北京：中国社会科学出版社,1991.

[34] 布坎南.自由、市场与国家：80年代的政治经济学[M].平新乔,莫扶民,译.上海：上海三联书店,1989.

[35] 詹姆斯·M·布坎南,理查德·A·马斯格雷夫.公共财政与公共选择：两种截然不同的国家观[M].类承曜,译.北京：中国财政经济出版社,2000.

[36] 布坎南,瓦格纳.赤字中的民主：凯恩斯勋爵的政治遗产[M].刘廷安,罗光,译.北京：北京经济学院出版社,1988.

[37] 奥尔森.国家兴衰探源：经济增长、滞胀与社会僵化[M].吕应中,等,译.北京：商务印书馆,1993.

[38] 阿特金森,斯蒂格里茨.公共经济学[M].蔡江南,等,译.上海：上海三联书店,1992.

[39] 阿图·埃克斯坦.公共财政学[M].张愚山,译.北京：中国财政经济出版社,1983.

[40] C·V·布朗,P·M·杰克逊.公共部门经济学[M].张馨,译.北京：中国人民大学出版社,2000.

[41] 维克塞尔.国民经济学讲义[M].刘契敖,译.上海：上海译文出版社,1983.

[42] 布坎南.俱乐部的经济理论[J].Economic,1965(2).

[43] 庞凤喜.税收原理与中国税制[M].北京:中国财政经济出版社,2017.

[44] 王玮.税收学原理[M].北京:清华大学出版社 2016.

[45] 马海涛.中国税制[M]北京:中国人民大学,2016.

修订版后记

本教材自 2011 年出版发行以来，已经有国内多家高校使用，发行量已达 12 000 多册，在这里首先感谢使用本教材的教师和广大学生。

尽管不同版本的财政学教材内容上有差异，但是，就财政一般和财政特殊两部分内容而言，由于财政一般是关于财政学的基本原理部分，如市场效率与市场失灵、财政职能、公共产品、公共选择、政府失灵等，是比较稳定的部分，所以，不是修订的重点，修订的重点主要是财政特殊部分的内容。例如，一国财政税收体制、政策法规如果发生变化，就需要对这些方面的内容进行及时修订。本次教材修订主要也是针对财政特殊部分。根据财政税收领域政策法规的新变化，对某些章节中涉及的内容进行了更新，主要包括最新的"营改增"以后，增值税法的新变化，以及其他有关税法的新变化，对于统计数据，因为有些最新数据目前难以找到，在尽可能的情况下也进行了更新，替换了部分章后的扩展阅读资料，对行文中的某些内容进行了删节和替换，章节结构方面没有进行大的调整。

由于时间仓促，本次修订还有很多想法未能实现，尤其是缺少来自使用者的反馈信息，就使修订缺少一定的针对性，希望使用本教材的教师和学生，今后能够及时将你们发现的问题以及本教材存在的不足和宝贵的意见与建议及时提供给我们。在此表示我们的谢忱！

联系邮箱：yjli@lixin.edu.cn，

编著者
2018 年 6 月